U0747427

图解 房地产会计实操

平准◎编著

中国纺织出版社有限公司
国家一级出版社
全国百佳图书出版单位

内 容 提 要

多年来，房地产行业一直是我国经济增长的支柱产业之一。为满足房地产企业会计人员的需要，作者精心编写了本书，以期帮助房地产行业会计从业者领会《企业会计准则》的精髓、做好房地产企业的会计实务工作。

本书内容涵盖了房地产开发企业会计日常工作的各个关键点，既可作为会计新人的入门指导书，也可作为现任房地产行业会计从业者的案头工作手册，方便随时查用。

本书充分运用了图解的方式向读者传达房地产企业会计的知识，图文并茂，读者一目了然，使得原本枯燥的内容能够活灵活现地展现在读者的面前，这样不仅能使读者较快地掌握知识的精髓，也能加深对知识的理解和掌握。这也是本书的特点和优势。

图书在版编目（CIP）数据

图解房地产会计实操 / 平准编著. -- 北京：中国纺织出版社有限公司，2021. 1
ISBN 978-7-5180-7789-2

Ⅰ. ①图… Ⅱ. ①平… Ⅲ. ①房地产企业－会计－中国－图解 Ⅳ. ①F299.233.3-64

中国版本图书馆 CIP 数据核字（2020）第 156574 号

策划编辑：史 岩　　　责任编辑：段子君
责任校对：高 涵　　　责任印制：储志伟

中国纺织出版社有限公司出版发行
地址：北京市朝阳区百子湾东里A407号楼　邮政编码：100124
销售电话：010—67004422　传真：010—87155801
http://www.c-textilep.com
中国纺织出版社天猫旗舰店
官方微博 http://weibo.com/2119887771
三河市延风印装有限公司印刷　各地新华书店经销
2021年1月第1版第1次印刷
开本：787×1092　1/16　印张：20
字数：393千字　定价：58.00元

前　言

PREFACE

改革开放四十余年来，在全球经济快速发展的带动下，我国经济也得到迅猛发展。特别是加入 WTO，为引进国外商品筑巢引凤，我国企业积极与国际接轨。在企业面临更多发展机会的同时，不得不考虑经济飞速发展带来的更多更复杂的挑战。会计作为一种商业语言，在经贸交往中起着不可替代的作用。

在这种环境下，为适应中国外向型经济迅速发展的形势，我国会计行业的努力也一直在进行，特别是近几年，我国财会制度的改革与创新越来越快。2007 年，财政部规定正式开始执行新的会计准则体系；2008 年，国家税务总局规定正式开始实行新的《企业所得税法》。新的会计准则理念先进、体系完善，充分体现了我国会计准则与国际准则的趋同，实现了与国际会计惯例的协调。这些改革与创新也极大影响着现行各行各业的会计核算和财务业务，同时，也对企业会计人员的职业能力提出了更高的要求。

从 1998 年中国宣布取消福利分房，全面开启住宅商品化以来，中国的房地产行业就进入一个飞速发展的时代。尤其是 2009 年以来，随着各路资金涌入楼市，中国房地产行业取得了空前的发展，从 GDP、财政、投资多个方面影响着中国，成为名副其实的国民经济支柱。在新时代背景下，该行业突飞猛进的发展，不得不引起我们对它的重视。伴随着房地产行业的快速发展，无论是项目的开发模式，还是开发产品的种类，都呈现出多样化和复杂化的趋势。在这种情况下，加强对房地产企业会计的学习就显得尤为重要。

作为新一代追梦人，房地产企业会计人员要“不忘初心，牢记使命，砥砺前行”。为了满足房地产企业会计人员的需要，我编写了本书。本书是为帮助房地产企业会计人员，更好地依据新准则做好房地产企业会计实务工作所编写的。全书结合房地产企业的特点，对房地产企业有关会计政策的选择、会计科目的设置和使用、相关信息的财务报告披露等方面做了较为详细的论述。另外，书中还强调基本理论、基本知识、基本方法、基本技能的结合，并在阐明基本理论、方法的基础上，通过举例来解读有关准则内容，以帮助读者理解。

本书的主要特点有以下几点。

（1）全面详尽。以财政部颁布的《企业会计准则》《企业会计准则指南》《企业会计准则讲解》为依据，结合房地产企业的特点的前提下，从多个方面详细讲解房地产企业会计的日常工作内容，相信读者在阅读完本书之后，一定会更充分地了解和认识房地产会计工作。

（2）图文并茂。本书为避免单一的文字叙述，充分运用了图解的方式向读者传达房地产企业会计的知识，读者一目了然，使得原本枯燥的内容能够活灵活现地展现在读者的面前，这样不仅能使读者较快地掌握知识的精髓，也能加深对知识的理解和掌握。

（3）实战性强。本书内容充分包含了房地产企业会计核算的全过程，相关内容进行技巧点拨、结合实例仿真操作，以帮助读者轻松理解、掌握会计实质内容，使工作技能得以快速提高。既可作为会计新人的入门指导书，也可作为现任房地产行业会计从业者的案头工作手册，方便随时查用。

由于水平有限，本书编写中对有些问题的讲解可能不尽完善，疏漏之处不可避免，敬请读者批评指正。

平准

2020 年 12 月

目　录

CONTENTS

第五章 投资性房地产

第六章 无形资产和其他资产

第七章 流动负债

第八章 非流动负债

第九章 或有事项

第十章 所有者权益

第十一章 房地产开发企业成本的核算

第十三章 房地产企业的期间费用与利润

第十四章 所得税

第十五章 会计报表

第一章

房地产会计基础知识

本章导读

我国从2006年开始实施企业会计准则已有10余年的历史,《企业会计准则》是一部跨行业、跨所有制的指导企业进行会计核算的法规，不同的行业在实施《企业会计准则》过程中，根据不同的行业有不同的处理特点，而这对于大多数非会计专业人员是有一定难度的，所以本章根据2020年最新修订《企业会计准则》对房地产企业会计进行简单的总结和介绍，希望能对初涉会计行业的非科班会计人员有所帮助。

在本章中，我们重点学习房地产业的概念、特点、会计核算，掌握房地产开发企业会计的职能与任务，理解房地产开发企业的会计假设，掌握房地产开发企业对会计信息的要求，以及房地产开发企业会计包括哪些会计要素，并学习我国企业会计核算的基本法规。

第一节　房地产开发企业的主要业务及经营特征

房地产是房产与地产的总称。房地产开发可将土地和房屋合在一起开发，也可将土地和房屋分开开发。房地产开发企业就是从事房地产开发和经营的企业，它既是房地产产品的生产者，又是房地产商品的经营者。

一、房地产开发企业的主要业务

房地产开发企业的主要业务如图 1-1 所示。

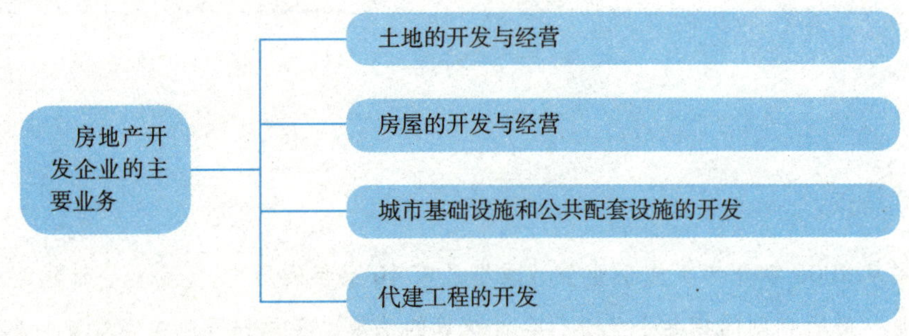

图1-1　房地产开发企业的主要业务

二、房地产开发企业的经营特点

房地产开发企业的经营特点如图 1-2 所示。

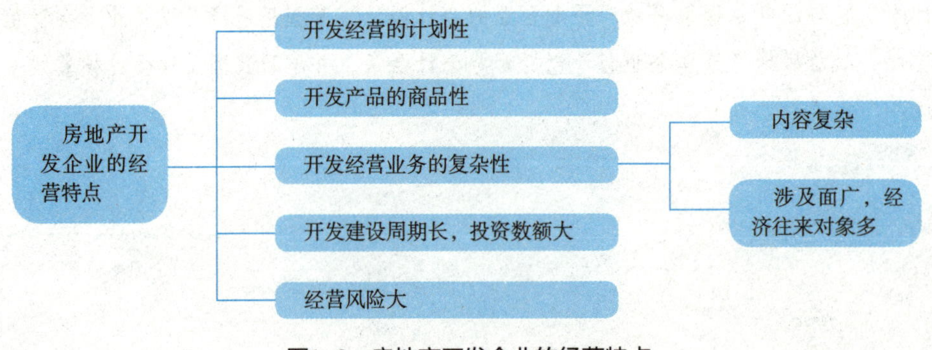

图1-2　房地产开发企业的经营特点

第二节　房地产开发企业的业务流程

房地产开发企业会计是指在土地和房屋及配套设施的开发过程中，对其劳动成果及相应的劳动耗费进行计量的专门化的会计工作。

一、房地产开发企业概念

房地产开发企业概念如图 1-3 所示。

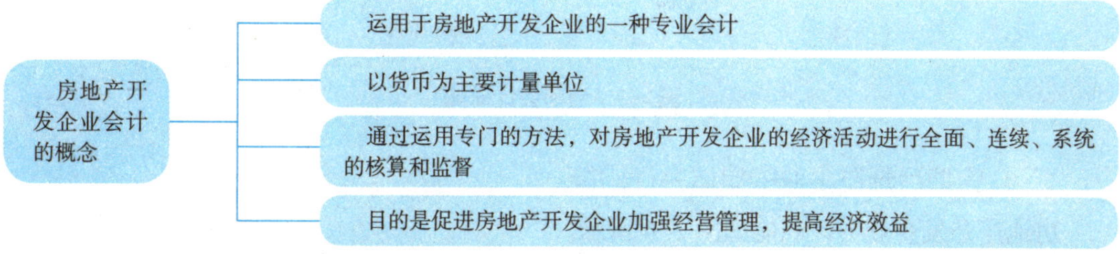

图1-3　房地产开发企业会计的概念

二、房地产开发过程的五个阶段

房地产开发过程的五个阶段如图 1-4 所示。

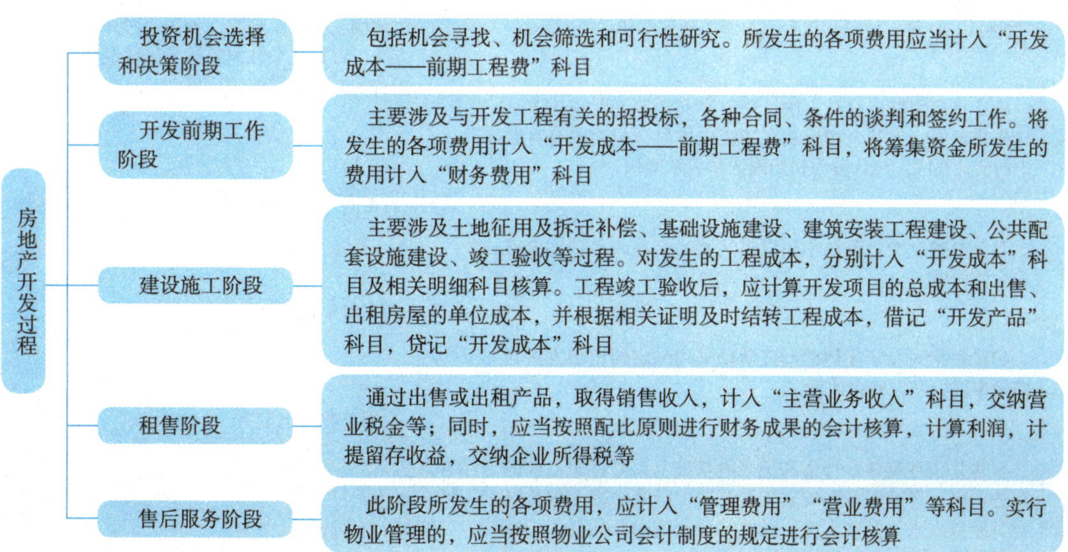

图1-4　房地产开发过程

第三节　房地产开发企业会计的职能

房地产开发企业会计的职能是会计在经济管理过程中所具有的功能，在不同的经济发展水平下，在不同管理水平的企业中，会计职能的发挥有很大的不同。

（一）我国当前会计实践和会计法规的规定

当前会计职能如图 1-5 所示。

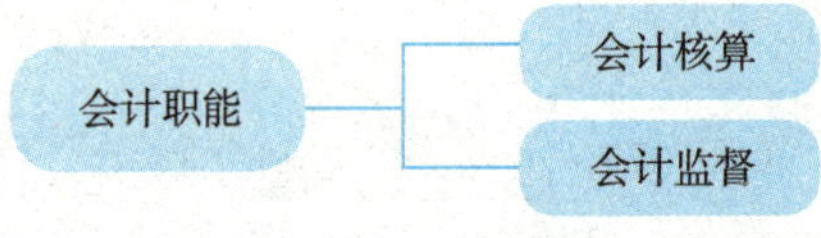

图1-5　当前会计职能

（二）房地产开发企业的具体会计职能

房地产开发企业会计职能如图 1-6 所示。

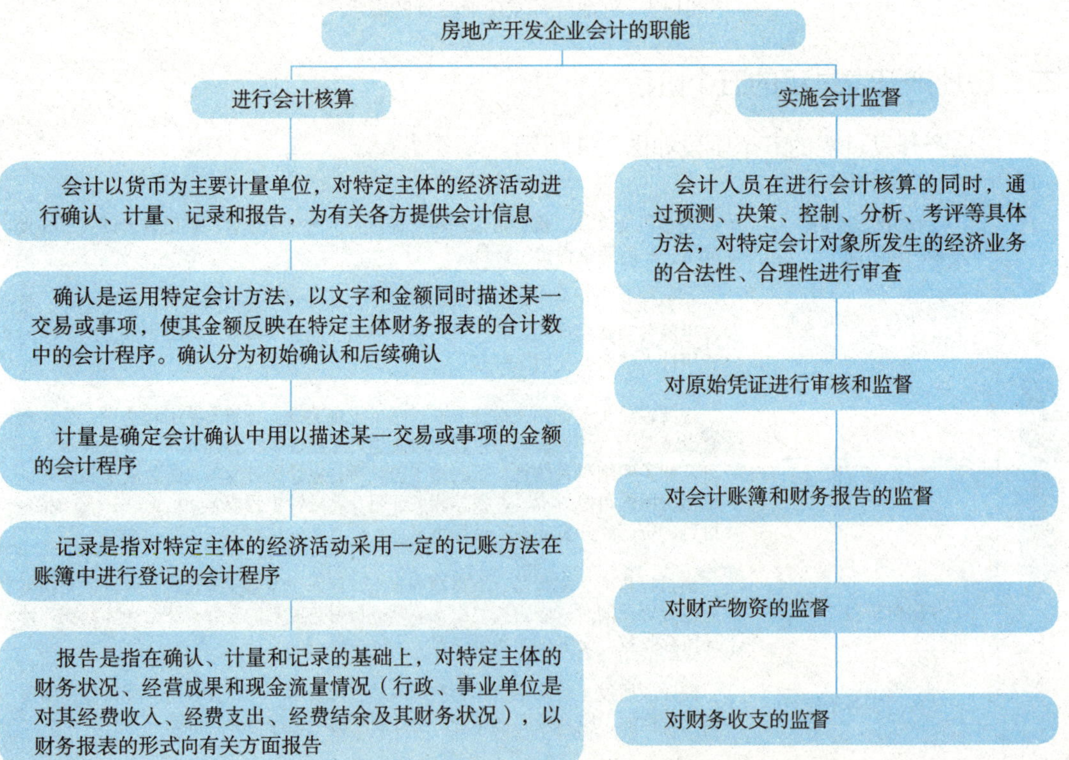

图1-6　房地产开发企业会计的职能

第四节　房地产开发企业会计核算的主要内容

房地产开发企业的资金运作方式主要表现在以下几个方面：取得或者筹集资金，在生产过程中运营资金，通过产品（商品）销售收回资金，计算经营成果，使部分资金退出企业、部分资金重新进入企业。

房地产开发企业会计核算的主要内容如图 1-7 所示。

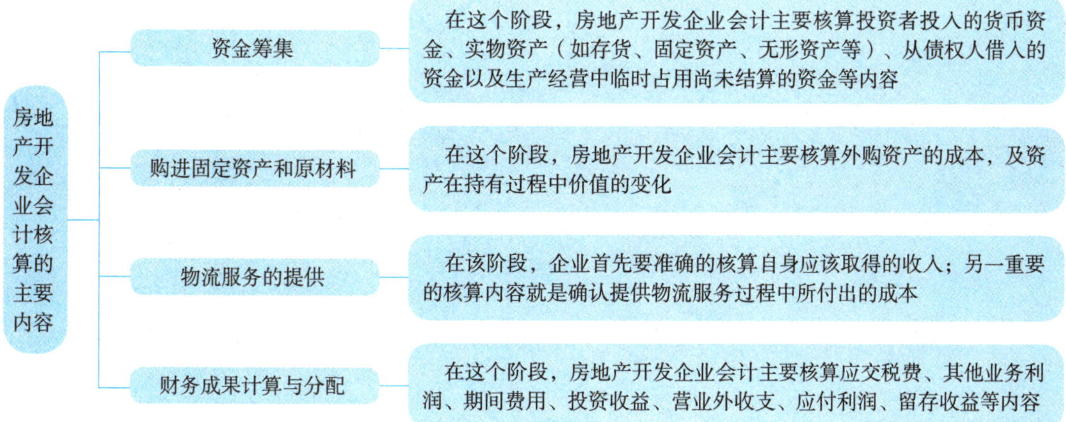

图1-7　房地产开发企业会计核算的主要内容

第二章

存　货

本章导读

房地产开发企业为了进行房地产开发的需要，经常需要储备一定数量的某种资产，如建材、建筑用周转材料、施工中用到的低值易耗品等，房地产企业的这些产品统称为存货。

由此可以看出在企业的资金循环中，存货担任着重要的角色，它是反映企业流动资金运作情况的晴雨表，它不仅在企业营运资本中占很大比重，而且又是流动性较差的流动资产。存货无法售出而资金链断裂最终破产的企业也不在少数，因此了解存货的分类、计价、核算以及管理非常重要。正确的存货管理方法，可以降低企业的平均资金占用水平，提高存活的周转速度和总资产周转率，最终提高企业的经济效益。

在本章中，我们重点学习什么是存货，房地产开发企业的存货包括哪些类别；掌握如何对存货进行计价，如何对原材料的取得和发出进行会计核算，理解什么是低值易耗品；掌握房地产开发企业存货的开发产品的会计核算，以及存货盘盈、盘亏的会计核算，存货期末计价。

第一节　存货概述

一、存货的概述

存货的概述如图 2-1 所示。

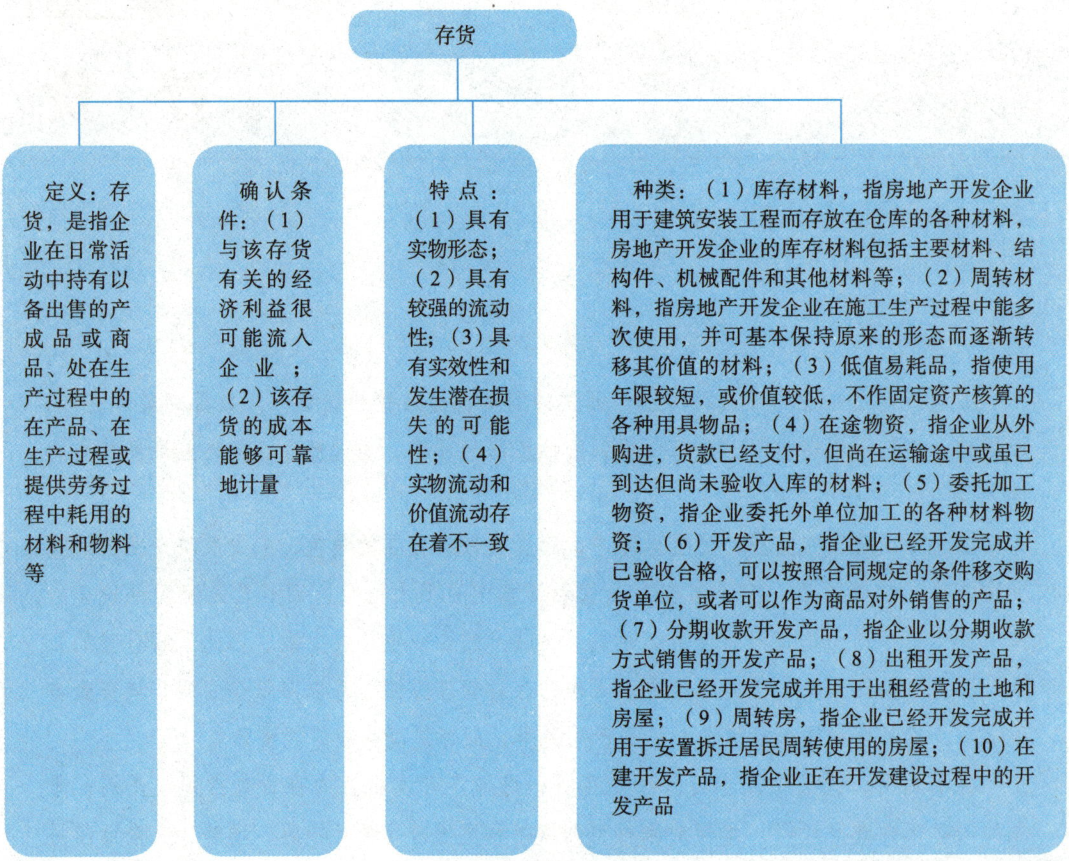

存货

定义：存货，是指企业在日常活动中持有以备出售的产成品或商品、处在生产过程中的在产品、在生产过程或提供劳务过程中耗用的材料和物料等

确认条件：（1）与该存货有关的经济利益很可能流入企业；（2）该存货的成本能够可靠地计量

特点：（1）具有实物形态；（2）具有较强的流动性；（3）具有实效性和发生潜在损失的可能性；（4）实物流动和价值流动存在着不一致

种类：（1）库存材料，指房地产开发企业用于建筑安装工程而存放在仓库的各种材料，房地产开发企业的库存材料包括主要材料、结构件、机械配件和其他材料等；（2）周转材料，指房地产开发企业在施工生产过程中能多次使用，并可基本保持原来的形态而逐渐转移其价值的材料；（3）低值易耗品，指使用年限较短，或价值较低，不作固定资产核算的各种用具物品；（4）在途物资，指企业从外购进，货款已经支付，但尚在运输途中或虽已到达但尚未验收入库的材料；（5）委托加工物资，指企业委托外单位加工的各种材料物资；（6）开发产品，指企业已经开发完成并已验收合格，可以按照合同规定的条件移交购货单位，或者可以作为商品对外销售的产品；（7）分期收款开发产品，指企业以分期收款方式销售的开发产品；（8）出租开发产品，指企业已经开发完成并用于出租经营的土地和房屋；（9）周转房，指企业已经开发完成并用于安置拆迁居民周转使用的房屋；（10）在建开发产品，指企业正在开发建设过程中的开发产品

图2-1　存货概述

二、存货的会计核算

存货的会计核算如图 2-2 所示。

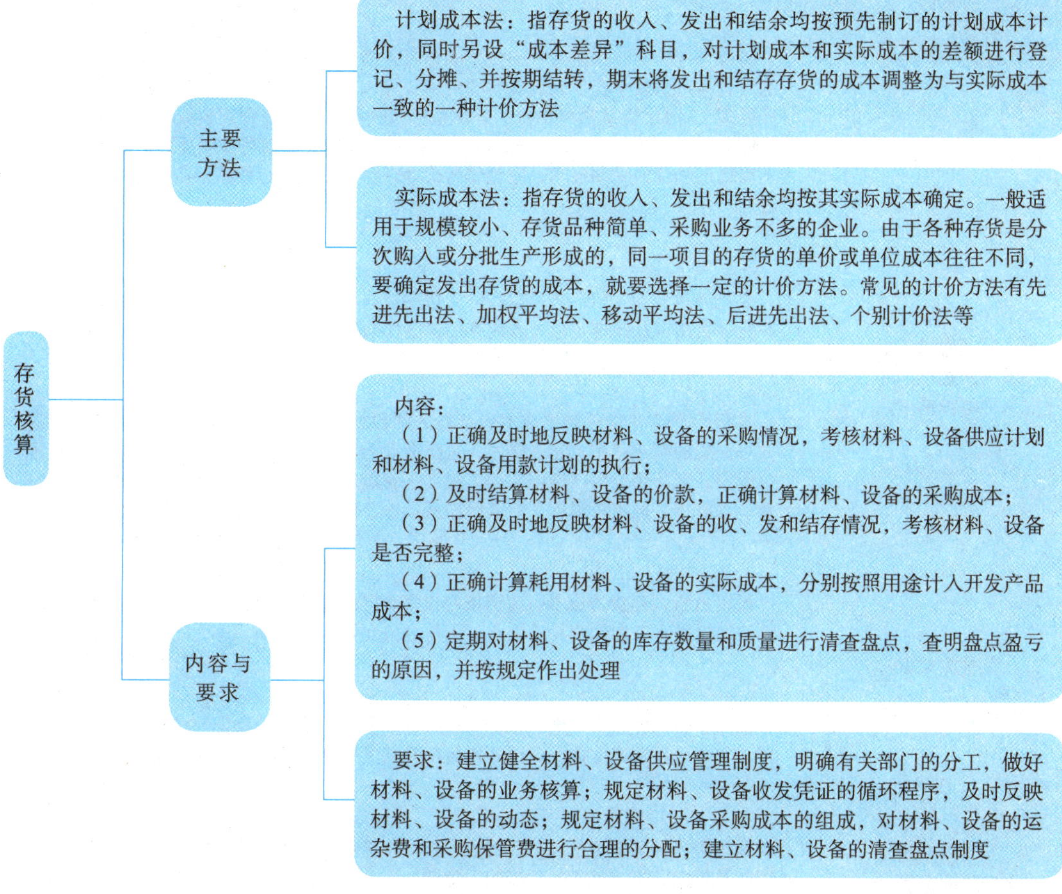

图2-2 存货核算

第二节 存货的计价

一、取得存货的计价

存货应当按照成本进行初始计量。存货成本包括采购成本、加工成本和其他成本。如图 2-3 所示。

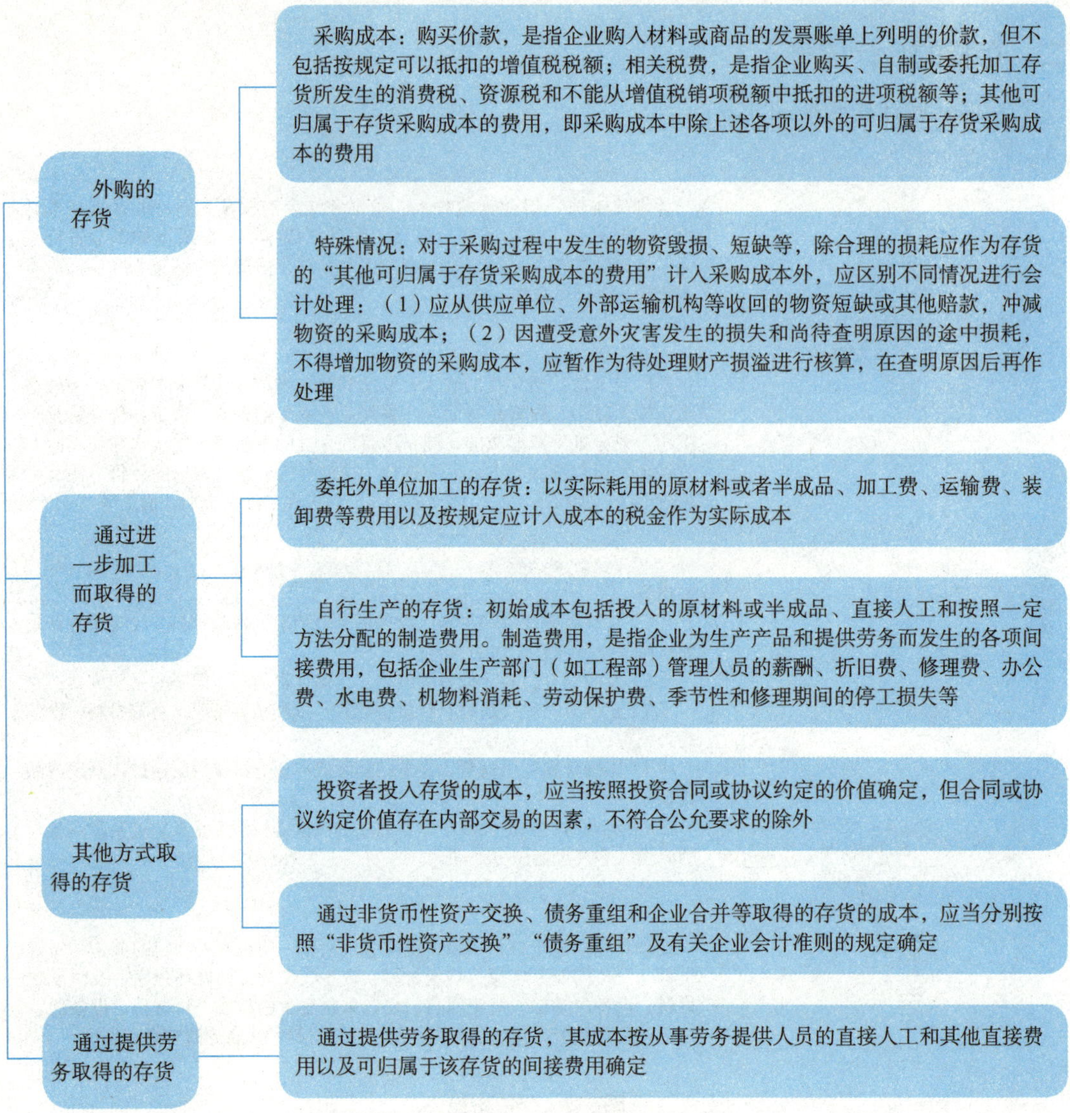

外购的存货
采购成本：购买价款，是指企业购入材料或商品的发票账单上列明的价款，但不包括按规定可以抵扣的增值税税额；相关税费，是指企业购买、自制或委托加工存货所发生的消费税、资源税和不能从增值税销项税额中抵扣的进项税额等；其他可归属于存货采购成本的费用，即采购成本中除上述各项以外的可归属于存货采购成本的费用
特殊情况：对于采购过程中发生的物资毁损、短缺等，除合理的损耗应作为存货的“其他可归属于存货采购成本的费用”计入采购成本外，应区别不同情况进行会计处理：（1）应从供应单位、外部运输机构等收回的物资短缺或其他赔款，冲减物资的采购成本；（2）因遭受意外灾害发生的损失和尚待查明原因的途中损耗，不得增加物资的采购成本，应暂作为待处理财产损溢进行核算，在查明原因后再作处理
通过进一步加工而取得的存货
委托外单位加工的存货：以实际耗用的原材料或者半成品、加工费、运输费、装卸费等费用以及按规定应计入成本的税金作为实际成本
自行生产的存货：初始成本包括投入的原材料或半成品、直接人工和按照一定方法分配的制造费用。制造费用，是指企业为生产产品和提供劳务而发生的各项间接费用，包括企业生产部门（如工程部）管理人员的薪酬、折旧费、修理费、办公费、水电费、机物料消耗、劳动保护费、季节性和修理期间的停工损失等
其他方式取得的存货
投资者投入存货的成本，应当按照投资合同或协议约定的价值确定，但合同或协议约定价值存在内部交易的因素，不符合公允要求的除外
通过非货币性资产交换、债务重组和企业合并等取得的存货的成本，应当分别按照“非货币性资产交换”“债务重组”及有关企业会计准则的规定确定
通过提供劳务取得的存货
通过提供劳务取得的存货，其成本按从事劳务提供人员的直接人工和其他直接费用以及可归属于该存货的间接费用确定

图2-3　不同方式取得存货的计价方法

二、发出存货的计价

发出存货的计价方法如图 2-4 所示。

发出存货的计价方法
实际成本法
计划成本法：如采用计划成本核算，会计期末应调整为实际成本
个别计价法
先进先出法
月末一次加权平均法
移动加权平均法

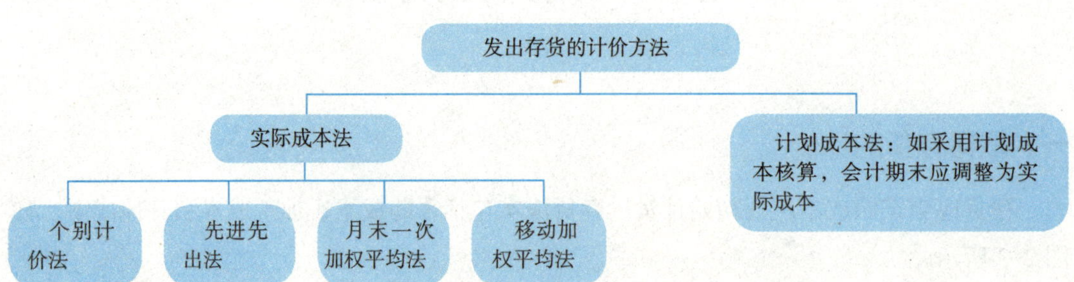

个别计价法

定义：假设存货的成本流转与实物流转相一致，按照各种存货，逐一辨认各批发出存货和期末存货所属的购进批别或生产批别，分别按其购入或生产时所确定的单位成本作为计算各批发出存货和期末存货成本

优缺点：计算发出存货的成本和期末存货的成本比较合理、准确，但前提是需要对发出和结存存货的批次进行具体认定，以辨别其所属的收入批次，所以实务操作的工作量繁重，困难较大

适用范围：一般不能替代使用的存货以及为特定项目专门购入或制造的存货

先进先出法

定义：以先购入的存货先发出这样一种存货实物流转假设为前提，对发出存货进行计价。先购入的存货成本在后购入的存货成本之前转出，据此确定发出存货和期末存货的成本

优缺点：优点是使企业不能随意挑选存货计价以调整当期利润；缺点是工作量比较烦琐，特别是对于存货进出量频繁的企业更是如此。而且当物价上涨时，会高估企业当期利润和库存存货价值；反之，会低估企业存货价值和当期利润

月末一次加权平均法

定义：进货时，按存货的实际成本进行分类核算，发出存货时，只记录发货数量，月末时以本月所有进货和本期期初存货的加权平均成本，乘以发货数量作为存货的发出成本

计算公式：本期存货的加权平均单位成本=（期初结存金额+本期各批进货的实际金额）/（期初结存数量+本期各批收货数量）

本期发出存货的成本=本期发出存货的数量×加权平均单位成本

期末存货的成本=期末结存存货的数量×加权平均单位成本

移动加权平均法

定义：在每次收货以后，立即根据库存存货数量和总成本，计算出新的平均单位成本，发货时都以最近一次进货时计算的平均成本作为发出存货的平均成本

计算公式：本次进货后的移动平均单位成本=（本次进货前库存存货的实际成本+本次进货的实际成本）/（本次进货前库存存货的实际数量+本次进货的实际数量）

发出存货的成本=本次发出存货的数量×移动平均单位成本

本次发货后库存存货的成本=期末结存存货的数量×移动平均单位成本

图2–4 发出存货的计价方法

三、存货的期末计价

存货的期末计价方法如图 2-5 所示。

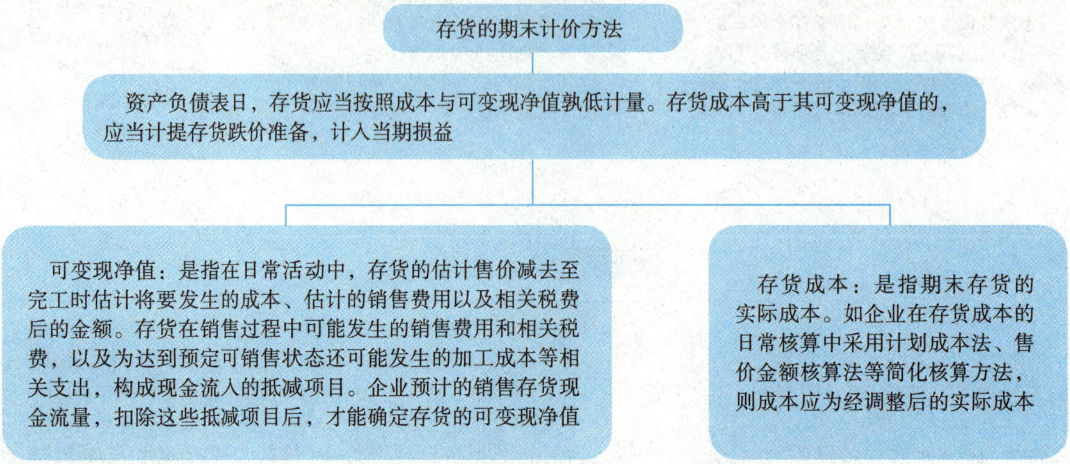

存货的期末计价方法

资产负债表日，存货应当按照成本与可变现净值孰低计量。存货成本高于其可变现净值的，应当计提存货跌价准备，计入当期损益

可变现净值：是指在日常活动中，存货的估计售价减去至完工时估计将要发生的成本、估计的销售费用以及相关税费后的金额。存货在销售过程中可能发生的销售费用和相关税费，以及为达到预定可销售状态还可能发生的加工成本等相关支出，构成现金流入的抵减项目。企业预计的销售存货现金流量，扣除这些抵减项目后，才能确定存货的可变现净值

存货成本：是指期末存货的实际成本。如企业在存货成本的日常核算中采用计划成本法、售价金额核算法等简化核算方法，则成本应为经调整后的实际成本

图2-5 存货的期末计价方法

第三节 库存材料的会计核算

一、采用实际成本法进行库存材料的核算

实际成本法进行库存材料的核算如图 2-6 所示。

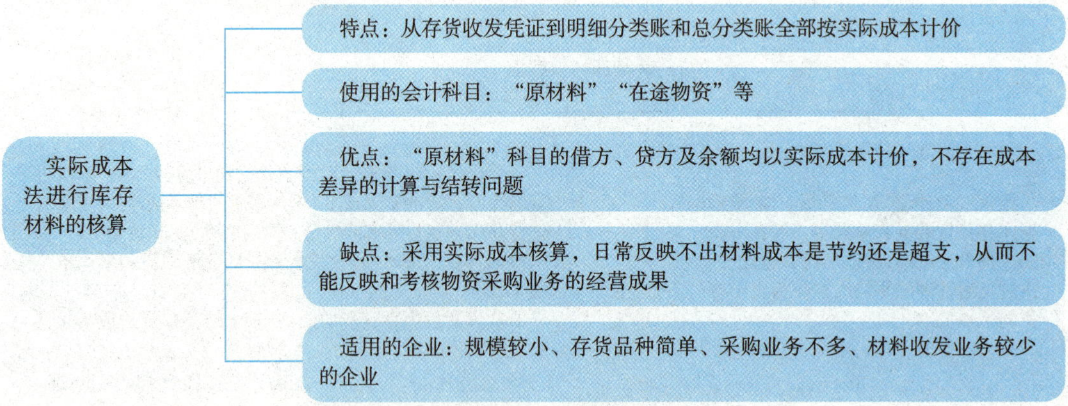

实际成本法进行库存材料的核算

特点：从存货收发凭证到明细分类账和总分类账全部按实际成本计价

使用的会计科目："原材料""在途物资"等

优点："原材料"科目的借方、贷方及余额均以实际成本计价，不存在成本差异的计算与结转问题

缺点：采用实际成本核算，日常反映不出材料成本是节约还是超支，从而不能反映和考核物资采购业务的经营成果

适用的企业：规模较小、存货品种简单、采购业务不多、材料收发业务较少的企业

图2-6 实际成本法进行库存材料的核算

（一）采用实际成本法进行库存材料核算的常用科目

实际成本法的常用科目如图 2-7 所示。

采用实际成本法的常用科目

在途物资：用于核算企业采用实际成本（进价）进行材料、商品等物资的日常核算、货款已付尚未验收入库的各种物资（即在途物资）的采购成本，应按供应单位和物资品种进行明细核算。借方登记企业购入的在途物资的实际成本，贷方登记验收入库的在途物资的实际成本，期末余额在借方，反映企业在途物资的采购成本

原材料：用于核算库存各种材料的收发与结存情况。在库存材料按实际成本核算时，本科目的借方登记入库材料的实际成本，贷方登记发出材料的实际成本，期末余额在借方，反映企业库存材料的实际成本

应付账款：用于核算企业因购买材料、商品和接受劳务等经营活动应支付的款项。本科目的贷方登记企业因购入材料、商品和接受劳务等尚未支付的款项，借方登记偿还的应付账款，期末余额一般在贷方，反映企业尚未支付的应付账款

预付账款：用于核算企业按照合同规定预付的款项。借方登记预付的款项及补付的款项，贷方登记收到所购物资时根据有关发票账单记入“原材料”等科目的金额及收回多付款项的金额，期末余额在借方，反映企业实际预付的款项；期末余额在贷方，则反映企业尚未预付的款项。预付款项情况不多的企业，可以不设置“预付账款”科目，而将此业务在“应付账款”科目中核算

图2-7 采用实际成本法的常用科目介绍

（二）采用实际成本法的账务处理

1. 购入库存材料的会计核算

企业外购材料时，由于结算方式和采购地点的不同，材料入库和货款的支付在时间上不一定完全同步，相应地，其账务处理也有所不同，如图 2-8 所示。

购入库存材料的会计核算

对于发票账单与材料同时到达的采购业务，企业材料已验收入库，因此应通过“原材料”科目核算，对于增值税专用发票上注明的可抵扣的进项税额，应借记“应交税费——应交增值税（进项税额）”科目

对于已经付款或已开出、承兑商业汇票，但材料尚未到达或尚未验收入库的采购业务，应根据发票账单等结算凭证，

借：在途物资

　　应交税费——应交增值税（进项税额）

　　贷：银行存款/应付票据等

待材料到达、验收入库后，再根据收料单，

借：原材料

　　贷：在途物资

图2-8

购入库存材料的会计核算

对于材料已到达并已验收入库，但发票账单等结算凭证未到，货款尚未支付的采购业务，应于月末，按材料的暂估价值，

借：原材料

　贷：应付账款——暂估应付账款

下月初用红字作同样的记账凭证予以冲回，以便下月付款或开出、承兑商业汇票后，按正常程序，

借：原材料

　　应交税费——应交增值税（进项税额）

　贷：银行存款/应付票据等

采用预付货款的方式采购材料，应在预付材料价款时，按照实际预付金额，

借：预付账款

　贷：银行存款

已经预付货款的材料验收入库，根据发票账单等所列的价款、税额等，

借：原材料

　　应交税费——应交增值税（进项税额）

　贷：预付账款

预付款项不足，补付上项货款，按补付金额，

借：预付账款

　贷：银行存款

退回上项多付的款项，

借：银行存款

　贷：预付账款

图2-8　购入库存材料的会计核算

【例 2-1】雅居地产股份公司购入 C 材料一批，增值税专用发票上记载的货款为 500 000 元，增值税额 65 000 元，另外为对方代垫包装费 1 000 元，全部款项已用电汇方式付讫，材料已验收入库。对此业务应进行如下的账务处理：

借：原材料——C 材料　　501 000

　　应交税费——应交增值税（进项税额）　　65 000

　贷：银行存款　　566 000

【例 2-2】雅居地产股份公司于 2019 年 9 月 20 日收到银行转来的委托收款凭证及 200 吨煤炭的提货单，采购成本共计 60 000 元，相应的增值税进项税额为 7 800 元，加税合计 67 800 元已由银行支付，但材料尚未到达。对此业务应进行如下的账务处理：

借：在途物资　　60 000

　　应交税费——应缴增值税（进项税额）　　7 800

　贷：银行存款　　67 800

9 月 24 日，材料到达并验收入库，则会计分录为：

借：原材料　　60 000

　贷：在途物资　　60 000

【例 2-3】雅居地产股份公司采用汇兑结算方式购入聚乙烯材料一批，发票及账单已收到，但材料尚未到达，增值税专用发票上记载的货款为 10 000 元，增值税额 1 300 元。支付保险费 1 000 元。对此业务应进行如下的账务处理：

借：在途物资　　11 000

　　应交税费——应交增值税（进项税额）　　1 300

　贷：银行存款　　12 300

待上述购入的聚乙烯材料已收到，并验收入库则会计分录为：

借：原材料　　12 300

　贷：在途物资　　12 300

【例 2-4】根据雅居地产股份公司与某钢厂的购销合同规定，为购买金属材料向该钢厂预付 100 000 元货款的 80%，计 80 000 元，已通过汇兑方式汇出。对此业务应进行如下的账务处理：

借：预付账款——某钢厂　　80 000

　贷：银行存款　　80 000

10 天之后，雅居地产股份公司收到该钢厂发运来的金属材料，已验收入库。有关发票账单记载，该批货物的货款 100 000 元，增值税额 13 000 元，对方代垫包装费 7 000 元，所欠款项以银行存款的形式付讫。

（1）材料入库时：

借：原材料——金属材料　　107 000

　　应交税费——应交增值税（进项税额）　　13 000

　贷：预付账款——某钢厂　　120 000

（2）补付货款时：

借：预付账款　　40 000

　贷：银行存款　　40 000

2. 领用库存材料的会计核算

领用库存材料的会计核算如图 2-9 所示。

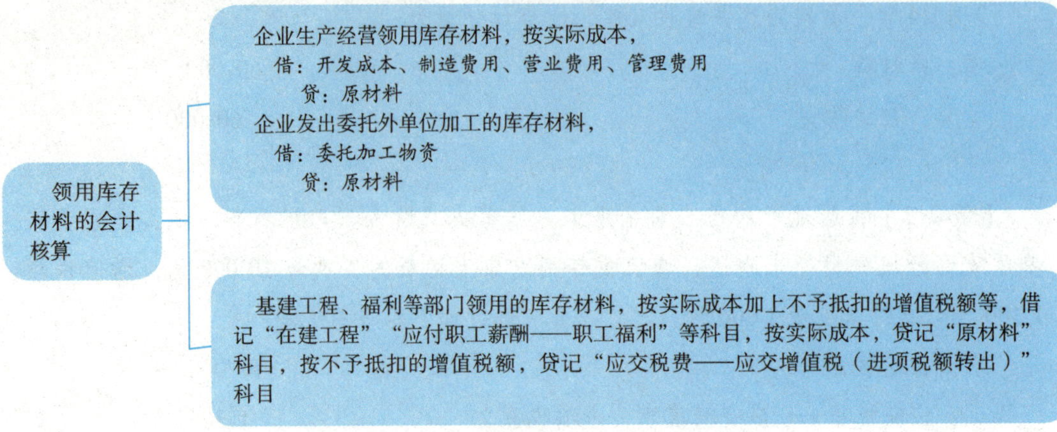

图2-9　领用库存材料的会计核算

【例 2-5】雅居地产股份公司根据"发料凭证汇总表"的记录，1月份工程部领用一种不锈钢材料10 000元，辅助生产车间领用该种不锈钢材料2 000元，车间管理部门领用该材料5 000元，企业行政管理部门领用该材料4 000元，计21 000元。

借：生产成本——基本生产成本　　10 000
　　　　　　——辅助生产成本　　2 000
　　制造费用　　5 000
　　管理费用　　4 000
　贷：原材料——不锈钢材料　　21 000

3. 出售库存材料的核算

出售库存材料的核算如图 2-10 所示。

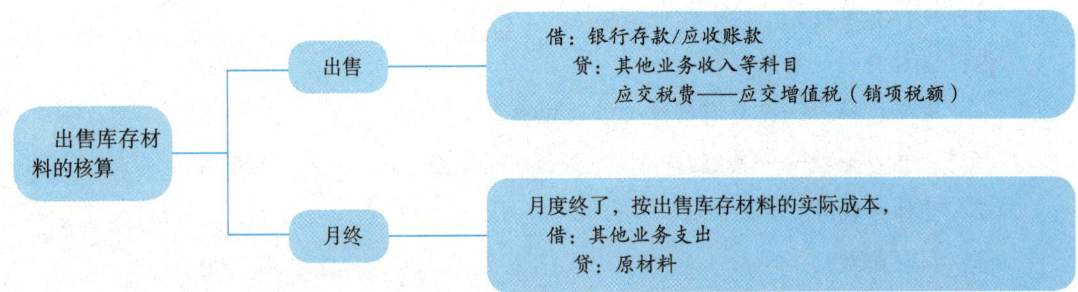

图2-10　出售库存材料的核算

二、采用计划成本法进行库存材料核算

计划成本法进行库存材料核算如图 2-11 所示。

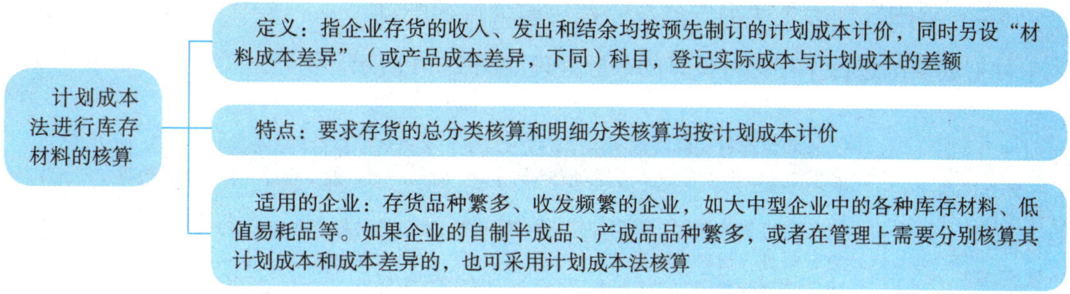

计划成本法进行库存材料的核算

定义：指企业存货的收入、发出和结余均按预先制订的计划成本计价，同时另设“材料成本差异”（或产品成本差异，下同）科目，登记实际成本与计划成本的差额

特点：要求存货的总分类核算和明细分类核算均按计划成本计价

适用的企业：存货品种繁多、收发频繁的企业，如大中型企业中的各种库存材料、低值易耗品等。如果企业的自制半成品、产成品品种繁多，或者在管理上需要分别核算其计划成本和成本差异的，也可采用计划成本法核算

图2-11 计划成本法进行库存材料的核算

（一）采用计划成本法进行库存材料核算的常用科目

采用计划成本法进行库存材料核算的常用科目如图 2-12 所示。

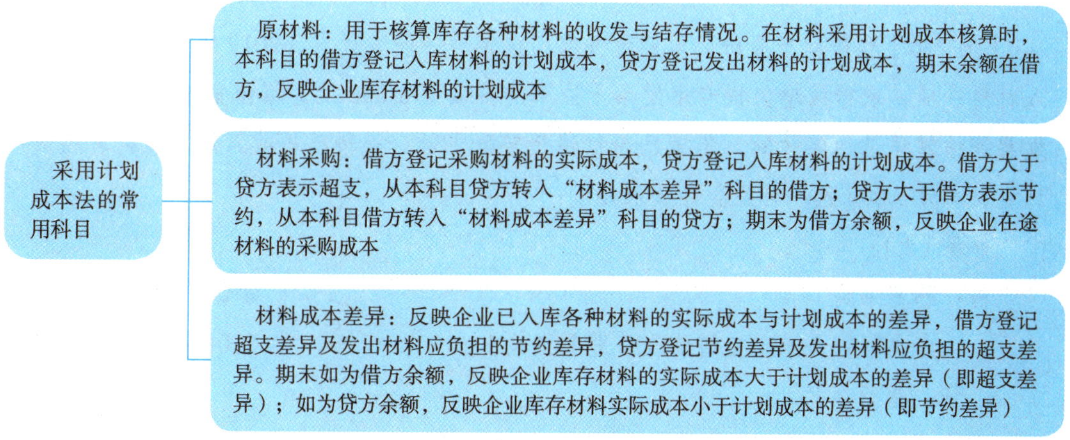

采用计划成本法的常用科目

原材料：用于核算库存各种材料的收发与结存情况。在材料采用计划成本核算时，本科目的借方登记入库材料的计划成本，贷方登记发出材料的计划成本，期末余额在借方，反映企业库存材料的计划成本

材料采购：借方登记采购材料的实际成本，贷方登记入库材料的计划成本。借方大于贷方表示超支，从本科目贷方转入“材料成本差异”科目的借方；贷方大于借方表示节约，从本科目借方转入“材料成本差异”科目的贷方；期末为借方余额，反映企业在途材料的采购成本

材料成本差异：反映企业已入库各种材料的实际成本与计划成本的差异，借方登记超支差异及发出材料应负担的节约差异，贷方登记节约差异及发出材料应负担的超支差异。期末如为借方余额，反映企业库存材料的实际成本大于计划成本的差异（即超支差异）；如为贷方余额，反映企业库存材料实际成本小于计划成本的差异（即节约差异）

图2-12 采用计划成本法的常用科目介绍

（二）计划成本法的会计核算程序

计划成本法的会计核算程序如图 2-13 所示。

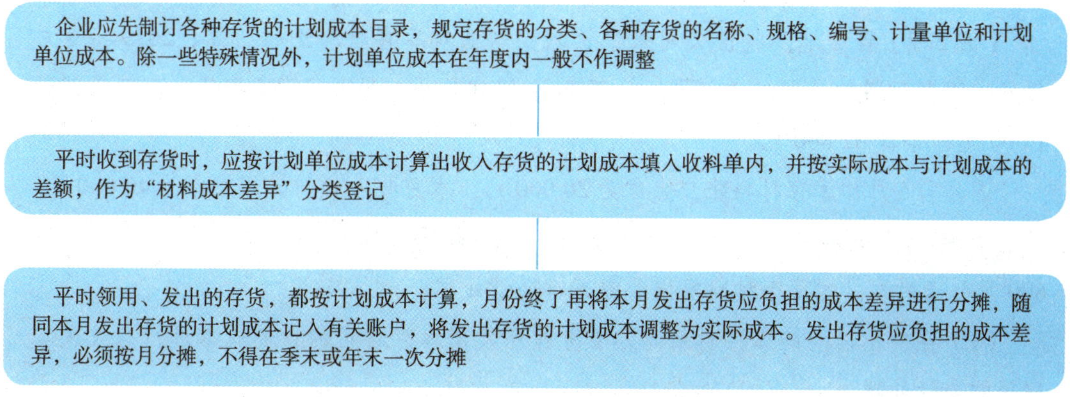

企业应先制订各种存货的计划成本目录，规定存货的分类、各种存货的名称、规格、编号、计量单位和计划单位成本。除一些特殊情况外，计划单位成本在年度内一般不作调整

平时收到存货时，应按计划单位成本计算出收入存货的计划成本填入收料单内，并按实际成本与计划成本的差额，作为“材料成本差异”分类登记

平时领用、发出的存货，都按计划成本计算，月份终了再将本月发出存货应负担的成本差异进行分摊，随同本月发出存货的计划成本记入有关账户，将发出存货的计划成本调整为实际成本。发出存货应负担的成本差异，必须按月分摊，不得在季末或年末一次分摊

图2-13 计划成本法的会计核算程序

（三）采用计划成本法进行库存材料核算的账务处理

计划成本法进行库存材料核算的账务处理如图 2-14 所示。

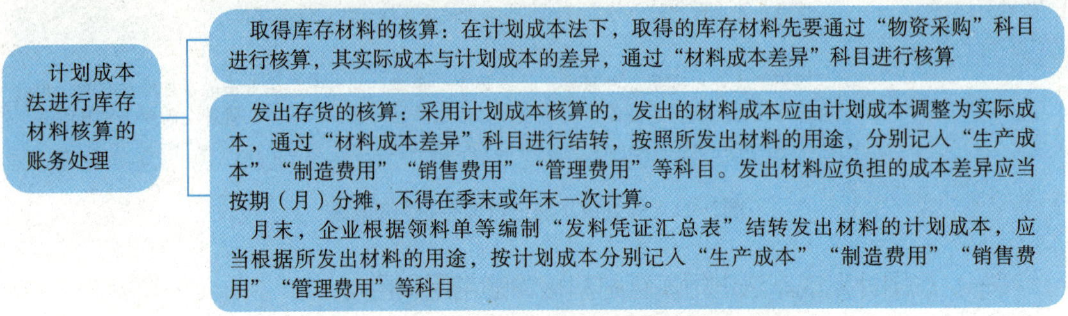

计划成本法进行库存材料核算的账务处理	取得库存材料的核算：在计划成本法下，取得的库存材料先要通过“物资采购”科目进行核算，其实际成本与计划成本的差异，通过“材料成本差异”科目进行核算
	发出存货的核算：采用计划成本核算的，发出的材料成本应由计划成本调整为实际成本，通过“材料成本差异”科目进行结转，按照所发出材料的用途，分别记入“生产成本”“制造费用”“销售费用”“管理费用”等科目。发出材料应负担的成本差异应当按期（月）分摊，不得在季末或年末一次计算。 月末，企业根据领料单等编制“发料凭证汇总表”结转发出材料的计划成本，应当根据所发出材料的用途，按计划成本分别记入“生产成本”“制造费用”“销售费用”“管理费用”等科目

图2-14　计划成本法进行库存材料核算的账务处理

【例 2-6】雅居地产股份公司经税务部门核定为一般纳税人，2019 年 4 月 2 日，购入材料一批，取得的增值税专用发票上注明的价款为 8 000 元，增值税额为 1 040 元，发票等结算凭证已经收到，货款已通过银行转账支付。材料已验收入库。该批材料的计划成本为 7 000 元。有关会计分录如下：

分录（1）：

借：物资采购　　8 000

　　应交税费——应交增值税（进项税额）　　1 040

　贷：银行存款　　9 040

分录（2）：

借：原材料　　7 000

　　材料成本差异　　1 000

　贷：物资采购　　8 000

【例 2-7】雅居地产股份公司采用计划成本法对库存材料进行核算，2019 年 5 月份发出库存材料的计划成本如下：生产部门 45 000 元，管理部门 6 800 元，销售部门 1 000 元，合计 52 800 元。

该公司 5 月初库存材料账户余额为 20 000 元，本月收入材料计划成本为 40 000 元。月初材料成本差异账户为贷方余额 2 400 元，本月入库材料成本差异为贷方余额 600 元。请对本月的库存材料发出业务进行会计处理。

（1）在发出以上的库存材料时，首先按照发出库存材料的计划成本进行有关成本费用的会计处理。

借：生产成本　　45 000

管理费用 6 800
销售费用 1 000
贷：原材料 52 800

（2）本月月底时，计算此种库存材料的材料成本差异率，对与此种库存材料有关的成本费用科目进行调整。

材料成本差异率 =（月初结存材料的成本差异 + 本月收入材料的成本差异）/（月初结存材料的计划成本 + 本月收入材料的计划成本）×100%

则：

5 月材料成本差异率 =（−2 400−600）/（20 000+40 000）×100%=−5%

本月发出材料成本差异 = 本月发出材料计划成本 × 材料成本差异率

因此，5 月发出库存材料总的成本差异 =52 800×（−5%）= −2 640（元）

本月发出材料实际成本应调整的金额依次为：

工程部应调整的金额 =45 000×（−5%）=−2 250（元）

管理费用应调整的金额 =6 800×（−5%）=−340（元）

销售费用应调整的金额 =1 000×（−5%）=−50（元）

根据计算结果，编制会计分录如下：

借：材料成本差异 2 640
贷：生产成本 2 250
管理费用 340
产品销售费用 50

第四节 委托加工物资

一、委托加工物资的计价

委托加工物资的计价如图 2-15 所示。

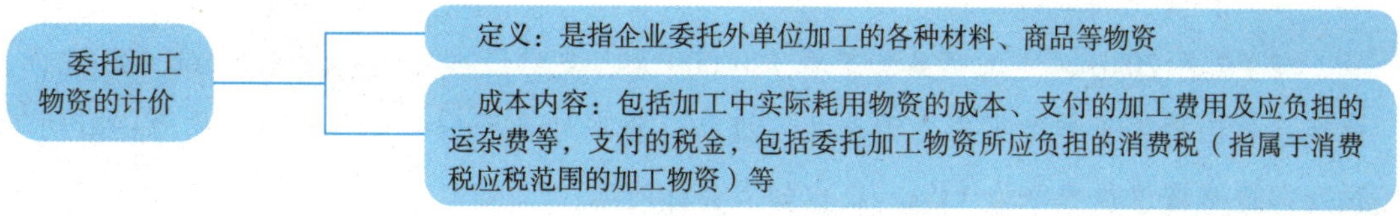

委托加工物资的计价
- 定义：是指企业委托外单位加工的各种材料、商品等物资
- 成本内容：包括加工中实际耗用物资的成本、支付的加工费用及应负担的运杂费等，支付的税金，包括委托加工物资所应负担的消费税（指属于消费税应税范围的加工物资）等

图2-15 委托加工物资的计价

二、委托加工物资的核算科目

为了反映和监督委托加工物资增减变动及其结存情况，企业应当设置“委托加工物资”科目，借方登记委托加工物资的实际成本，贷方登记加工完成验收入库的物资的实际成本和剩余物资的实际成本，期末余额在借方，反映企业尚未完工的委托加工物资的实际成本和发出加工物资的运杂费等。委托加工物资也可以采用计划成本或售价进行核算，其方法与库存商品相似。

三、委托加工物资的会计核算

委托加工物资的会计核算如图 2-16 所示。

委托加工物资的会计核算

发出物资：按实际成本，借记“委托加工物资”科目，贷记“原材料”“库存商品”等科目；按计划成本或售价核算的，还应同时结转材料成本差异或商品进销差价

支付加工费、运杂费：借记“委托加工物资”科目，贷记“银行存款”等科目；需要交纳消费税的委托加工物资，由受托方代收代交的消费税，借记本科目（收回后用于直接销售的）或“应交税费——应交消费税”科目（收回后用于继续加工的），贷记“应付账款”“银行存款”等科目

加工完成验收入库：加工完成验收入库的物资和剩余的物资，按加工收回物资的实际成本和剩余物资的实际成本，借记“原材料”“库存商品”等科目，贷记本科目。

采用计划成本或售价核算的，按计划成本或售价，借记“原材料”或“库存商品”科目，按实际成本，贷记本科目，按实际成本与计划成本或售价之间的差额，借记或贷记“材料成本差异”或贷记“商品进销差价”科目；采用计划成本或售价核算的，也可以采用上期材料成本差异率或商品进销差价率计算分摊本期应分摊的材料成本差异或商品进销差价

图2-16　委托加工物资的会计核算

【例 2-8】雅居地产股份公司委托丁公司加工商品一批 100 000 件，按照我国当前法规的要求，属于应该缴纳消费税的产品，有关经济业务如下：

（1）2012 年 1 月 20 日，发出材料一批，计划成本为 6 000 000 元，材料成本差异率为 -3%。应作如下会计处理：

①发出委托加工材料时：

借：委托加工物资　　6 000 000

　　贷：原材料　　6 000 000

②结转发出材料应分摊的材料成本差异时：

借：材料成本差异　　180 000

　　贷：委托加工物资　　180 000

（2）2 月 20 日，支付商品加工费 120 000 元，支付应当交纳的消费税 660 000 元，该商品收回后用于连续生产，消费税可抵扣，雅居地产股份公司和丁公司均为一般纳税人，适用增值税税率为 13%。应作如下会计处理：

借：委托加工物资　　120 000
　　应交税费——应交消费税　　660 000
　　　　——应交增值税（进项税额）　　15 600
　贷：银行存款　　795 600

（3）3月4日，用银行存款支付往返运杂费10 000元应作如下会计处理：

借：委托加工物资　　10 000
　贷：银行存款　　10 000

（4）3月5日，上述商品100 000件（每件计划成本为65元）加工完毕，公司已办理验收入库手续应作如下会计处理：

借：原材料　　6 500 000
　贷：委托加工物资　　5 950 000
　　　商品进销差价　　550 000

需要注意的是，需要交纳消费税的委托加工物资，由受托方代收代交的消费税，收回后用于直接销售的，记入“委托加工物资”科目；收回后用于继续加工的，记入“应交税费——应交消费税”科目。

第五节　低值易耗品

一、低值易耗品的分类与特点

低值易耗品的分类与特点如图2-17所示。

低值易耗品

分类：
（1）通用工具：指用于产品生产的各种刀具、量具、夹具等；
（2）专用工具：指专门用于生产某一种产品或在某一道工序中使用的工具；
（3）替换设备：机器设备中容易损耗更换较为频繁的部件；
（4）管理用具：指各种家具用品和办公用品等；
（5）包装容器：指用于储存和保管材料和产品，既不出售又不出租、出借的包装容器；
（6）劳保用品；
（7）其他

特点：价值低，更换频繁，所以为简化资金管理与会计核算，将其视同材料处理；性质上是劳动资料，所以与一般材料不同，它在生产过程中被反复使用一个时期以后，才全部消耗掉

图2-17　低值易耗品的分类与特点

二、低值易耗品的会计核算

为了反映和监督低值易耗品的增减变化及其结存情况，企业应当设置“周转材料——低值易耗品”科目，借方登记低值易耗品的增加，贷方登记低值易耗品的减少，期末余额在借方，通常反映企业期末结存低值易耗品的金额。低值易耗品的摊销方法有一次转销法、五五摊销法和分期摊销法，如图 2-18 所示。

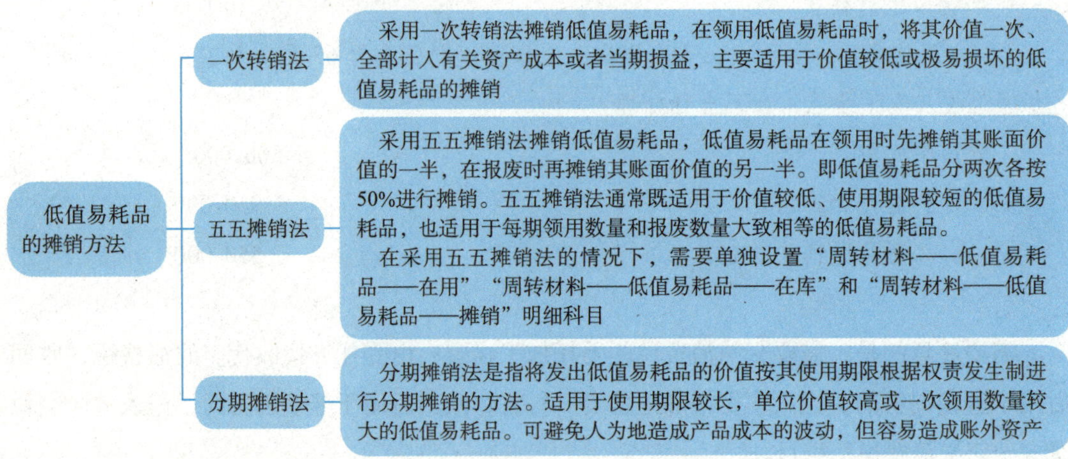

图2-18 低值易耗品的摊销方法

（一）一次转销法

【例 2-9】雅居地产股份公司第一工程部领用一般工具一批，实际成本为 3 000 元，将全部计入当期制造费用应作如下会计处理：

借：制造费用　　3 000

　贷：周转材料——低值易耗品　　3 000

（二）五五摊销法

【例 2-10】雅居地产股份公司第一工程部领用专用工具一批，实际成本为 100 000 元，采用五五摊销法进行摊销应作如下会计处理：

（1）领用专用工具。

借：周转材料——低值易耗品——在用　　100 000

　贷：周转材料——低值易耗品——在库　　100 000

（2）领用时摊销其价值的一半。

借：制造费用　　50 000

贷：周转材料——低值易耗品——摊销　　50 000

（3）报废时摊销其价值的一半。

借：制造费用　　50 000

贷：周转材料——低值易耗品——摊销　　50 000

同时，

借：周转材料——低值易耗品——摊销　　100 000

贷：周转材料——低值易耗品——在用　　100 000

（三）分期摊销法

【例 2-11】雅居地产股份公司第一工程部领用专用工具一批，实际成本为 10 000 元，采用分期摊销法分 5 个月摊销。应作如下会计处理：

借：周转材料——低值易耗品——摊销　　10 000

贷：周转材料——低值易耗品——在用　　10 000

每月摊销时：

借：制造费用　　2 000

贷：周转材料——低值易耗品——摊销　　2 000

第六节　周转材料的核算

一、周转材料的概念及分类

周转材料的概念及分类如图 2-19 所示。

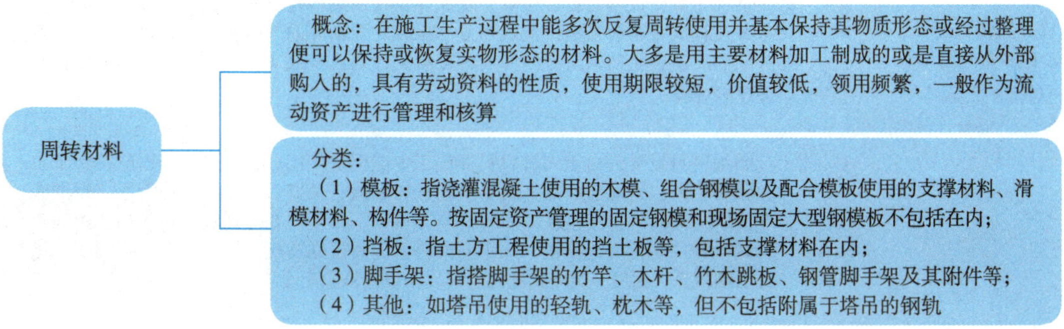

周转材料

概念：在施工生产过程中能多次反复周转使用并基本保持其物质形态或经过整理便可以保持或恢复实物形态的材料。大多是用主要材料加工制成的或是直接从外部购入的，具有劳动资料的性质，使用期限较短，价值较低，领用频繁，一般作为流动资产进行管理和核算

分类：

（1）模板：指浇灌混凝土使用的木模、组合钢模以及配合模板使用的支撑材料、滑模材料、构件等。按固定资产管理的固定钢模和现场固定大型钢模板不包括在内；

（2）挡板：指土方工程使用的挡土板等，包括支撑材料在内；

（3）脚手架：指搭脚手架的竹竿、木杆、竹木跳板、钢管脚手架及其附件等；

（4）其他：如塔吊使用的轻轨、枕木等，但不包括附属于塔吊的钢轨

图2-19　周转材料的概念及分类

二、周转材料的摊销方法

周转材料的摊销方法如图 2-20 所示。

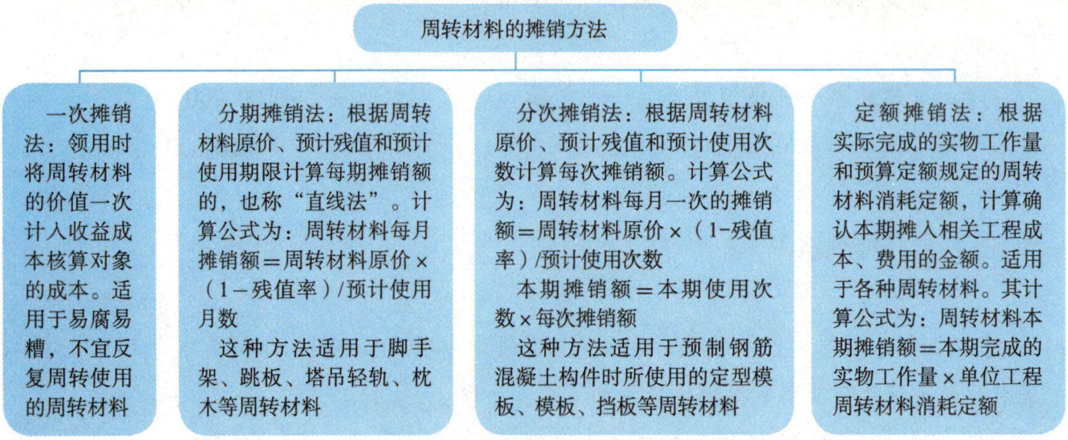

周转材料的摊销方法

一次摊销法：领用时将周转材料的价值一次计入收益成本核算对象的成本。适用于易腐易糟，不宜反复周转使用的周转材料

分期摊销法：根据周转材料原价、预计残值和预计使用期限计算每期摊销额的，也称“直线法”。计算公式为：周转材料每月摊销额＝周转材料原价×（1－残值率）/预计使用月数

这种方法适用于脚手架、跳板、塔吊轻轨、枕木等周转材料

分次摊销法：根据周转材料原价、预计残值和预计使用次数计算每次摊销额。计算公式为：周转材料每月一次的摊销额＝周转材料原价×（1-残值率）/预计使用次数

本期摊销额＝本期使用次数×每次摊销额

这种方法适用于预制钢筋混凝土构件时所使用的定型模板、模板、挡板等周转材料

定额摊销法：根据实际完成的实物工作量和预算定额规定的周转材料消耗定额，计算确认本期摊入相关工程成本、费用的金额。适用于各种周转材料。其计算公式为：周转材料本期摊销额＝本期完成的实物工作量×单位工程周转材料消耗定额

图2-20　周转材料的摊销方法

对于房地产开发企业来说，施工生产的自然条件较差，周转材料大部分都是露天堆放，发生的损耗较大。所以周转材料无论采用哪种摊销方法计算摊销额都不可能与实际消耗价值完全一致。为了使计提的周转材料摊销额尽可能与实际损耗价值一致，以保证工程成本的准确性，年终或工程竣工时，建筑企业还必须对周转材料进行清理，根据实际损耗情况调整已提摊销额。

三、周转材料核算中的科目设置

周转材料核算中的科目介绍如图 2-21 所示。

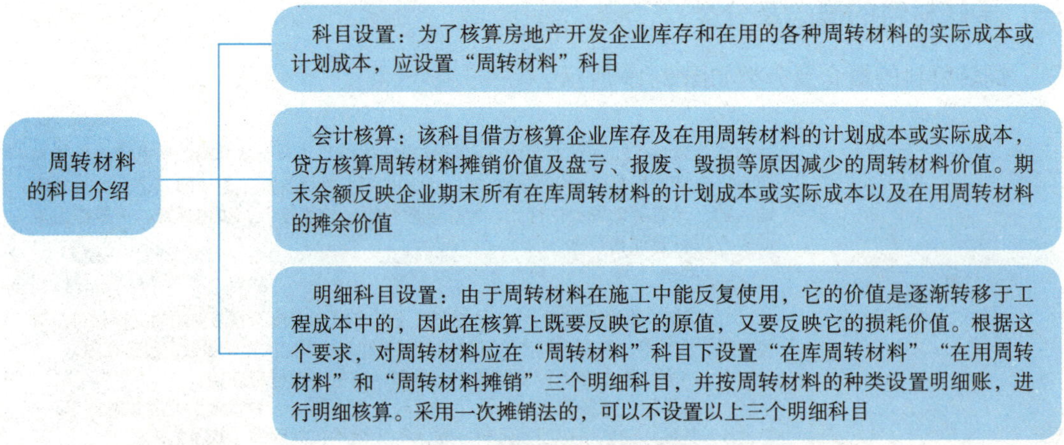

周转材料的科目介绍

科目设置：为了核算房地产开发企业库存和在用的各种周转材料的实际成本或计划成本，应设置“周转材料”科目

会计核算：该科目借方核算企业库存及在用周转材料的计划成本或实际成本，贷方核算周转材料摊销价值及盘亏、报废、毁损等原因减少的周转材料价值。期末余额反映企业期末所有在库周转材料的计划成本或实际成本以及在用周转材料的摊余价值

明细科目设置：由于周转材料在施工中能反复使用，它的价值是逐渐转移于工程成本中的，因此在核算上既要反映它的原值，又要反映它的损耗价值。根据这个要求，对周转材料应在“周转材料”科目下设置“在库周转材料”“在用周转材料”和“周转材料摊销”三个明细科目，并按周转材料的种类设置明细账，进行明细核算。采用一次摊销法的，可以不设置以上三个明细科目

图2-21　周转材料的科目介绍

四、周转材料的会计核算

（一）领用周转材料的会计核算

领用周转材料的会计核算如图 2-22 所示。

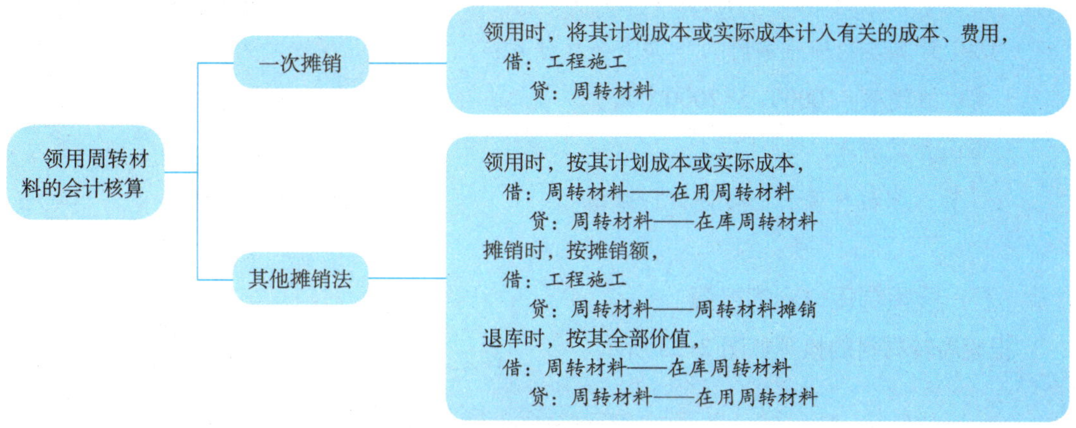

图2-22　领用周转材料的会计核算

其中采用计划成本核算的房地产开发企业，月度终了，应结转当月领用周转材料应分摊的成本差异，通过“材料成本差异”科目，记入有关成本、费用科目。

【例 2-12】雅居地产股份公司施工部门领取尼龙防护网一批，该企业对周转材料按照实际成本进行核算，其实际成本为 5 000 元，采用一次摊销法核算。其会计分录如下：

借：开发成本　　5 000

　贷：周转材料　　5 000

【例 2-13】雅居地产股份公司施工部门领用安全网一批，采用一次摊销法摊销，其计划成本为 5 000 元，应负担的材料成本差异为 -1%，领用手续已办。

（1）根据周转材料领用单作如下会计分录：

借：开发成本　　5 000

　贷：周转材料——在库周转材料　　5 000

（2）月末结转该安全网材料成本差异作如下会计分录：

应结转的材料成本差异 =5 000×（-1%）=-50（元）

借：材料成本差异——周转材料　　50

　贷：开发成本　　50

【例 2-14】雅居地产股份公司某工程领用全新挡土板一批，其账面价值为10 000元，预计使用期限为5次，预计残值占账面价值的10%，采用分次摊销法核算。

（1）领用这批周转材料时，作如下会计分录：

借：周转材料——在用周转材料　　　　10 000

　贷：周转材料——在库周转材料　　　　10 000

（2）计算本次摊销额时，作如下会计分录：

本次摊销额 =10000 / 5=2000（元）

借：开发成本　　　　2 000

　贷：周转材料——周转材料摊销　　　　2 000

（二）报废周转材料的核算

报废周转材料的核算如图 2-23 所示。

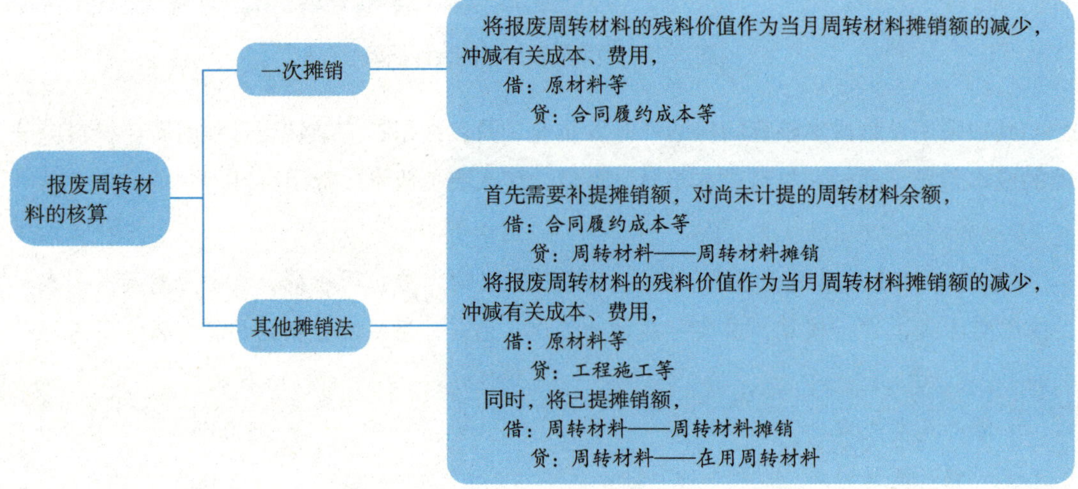

图2-23　报废周转材料的核算

【例 2-15】雅居地产股份公司某工程领用全新挡土板一批，其账面价值为10 000元，预计使用期限为5次，预计残值占账面价值的10%，采用分次摊销法核算。这批挡土板在使用到5次时已全部报废，收回残料价值为800元，挡土板已提摊销额9 000元。其账务处理如下：

挡土板应提摊销额 =10 000-800=9 200（元）

应补提摊销额 =9 200-9 000=200（元）

（1）补提摊销额时，作如下会计分录：

借：开发成本　　　　200

贷：周转材料——在用周转材料	200

（2）将残料验收入库，作如下会计分录：

借：原材料	800	
周转材料——周转材料摊销	9 200	
贷：周转材料——在用周转材料		10 000

第七节 开发产品的内容及核算

一、开发产品的内容及分类

（一）开发产品的内容

开发产品是指房地产开发企业已经完成全部开发过程，并已验收合格合乎设计标准，可以按照合同规定的条件移交购货单位，或者可以作为商品对外销售的产品，包括已开发完成的土地、房屋、配套设施和代建工程等。

（二）开发产品的分类

开发产品的分类如图 2-24 所示。

开发产品的分类

- 土地：房地产开发企业为出租或有偿转让而开发的商品性建设场地。企业为建设商品房、出租房、周转房而开发的自用建设场地属于企业的中间产品，不能列入开发产品。但如果企业开发完工的自用建设场地近期不使用，可以暂时视同最终产品
- 房屋：包括为销售而开发建设的商品房、为出租而开发建设的出租房、为安置被拆迁居民周转使用而开发建设的周转房和受其他单位委托代为开发的房屋
- 配套设施：属于城市建设规划中的大型配套设施。具体包括：开发项目外为居民服务的给排水、供电、供暖、供气的增容及交通道路；开发项目内的营业性公共配套设施，如银行、商店、邮局等；开发项目内非营业性公共配套设施，如中小学、医院、文化站等
- 代建工程：企业接受其他单位委托，代为开发建设的各种工程，包括建设场地、房屋及其他工程等

图2-24 开发产品的分类

（三）特殊的开发产品

特殊的开发产品如图 2-25 所示。

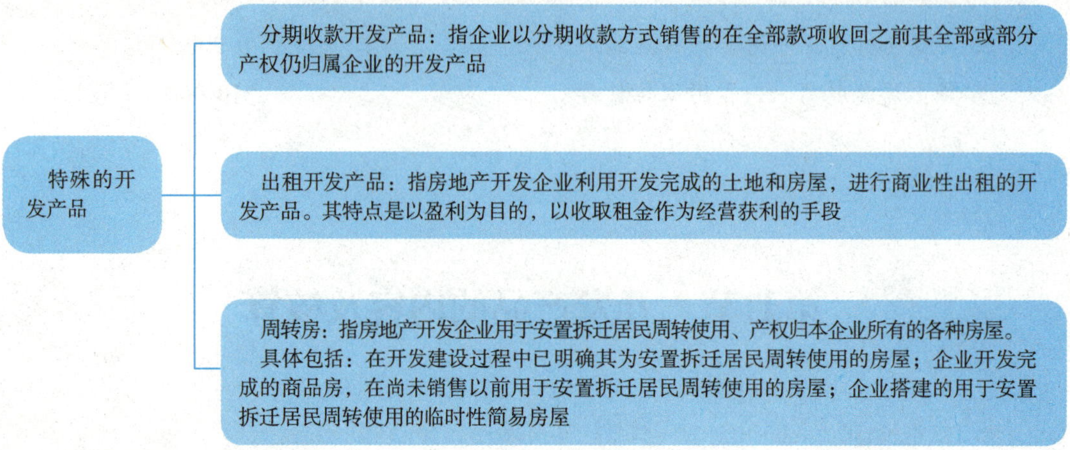

特殊的开发产品
分期收款开发产品：指企业以分期收款方式销售的在全部款项收回之前其全部或部分产权仍归属企业的开发产品
出租开发产品：指房地产开发企业利用开发完成的土地和房屋，进行商业性出租的开发产品。其特点是以盈利为目的，以收取租金作为经营获利的手段
周转房：指房地产开发企业用于安置拆迁居民周转使用、产权归本企业所有的各种房屋。
具体包括：在开发建设过程中已明确其为安置拆迁居民周转使用的房屋；企业开发完成的商品房，在尚未销售以前用于安置拆迁居民周转使用的房屋；企业搭建的用于安置拆迁居民周转使用的临时性简易房屋

图2-25　特殊的开发产品

二、开发产品的核算

开发产品的核算如图 2-26 所示。

开发产品的核算
核算方法
开发产品应按其实际成本进行核算
会计科目
为核算企业已完成产品的实际成本，企业应设置“开发产品”账户。该账户借方登记竣工验收开发产品的实际成本，贷方反映结转对外转让、销售和结算的开发产品的实际成本。借方余额反映尚未转让、销售和结算的开发产品的实际成本。本账户应按土地、房屋、配套设施和代建工程等设置明细账户，并在明细账户下按成本核算对象设置账页进行核算

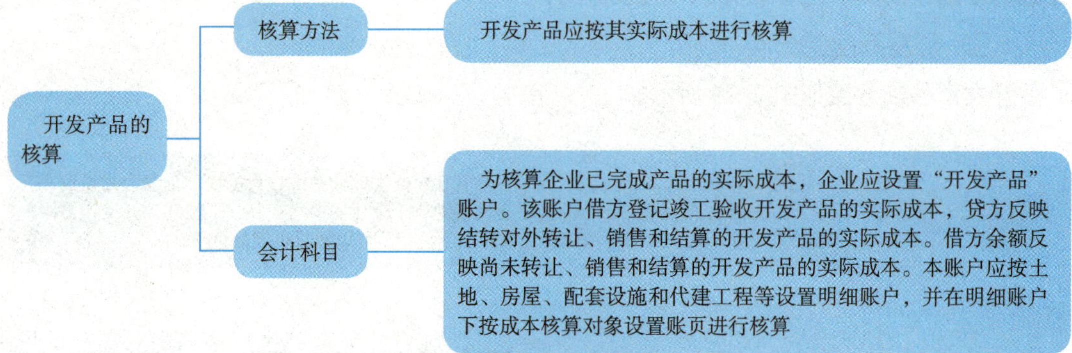

图2-26　开发产品的核算

【例 2-16】雅居地产股份公司开发建设的和谐家园小区，本月有关业务如下：

（1）小区 2 号楼已竣工，验收合格，实际总成本 2 000 万元。应作账务处理如下：

借：开发产品——房屋　　200 000 000

　　贷：开发成本——房屋开发　　200 000 000

（2）企业开发的和谐家园小区配套工程已竣工验收，实际成本为 350 万元。应作账务处理如下：

借：开发产品——配套设施　　3 500 000

贷：开发成本——配套设施　　3 500 000

（3）和谐家园小区住宅已进行部分销售，共取得销售收入600万元，结转销售成本400万元。应作账务处理如下：

借：主营业务收入　　6 000 000

贷：库存现金　　6 000 000

借：主营业务成本——商品房销售成本　　4 000 000

贷：开发产品——房屋　　4 000 000

（4）将开发的营业性配套设施——商店，作为从事第三产业的经营用房投入使用，实际成本300万元。应作账务处理如下：

借：固定资产　　3 000 000

贷：开发产品——配套设施　　3 000 000

第八节　存货清查

一、存货的盘存方法

存货的盘存方法如图2-27所示。

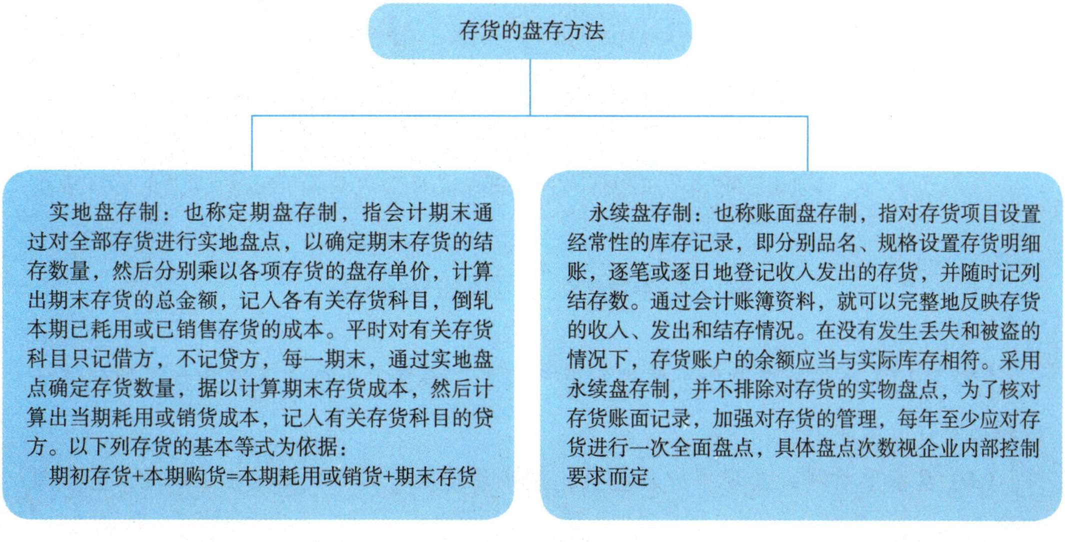

存货的盘存方法

实地盘存制：也称定期盘存制，指会计期末通过对全部存货进行实地盘点，以确定期末存货的结存数量，然后分别乘以各项存货的盘存单价，计算出期末存货的总金额，记入各有关存货科目，倒轧本期已耗用或已销售存货的成本。平时对有关存货科目只记借方，不记贷方，每一期末，通过实地盘点确定存货数量，据以计算期末存货成本，然后计算出当期耗用或销货成本，记入有关存货科目的贷方。以下列存货的基本等式为依据：

期初存货+本期购货=本期耗用或销货+期末存货

永续盘存制：也称账面盘存制，指对存货项目设置经常性的库存记录，即分别品名、规格设置存货明细账，逐笔或逐日地登记收入发出的存货，并随时记列结存数。通过会计账簿资料，就可以完整地反映存货的收入、发出和结存情况。在没有发生丢失和被盗的情况下，存货账户的余额应当与实际库存相符。采用永续盘存制，并不排除对存货的实物盘点，为了核对存货账面记录，加强对存货的管理，每年至少应对存货进行一次全面盘点，具体盘点次数视企业内部控制要求而定

图2-27　存货的盘存方法介绍

二、存货盘盈、盘亏的会计核算

存货盘盈、盘亏的会计核算如图 2-28 所示。

存货盘盈、盘亏的会计核算

盘盈：应按规定的程序报经有关部门批准后才能做出处理，在批准处理以前，一般先根据盘盈的存货，按同类或类似存货的市场价格计价入账调整存货账面记录，以使账实一致，

借：原材料

　　库存商品

　　贷：待处理财产损溢——待处理流动资产损溢

盘盈的存货查明原因后，应按不同的原因及处理决定分别入账，

借：待处理财产损溢——待处理流动资产损溢

　　贷：有关科目

其中，对于无法确定具体原因的，一般应冲减企业的管理费用，

借：待处理财产损溢——待处理流动资产损溢

　　贷：管理费用

盘亏：在批准处理以前，应先通过“待处理财产损溢——待处理流动资产损溢”科目进行核算。一般按盘亏和毁损存货的实际成本（大多按盘亏、毁损的数量和该存货的期初结存单价计算确定）冲减存货的账面记录，

借：待处理财产损溢——待处理流动资产损溢

　　贷：有关的存货科目

非正常损失的存货价值应包括其实际成本和应负担的进项税两部分，发生非正常毁损时，应按非正常损失的价值借记“待处理财产损溢——待处理流动资产损溢”科目，按非正常损失存货的实际成本贷记有关存货科目，按非正常损失存货应负担的进项税，贷记“应交税费——应交增值税（进项税额转出）”科目。

查明盘亏和毁损原因后，

借：有关科目

　　贷：待处理财产损溢——待处理流动资产损溢

（1）属于定额内合理盘亏，应作为管理费用列支；

（2）属于一般经营性损失的，扣除残料价值以及可以收回的保险赔偿和过失人赔偿剩余净损失，经批准也可以作为管理费用列支；

（3）属于自然灾害损失，管理不善造成货物被盗、发生霉烂变质等损失以及其他非正常损失的，扣除可以收回的保险赔偿及残料价值后的净损失，作为企业的营业外支出进行处理

图2-28　存货盘盈、盘亏的会计核算介绍

【例 2-17】雅居地产股份公司进行财产清查，根据发生的有关存货盘盈的经济业务编制会计分录如下：

（1）盘点原材料，发现甲材料盘盈，按市场价格计算其成本为 1 000 元，盘盈原因待查。

借：原材料　　　　1 000

贷：待处理财产损溢——待处理流动资产损溢 1 000

（2）查明原因，盘盈的原材料系收发时的计量误差所致，经批准冲销企业的管理费用。

借：待处理财产损溢——待处理流动资产损溢 1 000

贷：管理费用 1 000

【例 2-18】雅居地产股份公司在年末盘点时，发生以下有关的存货盘亏和毁损的经济业务，编制的会计分录如下：

（1）甲材料发生盘亏，实际成本为 800 元，原因待查。

借：待处理财产损溢——待处理流动资产损溢 800

贷：原材料 800

（2）后查明原因，盘亏甲材料系定额内合理损耗，批准作为管理费用列支。

借：管理费用 800

贷：待处理财产损溢——待处理流动资产损溢 800

（3）因发生水灾，对财产进行清查盘点。其中，产成品毁损额按实际成本计算为 2 000 元，产成品耗用的原材料及应税劳务的进项税为 260 元，并通知保险公司。

借：待处理财产损溢——待处理流动资产损溢 2 260

贷：产成品 2 000

应交税费——增值税（进项税额） 260

（4）公司对水灾造成的产成品损失已经作出处理决定，残料估值 300 元，可以由保险公司赔偿的损失为 1 000 元，由企业负担的损失为 1 040 元。

借：原材料 300

其他应收款 1 000

营业外支出 1 040

贷：待处理财产损溢——待处理流动资产损溢 2 340

第九节　存货跌价准备

一、存货的期末计量

对期末存货按照成本与可变现净值两者之中较低者计量。即当成本低于可变现净值时，期末存货按成本计量；当可变现净值低于成本时，期末存货按可变现净值计量，成本与可变现净值孰低法如图 2-29 所示。

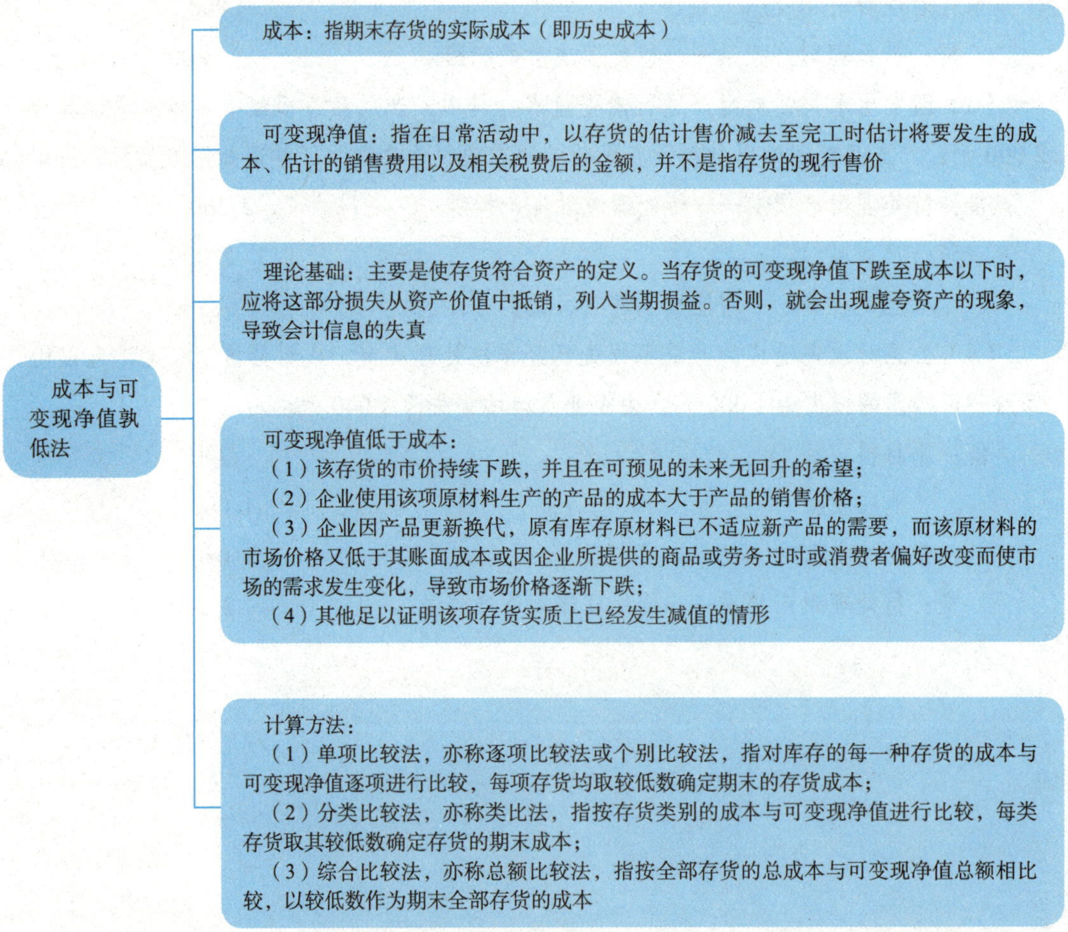

成本与可变现净值孰低法

成本：指期末存货的实际成本（即历史成本）

可变现净值：指在日常活动中，以存货的估计售价减去至完工时估计将要发生的成本、估计的销售费用以及相关税费后的金额，并不是指存货的现行售价

理论基础：主要是使存货符合资产的定义。当存货的可变现净值下跌至成本以下时，应将这部分损失从资产价值中抵销，列入当期损益。否则，就会出现虚夸资产的现象，导致会计信息的失真

可变现净值低于成本：
（1）该存货的市价持续下跌，并且在可预见的未来无回升的希望；
（2）企业使用该项原材料生产的产品的成本大于产品的销售价格；
（3）企业因产品更新换代，原有库存原材料已不适应新产品的需要，而该原材料的市场价格又低于其账面成本或因企业所提供的商品或劳务过时或消费者偏好改变而使市场的需求发生变化，导致市场价格逐渐下跌；
（4）其他足以证明该项存货实质上已经发生减值的情形

计算方法：
（1）单项比较法，亦称逐项比较法或个别比较法，指对库存的每一种存货的成本与可变现净值逐项进行比较，每项存货均取较低数确定期末的存货成本；
（2）分类比较法，亦称类比法，指按存货类别的成本与可变现净值进行比较，每类存货取其较低数确定存货的期末成本；
（3）综合比较法，亦称总额比较法，指按全部存货的总成本与可变现净值总额相比较，以较低数作为期末全部存货的成本

图2-29　成本与可变现净值孰低法

二、存货期末计价的方法

存货期末计价的方法如图 2-30 所示。

- 可变现净值的确定方法
  - 产成品、商品和用于出售的材料等直接用于出售的商品存货，在正常生产经营过程中，应当以该存货的估计售价减去估计的销售费用和相关税费后的金额确定其可变现净值
  - 需要经过加工的材料存货，在正常生产经营过程中，应当以所生产的产成品的估计售价减去至完工时估计将要发生的成本、估计的销售费用以及相关税费后的金额确定其可变现净值
  - 资产负债表日，同一项存货中一部分有合同价格约定，其他部分不存在合同价格的，企业应分别确定其可变现净值，并与其相对应的成本进行比较，分别确定存货跌价准备的计提或转回的金额
- 存货的估计售价
  - 为执行销售合同或者劳务合同而持有的存货，通常应当以产成品或商品的合同价格作为估计售价；如果持有存货的数量多于销售合同订购数量的，超出部分的存货应当以一般销售价格为估计售价；如果企业销售合同所规定的标的物还没有生产出来，但持有专门用于该标的物生产的原材料，也应当以合同价格作为估计售价
  - 没有销售合同约定的存货，但不包括用于出售的材料，应当以产成品或商品一般销售价格（即市场销售价格）作为估计售价
  - 用于出售的材料等，应当以市场价格作为其估计售价。这里的市场价格是指材料等的市场销售价格

图2-30 存货期末计价的方法

存货的可变现净值为零情况如图 2-31 所示。

- 存货的可变现净值为零的情况
  - 已霉烂变质的存货
  - 已过期且无转让价值的存货
  - 生产中已不再需要，并且已无使用价值和转让价值的存货
  - 其他足以证明已无使用价值和转让价值的存货

图2-31 存货的可变现净值为零的情况

存货跌价准备按单个存货项目计提的情况如图 2-32 所示。

- 存货跌价准备按单个存货项目计提的情况
  - 在同一地区生产和销售的系列相关产品，具有相同或类似最终用途或目的，且难以与其他项目分开计量的存货，可以合并计提存货跌价准备
  - 对于数量繁多、单价较低的存货，可以按存货类别计提存货跌价准备

图2-32 存货跌价准备按单个存货项目计提的情况

【例 2-19】雅居地产股份公司有甲、乙两大类 A、B、C、D 四种存货，各种存货分别按三种计算方式确定期末存货的成本，详见表 2-1。

表 2-1　期末存货成本与可变现净值比较表

存货项目	成本	可变现净值	期末计价		
			单项比较法	分类比较法	总额比较法
甲类存货	10 000.00	9 600.00		9 600.00	
A 存货	4 000.00	3 200.00	3 200.00		
B 存货	6 000.00	6 400.00	6 000.00		
乙类存货	20 000.00	20 800.00		20 000.00	
C 存货	8 000.00	9 200.00	8 000.00		
D 存货	12 000.00	11 600.00	11 600.00		
总计	30 000.00	30 400.00	28 800.00	29 600.00	30 000.00
应计提减值准备			1 200.00	400.00	0.00

由表 2-1 可知，单项比较法确定的期末存货成本最低，为 28 800 元；分类比较法次之，为 29 600 元；总额比较法最高，为 30 000 元。相应地，计提的存货跌价准备分别为 1 200 元，400 元，0 元。

三、存货跌价准备的核算

存货跌价准备的核算如图 2-33 所示。

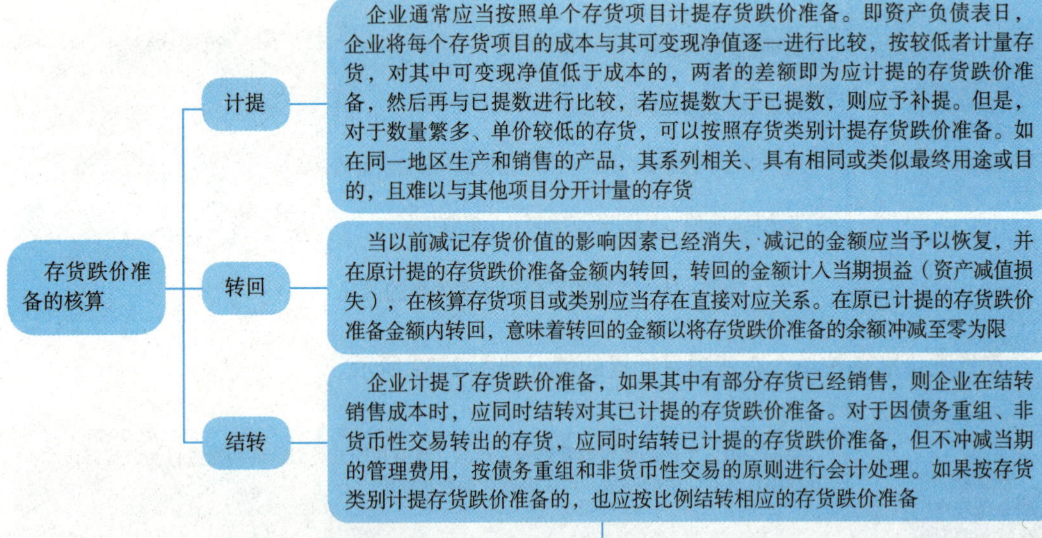

图2-33　存货跌价准备的核算

（一）存货跌价准备的计提

【例 2-20】雅居地产股份公司采用成本与可变现净值孰低法对期末存货进行计量，采用单项比较法进行存货成本与可变现净值的比较。2018 年 12 月 31 日，A、B 两种存货的成本分别为 40 万元、27 万元，可变现净值分别为 36 万元、30 万元。

对于 A 存货，其成本 40 万元高于可变现净值 36 万元，应计提存货跌价准备 4 万元（40-36）。

对于 B 存货，其成本 27 万元低于可变现净值 30 万元，不需计提存货跌价准备。

因此，该企业对 A、B 两种存货计提的跌价准备共计为 4 万元，在当日资产负债表中列示的存货金额为 63 万元（36+27）。

（二）存货跌价准备的转回

【例 2-21】雅居地产股份公司采用成本与可变现净值孰低法对期末存货进行计量，采用单项比较法进行存货成本与可变现净值的比较。2018 年 12 月 31 日，A、B 两种存货的成本分别为 40 万元、27 万元，可变现净值分别为 36 万元、30 万元。对存货 A 计提存货跌价准备 4 万元。

假设 2018 年年末，存货的种类和数量、账面成本和已计提的存货跌价准备未发生变化，但是，2019 年以来 A 存货市场价格持续上升，市场前景明显好转，可以判断以前造成减记存货价值的影响因素已经消失，减记的金额应当在原已计提的存货跌价准备金额内予以恢复。相关账务处理如下：

借：存货跌价准备　　　　40 000

　贷：资产减值损失　　　　40 000

需要注意的是，导致存货跌价准备转回的是以前减记存货价值的影响因素的消失，而不是在当期造成存货可变现净值高于其成本的其他影响因素。如果本期导致存货可变现净值高于其成本的影响因素不是以前减记该存货价值的影响因素，则企业会计准则不允许将该存货跌价准备转回。

（三）存货跌价准备的结转

【例 2-22】2018 年，雅居地产股份公司库存 A 机器 5 台，每台成本为 5 000 元，已经计提的存货跌价准备为 6 000 元。2019 年，公司将库存的 5 台机器全部以每台 6 000 元的价格售出。假定不考虑可能发生的销售费用及税金的影响，公司应将这 5 台

A 机器已经计提的跌价准备在结转其销售成本的同时，全部予以结转。相关账务处理如下：

借：主营业务成本　　19 000

　　存货跌价准备　　6 000

　贷：原材料——A 机器　　25 000

第三章 固定资产

本章导读

2019 年我们最熟悉的话语："肉价长了，通胀起来了"，通胀压力下，手握大量现金的人们开始慌了，因为他们的财富在高通胀下缩水不少！怎么办？将现金换为固定资产！这是大多数中国人认为的最保险的投资渠道。为应对全球经济衰退对中国经济增长率的影响，政府出台了一系列刺激房地产市场的措施，包括降低房贷利率和保证金等，而房地产投资约占中国固定资产投资的三分之一。自此，中国人开始掀起新一轮买房的热潮。

但换回的固定资产应如何进行有效地管理，才能使固定资产价值最大化呢？据统计，一般企业固定资产占企业有形资产总额的 40% ～ 60%，目前在企业中出现固定资产管理松散混乱、缺乏制衡，造成现有固定资产的流失，运行效率低下等局面，从而间接增加企业制造成本。如果不加强企业固定资产管理，将削弱企业竞争实力与企业发展后劲。

固定资产，是指在一段较长的期限内保持原有的实物形态的资产，其价值是在多年的使用过程中逐渐消耗掉的，也就是说，你不能把固定资产的成本一次性地记入某一年的成本费用之中，这就是固定资产的会计核算中需要重点解决的问题。

在本章中，我们重点学习固定资产的分类，固定资产的取得，掌握固定资产的会计核算；理解固定资产的折旧，并掌握其折旧方法；学习固定资产的后续支出；最后再重点学习怎样进行固定资产的清理，如何对其进行会计核算。

第一节　固定资产的概念与确认

一、固定资产的概念及确认条件

固定资产的概念及确认条件如图 3-1 所示。

固定资产
定义：为生产商品、提供劳务、出租或经营管理而持有的，使用寿命超过一个会计年度的有形资产
确认条件：与该固定资产有关的经济利益很可能流入企业；该固定资产的成本能够可靠地计量

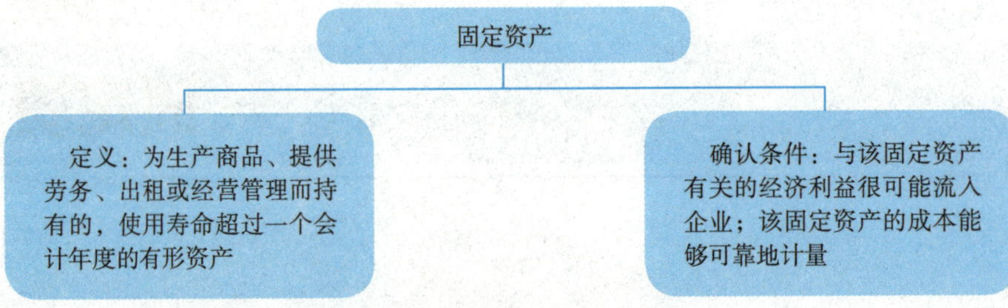

图3-1　固定资产的概念及确认条件

二、固定资产确认条件的具体应用

固定资产确认条件的具体应用如图 3-2 所示。

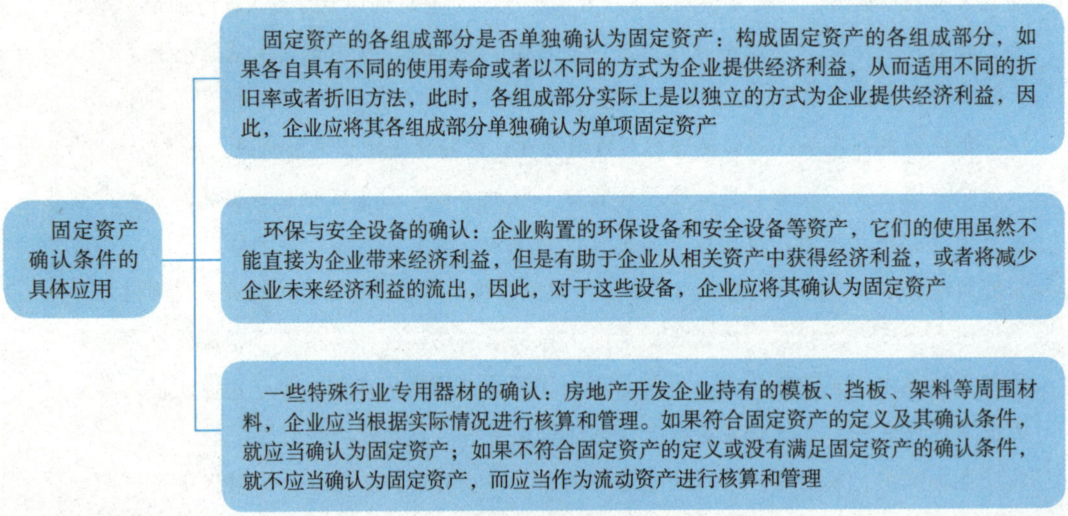

固定资产确认条件的具体应用
固定资产的各组成部分是否单独确认为固定资产：构成固定资产的各组成部分，如果各自具有不同的使用寿命或者以不同的方式为企业提供经济利益，从而适用不同的折旧率或者折旧方法，此时，各组成部分实际上是以独立的方式为企业提供经济利益，因此，企业应将其各组成部分单独确认为单项固定资产
环保与安全设备的确认：企业购置的环保设备和安全设备等资产，它们的使用虽然不能直接为企业带来经济利益，但是有助于企业从相关资产中获得经济利益，或者将减少企业未来经济利益的流出，因此，对于这些设备，企业应将其确认为固定资产
一些特殊行业专用器材的确认：房地产开发企业持有的模板、挡板、架料等周围材料，企业应当根据实际情况进行核算和管理。如果符合固定资产的定义及其确认条件，就应当确认为固定资产；如果不符合固定资产的定义或没有满足固定资产的确认条件，就不应当确认为固定资产，而应当作为流动资产进行核算和管理

图3-2　固定资产确认条件的具体应用

第二节　固定资产的初始计量

固定资产初始计量的相关概念如图 3-3 所示。

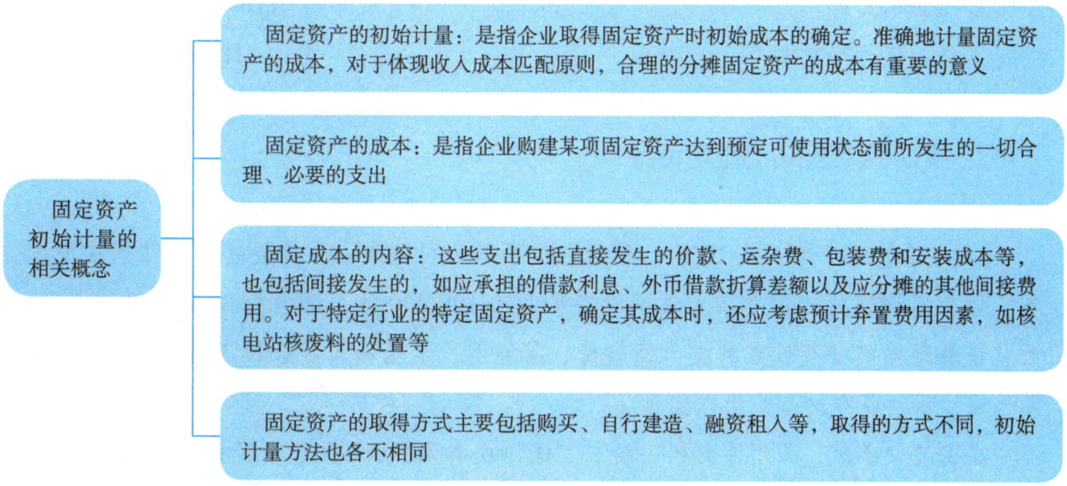

固定资产初始计量的相关概念
固定资产的初始计量：是指企业取得固定资产时初始成本的确定。准确地计量固定资产的成本，对于体现收入成本匹配原则，合理的分摊固定资产的成本有重要的意义
固定资产的成本：是指企业购建某项固定资产达到预定可使用状态前所发生的一切合理、必要的支出
固定成本的内容：这些支出包括直接发生的价款、运杂费、包装费和安装成本等，也包括间接发生的，如应承担的借款利息、外币借款折算差额以及应分摊的其他间接费用。对于特定行业的特定固定资产，确定其成本时，还应考虑预计弃置费用因素，如核电站核废料的处置等
固定资产的取得方式主要包括购买、自行建造、融资租入等，取得的方式不同，初始计量方法也各不相同

图3-3　固定资产初始计量的相关概念

一、外购固定资产

外购固定资产如图 3-4 所示。

外购固定资产
成本
企业外购固定资产的成本，包括购买价款、相关税费、使固定资产达到预定可使用状态前所发生的可归属于该项资产的运输费、装卸费、安装费和专业人员服务费等
分类
企业购入不需要安装的固定资产，按应计入固定资产成本的金额，
借：固定资产
贷：银行存款等科目
购入需要安装的固定资产，先记入“在建工程”科目，达到预定可使用状态时再转入“固定资产”科目
外购固定资产的特殊考虑：
以一笔款项购入多项没有单独标价的固定资产，应当按照各项固定资产的公允价值比例对总成本进行分配，分别确定各项固定资产的成本

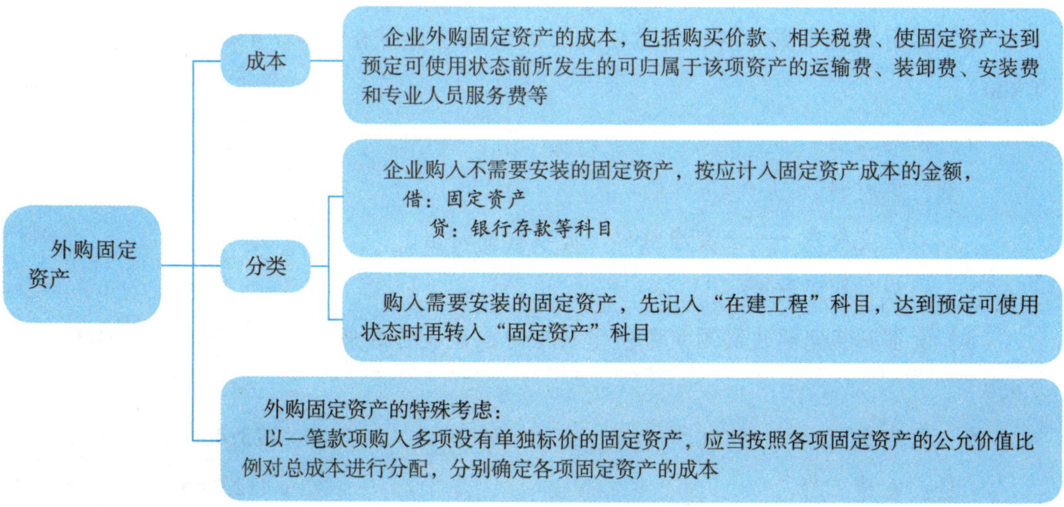

图3-4　外购固定资产

（一）购入不需要安装的固定资产

【例 3-1】2019 年 5 月 20 日，雅居地产股份公司购入一台不需要安装，直接就可投入使用的设备，取得的相应增值税专用发票上注明的设备价款为 100 000 元，增值税税额为 13 000 元，发生的运费、保险费、调试费等合计 5 000 元，以银行存款转账的方式向对方进行了支付。假定不考虑其他相关税费。雅居地产股份公司应进行的账务处理如下：

借：固定资产　　118 000
　贷：银行存款　　118 000

（二）购入需要安装的固定资产

【例 3-2】2019 年 5 月 10 日，雅居地产股份公司购入一台需要安装的注塑成型设备，取得的增值税专用发票上注明设备价款为 100 000 元，增值税税额为 13 000 元，为将设备运输到安装地点共支付运输费、装卸费、运输保险费合计 3 000 元，全部款项已通过银行转账的形式予以支付。

在安装设备时，领用原材料一批，其账面成本为 5 000 元，未计提存货跌价准备，购进该批原材料时已付的增值税进项税额为 650 元；应支付安装工人薪酬 1 800 元。假定不考虑其他相关税费。雅居地产股份公司应该进行的会计处理如下：

（1）支付设备价款、增值税、装卸费合计为 116 000 元（100 000+13 000+3 000）。

借：在建工程　　116 000
　贷：银行存款　　116 000

（2）领用本公司原材料、支付安装工人薪酬等费用合计为 7 450 元（5 000+650+1 800）。

借：在建工程　　7 450
　贷：原材料　　5 000
　　应交税费——应交增值税（进项税额转出）　　650
　　应付职工薪酬　　1 800

（3）设备安装完毕达到预定可使用状态时，该设备的总成本为 127 650（116 000+7 450）。

借：固定资产　　123 450
　贷：在建工程　　123 450

（三）外购固定资产的特殊考虑

【例 3-3】2019 年 5 月 12 日，雅居地产股份公司一次性购入三台独立运行的设备，这些设备的价款合计为 2 000 000 元，增值税税款为 260 000 元，三套设备的运输费、装卸、保险费合计 4 000 元。这三套设备都具备确认为固定资产的条件，其公允价值分别为 900 000 元、600 000 元、500 000 元；不考虑其他相关税费。雅居地产股份公司的会计处理如下：

（1）确定 A、B 和 C 这三套设备的成本分配比例。

A 设备的成本分配比例 =900 000÷（900 000+600 000+500 000）=45%

B 设备的成本分配比例 =600 000÷（900 000+600 000+500 000）=30%

C 设备的成本分配比例 =500 000÷（900 000+600 000+500 000）=25%

（2）确定应计入固定资产成本的总金额，包括买价、包装费及增值税税额等应计入固定资产成本的金额 =2 000 000+260 000+4 000=2 264 000（元）。

（3）确定设备 A、B 和 C 各自的入账价值。

A 设备的入账价值 =2 264 000×45%=1 018 800（元）

B 设备的入账价值 =2 264 000×30%=679 200（元）

C 设备的入账价值 =2 264 000×25%=566 000（元）

（4）编制会计分录：

借：固定资产——A　　1 018 800

　　　　　　——B　　679 200

　　　　　　——C　　566 000

　贷：银行存款　　2 264 000

（四）由于延期付款需要支付利息的核算

有时，企业购买固定资产的价款有可能会延期支付。购入固定资产超过正常信用条件延期支付价款、实质上具有融资性质的，按应付购买价款的现值，借记“固定资产”科目或“在建工程”科目，按应支付的金额，贷记“长期应付款”科目，按其差额，借记“未确认融资费用”科目。

【例 3-4】2017 年 1 月 1 日，雅居地产股份公司与乙公司签订一项购货合同，从乙公司购入一台需要安装的大型机器设备，收到的增值税专用发票上注明的设备价款为 9 000 000 元，增值税税额为 1 530 000 元。合同约定，雅居地产股份公司于 2017—2021 年 5 年内，每年的 12 月 31 日支付 2 106 000 元。2017 年 1 月 1 日，雅居地产股份公司收到该设备并投入安装，发生保险费、装卸费等7 000元；2017年12月31日，该设备安装完毕达到预定可使用的状态，共发生安装费50 000元，款项均以银行存款支付。假定雅居地产股份公司综合各方面因素后决定采用10%作为折现率，不考虑其他因素。雅居地产股份公司的账务处理如下：

（1）2017年1月1日，确定购入固定资产成本的金额，包括购买价款、增值税税额、保险费、装卸费等。

购入固定资产成本 =2 106 000×3. 7908+7 000=7 990 424.8（元）

借：在建工程　　7 990 424.80

　　未确认融资费用　　2 539 575.20

　贷：长期应付款　　10 530 000.00

（2）2017年度发生安装费用50 000元。

借：在建工程　　50 000

　贷：银行存款　　50 000

（3）确定未确认融资费用在信用期间的分摊额，见表3-1。

表3-1　雅居地产未确认融资费用在信用期间的分摊额

日期	（1）	（2）= 期初（4）×10%	（3）=（1）-（2）	（4）= 期初（4）-（3）
2017年1月1日				7 990 424.80
2017年12月31日	2 106 000	799 042.48	1 306 957.52	6 683 467.28
2018年12月31日	2 106 000	668 346.73	1 437 653.27	5 245 814.01
2019年12月31日	2 106 000	524 581.40	1 581 418.60	3 664 395.41
2020年12月31日	2 106 000	366 439.54	1 739 560.46	1 924 834.95
2021年12月31日	2 106 000	181 165.05	1 924 834.95	0.00
合计	10 530 000	2 539 575.20	7 990 424.80	

（4）2017年12月31日，分摊未确认融资费用、结转工程成本、支付款项。

借：在建工程　　799 042.48

　贷：未确认融资费用　　799 042.48

借：固定资产　　8 839 467.28

　贷：在建工程　　8 839 467.28

借：长期应付款　　2 106 000

　贷：银行存款　　2 106 000

（5）2018 年 12 月 31 日，分摊未确认融资费用、支付款项。

借：财务费用　　668 346.73

　贷：未确认融资费用　　668 346.73

借：长期应付款　　2 106 000

　贷：银行存款　　2 106 000

2019—2021 年分摊未确认融资费用、支付款项的账务处理比照 2018 年的相关财务处理。

二、自行建造的固定资产

自行建造的固定资产如图 3-5 所示。

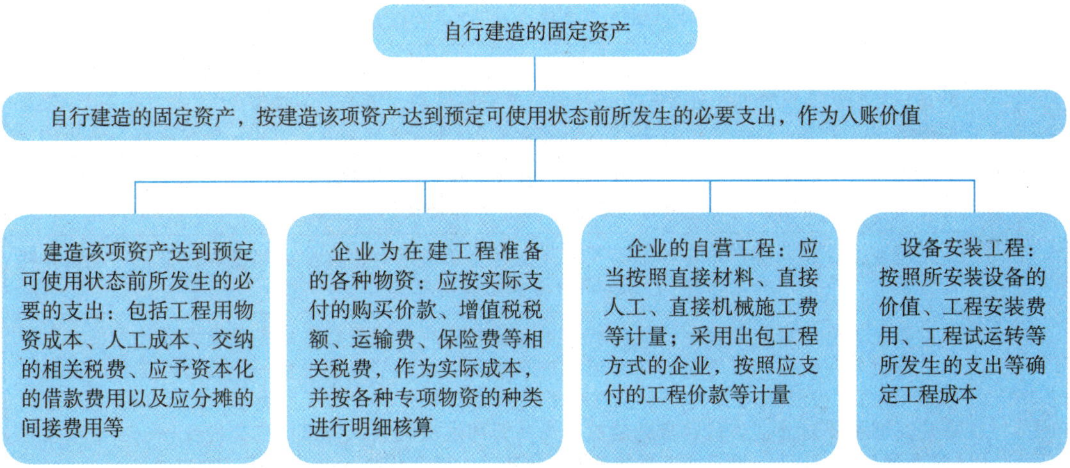

自行建造的固定资产

自行建造的固定资产，按建造该项资产达到预定可使用状态前所发生的必要支出，作为入账价值

建造该项资产达到预定可使用状态前所发生的必要的支出：包括工程用物资成本、人工成本、交纳的相关税费、应予资本化的借款费用以及应分摊的间接费用等

企业为在建工程准备的各种物资：应按实际支付的购买价款、增值税税额、运输费、保险费等相关税费，作为实际成本，并按各种专项物资的种类进行明细核算

企业的自营工程：应当按照直接材料、直接人工、直接机械施工费等计量；采用出包工程方式的企业，按照应支付的工程价款等计量

设备安装工程：按照所安装设备的价值、工程安装费用、工程试运转等所发生的支出等确定工程成本

图3-5　自行建造的固定资产

（一）自营工程

自营工程的科目设置如表 3-2 所示。

表 3-2　自营工程的科目设置

科目	核算内容
工程物资	用于基建工程、更改工程和大修理工程准备的各种物资的实际成本，包括为工程准备的材料、尚未交付安装的需要安装设备的实际成本，以及预付大型设备款和基本建设期间根据项目概算购入为生产准备的工具及器具等的实际成本。 借方登记增加的工程物资的实际成本，贷方登记减少（包括工程领用、转作生产用料、对外出售、盘亏毁损等）的工程物资的实际成本，余额在借方，反映企业为工程购入但尚未领用的专用材料的实际成本、购入需要安装设备的实际成本，以及为生产准备但尚未交付的工具及器具的实际成本等。 应当按专用材料、专用设备、预付大型设备款、为生产准备的工具及器具设置明细科目

续表

科目	核算内容
在建工程	企业为基建工程、安装工程、技术改造工程、大修理工程所发生的实际支出，以及改扩建工程等转入的固定资产净值。 借方登记工程的各项支出，贷方登记工程完工转作固定资产的成本，余额在借方，反映企业尚未完工的基建工程发生的各项实际支出。 应按建筑工程、安装工程、在安装设备、技术改造工程、大修理工程、其他支出设置明细科目

自营工程的会计核算如表 3-3 所示。

表 3-3 自营工程的会计核算

<table>
<tr><td rowspan="10">自营工程的会计核算</td><td rowspan="6">工程物资的核算</td><td>企业购入为工程准备的物资，应按实际成本和专用发票上注明的增值税额，借记“工程物资”（专用材料、专用设备），贷记“银行存款”“应付账款”“应付票据”等科目</td></tr>
<tr><td>企业为购置大型设备而预付款时，借记“工程物资”（预付大型设备款），贷记“银行存款”科目；收到设备并补付设备价款时，按设备的实际成本，借记“工程物资”（专用设备），按预付的价款，贷记“工程物资”（预付大型设备款），按补付的价款，贷记“银行存款”等科目</td></tr>
<tr><td>工程领用工程物资，借记“在建工程”科目，贷记“工程物资”（专用材料等）；工程完工后对领出的剩余工程物资应当办理退库手续，并作相反的会计分录</td></tr>
<tr><td>工程完工，将为生产准备的工具及器具交付生产使用时，应按实际成本，借记“低值易耗品”科目，贷记“工程物资”（为生产准备的工具及器具）</td></tr>
<tr><td>工程完工后剩余的工程物资，如转作本企业存货的，按原材料的实际成本或计划成本，借记“原材料”科目，按可抵扣的增值税进项税额，借记“应交税费——应交增值税（进项税额）”科目，按转入存货的剩余工程物资的账面余额，贷记“工程物资”；如工程完工后剩余的工程物资对外出售的，应先结转工程物资的进项税额，借记“应交税费——应交增值税（进项税额）”科目，贷记“工程物资”，出售时，应确认收入并结转相应的成本</td></tr>
<tr><td>盘盈、盘亏、报废、毁损的工程物资，减去保险公司、过失人赔偿部分，工程项目尚未完工的，计入或冲减所建工程项目的成本；工程已经完工的，计入营业外收支</td></tr>
<tr><td rowspan="4">在建工程的核算</td><td>领用工程用材料物资时，应按实际成本，借记“在建工程”（建筑工程、安装工程等——××工程），贷记“工程物资”科目</td></tr>
<tr><td>基建工程领用本企业外购生产经营用原材料的，应按原材料的实际成本加上不能抵扣的增值税进项税额，借记“在建工程”（建筑工程、安装工程等——××工程），按原材料的实际成本或计划成本，贷记“原材料”科目，按不能抵扣的增值税进项税额，贷记“应交税费——应交增值税（进项税额转出）”科目，采用计划成本进行材料日常核算的企业，还应当分摊材料成本差异</td></tr>
<tr><td>基建工程领用本企业的商品产品以及委托加工收回的材料物资时，按商品产品的实际成本（或进价）或计划成本（或售价）加上应交的相关税费，借记“在建工程”（建筑工程、安装工程——××工程），按应交的相关税费，贷记“应交税费——应交增值税（销项税额）”等科目，按库存商品的实际成本（或进价）或计划成本（或售价），贷记“库存商品”科目。库存商品采用计划成本或售价的企业，还应当分摊成本差异或商品进销差价</td></tr>
<tr><td>基建工程应负担的职工工资，借记“在建工程”（建筑工程、安装工程——××工程），贷记“应付职工薪酬”科目</td></tr>
</table>

续表

<table>
<tr><td rowspan="6">自营工程的会计核算</td><td rowspan="3">在建工程的核算</td><td>企业的辅助生产部门为工程提供的水、电、设备安装、修理、运输等劳务，应按月根据实际成本，借记“在建工程”（建筑工程、安装工程等——××工程），贷记“生产成本——辅助生产成本”等科目</td></tr>
<tr><td>基建工程发生的工程管理费、征地费、可行性研究费、临时设施费、公证费、监理费等，借记“在建工程”（其他支出），贷记“银行存款”等科目；基建工程应负担的税金，借记“在建工程”（其他支出），贷记“银行存款”等科目</td></tr>
<tr><td>由于自然灾害等原因造成的单项工程或单位工程报废或毁损，减去残料价值和过失人或保险公司等赔款后的净损失，报经批准后计入继续施工的工程成本，借记“在建工程”（其他支出）科目，贷记本科目（建筑工程、安装工程等——××工程）；如为非正常原因造成的报废或毁损，或在建工程项目全部报废或毁损，应将其净损失直接计入当期营业外支出</td></tr>
<tr><td rowspan="3">在建工程的核算</td><td>工程物资在建设期间发生的盘亏、报废及毁损，其处置损失，报经批准后，借记“在建工程”，贷记“工程物资”科目；盘盈的工程物资或处置收益，作相反的会计分录</td></tr>
<tr><td>基建工程达到预定可使用状态前进行负荷联合试车发生的费用，借记“在建工程”（其他支出），贷记“银行存款”“库存商品”等科目；获得的试车收入或按预计售价将能对外销售的产品转为库存商品的，作相反会计分录</td></tr>
<tr><td>基建工程完工后应当进行清理，已领出的剩余材料应当办理退库手续，借记“工程物资”科目，贷记“在建工程”</td></tr>
</table>

企业应当设置“在建工程其他支出备查簿”，专门登记基建项目发生的构成项目概算内容但不通过“在建工程”科目核算的其他支出，包括按照建设项目概算内容购置的不需要安装设备、现成房屋、无形资产以及发生的递延费用等。企业在发生上述支出时，应当通过“固定资产”“无形资产”和“长期待摊费用”科目核算。但同时应在“在建工程其他支出备查簿”中进行登记。

【例 3-5】雅居地产股份公司自行建造仓库一座，购入为工程准备的各种物资 20 000 元，支付的增值税额为 2 600 元，实际领用工程物资（含增值税）20 340 元，剩余物资转作企业存货；另外还领用了企业生产用的原材料一批，实际成本为 3 000 元，应转出的增值税为 390 元；支付工程人员工资 5 000 元，企业辅助生产车间为工程提供有关劳务支出 1 000 元，工程完工交付使用。有关会计处理如下：

（1）购入为工程准备的物资：

借：工程物资　　22 600

　贷：银行存款　　22 600

（2）工程领用物资：

借：在建工程——仓库　　20 340

　贷：工程物资　　20 340

（3）工程领用原材料：

借：在建工程——仓库　　3 390

贷：原材料　3 000

应交税费——应交增值税（进项税额转出）　390

（4）支付工程人员工资：

借：在建工程——仓库　5 000

贷：应付职工薪酬　5 000

（5）辅助生产车间为工程提供的劳务支出：

借：在建工程——仓库　1 000

贷：生产成本——辅助生产成本　1 000

（6）工程完工交付使用：

借：固定资产　29 730

贷：在建工程——仓库　29 730

（7）剩余工程物资转作企业存货：

借：原材料　2 000

应交税费——应交增值税（进项税额）　260

贷：工程物资　2 260

（二）出包工程

出包工程的会计核算如图 3-6 所示。

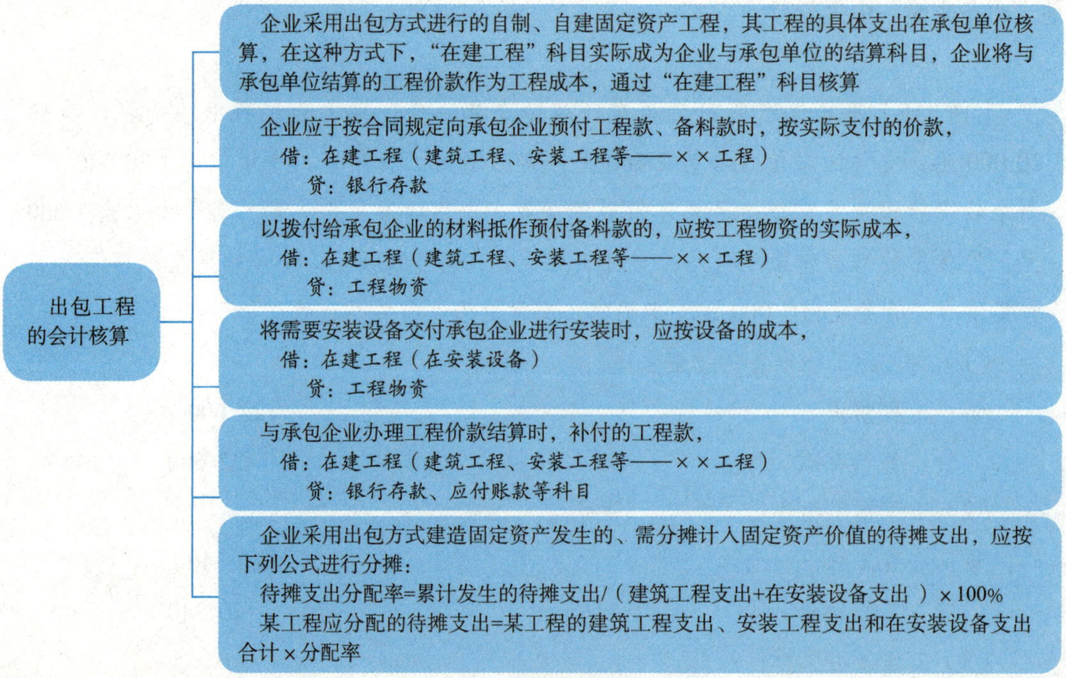

出包工程的会计核算

- 企业采用出包方式进行的自制、自建固定资产工程，其工程的具体支出在承包单位核算，在这种方式下，“在建工程”科目实际成为企业与承包单位的结算科目，企业将与承包单位结算的工程价款作为工程成本，通过“在建工程”科目核算
- 企业应于按合同规定向承包企业预付工程款、备料款时，按实际支付的价款，
  借：在建工程（建筑工程、安装工程等——××工程）
  贷：银行存款
- 以拨付给承包企业的材料抵作预付备料款的，应按工程物资的实际成本，
  借：在建工程（建筑工程、安装工程等——××工程）
  贷：工程物资
- 将需要安装设备交付承包企业进行安装时，应按设备的成本，
  借：在建工程（在安装设备）
  贷：工程物资
- 与承包企业办理工程价款结算时，补付的工程款，
  借：在建工程（建筑工程、安装工程等——××工程）
  贷：银行存款、应付账款等科目
- 企业采用出包方式建造固定资产发生的、需分摊计入固定资产价值的待摊支出，应按下列公式进行分摊：
  待摊支出分配率=累计发生的待摊支出/（建筑工程支出+在安装设备支出）×100%
  某工程应分配的待摊支出=某工程的建筑工程支出、安装工程支出和在安装设备支出合计×分配率

图3-6　出包工程的会计核算

【例 3-6】雅居地产股份公司经批准新建一个火电厂以便向该公司计划开发的一处工地输电用，此项工程包括建造发电车间、冷却塔、安装发电设备等 3 个单项工程。2019 年 2 月 1 日，雅居房地产开发公司与乙公司签订合同，将火电厂新建工程出包给乙公司。双方约定，建造发电车间的价款为 5 000 000 元，建造冷却塔的价款为 2 800 000 元，安装发电设备的安装费用为 450 000 元。其他有关资料如下：

（1）2019 年 2 月 1 日，雅居房地产开发公司向乙公司预付建造发电车间的工程价款 3 000 000 元。

（2）2019 年 7 月 2 日，雅居房地产开发公司向乙公司预付建造冷却塔的工程价款 1 400 000 元。

（3）2019 年 7 月 22 日，雅居房地产开发公司将发电设备运抵现场，交付乙公司安装。

（4）2019 年 7 月 22 日，雅居房地产开发公司将发电设备运抵现场，交付乙公司安装。

（5）工程项目发生管理费、可行性研究费、公证费、监理费共计 116 000 元，款项已经支付。

（6）工程建造期间，由于台风造成冷却塔工程部分毁损，经核算，损失为 450 000 元，保险公司已承诺支付 300 000 元。

（7）2019 年 12 月 20 日，所有工程完工，雅居房地产开发公司收乙公司的有关工程结算单据后，补付剩余工程款。

雅居房地产开发公司的账务处理如下：

（1）2019 年 2 月 1 日，预付建造发电车间工程款：

借：预付账款——建筑工程（发电车间）　　3 000 000

　贷：银行存款　　3 000 000

（2）2019 年 5 月 8 日，购入发电设备：

借：工程物资——发电设备　　3 800 000

　贷：银行存款　　3 800 000

（3）2019 年 7 月 2 日，预付建造冷却塔工程款：

借：预付账款——建筑工程（冷却塔）　　1 400 000

　贷：银行存款　　1 400 000

（4）2019 年 7 月 22 日，将发电设备交乙公司安装：

借：在建工程——在安装设备（发电设备）　　3 800 000

　贷：工程物资——发电设备　　3 800 000

（5）支付工程发生的管理费、可行性研究费、公证费、监理费：

借：在建工程——待摊支出　　116 000

　贷：银行存款　　116 000

（6）台风造成冷却塔工程部分毁损：

借：营业外支出　　150 000

　　其他应收款　　300 000

　贷：在建工程——建筑工程（冷却塔）　　450 000

（7）2019 年 12 月 20 日，结算工程款并补付剩余工程款：

借：在建工程——建筑工程（发电车间）　　5 000 000

　　　　　　——建筑工程（冷却塔）　　2 800 000

　　　　　　——安装工程（发电车间）　　450 000

　贷：银行存款　　3 850 000

　　　预付账款——建筑工程（发电车间）　　3 000 000

　　　　　　　——建筑工程（冷却塔）　　1 400 000

（8）分摊待摊支出：

待摊支出分配率 =116 000÷（5 000 000+2 800 000−450 000+3 800 000+450 000）×100%=1%

发电车间应分配的待摊支出 =5 000 000×1%=50 000（元）

冷却塔应分配的待摊支出 =（2 800 000−450 000）×1%=23 500（元）

发电设备（安装工程）应分配的待摊支出 =450 000×1%=4 500（元）

发电设备（在安装设备）应分配的待摊支出 =3 800 000×1%=38 000（元）

借：在建工程——建筑工程（发电车间）　　50 000

　　　　　　——建筑工程（冷却塔）　　23 500

　　　　　　——安装工程（发电设备）　　4 500

　　　　　　——在安装设备（发电设备）　　38 000

　贷：在建工程——待摊支出　　116 000

（9）结转固定资产：

借：固定资产——发电车间　　5 050 000

　　　　　　——冷却塔　　2 373 500

　　　　　　——发电设备　　4 292 500

　贷：在建工程——建筑工程（发电车间）　　5 050 000

　　　　　　　——建筑工程（冷却塔）　　2 373 500

　　　　　　　——安装工程（发电设备）　　454 500

　　　　　　　——在安装设备（发电设备）　　3 838 000

三、融资租赁固定资产

融资租赁的定义和确认条件如图 3-7 所示。

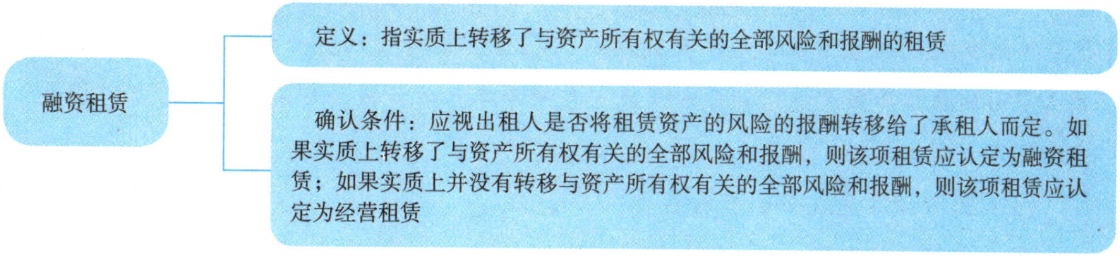

融资租赁

定义：指实质上转移了与资产所有权有关的全部风险和报酬的租赁

确认条件：应视出租人是否将租赁资产的风险的报酬转移给了承租人而定。如果实质上转移了与资产所有权有关的全部风险和报酬，则该项租赁应认定为融资租赁；如果实质上并没有转移与资产所有权有关的全部风险和报酬，则该项租赁应认定为经营租赁

图3-7 融资租赁的定义和确认条件

融资租赁固定资产的介绍如图 3-8 所示。

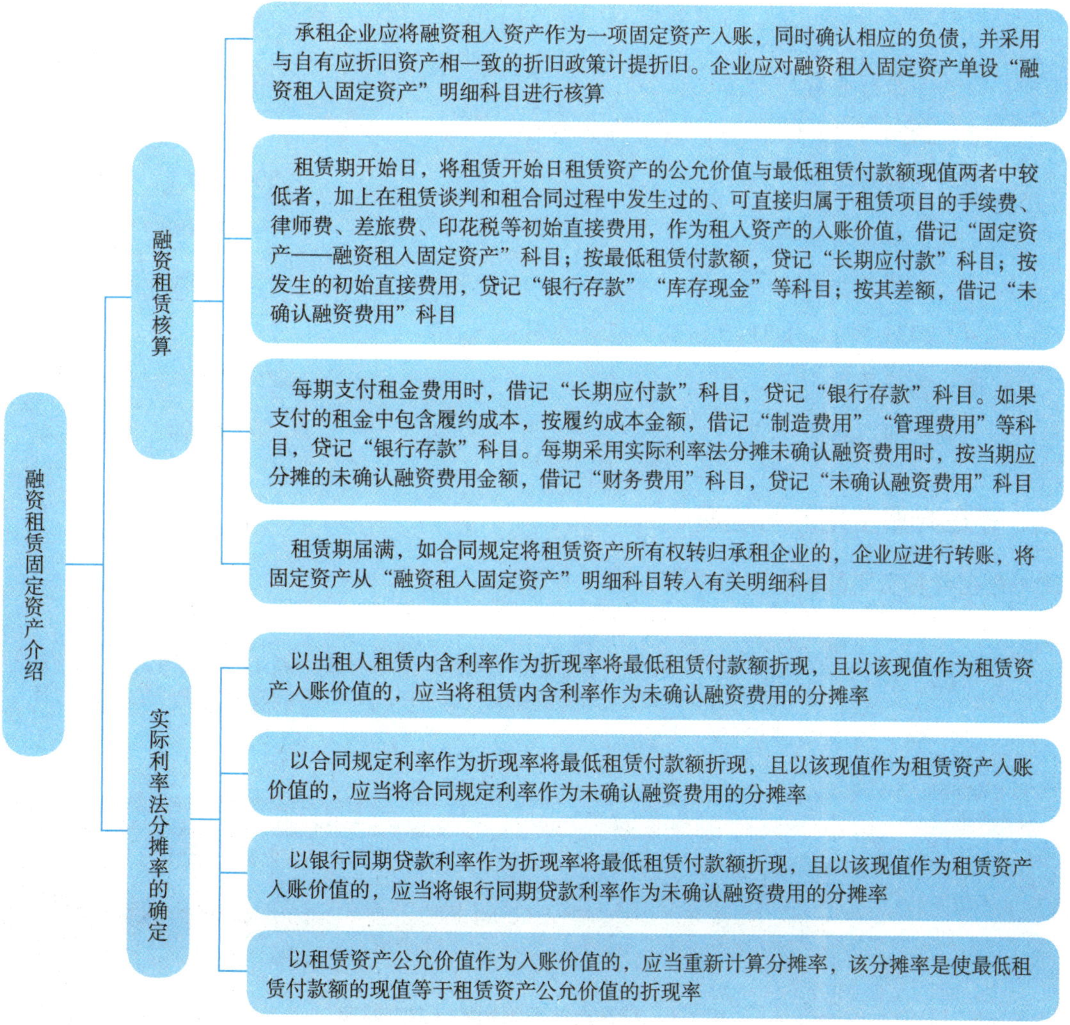

融资租赁固定资产介绍

融资租赁核算

承租企业应将融资租入资产作为一项固定资产入账，同时确认相应的负债，并采用与自有应折旧资产相一致的折旧政策计提折旧。企业应对融资租入固定资产单设“融资租入固定资产”明细科目进行核算

租赁期开始日，将租赁开始日租赁资产的公允价值与最低租赁付款额现值两者中较低者，加上在租赁谈判和租合同过程中发生过的、可直接归属于租赁项目的手续费、律师费、差旅费、印花税等初始直接费用，作为租入资产的入账价值，借记“固定资产——融资租入固定资产”科目；按最低租赁付款额，贷记“长期应付款”科目；按发生的初始直接费用，贷记“银行存款”“库存现金”等科目；按其差额，借记“未确认融资费用”科目

每期支付租金费用时，借记“长期应付款”科目，贷记“银行存款”科目。如果支付的租金中包含履约成本，按履约成本金额，借记“制造费用”“管理费用”等科目，贷记“银行存款”科目。每期采用实际利率法分摊未确认融资费用时，按当期应分摊的未确认融资费用金额，借记“财务费用”科目，贷记“未确认融资费用”科目

租赁期届满，如合同规定将租赁资产所有权转归承租企业的，企业应进行转账，将固定资产从“融资租入固定资产”明细科目转入有关明细科目

实际利率法分摊率的确定

以出租人租赁内含利率作为折现率将最低租赁付款额折现，且以该现值作为租赁资产入账价值的，应当将租赁内含利率作为未确认融资费用的分摊率

以合同规定利率作为折现率将最低租赁付款额折现，且以该现值作为租赁资产入账价值的，应当将合同规定利率作为未确认融资费用的分摊率

以银行同期贷款利率作为折现率将最低租赁付款额折现，且以该现值作为租赁资产入账价值的，应当将银行同期贷款利率作为未确认融资费用的分摊率

以租赁资产公允价值作为入账价值的，应当重新计算分摊率，该分摊率是使最低租赁付款额的现值等于租赁资产公允价值的折现率

图3-8 融资租赁固定资产介绍

【例 3-7】2019 年 1 月 1 日，雅居地产股份公司从乙租赁公司采用经营租赁方式租入一台办公设备，租赁期为 3 年。该办公设备价值为 1 000 000 元，预计使用年限为 10 年。租赁合同规定：租赁期开始日为 2019 年 1 月 1 日，雅居地产股份公司预付租金 150 000 元，第 1 年年末支付租金 150 000 元，第 2 年年末支付租金 200 000 元，第 3 年年末支付租金 250 000 元；租赁期满，乙租赁公司收回办公设备，3 年的租金总额为 750 000 元。假设雅居地产股份公司在每年年末确认租金费用，并按时支付租金。有关账务处理如下：

（1）2019 年 1 月 1 日，支付租金：

借：长期待摊费用　　150 000

　贷：银行存款　　150 000

（2）2019 年 12 月 31 日，确认租金费用：

借：管理费用　　150 000

　贷：长期待摊费用　　50 000

　　　银行存款　　100 000

（3）2020 年 12 月 31 日，确认租金费用：

借：管理费用　　200 000

　贷：长期待摊费用　　50 000

　　　银行存款　　150 000

（4）2021 年 12 月 31 日，确认租金费用：

借：管理费用　　250 000

　贷：银行存款　　250 000

四、存在弃置费用的固定资产

存在弃置费用的固定资产处理如图 3-9 所示。

存在弃置费用的固定资产处理

- 弃置费用的定义：通常是指根据国家法律和行政法规、国际公约等规定，企业承担的环境保护和生态恢复等义务所确定的支出，如核电站核设施等的弃置和恢复环境等义务
- 对于特殊行业的特定的固定资产，企业应当按照弃置费用的现值计入相关固定资产的成本。石油天然气开采企业应当按照油气资产的弃置费用现值计入相关油气资产的成本。
  在固定资产或油气资产的使用寿命内，按照预计负债的摊余成本和实际利率计算确定的利息费用，应当在发生时计入财务费用

图3-9　存在弃置费用的固定资产处理

【例 3-8】雅居地产股份公司化工事业部主要从事化工产品的生产和销售。2017 年 12 月 31 日，化工事业部一套化工产品生产线达到预定可使用状态并投入使用，预计使用寿命为 15 年。根据有关法律，化工事业部在该生产线使用寿命届满时应对环境进行复原，预计将发生弃置费用 2 000 000 元。化工事业部采用的折现率为 10%。该公司与弃置费用有关的账务处理如下：

（1）2017 年 12 月 31 日，按弃置费用的现值计入固定资产原价：

弃置费用的现值 =2 000 000/（1+10%）15 ≈ 478 800

借：固定资产　　478 800

　贷：预计负债　　478 800

（2）2018 年 12 月 31 日～2021 年 12 月 31 日利息费用的计算见表 3-4：

表 3-4　利息费用计算表

年度	利息费用 （1）=（2）×10%	预计负债账面价值 上期（2）+（1）
2017		478 800.00
2018	47 880.00	526 680.00
2019	52 668.00	579 348.00
2020	57 934.80	637 282.80
2021	63 728.28	701 011.08
2022	70 101.11	771 112.19
2023	77 111.22	848 223.41
2024	84 822.34	933 045.75
2025	93 304.57	1 026 350.32
2026	102 635.03	1 128 985.35
2027	112 898.54	1 241 883.89
2028	124 188.39	1 366 072.28
2029	136 607.23	1 502 679.51
2030	150 267.95	1 652 947.46
2031	165 294.75	1 818 242.20
2032	181 757.78	2 000 000.00

2018 年 12 月 31 日，确认利息费用的账务处理如下：

借：财务费用　　47 880

　贷：预计负债　　47 880

2019—2022 年，确认利息费用的账务处理比照 2018 年的相关账务处理。固定资产的入账价值中，还应包括企业为取得固定资产而交纳的契税、耕地占用税、车辆购置税等相关税费。企业购置计算机硬件所附带的、未单独计价的软件，应与所购置的计算机硬件一并作为固定资产管理。如涉及借款，还应考虑相关的借款费用资本化金额、外币借款折算差额等因素。

五、其他方式取得的固定资产

其他方式取得的固定资产如图 3-10 所示。

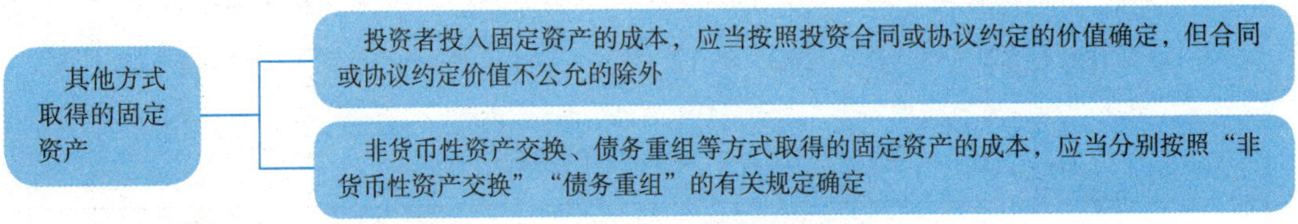

其他方式取得的固定资产

投资者投入固定资产的成本，应当按照投资合同或协议约定的价值确定，但合同或协议约定价值不公允的除外

非货币性资产交换、债务重组等方式取得的固定资产的成本，应当分别按照“非货币性资产交换”“债务重组”的有关规定确定

图3-10　其他方式取得的固定资产

第三节　固定资产折旧

一、固定资产折旧的概念与类别

（一）固定资产折旧的相关概念

固定资产折旧的相关概念如表 3-5 所示。

表 3-5　固定资产折旧的相关概念介绍

科目	内容
固定资产折旧	在固定资产使用寿命内，按照确定的方法对应计折旧额进行系统分摊。造成折旧的原因有两种，一种叫有形损耗，一种叫无形损耗。有形损耗就是自然磨损，而无形损耗是因为科技进步、顾客爱好的变化等带来的
使用寿命	企业使用固定资产的预计期间，或者该固定资产所能生产产品或提供劳务的数量
应计折旧额	应当计提折旧的固定资产的原价扣除其预计净残值后的金额。已计提减值准备的固定资产，还应当扣除已计提的固定资产减值准备累计金额
预计净残值	假定固定资产预计使用寿命已满并处于使用寿命终了时的预期状态，企业目前从该项资产处置中获得的扣除预计处置费用后的金额
固定资产折旧的会计核算	实际就是固定资产的成本在多个会计期间进行分摊的问题。关键是在固定资产的使用年限内，每期摊多少，也就是把其价值在一个会计期间内分摊多少作为费用，计入成本

（二）固定资产折旧应考虑的因素

固定资产折旧应考虑的因素如表 3-6 所示。

表 3-6 固定资产折旧应考虑的因素

科目	内容
计提折旧基数	计提固定资产折旧的基数是固定资产的原始价值或固定资产的账面净值。一般以固定资产的原值作为计提折旧的依据，选用双倍余额递减法的企业，以固定资产的账面净值作为计提折旧的依据
固定使用寿命	企业在确定固定资产的使用寿命时，应当考虑下列因素：预计生产能力或实物产量；预计有形损耗或无形损耗；法律或者类似规定对资产使用的限制
折旧方法	企业折旧方法不同，在一个会计期间所计提的折旧额相差很大
固定资产净残值	固定资产净残值由预计固定资产清理报废时可以收回的残值扣除预计清理费用得出

（三）固定资产计提折旧的范围

固定资产计提折旧的范围如图 3-11 所示。

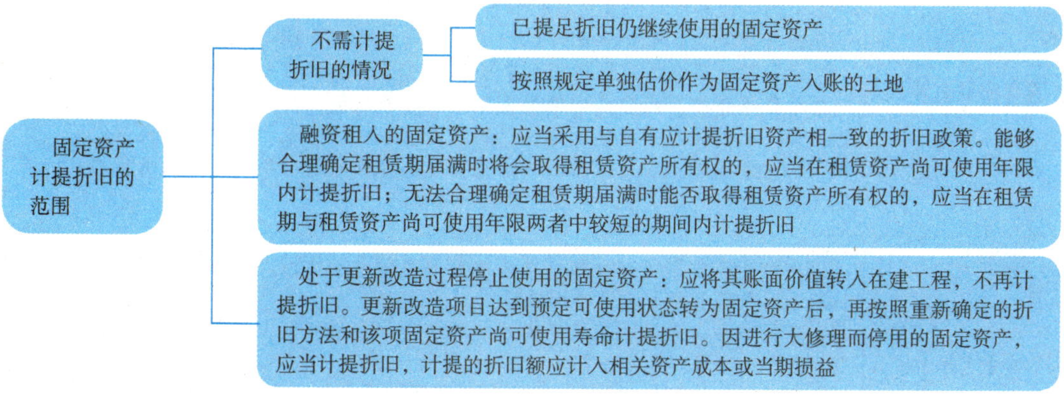

固定资产计提折旧的范围

- 不需计提折旧的情况
  - 已提足折旧仍继续使用的固定资产
  - 按照规定单独估价作为固定资产入账的土地
- 融资租入的固定资产：应当采用与自有应计提折旧资产相一致的折旧政策。能够合理确定租赁期届满时将会取得租赁资产所有权的，应当在租赁资产尚可使用年限内计提折旧；无法合理确定租赁期届满时能否取得租赁资产所有权的，应当在租赁期与租赁资产尚可使用年限两者中较短的期间内计提折旧
- 处于更新改造过程停止使用的固定资产：应将其账面价值转入在建工程，不再计提折旧。更新改造项目达到预定可使用状态转为固定资产后，再按照重新确定的折旧方法和该项固定资产尚可使用寿命计提折旧。因进行大修理而停用的固定资产，应当计提折旧，计提的折旧额应计入相关资产成本或当期损益

图3-11 固定资产计提折旧的范围

（四）固定资产计提折旧的开始和终止

固定资产计提折旧的开始和终止如图 3-12 所示。

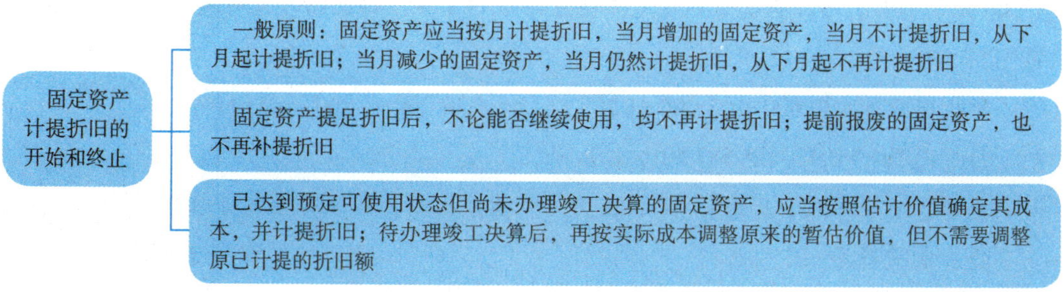

固定资产计提折旧的开始和终止

- 一般原则：固定资产应当按月计提折旧，当月增加的固定资产，当月不计提折旧，从下月起计提折旧；当月减少的固定资产，当月仍然计提折旧，从下月起不再计提折旧
- 固定资产提足折旧后，不论能否继续使用，均不再计提折旧；提前报废的固定资产，也不再补提折旧
- 已达到预定可使用状态但尚未办理竣工决算的固定资产，应当按照估计价值确定其成本，并计提折旧；待办理竣工决算后，再按实际成本调整原来的暂估价值，但不需要调整原已计提的折旧额

图3-12 固定资产计提折旧的开始和终止

二、固定资产折旧的计算方法

固定资产折旧的计算方法如表 3-7 所示。

表 3-7　固定资产折旧方法介绍

折旧方法	内容
平均年限法	将固定资产的可折旧价值平均分摊于其可折旧年限内。适用于在各个会计期间使用程度比较均衡的固定资产。其计算公式为： 年折旧额 =（固定资产原值 - 预计净残值）/ 预计使用年限 月折旧额 = 年折旧额 / 12
工作量法	是根据固定资产在使用期间完成的总的工作量平均计算折旧的一种方法。其计算公式为： 单位工作量折旧额 =（固定资产原值 - 预计净残值）/ 预计总工作量 = 固定资产原值 ×（1- 预计净残值率）/ 预计总工作量 月折旧额 = 单位工作量折旧额 × 当月实际完成工作量
双倍余额递减法	在不考虑固定资产预计净残值的情况下，根据每期期初固定资产原价减去累计折旧后的余额和双倍的直线法折旧率计算固定资产折旧。其计算公式为： 年折旧率（双倍直线折旧率）=（2 / 预计使用年限）×100% 年折旧额 = 期初固定资产账面净值 × 双倍直线折旧率 由于每年年初固定资产净值没有扣除预计净残值，因此，在应用这种方法计算折旧额时必须注意不能使固定资产的账面折余价值降低到其预计净残值以下，即实行双倍余额递减法计算折旧的固定资产，应在其折旧年限到期前两年内，将固定资产净值扣除预计净残值后的余额平均摊销
年数总和法	以固定资产的原值减去预计净残值后的净额为基数，以一个逐年递减的分数为折旧率，计算各年固定资产折旧额。 各年折旧率，是以固定资产尚可使用年限作分子，以固定资产使用年限的逐年数字之和作分母。计算公式为： 年折旧率 = 尚可使用年限 / 预计使用年限的逐年数字总和 年折旧额 =（固定资产原值 - 预计净残值）× 年折旧率 月折旧额 =（固定资产原值 - 预计净残值）× 月折旧率

【例 3-9】雅居地产股份公司一台生产用设备原值为 30 000 元，预计清理费为 1 200 元，而预计净残值为 3 000 元。使用年限为 4 年。那么用平均年限法怎么算折旧额呢？

年折旧额 =［30 000 -（3 000 -1 200）］/4=（30 000 -1 800）=7 050（元）

月折旧额 =7 050 / 12=587.50（元）

此项折旧应计入“制造费用”，因为那是生产用的，所以每期的分录如下：

借：制造费用　　587.50

　贷：累计折旧　　587.50

【例 3-10】雅居地产股份公司购置一台专用机床，价值 200 000 元，预计总工作小时数为 300 000 小时，预计净残值为 20 000 元，购置的当年便工作了 2 400 小时，则有：

每小时折旧额 =（200 000－20 000）/ 300 000=0.6（元 / 小时）

当年的折旧额 =2 400×0.6=1 440（元）

工作量法实际上也是直线法。它把产量与成本相联系，也就是把收入与费用相配。于是年末计提折旧时的会计分录如下：

借：制造费用　　1 440

　贷：累计折旧　　1 440

【例 3-11】雅居地产股份公司有经理用的小汽车一辆，原值为 150 000 元，预计净残值率为 5%，预计总行驶里程为 600 000 千米，当月行驶里程为 3 000 千米，该项固定资产的月折旧额计算如下：

单位里程折旧额 =（150 000－150 000×5%）/ 600 000=0.2375（元 / 千米）

本月折旧额 =3 000 千米 ×0.2375 元 / 千米 =712.5（元）

因为这辆车是企业管理者作为管理用的，所以会计分录如下：

借：管理费用　　712.50

　贷：累计折旧　　712.50

【例 3-12】雅居地产股份公司购入一部自动化生产线，安装完毕后，固定资产原值为 200 000 元，预计使用年限为 5 年，预计净残值收入 8 000 元。该生产线按双倍余额递减法计算各年的折旧额如下：

双倍直线折旧率 =2/5×100%=40%

第一年应提折旧 =200 000×40%=80 000（元）

第二年应提折旧 =（200 000－80 000）×40%=48 000（元）

第三年应提折旧 =（120 000－48 000）×40%=72 000×40%=28 800（元）

第四年应提折旧 =（200 000－80 000－48 000－28 800－8 000）/ 2=17 600（元）

第五年应提折旧 =（200 000－80 000－48 000－28 800－8 000）/ 2=17 600（元）

可以看出折旧率 40% 是固定不变的。而每一期的期初账面余额是上一期的期末账面余额，每一期的折旧额都是递减的，但累计折旧总额却在增加。等到使用期的最后两年时，把此时的固定资产的账面价值减去预估的残值，进行均分便是最后两年每一年的折旧额。

【例 3-13】雅居地产股份公司一台小型机床，原值为 50 000 元，预计使用年限为 5 年，预计净残值为 2 000 元。分别用这三种方法提折旧，如表 3-8 所示：

表 3-8　三种折旧计提方法的比较

单位：元

年份	比较项目	直线法	双倍余额递减法	年限综合法
第 1 年	当年折旧基数	48 000	50 000	48 000
	年折旧率	1/5=20%	2/5=40%	5/（1+2+3+4+5）
	折旧额	9 600	20 000	16 000
第 2 年	当年折旧基数	48 000	30 000	48 000
	年折旧率	1/5=20%	2/5=40%	4/（1+2+3+4+5）
	折旧额	9 600	12 000	12 800
第 3 年	当年折旧基数	48 000	18 000	48 000
	年折旧率	1/5=20%	2/5=40%	3/（1+2+3+4+5）
	折旧额	9 600	7 200	9 600
第 4 年	当年折旧基数	48 000	10 800	48 000
	年折旧率	1/5=20%	0.5	2/（1+2+3+4+5）
	折旧额	9 600	5 400	6 400
第 5 年	当年折旧基数	48 000	10 800	48 000
	年折旧率	1/5=20%	0.5	1/（1+2+3+4+5）
	折旧额	9 600	5 400	3 200

注：双倍余额递减法计算折旧，初期不考虑净残值，在最后两年才涉及净残值，且平摊剩余的。

（1）直线法折旧，折旧额每年都相等。其余两种方法，双倍余额递减法是折旧率不变，余额递减，相乘后得出递减的折旧额；而年限总和法是用递减的折旧率乘以固定的基数，也得出递减的折旧额。

（2）双倍余额递减法，在使用的最后两年，用原值减去累计折旧再减去净残值后的额，二一添作五，分别平摊在最后两年，最后两年不涉及折旧率的问题。

（3）5 年后，每种方法的账面都会剩余净残值 2 000 元。

第四节　固定资产后续支出

固定资产后续支出，是指固定资产在使用过程中发生的更新改造支出、修理费用等。企业的固定资产投入使用后，为了适应新技术发展的需要，或者为维护或提高固定资产的使用效能，往往需要对现有固定资产进行维护、改建、扩建或者改良。

固定资产后续支出如图 3-13 所示。

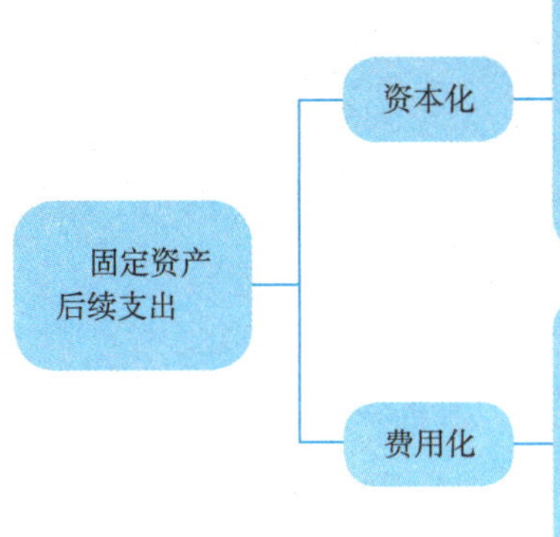

企业将固定资产进行更新改造的，如符合资产化的条件，应将固定资产的原价、已计提的累计折旧和减值准备转销，将其账面价值转入在建工程，并停止计提折旧。固定资产发生的可量化的后续支出，通过“在建工程”科目核算。待更新改造等工程完工并达到预定可使用状态时，再从在建工程转为固定资产，并按重新确定的使用寿命、预计净残值和折旧方法计提折旧

一般情况下，固定资产投入使用之后，由于固定资产磨损、各组成部分耐用程度不同，可能会导致固定资产的局部损坏，为了维持固定资产的正常运转和使用，充分发挥其使用效能，企业会对固定资产进行必要的维护。固定资产的日常维护支出只是确保固定资产的正常工作状况，通常不满足固定资产的确认条件，应在发生时计入管理费用或销售费用，不得采用预提或待摊方式处理

图3-13　固定资产后续支出

一、资本化的后续支出

【例 3-14】雅居地产股份公司五金事业部是一家从事金属产品制造的企业，2015 年新建一条不锈钢器材生产线，有关的会计资料如下：

（1）2015 年 12 月，该公司自行建成了一条不锈钢器材生产线并投入使用，建造成本为 568 000 元；采用年限平均法计提折旧；预计净残值率为固定资产原价的 3%，预计使用年限为 6 年。

（2）2018 年 1 月 1 日，由于生产的产品适销对路，现有生产线的生产能力已难以满足公司生产发展的需要，但若新建生产线成本过高、周期过长，于是公司决定对现有生产线进行改扩建，以提高其生产能力。

（3）2018 年 1 月 1 日～3 月 31 日，经过 3 个月的改扩建，完成了对该不锈钢器材生产线的改扩建工程，共发生支出 268 900 元，全部以银行存款支付。

（4）该生产线改扩建工程达到预定可使用状态后，大大提高了生产能力，预计尚可使用年限为 7 年 9 个月。假定改扩建后的生产线的预计净残值率为改扩建后固定资产账面价值的 3%；折旧方法仍为年限平均法。

（5）为简化计算，不考虑其他相关税费，公司按年度计提固定资产折旧。

公司的账务处理如下：

（1）2015 年 1 月 1 日～2016 年 12 月 31 日两年间，即固定资产后续支出发生前，该条生产线的应计折旧额为 550 960 元［568 000×（1−3%）］，年折旧额为 91 826.67 元（550 960 / 6），各年计提固定资产折旧的账务处理为。

借：制造费用　　　　91 826.67

　　贷：累计折旧　　　　91 826.67

（2）2018年1月1日，该生产线的账面价值为384 346.66元［568 000-（91 826.67×2）］，该生产线转入改扩建时的账务处理为。

借：在建工程　　384 346.66

　累计折旧　　183 653.34

　贷：固定资产——生产线　　568 000.00

（3）2018年1月1日～3月31日，发生固定资产后续支出的账务处理为。

借：在建工程　　268 900

　贷：银行存款　　268 900

（4）2018年3月31日，生产线改扩建工程达到预定可使用状态，将后续支出全部资本化后的生产线账面价值为653 246.66元（384 364.66+268 900），其账务处理为。

借：固定资产——生产线　　653 246.66

　贷：在建工程　　653 246.66

（5）2018年3月31日，生产线改扩建工程达到预定可使用状态后，其每年应计提的折旧额为81 761.19元，每年计提固定资产折旧的账务处理为。

每年应计提的折旧额＝［653 246.66×（1-3%）/（7×12+9）×12］=81 761.19

借：制造费用　　81 761.19

　贷：累计折旧　　81 761.19

企业在发生可资本化的固定资产后续支出时，可能涉及替换固定资产的某个组成部分。如果满足固定资产的确认条件，应当将用于替换的部分资本化，计入固定资产账面价值，同时终止确认被替换部分的账面价值，以避免将替换部分的成本和被替换部分的账面价值同时计入固定资产成本。

【例3-15】2019年12月，雅居地产股份公司采用出包方式建造的营业厅达到预定可使用状态投入使用，并结转固定资产成本1 800 000元。该营业厅内有一部电梯，成本为200 000元，未单独确认为固定资产。2020年1月，为吸引顾客，公司决定更换一部观光电梯。支付的新电梯购买价款为320 000元（含增值税税额，适用的增值税税率为13%），另发生安装费用31 000元，以银行存款支付；旧电梯的回收价格为100 000元，款项尚未收到。假定营业厅的年折旧率为3%，净残值率为3%。公司的账务处理如下：

（1）2020年1月，购入观光电梯一部。

借：工程物资　　320 000

　贷：银行存款　　320 000

（2）2020 年 1 月，将营业厅的账面价值转入在建工程。

营业厅的累计折旧金额 =1 800 000×（1−3%）×3%×8=419 040（元）

借：在建工程　　1 380 960

　　累计折旧　　419 040

　贷：固定资产　　1 800 000

（3）2020 年 1 月，转销旧电梯的账面价值。

旧电梯的账面价值 =200 000−200 000÷1 800 000×419 040=153 440（元）

借：其他应收款　　100 000

　　营业外支出　　53 440

　贷：在建工程　　153 440

（4）2020 年 1 月，安装新电梯。

借：在建工程　　351 000

　贷：工程物资　　320 000

　　　银行存款　　31 000

（5）电梯安装完毕达到预定可使用状态投入使用。

借：固定资产　　1 578 520

　贷：在建工程　　1 578 520

二、费用化的后续支出

【例 3-16】2020 年 1 月 23 日，雅居地产股份公司对某办公楼进行修理，修理过程中领用原材料一批，价值为 120 000 元，为购买该批原材料支付的增值税进项税额为 15 600 元；应支付维修人员薪酬为 43 320 元。公司的账务处理如下：

借：管理费用　　178 920

　贷：原材料　　120 000

　　　应交税费——应交增值税（进项税额转出）　　15 600

　　　应付职工薪酬　　43 320

固定资产后续支出的处理方法如表 3-9 所示。

表 3-9　固定资产后续支出的处理方法

方法	内容
固定资产修理费用	直接计入当期费用

续表

方法	内容
固定资产改良支出	计入固定资产账面价值
无法区分是固定资产修理还是固定资产改良，或固定资产修理和固定资产改良结合在一起	企业应当判断，与固定资产有关的后续支出，是否满足固定资产的确认条件。如果该后续支出满足了固定资产的确认条件，后续支出应当计入固定资产账面价值；否则，后续支出应当确认为当期费用
固定资产装修费用	如果满足固定资产的确认条件，应当计入固定资产账面价值，并在“固定资产”科目下单设“固定资产装修”明细科目进行核算，在两次装修间隔期间与固定资产尚可使用年限两者中较短的期间内，采用合理的方法单独计提折旧。如果在下次装修时，与该项固定资产相关的“固定资产装修”明细科目仍有账面价值，应将该账面价值一次全部计入当期营业外支出

【例 3-17】2018 年 1 月 25 日，雅居地产股份公司对所属一家商场进行装修，发生如下有关支出：领用生产用原材料 40 000 元，购进该批原材料时支付的增值税进项税额为 5 200 元；辅助生产车间为商场装修工程提供的劳务支出为 14 660 元；发生有关人员薪酬 29 640 元。2018 年 12 月 26 日，商场装修完工，达到预定可使用状态交付使用，公司预计下次装修时间为 2024 年 12 月。2020 年 12 月 31 日，公司决定对该商场重新进行装修。假定该商场的装修支出符合固定资产确认条件；该商场预计尚可使用年限为 6 年；装修形成的固定资产预计净残值为 1 100 元；采用直线法计提折旧；不考虑其他因素。公司的账务处理如下：

（1）装修领用原材料：

借：在建工程　　45 200
　贷：原材料　　40 000
　　应交税费——应交增值税（进项税额转出）　　5 200

（2）辅助生产车间为装修工程提供劳务：

借：在建工程　　14 660
　贷：生产成本——辅助生产成本　　14 660

（3）发生工程人员薪酬：

借：在建工程　　29 640
　贷：应付职工薪酬　　29 640

（4）装修工程达到预定可使用状态交付使用：

借：固定资产——固定资产装修　　91 100
　贷：在建工程　　91 100

（5）2018 年度计提装修形成的固定资产折旧：

因下次装修时间为 2024 年 12 月，大于固定资产预计尚可使用年限 6 年，因此，应按固定资产预计尚可使用年限6年计提折旧。

借：管理费用　　15 000

　贷：累计折旧　　15 000

（6）2020年12月31日重新装修：

借：营业外支出　　46 100

　　累计折旧　　45 000

　贷：固定资产——固定资产装修　　91 100

租入固定资产的后续支出如图3-14所示。

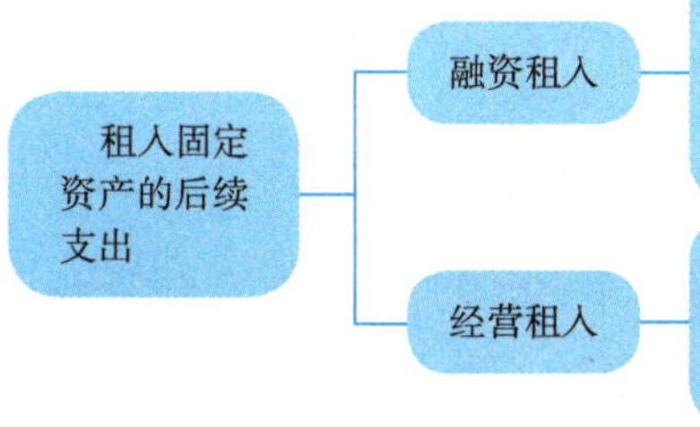

融资租入固定资产发生的固定资产后续支出，比照上述原则处理。发生的固定资产装修费用等，满足固定资产确认条件的，应在两次装修间隔期间、剩余租赁期与固定资产尚可使用年限三者中较短的期间内，采用合理的方法单独计提折旧

经营租入固定资产发生的改良支出，应通过“长期待摊费用”科目核算，并在剩余租赁期与租赁资产尚可使用年限两者中较短的期间内，采用合理的方法进行摊销

图3-14　租入固定资产的后续支出

【例3-18】2019年8月20日，雅居地产股份公司对采用经营租赁方式租入的一条生产线进行改良，发生如下有关支出：领用生产用原材料24 000元，购进该批原材料时支付的增值税进项税额为3 120元；辅助生产车间为生产线改良提供的劳务支出为2 560元；发生有关人员薪酬54 720元。2019年12月31日，生产线改良工程完工，达到预定可使用状态交付使用。假定该生产线预计尚可使用年限为6年，剩余租赁期为5年；采用直线法进行摊销；不考虑其他因素。公司的账务处理如下：

（1）改良工程领用原材料：

借：在建工程　　27 120

　贷：原材料　　24 000

　　　应交税费——应交增值税（进项税额转出）　　3 120

（2）辅助生产车间为改良工程提供劳务：

借：在建工程　　2 560

　贷：生产成本——辅助生产成本　　2 560

（3）发生工程人员薪酬：

借：在建工程　　54 720

　贷：应付职工薪酬　　54 720

（4）改良工程达到预定可使用状态交付使用：

借：长期待摊使用　　84 400

　贷：在建工程　　84 400

（5）2020 年度进行摊销：

因生产线预计尚可使用年限为 6 年，剩余租赁期为 5 年，因此，应按剩余租赁期 5 年进行摊销。

借：制造费用　　17 072

　贷：长期待摊费用　　17 072

【例 3-19】雅居地产股份公司是一家在上海证券交易所发行股票的企业，其金属事业部主要从事金属产品的制造，属于增值税一般纳税企业，适用的增值税税率为 13%。其有关业务资料如下：

（1）2017 年 12 月 1 日，公司购入一条需要安装的生产线，取得的增值税专用发票上注明的生产线价款为 10 000 000 元，增值税税额为 1 300 000 元；发生保险费 65 000 元，款项均以银行存款支付；没有发生其他相关税费。

（2）2017 年 12 月 1 日，开始以自营方式安装该生产线。安装期间领用生产用原材料的实际成本和计税价格均为 100 000 元，发生安装工人薪酬 50 000 元，没有发生其他相关税费。该原材料没有计提存货跌价准备。

（3）2017 年 12 月 31 日，该生产线达到预定可使用状态，当日投入使用。该生产线预计使用年限为 6 年，预计净残值为 128 000 元，采用直线法计提折旧。

（4）2018 年 12 月 31 日，在对该生产线进行检查时发现其已经发生减值，可收回金额为 8 075 600 元。

（5）2019 年 1 月 1 日，该生产线预计尚可使用年限为 5 年，预计净残值为 125 600 元，采用直线法计提折旧。

（6）2019 年 6 月 30 日，采用出包方式对该生产线进行改良。当日，该生产线停止使用，开始进行改良。在改良过程中，以银行存款支付工程总价款 1 221 400 元。

（7）2019 年 8 月 20 日，改良工程完工验收合格并于当日投入使用，预计尚可使用年限为 8 年，预计净残值为 102 000 元，采用直线法计提折旧。2011 年 12 月 31 日，该生产线未发生减值。公司的账务处理如下：

（1）2017 年 12 月 1 日，购入生产线：

借：在建工程　　11 725 000

　贷：银行存款　　11 725 000

（2）2017 年 12 月，安装该生产线：

借：在建工程　163 000

　贷：原材料　100 000

　　应交税费——应交增值税（销项税额）　13 000

　　应付职工薪酬　50 000

（3）2017 年 12 月 31 日，生产线达到预定可使用状态投入使用：

借：固定资产　11 888 000

　贷：在建工程　11 888 000

（4）2018 年度计提折旧：

生产线 2020 年度折旧额 =（11 888 000−128 000）/ 6=1 960 000（元）

借：制造费用　1 960 000

　贷：累计折旧　1 960 000

（5）2018 年 12 月 31 日，确认减值损失：

生产线应确认的减值损失 =（11 888 000−1 960 000）−8 075 600=1 852 400（元）

借：资产减值损失　1 852 400

　贷：固定资产减值准备　1 852 400

（6）2019 年上半年计提折旧：

2019 年上半年折旧额 =（8 075 600−125 600）/ 5 / 2=795 000（元）

借：制造费用　795 000

　贷：累计折旧　795 000

（7）2019 年 6 月 30 日，将生产线转入改良：

借：在建工程　7 280 600

　累计折旧　2 755 000

　固定资产减值准备　1 852 400

　贷：固定资产　11 888 000

借：在建工程　1 221 400

　贷：银行存款　1 221 400

（8）2019 年 8 月 20 日，改良工程完工达到预定可使用状态投入使用：

借：固定资产　8 502 000

　贷：在建工程　8 502 000

（9）2019 年生产线改良后计提折旧：

2019 年生产线改良后折旧额 =（8 502 000−102 000）/ 8×4 / 13=350 000（元）

借：制造费用　350 000

　贷：累计折旧　350 000

第五节 固定资产的处置

一、固定资产终止确认的条件

固定资产的处置如图 3-15 所示。

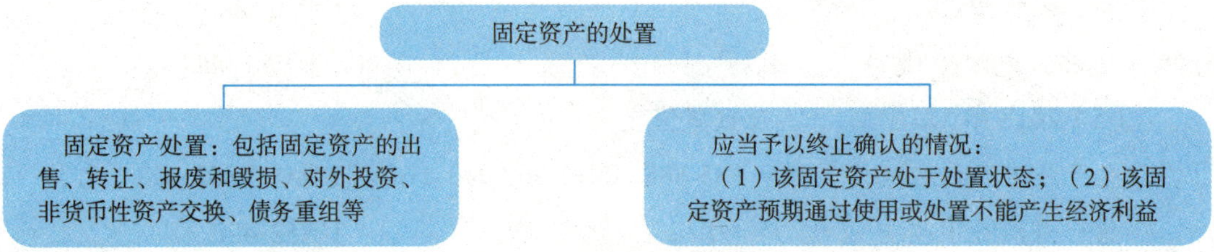

图3-15 固定资产的处置

二、固定资产处置的会计处理

固定资产处置的会计处理如表 3-10 所示。

表 3-10 固定资产处置的会计处理

固定资产出售、报废或毁损的会计处理	出售、报废和毁损等原因减少的固定资产，首先应注销账面的固定资产，按减少的固定资产账面价值，借记“固定资产清理”科目，按已计提折旧，借记“累计折旧”科目，按已计提的减值准备，借记“固定资产减值准备”科目，按固定资产原价，贷记“固定资产”科目
	对于清理过程中发生的费用以及应交的税金，借记“固定资产清理”科目，贷记“银行存款”“应交税费——应交增值税”等科目
	对于收回出售固定资产的价款、毁损报废取得的残料价值和变价收入等，借记“银行存款”“原材料”等科目，贷记“固定资产清理”科目；应当由保险公司或过失人赔偿的损失，借记“其他应收款”等科目，贷记“固定资产清理”科目
	固定资产清理后的净收益，区别情况处理：属于筹建期间的，冲减长期待摊费用，借记“固定资产清理”科目，贷记“长期待摊费用”科目；属于生产经营期间的，计入损益，借记“固定资产清理”科目，贷记“营业外收入——处置固定资产净收益”科目
	固定资产清理后的净损失，区别情况处理：属于筹建期间的，计入长期待摊费用，借记“长期待摊费用”科目，贷记“固定资产清理”科目；属于生产经营期间由于自然灾害等非正常原因造成的损失，借记“营业外支出——非正常损失”科目，贷记“固定资产清理”科目；属于生产经营期间正常的处理损失，借记“营业外支出——处置固定资产净损失”科目，贷记“固定资产清理”科目
其他方式减少的固定资产	企业持有待售的固定资产，应当调整其预计净残值，但不得超过其账面价值。原账面价值高于预计净残值的差额，应作为资产减值损失计入当期损益。其他方式减少的固定资产，如以固定资产清偿债务、投资转出固定资产、以非货币性资产交换换出固定资产等，分别按照债务重组、非货币性资产交换等的处理原则进行核算

【例 3-20】雅居地产股份公司出售一幢闲置厂房。该房屋账面原始价值 200 000 元，已提折旧 110 000 元；取得出售价款 110 000 元；该厂房已计提减值准备 10 000 元，不考虑相关税费，有关会计处理为：

（1）注销出售固定资产价值：

借：固定资产清理　　80 000

　　累计折旧　　110 000

　　固定资产减值准备　　10 000

　贷：固定资产　　200 000

（2）取得清理收入：

借：银行存款　　110 000

　贷：固定资产清理　　110 000

（3）结转清理净收益：

借：固定资产清理　　19 000

　贷：营业外收入——固定资产清理收益　　19 000

第六节　固定资产清查

为了保证固定资产核算的真实性，企业应定期或者至少于每年年末对固定资产进行清查盘点，以保证固定资产核算的真实性，充分挖掘企业现有固定资产的潜力。在固定资产清查过程中，如果发现盘盈、盘亏的固定资产，应填制固定资产盘盈盘亏报告表，如图 3-16 所示。

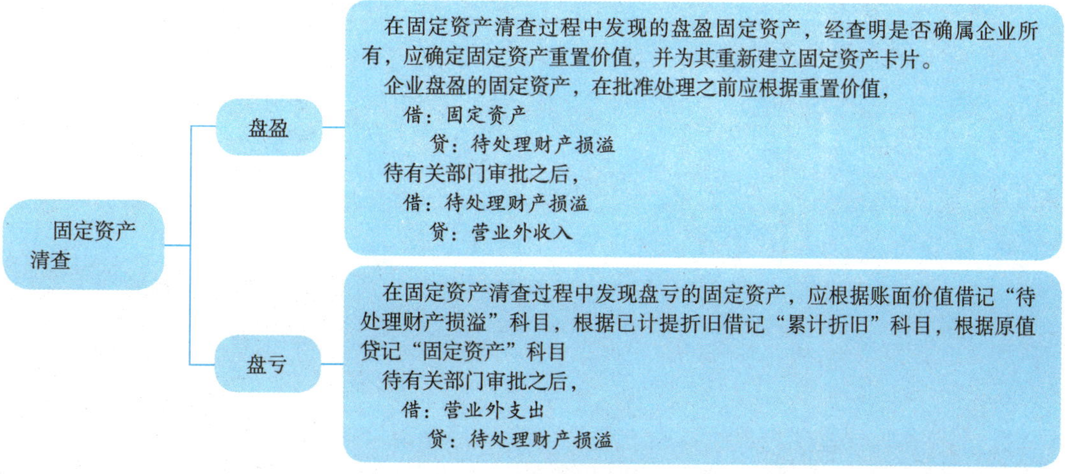

图3-16　固定资产清查

一、固定资产盘盈

【例 3-21】雅居地产股份公司年末对资产进行清查时，发现未入账的设备一台，现若重新购入同样一台新设备要花 120 000 元，预计使用年限 10 年。此设备估计已使用 2 年，预计净残值率为 5%。每年应计折旧额为（120 000－120 000×5%）/ 10=11 400 元，已提折旧额为 22 800 元，编制会计分录如下：

借：固定资产　　120 000

　贷：累计折旧　　22 800

　　　待处理财产损溢　　97 200

盘盈的设备报经批准后转账时，分录如下：

借：待处理财产损溢　　97 200

　贷：营业外收入——固定资产盘盈　　97 200

二、固定资产盘亏

【例 3-22】雅居地产股份公司于 2019 年 9 月 22 日进行了一次资产清产，清查之后发现盘亏一台原值为 50 000 元，经查账发现此台设备已计提折旧为 24 000 元。请对以上的经济业务编制会计分录：

借：待处理财产损溢　　26 000

　　累计折旧　　24 000

　贷：固定资产　　50 000

上报上级主管部门后批准转入“营业外支出”。

借：营业外支出　　26 000

　贷：待处理财产损溢　　26 000

第七节　固定资产减值

固定资产减值如图 3-17 所示。

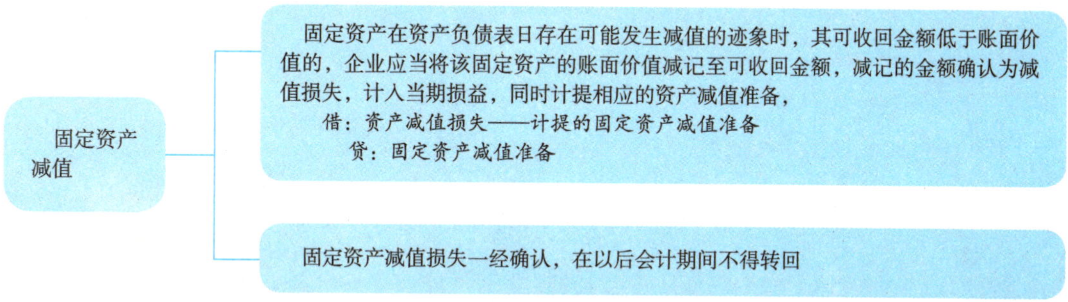

固定资产减值

固定资产在资产负债表日存在可能发生减值的迹象时，其可收回金额低于账面价值的，企业应当将该固定资产的账面价值减记至可收回金额，减记的金额确认为减值损失，计入当期损益，同时计提相应的资产减值准备，

借：资产减值损失——计提的固定资产减值准备

　贷：固定资产减值准备

固定资产减值损失一经确认，在以后会计期间不得转回

图3-17　固定资产减值

【例 3-23】2019 年 12 月 31 日，雅居地产股份公司的某生产线存在可能发生减值的迹象。经计算，该机器的可收回金额合计为 1 230 000 元，账面价值为 1 400 000 元，以前年度对该生产线计提过减值准备。

由于该生产线的可收回金额为 1 230 000 元，账面价值为 1 400 000 元，可收回金额低于账面价值，应按两者之间的差额 170 000 元（1 400 000−1 230 000）计提固定资产减值准备。该公司应作如下会计处理：

借：资产减值损失——计提的固定资产减值准备　　170 000

　贷：固定资产减值准备　　170 000

第四章
金融工具

本章导读

金融资产是指一切代表未来收益或资产合法要求权的凭证，亦称金融工具或证券。随着我国金融市场的日益发展，企业进行金融投资，获取投资收益的机会将越来越多。利用金融资产进行投资已经成为一项重要的投资方式，可以做到迅速变现，而同时不受价值上的损失。《企业会计准则》非常重视对金融投资业务的规范。

通过本章的学习，我们应该理解什么是交易性金融资产，什么是持有到期的投资，什么是长期股权投资；掌握金融资产的会计核算。

第一节　金融工具的分类

金融工具是指形成一方的金融资产并形成其他方的金融负债或权益工具的合同。实务中的金融工具合同通常采用书面形式。一般来说，金融工具包括金融资产、金融负债和权益工具，也可能包括一些尚未确认的项目。

一、金融资产的分类

金融资产，是指企业持有的现金、其他方的权益工具以及符合图 4-1 所示条件之一的资产。

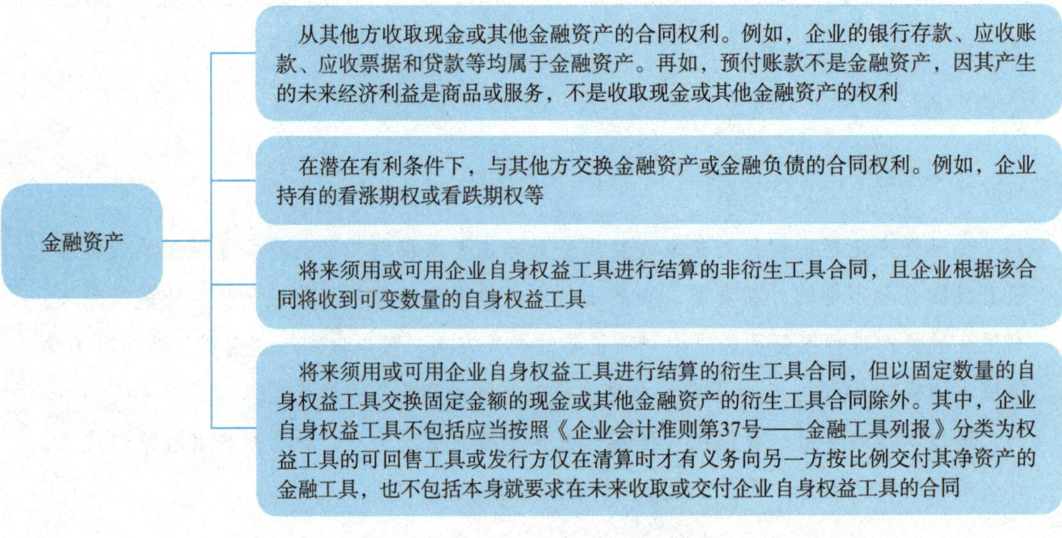

图4-1　符合金融资产的几种条件

企业应当根据其管理金融资产的业务模式和金融资产的合同现金流量特征，将金融资产划分为图 4-2 所示三类。

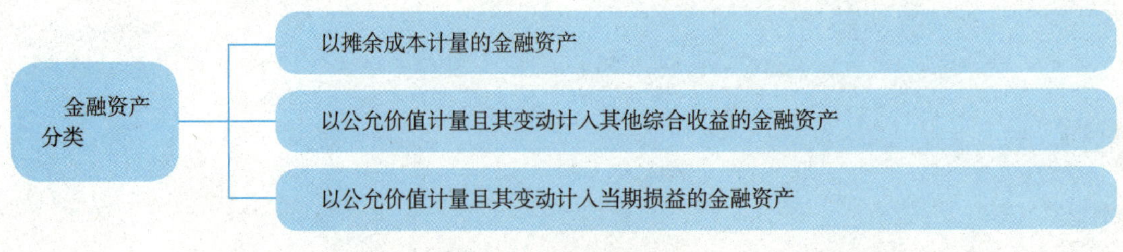

图4-2　金融资产的分类

上述分类一经确定，不得随意变更。

（一）企业管理金融资产的业务模式

企业管理金融资产的业务模式，是指企业如何管理其金融资产以产生现金流量。业务模式决定企业所管理金融资产现金流量的来源是收取合同现金流量、出售金融资产还是两者兼有，如图 4-3 所示。

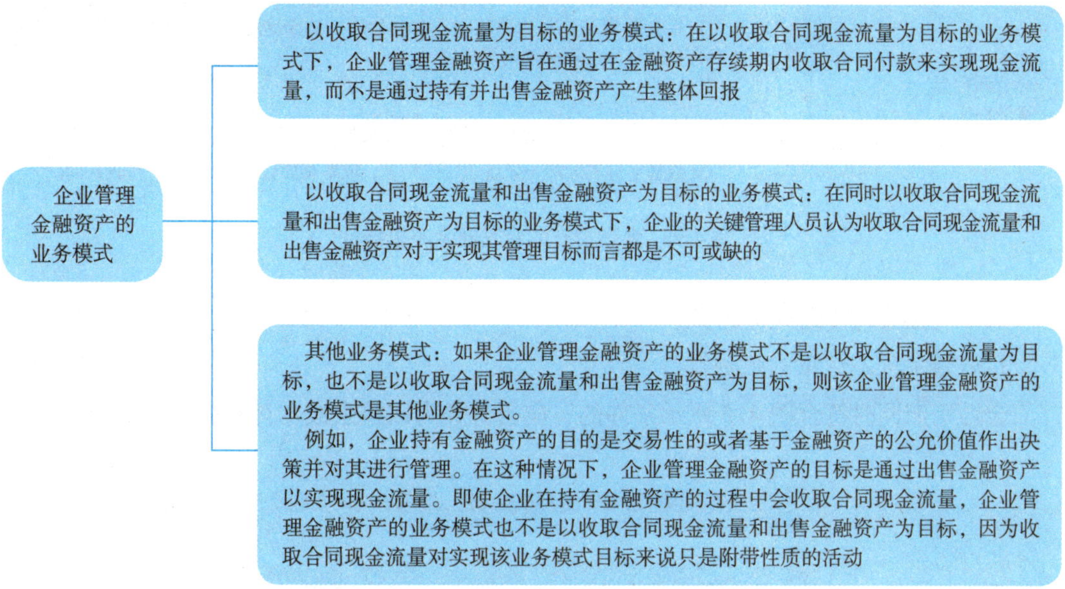

企业管理金融资产的业务模式

以收取合同现金流量为目标的业务模式：在以收取合同现金流量为目标的业务模式下，企业管理金融资产旨在通过在金融资产存续期内收取合同付款来实现现金流量，而不是通过持有并出售金融资产产生整体回报

以收取合同现金流量和出售金融资产为目标的业务模式：在同时以收取合同现金流量和出售金融资产为目标的业务模式下，企业的关键管理人员认为收取合同现金流量和出售金融资产对于实现其管理目标而言都是不可或缺的

其他业务模式：如果企业管理金融资产的业务模式不是以收取合同现金流量为目标，也不是以收取合同现金流量和出售金融资产为目标，则该企业管理金融资产的业务模式是其他业务模式。

例如，企业持有金融资产的目的是交易性的或者基于金融资产的公允价值作出决策并对其进行管理。在这种情况下，企业管理金融资产的目标是通过出售金融资产以实现现金流量。即使企业在持有金融资产的过程中会收取合同现金流量，企业管理金融资产的业务模式也不是以收取合同现金流量和出售金融资产为目标，因为收取合同现金流量对实现该业务模式目标来说只是附带性质的活动

图4-3　企业管理金融资产的业务模式

【例 4-1】甲企业购买了一个贷款组合，且该组合中有包含已发生信用减值的贷款。如果贷款不能按时偿付，甲企业将通过各种方式尽可能实现合同现金流量，例如通过邮件、电话或其他方法与借款人联系催收。同时，甲企业签订了一项利率互换合同，将贷款组合的利率由浮动利率转换为固定利率。

本例中，甲企业管理该贷款组合的业务模式是以收取合同现金流量为目标。即使甲企业预期无法收取全部合同现金流量（部分贷款已发生信用减值），但并不影响其业务模式。此外，该企业签订利率互换合同也不影响贷款组合的业务模式。

【例 4-2】甲银行持有金融资产组合以满足其每日流动性需求。甲银行为了降低其管理流动性需求的成本，高度关注该金融资产组合的回报，包括收取的合同现金流量和出售金融资产的利得或损失。

本例中，甲银行管理该金融资产组合的业务模式以收取合同现金流量和出售金融资产为目标。

（二）金融资产的合同现金流量特征

金融资产的合同现金流量特征，是指金融工具合同约定的、反映相关金融资产经济特征的现金流量属性。如果一项金融资产在特定日期产生的合同现金流量仅为对本金和以未偿付本金金额为基础的利息的支付（即符合"本金加利息的合同现金流量特征"），则该金融资产的合同现金流量特征与基本借贷安排相一致，如图 4-4 所示。

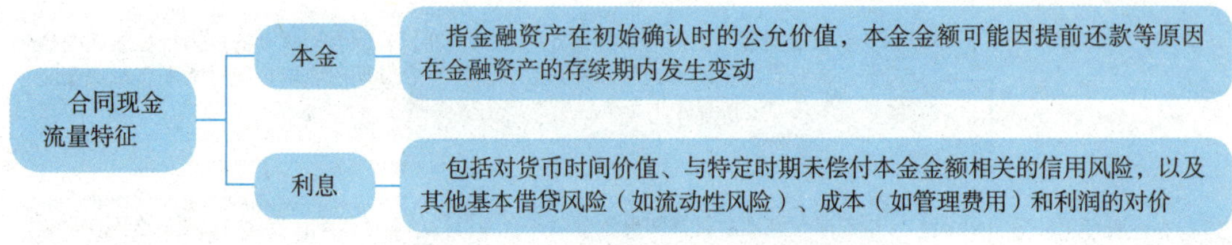

图4-4 金融资产的合同现金流量特征

（三）金融资产的具体分类

1. 以摊余成本计量的金融资产

金融资产同时符合图 4-5 所示条件的，应当分类为以摊余成本计量的金融资产。

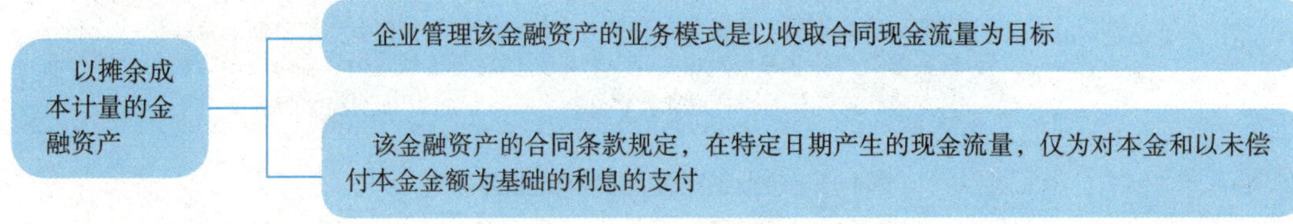

图4-5 以摊余成本计量的金融资产的情形

2. 以公允价值计量且其变动计入其他综合收益的金融资产

金融资产同时符合图 4-6 所示条件的，应当分类为以公允价值计量且其变动计入其他综合收益的金融资产。

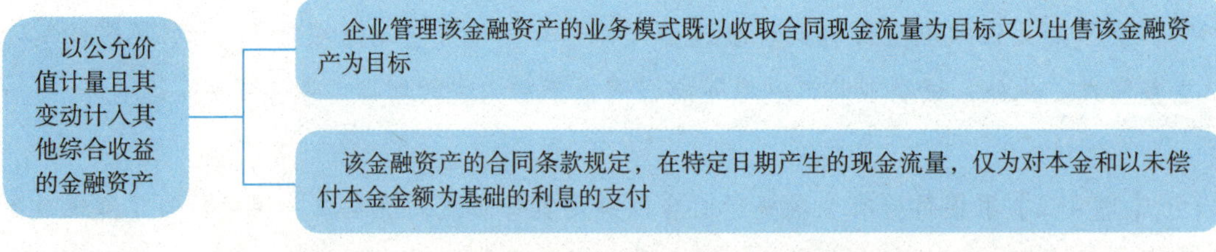

图4-6 以公允价值计量且其变动计入其他综合收益的金融资产的情形

【例 4-3】甲企业在销售中通常会给予客户一定期间的信用期。为了盘活存量资产，提高资金使用效率，甲企业与银行签订应收账款无追索权保理总协议，银行向甲企业一次性授信10亿元人民币，甲企业可以在需要时随时向银行出售应收账款。历史上甲企业频繁向银行出售应收账款，且出售金额重大，上述出售满足终止确认的规定。

本例中，应收账款的业务模式符合“既以收取合同现金流量为目标又以出售该金融资产为目标”，且该应收账款符合本金加利息的合同现金流量特征，因此应当分类为以公允价值计量且其变动计入其他综合收益的金融资产。

3. 以公允价值计量且其变动计入当期损益的金融资产

企业分类为以摊余成本计量的金融资产和以公允价值计量且其变动计入其他综合收益的金融资产之外的金融资产，应当分类为以公允价值计量且其变动计入当期损益的金融资产。例如，企业持有的下列投资产品通常应当分类为以公允价值计量且其变动计入当期损益的金融资产，如图4-7所示。

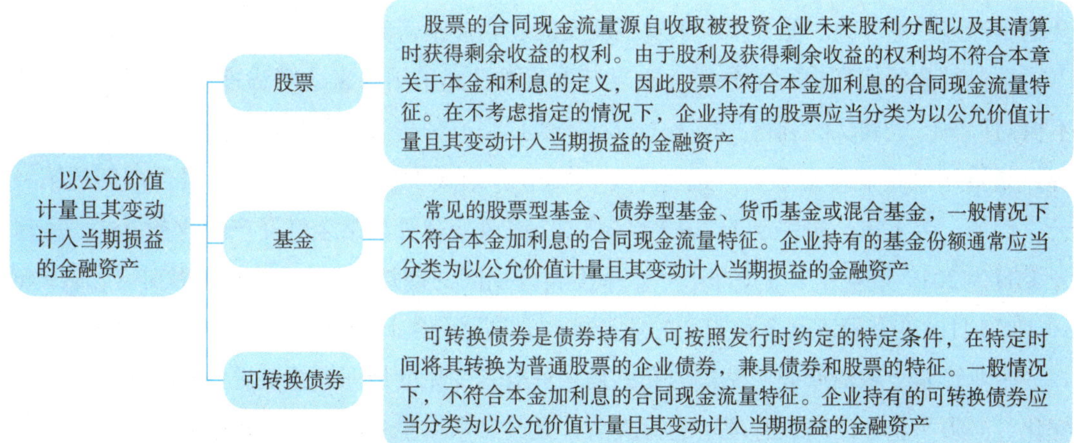

图4-7 以公允价值计量且其变动计入当期损益的金融资产

此外，在初始确认时，如果能够消除或显著减少会计错配，企业可以将金融资产指定为以公允价值计量且其变动计入当期损益的金融资产。该指定一经作出，不得撤销。

（四）金融资产分类的特殊规定

权益工具投资一般不符合本金加利息的合同现金流量特征，因此应当分类为以公允价值计量且其变动计入当期损益的金融资产。然而在初始确认时，企业可以将非交易性权益工具投资指定为以公允价值计量且其变动计入其他综合收益的金融资产，并按照规定确认股利收入。该指定一经作出，不得撤销。企业投资其他上市公司股票或者非上市公司股权的，都可能属于这种情形。

金融资产或金融负债满足图4-8所示条件之一的，表明企业持有该金融资产或承担该金融负债的目的是交易性的：

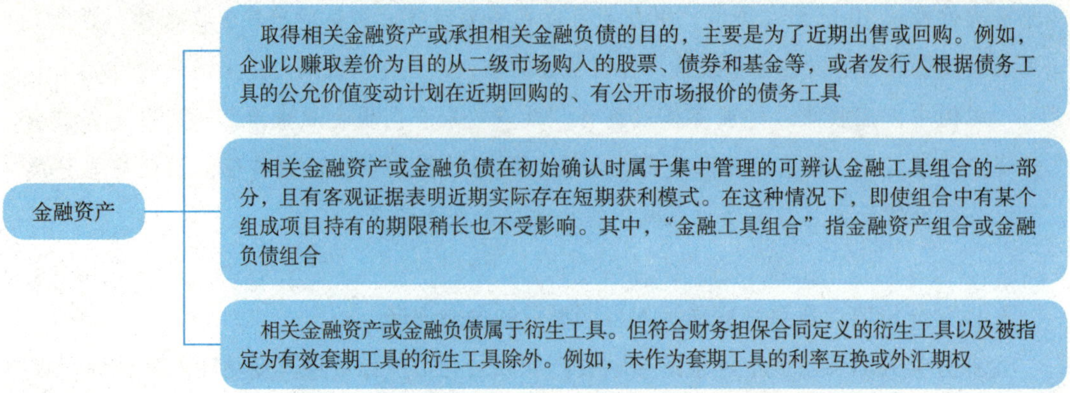

图4-8　具有交易性目的的金融资产或金融负债

（五）不同类金融资产之间的重分类

企业改变其管理金融资产的业务模式时，应当按照本章相关内容对所有受影响的相关金融资产进行重分类。业务模式未发生改变的，企业不得对相关金融资产进行重分类。

企业对金融资产进行重分类，应当自重分类日起采用未来适用法进行相关会计处理，不得对以前已经确认的利得、损失（包括减值损失或利得）或利息进行追溯调整。重分类日，是指导致企业对金融资产进行重分类的业务模式发生变更后的首个报告期间的第一天。例如，甲上市公司决定于 2019 年 3 月 22 日改变其管理某金融资产的业务模式，则重分类日为 2019 年 4 月 1 日（即下一个季度会计期间的期初）；乙上市公司决定于 2019 年 10 月 15 日改变其管理某金融资产的业务模式，则重分类日为 2020 年 1 月 1 日。

企业管理金融资产业务模式的变更是一种极其少见的情形。该变更源自外部或内部的变化，必须由企业的高级管理层进行决策，且其必须对企业的经营非常重要，并能够向外部各方证实。因此，只有当企业开始或终止某项对其经营影响重大的活动时（例如当企业收购、处置或终止某一业务线时），其管理金融资产的业务模式才会发生变更。

例如，某银行决定终止其零售抵押贷款业务，该业务线不再接受新业务，并且该银行正在积极寻求出售其抵押贷款组合，则该银行管理其零售抵押贷款的业务模式发生了变更。

【例 4-4】甲公司持有拟在短期内出售的某商业贷款组合。甲公司近期收购了一家资产管理公司（乙公司），乙公司持有贷款的业务模式是以收取合同现金流量为目标。甲公司决定，对该商业贷款组合的持有不再以出售为目标，而是将该组合与资产管理公司持有的其他贷款一起管理，以收取合同现金流量为目标，则甲公司管理该商业贷款组合的业务模式发生了变更。

图 4-9 所示情形不属于业务模式变更：

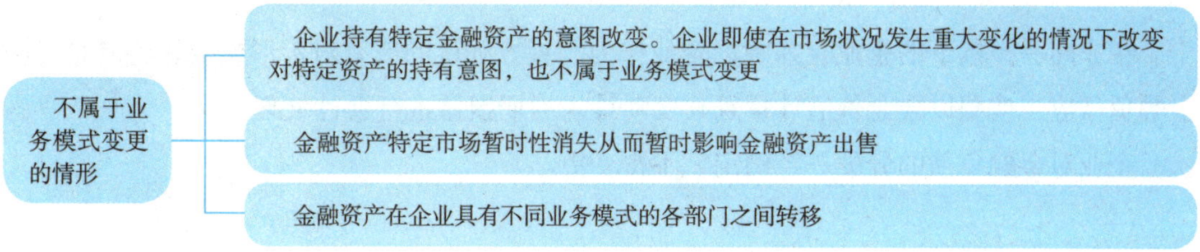

不属于业务模式变更的情形

- 企业持有特定金融资产的意图改变。企业即使在市场状况发生重大变化的情况下改变对特定资产的持有意图，也不属于业务模式变更
- 金融资产特定市场暂时性消失从而暂时影响金融资产出售
- 金融资产在企业具有不同业务模式的各部门之间转移

图4-9　不属于业务模式变更的情形

需要注意的是，如果企业管理金融资产的业务模式没有发生变更，而金融资产的条款发生变更但未导致终止确认的，不允许重分类。如果金融资产条款发生变更导致金融资产终止确认的，不涉及重分类问题，企业应当终止确认原金融资产，同时按照变更后的条款确认一项新金融资产。

二、金融负债的分类

金融负债，是指企业符合图 4-10 所示条件之一的负债：

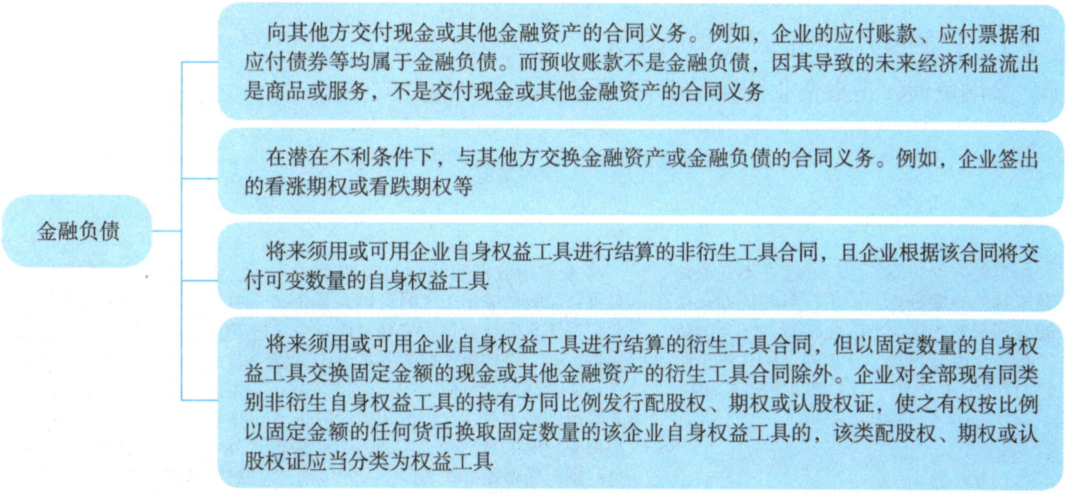

金融负债

- 向其他方交付现金或其他金融资产的合同义务。例如，企业的应付账款、应付票据和应付债券等均属于金融负债。而预收账款不是金融负债，因其导致的未来经济利益流出是商品或服务，不是交付现金或其他金融资产的合同义务
- 在潜在不利条件下，与其他方交换金融资产或金融负债的合同义务。例如，企业签出的看涨期权或看跌期权等
- 将来须用或可用企业自身权益工具进行结算的非衍生工具合同，且企业根据该合同将交付可变数量的自身权益工具
- 将来须用或可用企业自身权益工具进行结算的衍生工具合同，但以固定数量的自身权益工具交换固定金额的现金或其他金融资产的衍生工具合同除外。企业对全部现有同类别非衍生自身权益工具的持有方同比例发行配股权、期权或认股权证，使之有权按比例以固定金额的任何货币换取固定数量的该企业自身权益工具的，该类配股权、期权或认股权证应当分类为权益工具

图4-10　属于金融负债的情形

除图 4-11 所示各项外，企业应当将金融负债分类为以摊余成本计量的金融负债：

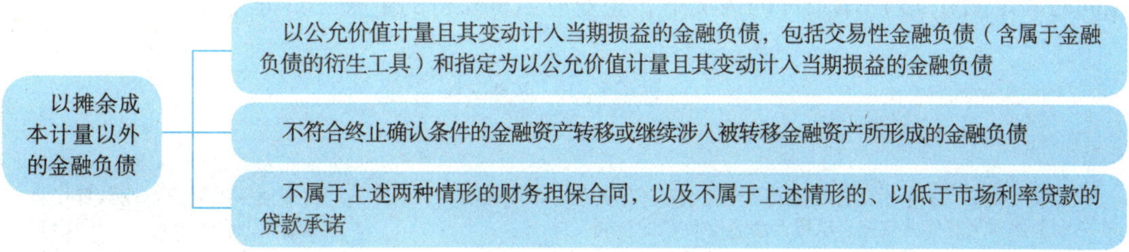

以摊余成本计量以外的金融负债

- 以公允价值计量且其变动计入当期损益的金融负债，包括交易性金融负债（含属于金融负债的衍生工具）和指定为以公允价值计量且其变动计入当期损益的金融负债
- 不符合终止确认条件的金融资产转移或继续涉入被转移金融资产所形成的金融负债
- 不属于上述两种情形的财务担保合同，以及不属于上述情形的、以低于市场利率贷款的贷款承诺

图4-11　以摊余成本计量以外的金融负债的情形

在非同一控制下的企业合并中，企业作为购买方确认的或有对价形成金融负债的，该金融负债应当按照以公允价值计量且其变动计入当期损益进行会计处理。

企业对金融负债的分类一经确定，不得变更。

第二节　金融负债和权益工具的区分

一、金融负债和权益工具区分的总体要求

企业发行金融工具，应当按照该金融工具的合同条款及其所反映的经济实质而非法律形式，以及金融资产、金融负债和权益工具的定义，在初始确认时将该金融工具或其组成部分分类为金融资产、金融负债或权益工具。

（一）金融负债和权益工具的定义

金融负债，是指企业符合图 4-12 所示条件之一的负债：

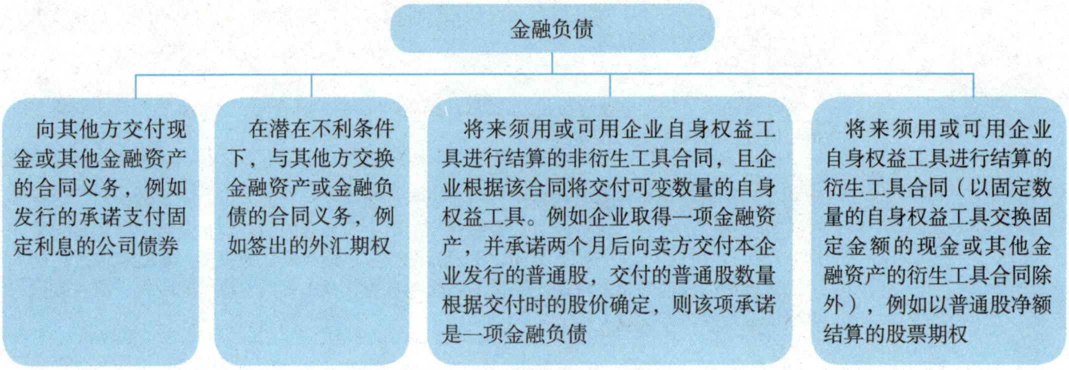

金融负债
向其他方交付现金或其他金融资产的合同义务，例如发行的承诺支付固定利息的公司债券
在潜在不利条件下，与其他方交换金融资产或金融负债的合同义务，例如签出的外汇期权
将来须用或可用企业自身权益工具进行结算的非衍生工具合同，且企业根据该合同将交付可变数量的自身权益工具。例如企业取得一项金融资产，并承诺两个月后向卖方交付本企业发行的普通股，交付的普通股数量根据交付时的股价确定，则该项承诺是一项金融负债
将来须用或可用企业自身权益工具进行结算的衍生工具合同（以固定数量的自身权益工具交换固定金额的现金或其他金融资产的衍生工具合同除外），例如以普通股净额结算的股票期权

图4-12　满足金融负债的条件

权益工具，是指能证明拥有某个企业在扣除所有负债后的资产中的剩余权益的合同。在同时满足图 4-13 所示条件的情况下，企业应当将发行的金融工具分类为权益工具：

权益工具
该金融工具应当不包括交付现金或其他金融资产给其他方，或在潜在不利条件下与其他方交换金融资产或金融负债的合同义务
将来须用或可用企业自身权益工具结算该金融工具

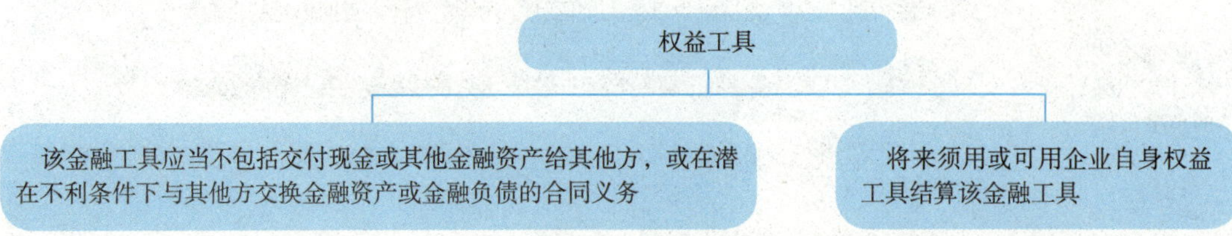

图4-13　分类为权益工具的条件

（二）区分金融负债和权益工具需考虑的因素

区分金融负债和权益工具需考虑的因素如图 4-14 所示。

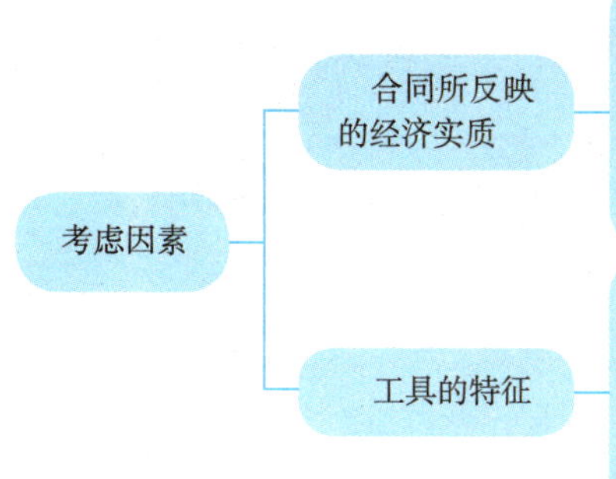

在判断一项金融工具是否应划分为金融负债或权益工具时，应当以相关合同条款及其所反映的经济实质而非仅以法律形式为依据，运用金融负债和权益工具区分的原则，正确地确定该金融工具或其组成部分的会计分类。对金融工具合同所反映经济实质的评估应基于合同的具体条款。企业不应仅依据监管规定或工具名称进行划分

有些金融工具（如企业发行的某些优先股）可能既有权益工具的特征，又有金融负债的特征。因此，企业应当全面细致地分析此类金融工具各组成部分的合同条款，以确定其显示的是金融负债还是权益工具的特征，并进行整体评估，以判定整个工具应划分为金融负债或权益工具，还是既包括金融负债成分又包括权益工具成分的复合金融工具

图4-14　区分金融负债和权益工具需考虑的因素

二、金融负债和权益工具区分的基本原则

（一）是否存在无条件地避免交付现金或其他金融资产的合同义务

（1）如果企业不能无条件地避免以交付现金或其他金融资产来履行一项合同义务，则该合同义务符合金融负债的定义。实务中，常见的该类合同义务情形包括：

①不能无条件避免的赎回，即金融工具发行方不能无条件地避免赎回此金融工具。如果一项合同（分类为权益工具的特殊金融工具除外）使发行方承担了以现金或其他金融资产回购自身权益工具的义务，即使发行方的回购义务取决于合同对手方是否行使回售权，发行方应当在初始确认时将该义务确认为一项金融负债，其金额等于回购所需支付金额的现值（如远期回购价格的现值、期权行权价格的现值或其他回售金额的现值）。如果发行方最终无须以现金或其他金融资产回购自身权益工具，应当在合同对手方回售权到期时将该项金融负债按照账面价值重分类为权益工具。

②强制付息，即金融工具发行方被要求强制支付利息。例如，一项以面值人民币 1 亿元发行的优先股要求每年按 6% 的股息率支付优先股股息。则发行方承担了未来每年支付 6% 股息的合同义务，应当就该强制付息的合同义务确认金融负债。又如，企业发行的一项永续债，无固定还款期限且不可赎回、每年按 8% 的利率强制付息。尽管该项工具的期限永续且不可赎回，但由于企业承担了以利息形式永续支付现金的合同义务，因此符合金融负债的定义。

（2）如果企业能够无条件地避免交付现金或其他金融资产，例如能够根据相应的议事机制自主决定是否支付股息（即无支付股息的义务），同时所发行的金融工具没有到期日且合同对手方没有回售权，或虽有固定期限但发行方有权无限期递延（即无支付本金的义务），则此类交付现金或其他金融资产的结算条款不构成金融负债。如果发放股利由发行

方根据相应的议事机制自主决定，则股利是累积股利还是非累积股利本身均不会影响该金融工具被分类为权益工具。

（3）判断一项金融工具是划分为权益工具还是金融负债，不受下列因素的影响：

①以前实施分配的情况；

②未来实施分配的意向；

③相关金融工具如果没有发放股利对发行方普通股的价格可能产生的负面影响；

④发行方的未分配利润等可供分配权益的金额；

⑤发行方对一段期间内损益的预期；

⑥发行方是否有能力影响其当期损益。

（4）有些金融工具虽然没有明确地包含交付现金或其他金融资产义务的条款和条件，但有可能通过其他条款和条件间接地形成合同义务。例如，企业可能在显著不利的条件下选择交付现金或其他金融资产，而不是选择履行非金融合同义务，或选择交付自身权益工具。

（二）是否通过交付固定数量的自身权益工具结算

权益工具是证明拥有企业的资产扣除负债后的剩余权益的合同。因此，对于将来须交付企业自身权益工具的金融工具，如果未来结算时交付的权益工具数量是可变的，或者收到对价的金额是可变的，则该金融工具的结算将对其他权益工具所代表的剩余权益带来不确定性（通过影响剩余权益总额或者稀释其他权益工具），也就不符合权益工具的定义。

对于将来须用或可用企业自身权益工具结算的金融工具应当区分衍生工具还是非衍生工具。例如，甲公司发行了一项无固定期限、能够自主决定支付本息的可转换优先股。按合同规定，甲公司将在第5年末将发行的该工具强制转换为可变数量的普通股，则该可转换优先股是一项非衍生工具。

1. 基于自身权益工具的非衍生工具

对于非衍生工具如果发行方未来有义务交付可变数量的自身权益工具进行结算，则该非衍生工具是金融负债；否则，该非衍生工具是权益工具。

某项合同并不仅仅因为其可能导致企业交付自身权益工具而成为一项权益工具。企业可能承担交付一定数量的自身权益工具的合同义务，如果将交付的企业自身权益工具数量是变化的，使得将交付的企业自身权益工具的数量乘以其结算时的公允价值恰好等于合同义务的金额，则无论该合同义务的金额是固定的，还是完全或部分地基于除企业自身权益工具的市场价格以外变量（例如利率、某种商品的价格或某项金融工具的价格）的变动而变化，该合同应当分类为金融负债。

2. 基于自身权益工具的衍生工具

对于衍生工具，如果发行方只能通过以固定数量的自身权益工具交换固定金额的现金或其他金融资产进行结算（即“固定换固定”），则该衍生工具是权益工具；如果发行方以固定数量自身权益工具交换可变金额现金或其他金融资产，或以可变数量自身权益工具交换固定金额现金或其他金融资产，或以可变数量自身权益工具交换可变金额现金或其他金融资产，则该衍生工具应当确认为衍生金融负债或衍生金融资产。因此，除非满足“固定换固定”条件，否则将来须用或可用企业自身权益工具结算的衍生工具应分类为衍生金融负债或衍生金融资产。例如，发行在外的股票期权赋予了工具持有方以固定价格购买固定数量的企业股票的权利。该合同的公允价值可能会随着股票价格以及市场利率的波动而变动。但是，只要该合同的公允价值变动不影响结算时发行方可收取的现金或其他金融资产的金额，也不影响需交付的权益工具的数量，则发行方应将该股票期权作为一项权益工具处理。

第三节　金融工具的计量

一、金融资产和金融负债的初始计量

金融资产和金融负债的初始计量原则如图 4-15 所示。

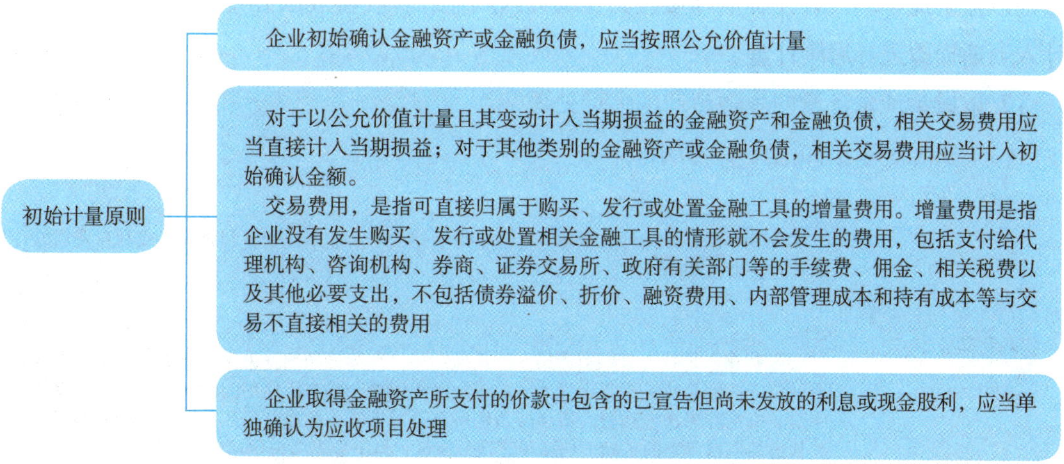

初始计量原则

- 企业初始确认金融资产或金融负债，应当按照公允价值计量
- 对于以公允价值计量且其变动计入当期损益的金融资产和金融负债，相关交易费用应当直接计入当期损益；对于其他类别的金融资产或金融负债，相关交易费用应当计入初始确认金额。
  交易费用，是指可直接归属于购买、发行或处置金融工具的增量费用。增量费用是指企业没有发生购买、发行或处置相关金融工具的情形就不会发生的费用，包括支付给代理机构、咨询机构、券商、证券交易所、政府有关部门等的手续费、佣金、相关税费以及其他必要支出，不包括债券溢价、折价、融资费用、内部管理成本和持有成本等与交易不直接相关的费用
- 企业取得金融资产所支付的价款中包含的已宣告但尚未发放的利息或现金股利，应当单独确认为应收项目处理

图4-15　金融资产和金融负债的初始计量原则

二、公允价值的确定

公允价值，是指市场参与者在计量日发生的有序交易中，出售一项资产所能收到或者转移一项负债所需支付的价格。

企业应当将公允价值计量所使用的输入值划分为三个层次，并首先使用第一层次输入值，其次使用第二层次输入值，最后使用第三层次输入值，如图 4-16 所示。

公允价值的确定

第一层次输入值：第一层次输入值是在计量日能够取得的相同资产或负债在活跃市场上未经调整的报价。活跃市场，是指相关资产或负债的交易量和交易频率足以持续提供定价信息的市场。在活跃市场，交易对象具有同质性，可随时找到自愿交易的买方和卖方，且市场价格信息是公开的

第二层次输入值：第二层次输入值是除第一层次输入值外相关资产或负债直接或间接可观察的输入值。对于具有合同期限等具体期限的金融资产，第二层次输入值应当在几乎整个期限内是可观察的

第三层次输入值：第三层次输入值是相关资产或负债的不可观察输入值，主要包括不能直接观察和无法由可观察市场数据验证的利率、股票波动率、企业使用自身数据做出的财务预测等。

企业只有在金融资产不存在市场活动或者市场活动很少导致相关可观察输入值无法取得或取得不切实可行的情况下，才能使用第三层次输入值，即不可观察输入值

图4-16　公允价值确定的步骤

三、金融资产和金融负债的后续计量

（一）金融资产的后续计量

1. 金融资产后续计量原则

金融资产的后续计量与金融资产的分类密切相关。企业应当对不同类别的金融资产，分别以摊余成本、以公允价值计量且其变动计入其他综合收益或以公允价值计量且其变动计入当期损益进行后续计量。

2. 以摊余成本计量的金融资产的会计处理

（1）实际利率法如图 4-17 所示。

实际利率法

实际利率法，是指计算金融资产或金融负债的摊余成本以及将利息收入或利息费用分摊计入各会计期间的方法

实际利率，是指将金融资产或金融负债在预计存续期的估计未来现金流量，折现为该金融资产账面余额（不考虑减值）或该金融负债摊余成本所使用的利率。在确定实际利率时，应当在考虑金融资产或金融负债所有合同条款（如提前还款、展期、看涨期权或其他类似期权等）的基础上估计预期现金流量，但不应当考虑预期信用损失。

合同各方之间支付或收取的、属于实际利率组成部分的各项费用、交易费用及溢价或折价等，应当在确定实际利率时予以考虑

图4-17　实际利率法

（2）摊余成本。

金融资产或金融负债的摊余成本，应当以该金融资产或金融负债的初始确认金额经下

列调整后的结果确定：

A. 扣除已偿还的本金。

B. 加上或减去采用实际利率法将该初始确认金额与到期日金额之间的差额进行摊销形成的累计摊销额。

C. 扣除计提的累计信用减值准备（仅适用于金融资产）。

（3）具体会计处理。

以摊余成本计量的金融资产的会计处理，主要包括该金融资产实际利率的计算、摊余成本的确定、持有期间的收益确认及将其处置时损益的处理。以摊余成本计量的金融资产所产生的利得或损失，应当在终止确认、按照规定重分类、按照实际利率法摊销或确认减值时，计入当期损益。

以摊余成本计量的债权投资相关的账务处理如图 4-18 所示：

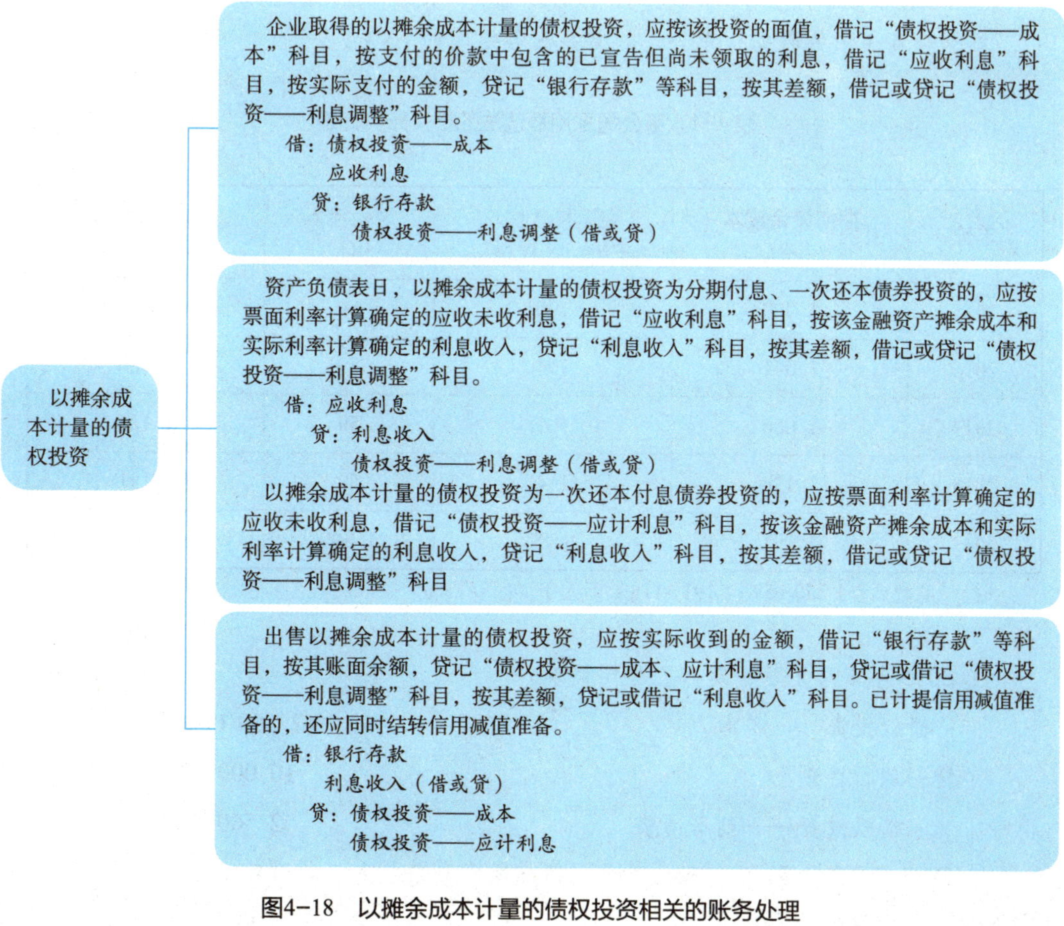

以摊余成本计量的债权投资

企业取得的以摊余成本计量的债权投资，应按该投资的面值，借记“债权投资——成本”科目，按支付的价款中包含的已宣告但尚未领取的利息，借记“应收利息”科目，按实际支付的金额，贷记“银行存款”等科目，按其差额，借记或贷记“债权投资——利息调整”科目。

借：债权投资——成本
　　应收利息
　贷：银行存款
　　　债权投资——利息调整（借或贷）

资产负债表日，以摊余成本计量的债权投资为分期付息、一次还本债券投资的，应按票面利率计算确定的应收未收利息，借记“应收利息”科目，按该金融资产摊余成本和实际利率计算确定的利息收入，贷记“利息收入”科目，按其差额，借记或贷记“债权投资——利息调整”科目。

借：应收利息
　贷：利息收入
　　　债权投资——利息调整（借或贷）

以摊余成本计量的债权投资为一次还本付息债券投资的，应按票面利率计算确定的应收未收利息，借记“债权投资——应计利息”科目，按该金融资产摊余成本和实际利率计算确定的利息收入，贷记“利息收入”科目，按其差额，借记或贷记“债权投资——利息调整”科目

出售以摊余成本计量的债权投资，应按实际收到的金额，借记“银行存款”等科目，按其账面余额，贷记“债权投资——成本、应计利息”科目，贷记或借记“债权投资——利息调整”科目，按其差额，贷记或借记“利息收入”科目。已计提信用减值准备的，还应同时结转信用减值准备。

借：银行存款
　　利息收入（借或贷）
　贷：债权投资——成本
　　　债权投资——应计利息

图4-18　以摊余成本计量的债权投资相关的账务处理

企业持有的以摊余成本计量的应收款项、贷款等的账务处理原则，与债权投资大致相同，企业可使用“应收账款”“贷款”等科目进行核算。

【例 4-5】2015 年 1 月 1 日，甲公司支付价款 1 000 万元（含交易费用）从公开市场购入乙公司同日发行的 5 年期公司债券 12 500 份，债券票面价值总额为 1 250 万元，票面年利率为 4.72%，于年末支付本年度债券利息（即每年利息为 59 万元），本金在债券到期时一次性偿还。合同约定，该债券的发行方在遇到特定情况时可以将债券赎回，且不需要为提前赎回支付额外款项。甲公司在购买该债券时，预计发行方不会提前赎回。甲公司根据其管理该债券的业务模式和该债券的合同现金流量特征，将该债券分类为以摊余成本计量的金融资产。

假定不考虑所得税、减值损失等因素，计算该债券的实际利率 r：

59×（1+r）-1+59×（1+r）-2+59×（1+r）-3+59×（1+r）-4+（59 +1 250）×（1+r）-5=1 000（万元）

采用插值法，计算得出 r=10%。

情形 1:

根据表 4-1 中的数据，甲公司的有关账务处理如下：

表 4-1　甲公司采用插值法的相关账务处理

单位：万元

年份	期初摊余成本（A）	实际利息收入（$B=A\times10\%$）	现金流入（C）	期末摊余成本（$D=A+B-C$）
2015	1 000	100	59	1 041
2016	1 041	104	59	1 086
2017	1 086	109	59	1 136
2018	1 136	114	59	1 191
2019	1 191	118*	1 309	0

注：*尾数调整1 250 +59 -1 191 =118（万元）。

① 2015 年 1 月 1 日，购入乙公司债券。

借：债权投资——成本　　12 500 000

　贷：银行存款　　10 000 000

　　债权投资——利息调整　　2 500 000

② 2015 年 12 月 31 日，确认乙公司债券实际利息收入、收到债券利息。

借：应收利息　　590 000

　债权投资——利息调整　　410 000

　贷：利息收入　　1 000 000

借：银行存款　590 000
　贷：应收利息　590 000

③ 2016 年 12 月 31 日，确认乙公司债券实际利息收入、收到债券利息。

借：应收利息　590 000
　　债权投资——利息调整　450 000
　贷：利息收入　1 040 000
借：银行存款　590 000
　贷：应收利息　590 000

④ 2017 年 12 月 31 日，确认乙公司债券实际利息收入、收到债券利息。

借：应收利息　590 000
　　债权投资——利息调整　500 000
　贷：利息收入　1 090 000
借：银行存款　590 000
　贷：应收利息　590 000

⑤ 2018 年 12 月 31 日，确认乙公司债券实际利息收入、收到债券利息。

借：应收利息　590 000
　　债权投资——利息调整　550 000
　贷：利息收入　1 140 000
借：银行存款　590 000
　贷：应收利息　590 000

⑥ 2019 年 12 月 31 日，确认乙公司债券实际利息收入、收到债券利息和本金。

借：应收利息　590 000
　　债权投资——利息调整　590 000
　贷：利息收入　1 180 000
借：银行存款　590 000
　贷：应收利息　590 000
借：银行存款　12 500 000
　贷：债权投资——成本　12 500 000

情形 2：

假定在 2017 年 1 月 1 日，甲公司预计本金的一半（即 625 万元）将会在该年末收回，而其余的一半本金将于 2019 年年末付清。则甲公司应当调整 2015 年年初的摊余成本，计入当期损益；调整时采用最初确定的实际利率。据此，调整表 4 -1 中相关数据后如表 4-2 所示。

表 4-2　甲公司采用实际利率法的相关账务处理

单位：万元

年份	期初摊余成本（A）	实际利息收入（$B=A\times10\%$）	现金流入（C）	期末摊余成本（$D=A+B-C$）
2015	1 000	100	59	1 041
2016	1 041	104	59	1 086
2017	1 139*	114	684	569
2018	569	57	30**	596
2019	596	59***	655	0

注：*（625 +59）×（1+10%）-1+30×（1+10%）-2+（625 +30）×（1+10%）-3=1 139（万元）（四舍五入）；

**625×4.72%= 30（万元）（四舍五入）；

***625 +30 - 596= 59（万元）（尾数调整）。

根据上述调整，甲公司的账务处理如下：

①2017 年 1 月 1 日，调整期初账面余额。

借：债权投资——利息调整　530 000

　贷：投资收益　530 000

②2017 年 12 月 31 日，确认实际利息、收回本金等。

借：应收利息　590 000

　　债权投资——利息调整　550 000

　贷：利息收入　1 140 000

借：银行存款　590 000

　贷：应收利息　590 000

借：银行存款　6 250 000

　贷：债权投资——成本　6 250 000

③2018 年 12 月 31 日，确认实际利息等。

借：应收利息　300 000

　　债权投资——利息调整　270 000

　贷：利息收入　570 000

借：银行存款　300 000

　贷：应收利息　300 000

④2019 年 12 月 31 日，确认实际利息、收回本金等。

借：应收利息　　300 000

　债权投资——利息调整　　290 000

　贷：利息收入　　590 000

借：银行存款　　300 000

　贷：应收利息　　300 000

借：银行存款　　6 250 000

　贷：债权投资——成本　　6 250 000

情形 3：

假定甲公司购买的乙公司债券不是分次付息，而是到期一次还本付息，且利息不以复利计算。此时，甲公司所购买乙公司债券的实际利率 r 计算如下：

（59 +59 +59 +59 +59 +1 250）×（1+r）−5=1 000（万元）

由此计算得出 $r\approx9.05\%$。

据此，调整表 4-1 中相关数据后如表 4-3 所示。

表 4-3　甲公司采用到期一次还本付息方法的相关账务处理

单位：万元

年份	期初摊余成本（A）	实际利息收入（$B=A\times9.05\%$）	现金流入（C）	期末摊余成本（$D=A+B-C$）
2015	1 000	90.5	0	1 090.5
2016	1 090.5	98. 69	0	1 189. 19
2017	1 189. 19	107. 62	0	1 296. 81
2018	1 296. 81	117. 36	0	1 414. 17
2019	1 414. 17	130. 83*	1 545	0

注：*尾数调整1 250 +295−1 414.17 =130. 83（万元）。

根据表 4-3 中的数据，甲公司的有关账务处理如下：

①2015 年 1 月 1 日，购入乙公司债券。

借：债权投资——成本　　12 500 000

　贷：银行存款　　10 000 000

　　债权投资——利息调整　　2 500 000

②2015年12月31日，确认乙公司债券实际利息收入。

借：债权投资——应计利息　　590 000

　　　　　　——利息调整　　315 000

　贷：利息收入　　905 000

③2016年12月31日，确认乙公司债券实际利息收入。

借：债权投资——应计利息　　590 000

　　　　　　——利息调整　　396 900

　贷：利息收入　　986 900

④2017年12月31日，确认乙公司债券实际利息收入。

借：债权投资——应计利息　　590 000

　　　　　　——利息调整　　486 200

　贷：利息收入　　1 076 200

⑤2018年12月31日，确认乙公司债券实际利息收入。

借：债权投资——应计利息　　590 000

　　　　　　——利息调整　　583 600

　贷：利息收入　　1 173 600

⑥2019年12月31日，确认乙公司债券实际利息收入、收回债券本金和票面利息。

借：债权投资——应计利息　　590 000

　　　　　　——利息调整　　718 300

　贷：利息收入　　1 308 300

借：银行存款　　15 450 000

　贷：债权投资——成本　　12 500 000

　　　　　　　——应计利息　　2 950 000

3. 以公允价值计量且其变动计入其他综合收益的金融资产的会计处理

以公允价值计量且其变动计入其他综合收益的金融资产的会计处理，与以公允价值计量且其变动计入当期损益的金融资产的会计处理存在类似之处，例如，均要求按公允价值进行后续计量。但是，也有一些不同之处，以公允价值计量且其变动计入其他综合收益的金融资产所产生的利得或损失，除减值损失或利得和汇兑损益外，均应当计入其他综合收益，直至该金融资产终止确认或被重分类。但是，采用实际利率法计算的该金融资产的利息应当计入当期损益。终止确认时，之前计入其他综合收益的累计利得或损失应当从其他综合收益中转出，计入当期损益。

相关的账务处理如图4-19所示：

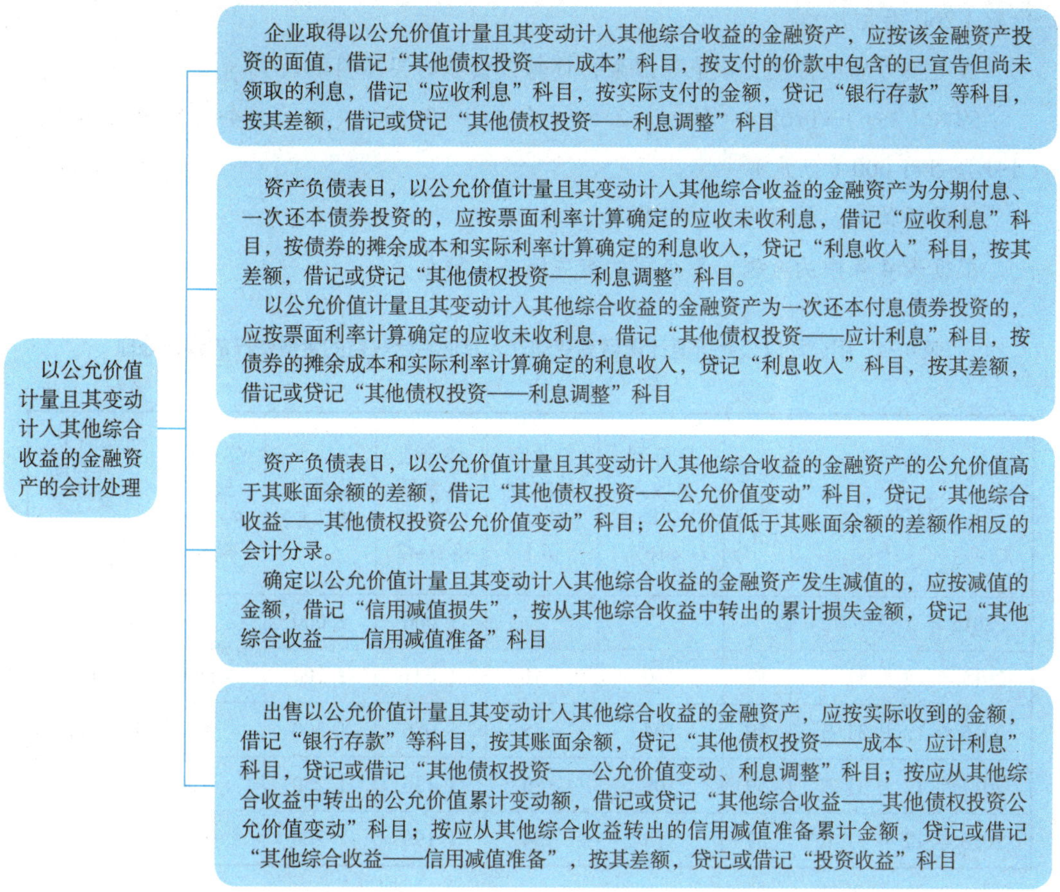

以公允价值计量且其变动计入其他综合收益的金融资产的会计处理

企业取得以公允价值计量且其变动计入其他综合收益的金融资产，应按该金融资产投资的面值，借记“其他债权投资——成本”科目，按支付的价款中包含的已宣告但尚未领取的利息，借记“应收利息”科目，按实际支付的金额，贷记“银行存款”等科目，按其差额，借记或贷记“其他债权投资——利息调整”科目

资产负债表日，以公允价值计量且其变动计入其他综合收益的金融资产为分期付息、一次还本债券投资的，应按票面利率计算确定的应收未收利息，借记“应收利息”科目，按债券的摊余成本和实际利率计算确定的利息收入，贷记“利息收入”科目，按其差额，借记或贷记“其他债权投资——利息调整”科目。

以公允价值计量且其变动计入其他综合收益的金融资产为一次还本付息债券投资的，应按票面利率计算确定的应收未收利息，借记“其他债权投资——应计利息”科目，按债券的摊余成本和实际利率计算确定的利息收入，贷记“利息收入”科目，按其差额，借记或贷记“其他债权投资——利息调整”科目

资产负债表日，以公允价值计量且其变动计入其他综合收益的金融资产的公允价值高于其账面余额的差额，借记“其他债权投资——公允价值变动”科目，贷记“其他综合收益——其他债权投资公允价值变动”科目；公允价值低于其账面余额的差额作相反的会计分录。

确定以公允价值计量且其变动计入其他综合收益的金融资产发生减值的，应按减值的金额，借记“信用减值损失”，按从其他综合收益中转出的累计损失金额，贷记“其他综合收益——信用减值准备”科目

出售以公允价值计量且其变动计入其他综合收益的金融资产，应按实际收到的金额，借记“银行存款”等科目，按其账面余额，贷记“其他债权投资——成本、应计利息”科目，贷记或借记“其他债权投资——公允价值变动、利息调整”科目；按应从其他综合收益中转出的公允价值累计变动额，借记或贷记“其他综合收益——其他债权投资公允价值变动”科目；按应从其他综合收益转出的信用减值准备累计金额，贷记或借记“其他综合收益——信用减值准备”，按其差额，贷记或借记“投资收益”科目

图4-19 以公允价值计量且其变动计入其他综合收益的金融资产的会计处理

【例 4-6】2015 年 1 月 1 日，甲公司支付价款 1 000 万元（含交易费用）从公开市场购入乙公司同日发行的 5 年期公司债券 12 500 份，债券票面价值总额为 1 250 万元，票面年利率为 4.72%，于年末支付本年度债券利息（即每年利息为 59 万元），本金在债券到期时一次性偿还。合同约定，该债券的发行方在遇到特定情况时可以将债券赎回，且不需要为提前赎回支付额外款项。甲公司在购买该债券时，预计发行方不会提前赎回。甲公司根据其管理该债券的业务模式和该债券的合同现金流量特征，将该债券分类为以公允价值计量且其变动计入其他综合收益的金融资产。

其他资料如下：

（1）2015 年 12 月 31 日，乙公司债券的公允价值为 1 200 万元（不含利息）。

（2）2016 年 12 月 31 日，乙公司债券的公允价值为 1 300 万元（不含利息）。

（3）2017 年 12 月 31 日，乙公司债券的公允价值为 1 250 万元（不含利息）。

（4）2018 年 12 月 31 日，乙公司债券的公允价值为 1 200 万元（不含利息）。

（5）2019 年 1 月 20 日，通过上海证券交易所出售了乙公司债券 12 500 份，取得

价款 1 260 万元。

假定不考虑所得税、减值等因素，计算该债券的实际利率 r：

$59\times(1+r)^{-1}+59\times(1+r)^{-2}+59\times(1+r)^{-3}+59\times(1+r)^{-4}+(59+1\,250)\times(1+r)^{-5}=1\,000$（万元）

采用插值法，计算得出 r=10%。

根据表 4-4 中的数据，甲公司的有关账务处理如下：

表 4-4　甲公司以公允价值计量且其变动计入其他综合收益的金融资产的会计处理

单位：万元

日期	现金流入（A）	实际利息收入（B= 期初 $D\times10\%$）	已收回的本金（$C=A-B$）	摊余成本余额（D= 期初 $D-C$）	公允价值（E）	公允价值变动额 $F=E-D-$ 期初 G	公允价值变动累计金额 G= 期初 $G+F$
2015 年 1 月 1 日				1 000	1 000	0	0
2015 年 12 月 31 日	59	100	−41	1 041	1 200	159	159
2016 年 12 月 31 日	59	104	−45	1 086	1 300	55	214
2017 年 12 月 31 日	59	109	−50	1 136	1 250	−100	114
2018 年 12 月 31 日	59	113	−54	1 190	1 200	−104	10

（1）2015 年 1 月 1 日，购入乙公司债券。

借：其他债权投资——成本　　12 500 000

　贷：银行存款　　10 000 000

　　　其他债权投资——利息调整　　2 500 000

（2）2015 年 12 月 31 日，确认乙公司债券实际利息收入、公允价值变动，收到债券利息。

借：应收利息　　590 000

　　其他债权投资——利息调整　　410 000

　贷：利息收入　　1 000 000

借：银行存款　　590 000

　贷：应收利息　　590 000

借：其他债权投资——公允价值变动　　1 590 000

　贷：其他综合收益——其他债权投资公允价值变动　　1 590 000

（3）2016 年 12 月 31 日，确认乙公司债券实际利息收入、公允价值变动，收到债券利息。

借：应收利息　590 000

　　其他债权投资——利息调整　450 000

　贷：利息收入　1 040 000

借：银行存款　590 000

　贷：应收利息　590 000

借：其他债权投资——公允价值变动　550 000

　贷：其他综合收益——其他债权投资公允价值变动　550 000

（4）2017 年 12 月 31 日，确认乙公司债券实际利息收入、公允价值变动，收到债券利息。

借：应收利息　590 000

　　其他债权投资——利息调整　500 000

　贷：利息收入　1 090 000

借：银行存款　590 000

　贷：应收利息　590 000

借：其他综合收益——其他债权投资公允价值变动　1 000 000

　贷：其他债权投资——公允价值变动　1 000 000

（5）2018 年 12 月 31 日，确认乙公司债券实际利息收入、公允价值变动，收到债券利息。

借：应收利息　590 000

　　其他债权投资——利息调整　540 000

　贷：利息收入　1 130 000

借：银行存款　590 000

　贷：应收利息　590 000

借：其他综合收益——其他债权投资公允价值变动　1 040 000

　贷：其他债权投资——公允价值变动　1 040 000

（6）2019 年 1 月 20 日，确认出售乙公司债券实现的损益。

借：银行存款　12 600 000

　　其他综合收益——其他债权投资公允价值变动　100 000

　　其他债权投资——利息调整　600 000

　贷：其他债权投资——成本　12 500 000

　　　投资收益　800 000

4. 以公允价值计量且其变动计入当期损益的金融资产的会计处理

以公允价值计量且其变动计入当期损益的金融资产的会计处理，着重于反映该类金融资产公允价值的变化以及对企业财务状况和经营成果的影响。

相关的账务处理如图 4-20 所示：

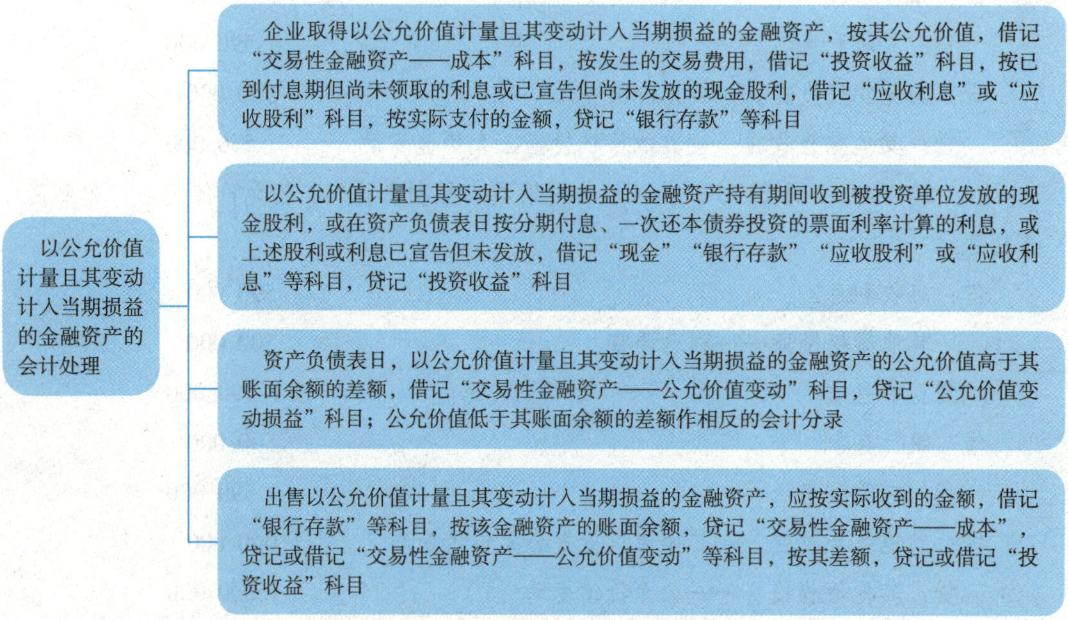

以公允价值计量且其变动计入当期损益的金融资产的会计处理

- 企业取得以公允价值计量且其变动计入当期损益的金融资产，按其公允价值，借记“交易性金融资产——成本”科目，按发生的交易费用，借记“投资收益”科目，按已到付息期但尚未领取的利息或已宣告但尚未发放的现金股利，借记“应收利息”或“应收股利”科目，按实际支付的金额，贷记“银行存款”等科目
- 以公允价值计量且其变动计入当期损益的金融资产持有期间收到被投资单位发放的现金股利，或在资产负债表日按分期付息、一次还本债券投资的票面利率计算的利息，或上述股利或利息已宣告但未发放，借记“现金”“银行存款”“应收股利”或“应收利息”等科目，贷记“投资收益”科目
- 资产负债表日，以公允价值计量且其变动计入当期损益的金融资产的公允价值高于其账面余额的差额，借记“交易性金融资产——公允价值变动”科目，贷记“公允价值变动损益”科目；公允价值低于其账面余额的差额作相反的会计分录
- 出售以公允价值计量且其变动计入当期损益的金融资产，应按实际收到的金额，借记“银行存款”等科目，按该金融资产的账面余额，贷记“交易性金融资产——成本”，贷记或借记“交易性金融资产——公允价值变动”等科目，按其差额，贷记或借记“投资收益”科目

图4-20 以公允价值计量且其变动计入当期损益的金融资产的会计处理

【例 4-7】2018 年 1 月 1 日，甲公司从二级市场购入丙公司债券，支付价款合计 1 020 000 元（含已宣告但尚未领取的利息 20 000 元），另发生交易费用 20 000 元。该债券面值 1 000 000 元，剩余期限为 2 年，票面年利率为 4%，每半年末付息一次，其合同现金流量特征满足仅为对本金和以未偿付本金金额为基础的利息的支付。甲公司根据其管理该债券的业务模式和该债券的合同现金流量特征，将该债券分类为以公允价值计量且其变动计入当期损益的金融资产。其他资料如下：

（1）2018 年 1 月 5 日，收到丙公司债券 2015 年下半年利息 20 000 元。

（2）2018 年 6 月 30 日，丙公司债券的公允价值为 1 150 000 元（不含利息）。

（3）2018 年 7 月 5 日，收到丙公司债券 2018 年上半年利息。

（4）2018 年 12 月 31 日，丙公司债券的公允价值为 1 100 000 元（不含利息）。

（5）2019 年 1 月 5 日，收到丙公司债券 2018 年下半年利息。

（6）2019 年 6 月 20 日，通过二级市场出售丙公司债券，取得价款 1 180 000 元（含 1 季度利息 10 000 元）。

假定不考虑其他因素，甲公司的账务处理如下：

（1）2018 年 1 月 1 日，从二级市场购入丙公司债券。

借：交易性金融资产——成本　1 000 000

　应收利息　20 000

　投资收益　20 000

　贷：银行存款　1 040 000

（2）2018 年 1 月 5 日，收到该债券 2015 年下半年利息 20 000 元。

借：银行存款　20 000

　贷：应收利息　20 000

（3）2018 年 6 月 30 日，确认丙公司债券公允价值变动和投资收益。

借：交易性金融资产——公允价值变动　150 000

　贷：公允价值变动损益　150 000

借：应收利息　20 000

　贷：投资收益　20 000

（4）2018 年 7 月 5 日，收到丙公司债券 2016 年上半年利息。

借：银行存款　20 000

　贷：应收利息　20 000

（5）2018 年 12 月 31 日，确认丙公司债券公允价值变动和投资收益。

借：公允价值变动损益　50 000

　贷：交易性金融资产——公允价值变动　50 000

借：应收利息　20 000

　贷：投资收益　20 000

（6）2019 年 1 月 5 日，收到丙公司债券 2016 年下半年利息。

借：银行存款　20 000

　贷：应收利息　20 000

（7）2019 年 6 月 20 日，通过二级市场出售丙公司债券。

借：银行存款　1 180 000

　贷：交易性金融资产——成本　1 000 000

　　　　　　　　——公允价值变动　100 000

　　投资收益　80 000

5. 以公允价值计量且其变动计入当期损益的金融资产中的交易性金融资产账务处理

交易性金融资产主要是指企业为了近期内出售而持有的金融资产，如企业以赚取差价为目的从二级市场购入的股票、债券、基金等。

（1）交易性金融资产核算应设置的会计科目。

为了反映和监督交易性金融资产的取得、收取现金股利或利息、出售等情况，企业应当设置“交易性金融资产”“公允价值变动损益”“投资收益”等科目进行核算，如图 4-21 所示。

“交易性金融资产”科目核算企业分类为以公允价值计量且其变动计入当期损益的金融资产，其中包括企业为交易目的所持有的债券投资、股票投资、基金投资等交易性金融资产的公允价值。“交易性金融资产”科目的借方登记金融资产的取得成本、资产负债表日其公允价值高于账面余额的差额，以及出售金融资产时结转公允价值低于账面余额的变动金额；贷方登记资产负债表日其公允价值低于账面余额的差额，以及企业出售金融资产时结转的成本和公允价值高于账面余额的变动金额。企业应当按照交易性金融资产的类别和品种，分别设置“成本”“公允价值变动”等明细科目进行核算

“公允价值变动损益”科目核算企业交易性金融资产等的公允价值变动而形成的应计入当期损益的利得或损失。“公允价值变动损益”科目的借方登记资产负债表日企业持有的交易性金融资产等的公允价值低于账面余额的差额；贷方登记资产负债表日企业持有的交易性金融资产等的公允价值高于账面余额的差额

“投资收益”科目核算企业持有交易性金融资产等的期间内取得的投资收益以及出售交易性金融资产等实现的投资收益或投资损失，借方登记企业取得交易性金融资产时支付的交易费用、出售交易性金融资产等发生的投资损失，贷方登记企业持有交易性金融资产等的期间内取得的投资收益以及出售交易性金融资产等实现的投资收益

图4-21　交易性金融资产核算应设置的会计科目

（2）取得交易性金融资产。

企业取得交易性金融资产时，应当按照该金融资产取得时的公允价值作为其初始入账金额。公允价值，是指市场参与者在计量日发生的有序交易中，出售一项资产所能收到或者转移一项负债所需支付的价格。在公平交易中，熟悉情况的交易双方自愿进行资产交换或者债务清偿的金额。金融资产的公允价值，应当以市场交易价格为基础加以确定。企业取得交易性金融资产所发生的相关费用如图 4-22 所示。

企业取得交易性金融资产所发生的相关交易费用应当在发生时计入当期损益，冲减投资收益，发生交易费用取得增值税专用发票的，进项税额经认证后可从当月销项税额中扣除。交易费用是指可直接归属于购买、发行或处置金融工具的增量费用。增量费用是指企业没有发生购买、发行或处置相关金融工具的情形就不会发生的费用，包括支付给代理机构、咨询公司、券商、证券交易所、政府有关部门等的手续费、佣金、相关税费以及其他必要支出，不包括债券溢价、折价、融资费用、内部管理成本和持有成本等与交易不直接相关的费用

企业取得交易性金融资产所支付价款中包含了已宣告但尚未发放的现金股利或已到付息期但尚未领取的债券利息，应当单独确认为应收项目

图4-22　企业取得交易性金融资产的相关费用

企业取得交易性金融资产，应当按照该金融资产取得时的公允价值，借记“交易性金融资产——成本”科目，按照发生的交易费用，借记“投资收益”科目，发生交易费用取得增值税专用发票的，按其注明的增值税进项税额，借记“应交税费——应交增值税（进项税额）”科目，按照实际支付的金额，贷记“其他货币资金”等科目。

【例 4-8】2019 年 11 月 1 日，甲公司从上海证券交易所购入 A 上市公司股票 1 000 000 股，该笔股票投资在购买日的公允价值为 10 000 000 元，另支付相关交易费用 25 000 元，不考虑相关税费。甲公司将其划分为交易性金融资产进行管理和核算。甲公司应编制如下会计分录：

① 2019 年 11 月 1 日，购买 A 上市公司股票时：

借：交易性金融资产——A 上市公司股票——成本　　10 000 000

　贷：其他货币资金——存出投资款　　10 000 000

② 2019 年 11 月 1 日。支付相关交易费用时：

借：投资收益——A 上市公司股票　　25 000

　贷：其他货币资金——存出投资款　　25 000

在本例中，取得交易性金融资产所发生的相关交易费用 25 000 元，应当在发生时记入“投资收益”科目，而不记入“交易性金融资产——成本”科目。

【例 4-9】假定 2019 年 11 月 1 日，甲公司从上海证券交易所购入 A 上市公司股票 1 000 000 股，支付价款 10 000 000 元（其中包含已宣告但尚未发放的现金股利 600 000 元），另支付相关交易费用 25 000 元，不考虑相关税费。甲公司将其划分为交易性金融资产进行管理和核算。甲公司应编制如下会计分录：

① 2019 年 11 月 1 日，购买 A 上市公司股票时：

借：交易性金融资产——A 上市公司股票——成本　　9 400 000

　　应收股利——A 上市公司股票　　600 000

　贷：其他货币资金——存出投资款　　10 000 000

② 2019 年 11 月 1 日，支付相关交易费用时：

借：投资收益——A 上市公司股票　　25 000

　贷：其他货币资金——存出投资款　　25 000

在本例中，取得交易性金融资产所发生的相关交易费用 25 000 元，应当在发生时记入“投资收益”科目，而不记入“交易性金融资产——成本”科目。取得交易性金融资产支付价款 10 000 000 元中所包含的已宣告但尚未发放的现金股利 600 000 元，应当记入“应收股利”科目。

（3）持有交易性金融资产。

企业持有交易性金融资产期间对于被投资单位宣告发放的现金股利或已到付息期但尚未领取的债券利息，应当确认为应收项目，并计入投资收益，即借记“应收股利”或“应收利息”科目，贷记“投资收益”科目；实际收到时作为冲减应收项目处理，即借记“其他货币资金”等科目，贷记“应收股利”或“应收利息”科目。

需要强调的是，企业只有在同时满足三个条件时，才能确认交易性金融资产所取得的股利或利息收入并计入当期损益：一是企业收取股利或利息的权利已经确立（例如被投资单位已宣告）；二是与股利或利息相关的经济利益很可能流入企业；三是股利或利息的金额能够可靠计量。

【例4-10】承【例4-9】，假定2019年11月20日，甲公司收到A上市公司向其发放的现金股利600 000元，并存入银行。假定不考虑相关税费。甲公司应编制如下会计分录：

借：其他货币资金——存出投资款　　600 000
　贷：应收股利——A上市公司股票　　600 000

【例4-11】承【例4-9】，假定2019年11月30日，A上市公司宣告发放2018年现金股利，甲公司按其持有该上市公司股份计算确定的应分得的现金股利为800 000元。假定不考虑相关税费。甲公司应编制如下会计分录：

借：应收股利——A上市公司股票　　800 000
　贷：投资收益——A上市公司股票　　800 000

在本例中，甲公司取得A上市公司宣告发放的现金股利同时满足了确认股利收入并计入当期损益的三个条件：一是企业收取股利的权利已经确立；二是与股利相关的经济利益很可能流入企业；三是股利的金额能够可靠计量。因此，借记“应收股利”科目，贷记“投资收益”科目。

【例4-12】2019年11月1日，乙公司购入B公司发行的公司债券，支付价款26 000 000元（其中包含已到付息期但尚未领取的债券利息500 000元），另支付交易费用300 000元，取得的增值税专用发票上注明的增值税税额为18 000元。该笔B公司债券面值为25 000 000元。乙公司将其划分为交易性金融资产进行管理和核算。2020年5月10日，乙公司收到该笔债券利息500 000元。假定不考虑其他相关税费和因素。乙公司应编制如下会计分录：

①2019年11月1日，购入B公司的公司债券时。

借：交易性金融资产——B公司债券——成本　　25 500 000

　　应收利息——B公司债券　　500 000

　　投资收益——B公司债券　　300 000

　　应交税费——应交增值税（进项税额）　　18 000

　贷：其他货币资金——存出投资款　　26 318 000

②2020年5月10日，收到购买价款中包含的已到付息期但尚未领取的债券利息时。

借：其他货币资金——存出投资款　　500 000

　贷：应收利息——B公司债券　　500 000

在本例中，乙公司取得交易性金融资产所支付的交易费用300 000元，应当记入“投资收益”科目，而不记入“交易性金融资产——成本”科目。乙公司取得交易性金融资产所支付价款26 000 000元中包含的已到付息期但尚未领取的债券利息500 000元，应当记入“应收利息”科目。

（4）资产负债表日交易性金融资产的计量。

资产负债表日，交易性金融资产应当按照公允价值计量，公允价值与账面余额之间的差额计入当期损益。

企业应当在资产负债表日按照交易性金融资产公允价值高于其账面余额的差额，借记“交易性金融资产——公允价值变动”科目，贷记“公允价值变动损益”科目；公允价值低于其账面余额的差额作相反的会计分录，借记“公允价值变动损益”科目，贷记“交易性金融资产——公允价值变动”科目。

【例4-13】承【例4-9】和【例4-10】，假定2019年6月30日，甲公司持有A上市公司股票的公允价值为8 600 000元；2019年12月31日，甲公司持有A上市公司股票的公允价值为12 400 000元。不考虑相关税费和其他因素。甲公司应编制如下会计分录：

①2019年6月30日，确认A上市公司股票的公允价值变动损益时：

借：公允价值变动损益——A上市公司股票　　800 000

　贷：交易性金融资产——A上市公司股票——公允价值变动　　800 000

②2019年12月31日，确认A上市公司股票的公允价值变动损益时：

借：交易性金融资产——A上市公司股票——公允价值变动　　3 800 000

　贷：公允价值变动损益——A上市公司股票　　3 800 000

在本例中，2019年6月30日作为资产负债表日，甲公司持有A上市公司股票在该日公允价值8 600 000元，账面余额9 400 000元（即2019年5月1日的公允价值

9 400 000 元），公允价值小于账面余额 800 000 元（8 600 000 −9 400 000），应记入“公允价值变动损益”科目的借方；2019 年 12 月 31 日作为资产负债表日，甲公司持有 A 上市公司股票在该日公允价值 12 400 000 元，账面余额 8 600 000 元（即 2019 年 6 月 30 日的公允价值 8 600 000 元），公允价值大于账面余额 3 800 000 元（12 400 000 − 8 600 000），应记入“公允价值变动损益”科目的贷方。

【例 4-14】承【例 4-12】，假定 2019 年 6 月 30 日，乙公司购买的 B 公司债券的公允价值为 26 700 000 元；2019 年 12 月 31 日，乙公司购买的 B 公司债券的公允价值为 25 800 000 元。不考虑相关税费和其他因素。乙公司应编制如下会计分录：

① 2019 年 6 月 30 日，确认 B 公司债券的公允价值变动损益时：

借：交易性金融资产——B 公司债券——公允价值变动　1 200 000

　贷：公允价值变动损益——B 公司债券　1 200 000

② 2019 年 12 月 31 日，确认 B 公司债券的公允价值变动损益时：

借：公允价值变动损益——B 公司债券　900 000

　贷：交易性金融资产——B 公司债券——公允价值变动　900 000

在本例中，2019 年 6 月 30 日，B 公司债券的公允价值为 26 700 000 元，账面余额为 25 500 000 元，公允价值大于账面余额 1 200 000 元（26 700 000−25 500 000），应记入“公允价值变动损益”科目的贷方；2019 年 12 月 31 日，B 公司债券的公允价值为 25 800 000 元，账面余额为 26 700 000 元，公允价值小于账面余额 900 000 元（25 800 000−26 700 000），应记入“公允价值变动损益”科目的借方。

（5）出售交易性金融资产。

企业出售交易性金融资产时，应当将该金融资产出售时的公允价值与其账面余额之间的差额作为投资损益进行会计处理。

企业出售交易性金融资产，应当按照实际收到的金额，借记“其他货币资金”等科目，按照该金融资产的账面余额的成本部分，贷记“交易性金融资产——成本”科目，按照该金融资产的账面余额的公允价值变动部分，贷记或借记“交易性金融资产——公允价值变动”科目，按照其差额，贷记或借记“投资收益”科目。

【例 4-15】承【例 4-9】【例 4-10】【例 4-11】【例 4-13】，假定 2019 年 5 月 30 日，甲公司出售了所持有的全部 A 上市公司股票，价款为 12 100 000 元。不考虑相关税费和其他因素。甲公司应编制如下会计分录：

借：其他货币资金——存出投资款　12 100 000

投资收益——A上市公司股票 300 000

贷：交易性金融资产——A上市公司股票——成本 9 400 000

——公允价值变动 3 000 000

在本例中，2019年5月30日，甲公司出售持有A上市公司全部股票的价款12 100 000元与账面余额12 400 000元（即2018年12月31日的公允价值12 400 000元）之间的差额-300 000元应当作为投资损失，记入“投资收益”科目的借方。

【例4-16】承【例4-12】和【例4-14】，假定2019年3月15日，乙公司出售了所持有的全部B公司债券，售价为35 500 000元。不考虑相关税费和其他因素。乙公司应编制如下会计分录：

借：其他货币资金——存出投资款 35 500 000

贷：交易性金融资产——B公司债券——成本 25 500 000

——公允价值变动 300 000

投资收益——B公司债券 9 700 000

在本例中，乙公司出售交易性金融资产的售价35 500 000元与其账面余额25 800 000元（即2018年12月31日B公司债券的公允价值25 800 000元）之间的差额9 700 000元应当作为投资收益，记人“投资收益”科目的贷方。

（6）与金融商品转让相关的税费。

金融商品转让按照卖出价扣除买入价（不需要扣除已宣告未发放现金股利和已到付息期未领取的利息）后的余额作为销售额计算增值税，即转让金融商品按盈亏相抵后的余额为销售额。若相抵后出现负差，可结转下一纳税期与下期转让金融商品销售额互抵，但年末时仍出现负差的，不得转入下一会计年度。

转让金融资产当月月末，如产生转让收益，则按应纳税额，借记“投资收益”等科目，贷记“应交税费——转让金融商品应交增值税”科目；如产生转让损失，则按可结转下月抵扣税额，借记“应交税费——转让金融商品应交增值税”科目，贷记“投资收益”等科目。

年末，如果“应交税费——转让金融商品应交增值税”科目有借方余额，说明本年度的金融商品转让损失无法弥补，且本年度的金融资产转让损失不可转入下年度继续抵减转让金融资产的收益，因此，应借记“投资收益”等科目，贷记“应交税费——转让金融商品应交增值税”科目，将“应交税费——转让金融商品应交增值税”科目的借方余额转出。

【例4-17】承【例4-16】，计算该项业务转让金融商品应交增值税。

转让金融商品应交增值税 =（35 500 000 - 26 000 000）/（1+6%）× 6%=537 735. 85（元）

乙公司应编制如下会计分录：

借：投资收益　　537 735.85

　贷：应交税费——转让金融商品应交增值税　　537 735.85

指定为以公允价值计量且其变动计入其他综合收益的非交易性权益工具投资的公允价值的后续变动计入其他综合收益，不需计提减值准备，除了获得的股利收入（作为投资成本部分收回的股利收入除外）计入当期损益外，其他相关的利得和损失（包括汇兑损益）均应当计入其他综合收益，且后续不得转入损益；当终止确认时，之前计入其他综合收益的累计利得或损失应当从其他综合收益中转出，计入留存收益，其账务处理如图4-23所示。

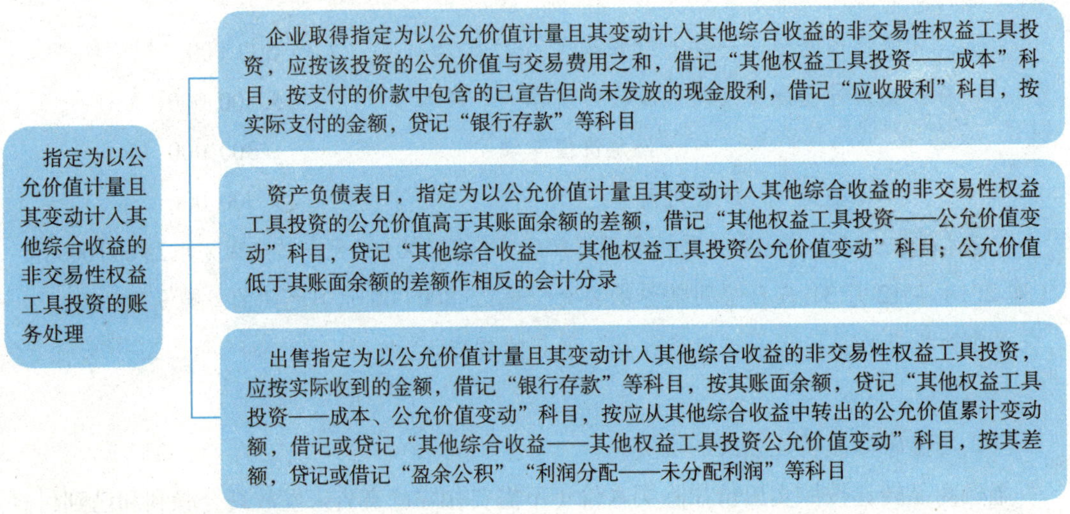

指定为以公允价值计量且其变动计入其他综合收益的非交易性权益工具投资的账务处理

- 企业取得指定为以公允价值计量且其变动计入其他综合收益的非交易性权益工具投资，应按该投资的公允价值与交易费用之和，借记“其他权益工具投资——成本”科目，按支付的价款中包含的已宣告但尚未发放的现金股利，借记“应收股利”科目，按实际支付的金额，贷记“银行存款”等科目
- 资产负债表日，指定为以公允价值计量且其变动计入其他综合收益的非交易性权益工具投资的公允价值高于其账面余额的差额，借记“其他权益工具投资——公允价值变动”科目，贷记“其他综合收益——其他权益工具投资公允价值变动”科目；公允价值低于其账面余额的差额作相反的会计分录
- 出售指定为以公允价值计量且其变动计入其他综合收益的非交易性权益工具投资，应按实际收到的金额，借记“银行存款”等科目，按其账面余额，贷记“其他权益工具投资——成本、公允价值变动”科目，按应从其他综合收益中转出的公允价值累计变动额，借记或贷记“其他综合收益——其他权益工具投资公允价值变动”科目，按其差额，贷记或借记“盈余公积”“利润分配——未分配利润”等科目

图4-23　指定为以公允价值计量且其变动计入其他综合收益的非交易性权益工具投资的账务处理

【例4-18】2019年5月6日，甲公司支付价款1 016万元（含交易费用1万元和已宣告发放现金股利15万元），购入乙公司发行的股票200万股，占乙公司有表决权股份的0.5010。甲公司将其指定为以公允价值计量且其变动计入其他综合收益的非交易性权益工具投资。

2019年5月10日，甲公司收到乙公司发放的现金股利15万元。

2019年6月30日，该股票市价为每股5.2元。

2019年12月31日，甲公司仍持有该股票；当日，该股票市价为每股5元。

2020年5月9日，乙公司宣告发放股利4 000万元。

2020年5月13日，甲公司收到乙公司发放的现金股利。

2020年5月20日，甲公司由于某特殊原因，以每股4.9元的价格将股票全部转让。

假定不考虑其他因素，甲公司的账务处理如下：

①2019年5月6日，购入股票：

借：应收股利 150 000

其他权益工具投资——成本 10 010 000

贷：银行存款 10 160 000

②2019年5月10日，收到现金股利：

借：银行存款 150 000

贷：应收股利 150 000

③2019年6月30日，确认股票价格变动：

借：其他权益工具投资——公允价值变动 390 000

贷：其他综合收益——其他权益工具投资公允价值变动 390 000

④2019年12月31日，确认股票价格变动：

借：其他综合收益——其他权益工具投资公允价值变动 400 000

贷：其他权益工具投资——公允价值变动 400 000

⑤2020年5月9日，确认应收现金股利：

借：应收股利 200 000

贷：投资收益 200 000

⑥2020年5月13日，收到现金股利：

借：银行存款 200 000

贷：应收股利 200 000

⑦2020年5月20日，出售股票：

借：盈余公积——法定盈余公积 1 000

利润分配——未分配利润 9 000

贷：其他综合收益——其他权益工具投资公允价值变动 10 000

借：银行存款 9 800 000

其他权益工具投资——公允价值变动 10 000

盈余公积——法定盈余公积 20 000

利润分配——未分配利润 180 000

贷：其他权益工具投资——成本 10 010 000

如果甲公司根据其管理乙公司股票的业务模式和乙公司股票的合同现金流量特征，将乙公司股票分类为以公允价值计量且其变动计入当期损益的金融资产，且2019年12月31日乙公司股票市价为每股4.8元，其他资料不变，则甲公司应作如下账务处理：

①2019年5月6日，购入股票：

借：应收股利 150 000

交易性金融资产——成本　　10 000 000
投资收益　　10 000
贷：银行存款　　10 160 000

②2019年5月10日，收到现金股利：

借：银行存款　　150 000
贷：应收股利　　150 000

③2019年6月30日，确认股票价格变动：

借：交易性金融资产——公允价值变动　　400 000
贷：公允价值变动损益　　400 000

④2019年12月31日，确认股票价格变动：

借：公允价值变动损益　　800 000
贷：交易性金融资产——公允价值变动　　800 000

注：公允价值变动=200×（4.8−5.2）=−80（万元）

⑤2020年5月9日，确认应收现金股利：

借：应收股利　　200 000
贷：投资收益　　200 000

⑥2020年5月13日，收到现金股利：

借：银行存款　　200 000
贷：应收股利　　200 000

⑦2020年5月20日，出售股票：

借：银行存款　　9 800 000
交易性金融资产——公允价值变动　　400 000
贷：交易性金融资产——成本　　10 000 000
投资收益　　200 000

6. 金融资产之间重分类的会计处理

（1）以摊余成本计量的金融资产的重分类如图4-24所示。

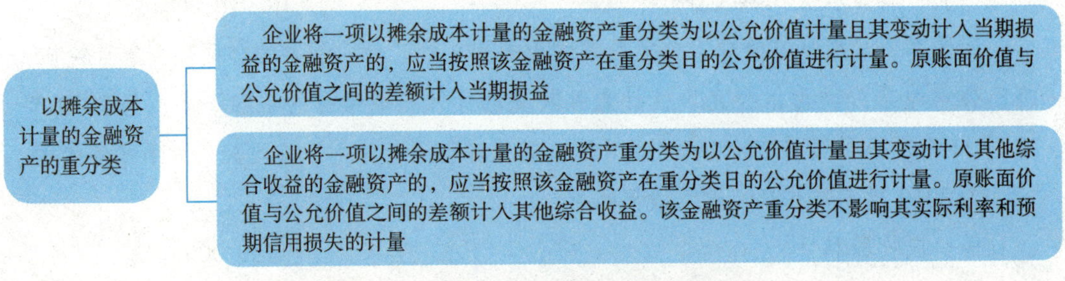

以摊余成本计量的金融资产的重分类

- 企业将一项以摊余成本计量的金融资产重分类为以公允价值计量且其变动计入当期损益的金融资产的，应当按照该金融资产在重分类日的公允价值进行计量。原账面价值与公允价值之间的差额计入当期损益
- 企业将一项以摊余成本计量的金融资产重分类为以公允价值计量且其变动计入其他综合收益的金融资产的，应当按照该金融资产在重分类日的公允价值进行计量。原账面价值与公允价值之间的差额计入其他综合收益。该金融资产重分类不影响其实际利率和预期信用损失的计量

图4-24　以摊余成本计量的金融资产的重分类

【例 4-19】2019 年 10 月 15 日，甲银行以公允价值 500 000 元购入一项债券投资，并按规定将其分类为以摊余成本计量的金融资产，该债券的账面余额为 500 000 元。2019 年 10 月 15 日，甲银行变更了其管理债券投资组合的业务模式，其变更符合重分类的要求，因此，甲银行于 2020 年 1 月 1 日将该债券从以摊余成本计量重分类为以公允价值计量且其变动计入当期损益。2020 年 1 月 1 日，该债券的公允价值为 490 000 元，已确认的信用减值准备为 6 000 元。假设不考虑该债券的利息收入，甲银行的会计处理如下：

借：交易性金融资产　　490 000
　　债权投资减值准备　　6 000
　　公允价值变动损益　　4 000
　贷：债权投资　　500 000

（2）以公允价值计量且其变动计入其他综合收益的金融资产的重分类如图 4-25 所示。

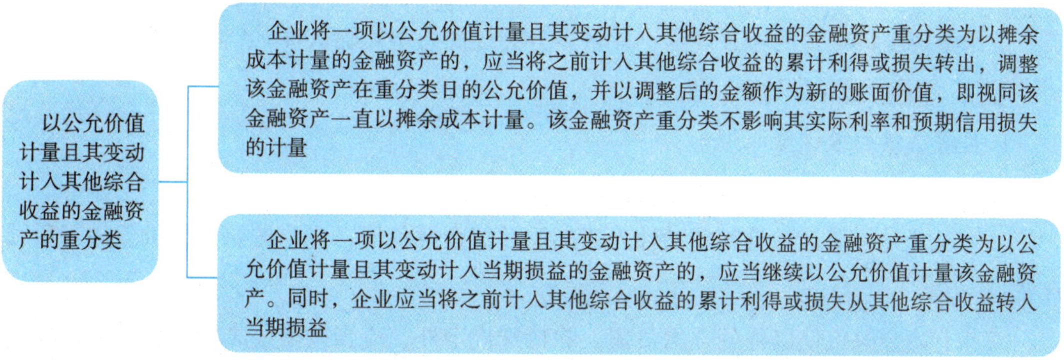

以公允价值计量且其变动计入其他综合收益的金融资产的重分类

企业将一项以公允价值计量且其变动计入其他综合收益的金融资产重分类为以摊余成本计量的金融资产的，应当将之前计入其他综合收益的累计利得或损失转出，调整该金融资产在重分类日的公允价值，并以调整后的金额作为新的账面价值，即视同该金融资产一直以摊余成本计量。该金融资产重分类不影响其实际利率和预期信用损失的计量

企业将一项以公允价值计量且其变动计入其他综合收益的金融资产重分类为以公允价值计量且其变动计入当期损益的金融资产的，应当继续以公允价值计量该金融资产。同时，企业应当将之前计入其他综合收益的累计利得或损失从其他综合收益转入当期损益

图4-25　以公允价值计量且其变动计入其他综合收益的金融资产的重分类

【例 4-20】2017 年 9 月 15 日，甲银行以公允价值 500 000 元购入一项债券投资，并按规定将其分类为以公允价值计量且其变动计入其他综合收益的金融资产，该债券的账面余额为 500 000 元。2018 年 10 月 15 日，甲银行变更了其管理债券投资组合的业务模式，其变更符合重分类的要求，因此，甲银行于 2019 年 1 月 1 日将该债券从以公允价值计量且其变动计入其他综合收益的金融资产重分类为以摊余成本计量的金融资产。2019 年 1 月 1 日，该债券的公允价值为 490 000 元，已确认的信用减值准备为 6 000 元。假设不考虑利息收入，甲银行的会计处理如下：

借：债权投资　　500 000
　　其他债权投资——公允价值变动　　10 000
　　其他综合收益——信用减值准备　　6 000

贷：其他债权投资——成本　　500 000

　　其他综合收益——其他债权投资公允价值变动　　10 000

　　债权投资减值准备　　6 000

（3）以公允价值计量且其变动计入当期损益的金融资产的重分类如图 4-26 所示。

以公允价值计量且其变动计入当期损益的金融资产的重分类

- 企业将一项以公允价值计量且其变动计入当期损益的金融资产重分类为以摊余成本计量的金融资产的，应当以其在重分类日的公允价值作为新的账面余额
- 企业将一项以公允价值计量且其变动计入当期损益的金融资产重分类为以公允价值计量且其变动计入其他综合收益的金融资产的，应当继续以公允价值计量该金融资产

图4-26　以公允价值计量且其变动计入当期损益的金融资产的重分类

对以公允价值计量且其变动计入当期损益的金融资产进行重分类的，企业应当根据该金融资产在重分类日的公允价值确定其实际利率。同时，企业应当自重分类日起对该金融资产适用金融工具减值的相关规定，并将重分类日视为初始确认日。

（二）金融负债的后续计量

1. 金融负债后续计量原则

企业应当按照以下原则对金融负债进行后续计量：

（1）以公允价值计量且其变动计入当期损益的金融负债，应当按照公允价值进行后续计量。

（2）上述金融负债以外的金融负债，除特殊规定外，应当按摊余成本进行后续计量。

2. 金融负债后续计量的会计处理

（1）对于以公允价值进行后续计量的金融负债，其公允价值变动形成的利得或损失，除与套期会计有关外，应当计入当期损益。

【例 4-21】2019 年 7 月 1 日，甲公司经批准在全国银行间债券市场公开发行 10 亿元人民币短期融资券，期限为 1 年，票面年利率 5.58%，每张面值为 100 元，到期一次还本付息。所募集资金主要用于公司购买生产经营所需的原材料及配套件等。公司将该短期融资券指定为以公允价值计量且其变动计入当期损益的金融负债。假定不考虑发行短期融资券相关的交易费用以及企业自身信用风险变动。

2019 年 12 月 31 日，该短期融资券市场价格每张 120 元（不含利息）;2019 年 6 月 30 日，该短期融资券到期兑付完成。

据此，甲公司账务处理如下（金额单位：万元）：

①2019年7月1日，发行短期融资券。

借：银行存款　100 000

　贷：交易性金融负债　100 000

②2019年12月31日，年末确认公允价值变动和利息费用。

借：公允价值变动损益　20 000

　贷：交易性金融负债　20 000

借：财务费用　2 790

　贷：应付利息　2 790

③2020年6月30日，短期融资券到期。

借：财务费用　2 790

　贷：应付利息　2 790

借：交易性金融负债　120 000

　　应付利息　5 580

　贷：银行存款　105 580

　　　公允价值变动损益　20 000

（2）以摊余成本计量且不属于任何套期关系一部分的金融负债所产生的利得或损失，应当在终止确认时计入当期损益或在按照实际利率法摊销时计入相关期间损益。

【例4-22】甲公司发行公司债券为建造专用生产线筹集资金。有关资料如下：

①2016年12月31日，委托证券公司以7 755万元的价格发行3年期分期付息公司债券。该债券面值为8 000万元，票面年利率4. 5%，实际年利率5.64%，每年付息一次，到期后按面值偿还。假定不考虑发行公司债券相关的交易费用。

②生产线建造工程采用出包方式，于2017年1月1日开始动工，发行债券所得款项当日全部支付给建造承包商，2018年12月31日所建造生产线达到预定可使用状态。

③假定各年度利息的实际支付日期均为下年度的1月10日；2020年1月10日支付2019年度利息，一并偿付面值。

④所有款项均以银行存款支付。

据此，甲公司计算得出该债券在各年末的摊余成本、应付利息金额、当年应予资本化或费用化的利息金额、利息调整的本年摊销和年末余额。有关结果如表4-5所示。

表 4-5　甲公司以摊余成本后续计量的会计处理

单位：万元

时间		2016 年 12 月 31 日	2017 年 12 月 31 日	2018 年 12 月 31 日	2019 年 12 月 31 日
年末摊余成本	面值	8 000	8 000	8 000	8 000
	利息调整	−245	−167.62	−85.87	0
	合计	7 755	7 832.38	7 914.13	8 000
当年应予资本化或费用化的利息金额			437.38	441.75	445.87
年末应付利息金额			360	360	360
“利息调整”本年摊销额			77.38	81.75	85.87

相关账务处理如下：

①2016 年 12 月 31 日，发行债券：

借：银行存款　　77 550 000

　　应付债券——利息调整　　2 450 000

　贷：应付债券——面值　　80 000 000

②2017 年 12 月 31 日，确认和结转利息：

借：在建工程　　4 373 800

　贷：应付利息　　600 000

　　　应付债券——利息调整　　773 800

③2018 年 1 月 10 日，支付利息：

借：应付利息　　3 600 000

　贷：银行存款　　3 600 000

④2018 年 12 月 31 日，确认和结转利息：

借：在建工程　　4 417 500

　贷：应付利息　　3 600 000

　　　应付债券——利息调整　　817 500

⑤2019 年 1 月 10 日，支付利息：

借：应付利息　　3 600 000

　贷：银行存款　　3 600 000

⑥2019 年 12 月 31 日，确认和结转利息：

借：财务费用　　4 458 700

　贷：应付利息　　3 600 000

应付债券——利息调整　　858 700

⑦ 2020 年 1 月 10 日，债券到期兑付：

借：应付利息　　3 600 000

应付债券——面值　　80 000 000

贷：银行存款　　83 600 000

第四节　金融资产终止确认和金融资产转移的判断

一、金融资产终止确认的一般原则

金融资产终止确认，是指企业将之前确认的金融资产从其资产负债表中予以转出。金融资产满足下列条件之一的，应当终止确认：

（1）收取该金融资产现金流量的合同权利终止。

（2）该金融资产已转移，且该转移满足本节关于终止确认的规定。

在第一个条件下，企业收取金融资产现金流量的合同权利终止，如因合同到期而使合同权利终止，金融资产不能再为企业带来经济利益，应当终止确认该金融资产。在第二个条件下，企业收取一项金融资产现金流量的合同权利并未终止，但若企业转移了该项金融资产，同时该转移满足本节关于终止确认的规定，在这种安排下，企业也应当终止确认被转移的金融资产。

金融资产的一部分满足下列条件之一的，企业应当将终止确认的规定适用于该金融资产部分，除此之外，企业应当将终止确认的规定适用于该金融资产整体，如图 4-27 所示：

1. 该金融资产部分仅包括金融资产所产生的特定可辨认现金流量。如企业就某债务工具与转入方签订一项利息剥离合同，合同规定转入方有权获得该债务工具利息现金流量，但无权获得该债务工具本金现金流量，终止确认的规定适用于该债务工具的利息现金流量

2. 该金融资产部分仅包括与该金融资产所产生的全部现金流量完全成比例的现金流量部分。如企业就某债务工具与转入方签订转让合同，合同规定转入方拥有获得该债务工具全部现金流量一定比例的权利，终止确认的规定适用于该债务工具全部现金流量一定比例的部分

3. 该金融资产部分仅包括与该金融资产所产生的特定可辨认现金流量完全成比例的现金流量部分。如企业就某债务工具与转入方签订转让合同，合同规定转入方拥有获得该债务工具利息现金流量一定比例的权利，终止确认的规定适用于该债务工具利息现金流量一定比例的部分

图4-27　企业应当将终止确认的规定适用于该金融资产部分的条件

企业发生满足上述 2 或 3 条件的金融资产转移，且存在一个以上转入方的，只要企业转移的份额与金融资产全部现金流量或特定可辨认现金流量完全成比例即可，不要求每个转入方均持有成比例的份额。

二、金融资产转移概述

金融资产（包括单项或一组类似金融资产）转移，是指企业（转出方）将金融资产（或其现金流量）让与或交付给该金融资产发行方之外的另一方（转入方）。

（一）金融资产转移的情形

企业金融资产转移，包括图 4-28 所示两种情形。

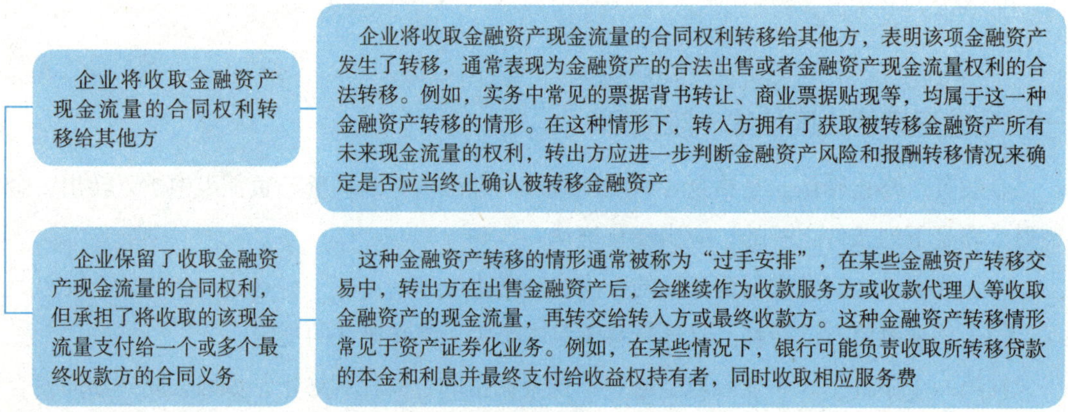

企业将收取金融资产现金流量的合同权利转移给其他方	企业将收取金融资产现金流量的合同权利转移给其他方，表明该项金融资产发生了转移，通常表现为金融资产的合法出售或者金融资产现金流量权利的合法转移。例如，实务中常见的票据背书转让、商业票据贴现等，均属于这一种金融资产转移的情形。在这种情形下，转入方拥有了获取被转移金融资产所有未来现金流量的权利，转出方应进一步判断金融资产风险和报酬转移情况来确定是否应当终止确认被转移金融资产
企业保留了收取金融资产现金流量的合同权利，但承担了将收取的该现金流量支付给一个或多个最终收款方的合同义务	这种金融资产转移的情形通常被称为“过手安排”，在某些金融资产转移交易中，转出方在出售金融资产后，会继续作为收款服务方或收款代理人等收取金融资产的现金流量，再转交给转入方或最终收款方。这种金融资产转移情形常见于资产证券化业务。例如，在某些情况下，银行可能负责收取所转移贷款的本金和利息并最终支付给收益权持有者，同时收取相应服务费

图4-28　金融资产转移的情形

（二）所转移金融资产的风险和报酬转移情况

企业在发生金融资产转移时，应当评估其保留金融资产所有权上的风险和报酬的程度，并分别按下列情形处理：

（1）企业转移了金融资产所有权上几乎所有风险和报酬的，应当终止确认该金融资产，并将转移中产生或保留的权利和义务单独确认为资产或负债。常见情形如图 4-29 所示。

> （1）企业无条件出售金融资产；
> （2）企业出售金融资产，同时约定按回购日该金融资产的公允价值回购；
> （3）企业出售金融资产，同时与转入方签订看跌期权合同（即转入方有权将该金融资产返售给企业）或看涨期权合同（即转出方有权回购该金融资产），且根据合同条款判断，该看跌期权或看涨期权为一项重大价外期权（即期权合约的条款设计，使得金融资产的转入方或转出方极小可能会行权）

图4-29　企业转移了金融资产所有权上几乎所有风险和报酬的情况

（2）企业保留了金融资产所有权上几乎所有风险和报酬的，应当继续确认该金融资产。常见情形如图 4-30 所示。

（1）企业出售金融资产并与转入方签订回购协议，协议规定企业将回购原被转移金融资产，或者将予回购的金融资产与售出的金融资产相同或实质上相同、回购价格固定或原售价加上回报；
（2）企业融出证券或进行证券出借；
（3）企业出售金融资产并附有将市场风险敞口转回给企业的总回报互换；
（4）企业出售短期应收款项或信贷资产，并且全额补偿转入方可能因被转移金融资产发生的信用损失；
（5）企业出售金融资产，同时与转入方签订看跌期权合同或看涨期权合同，且根据合同条款判断，该看跌期权或看涨期权为一项重大价内期权（即期权合约的条款设计，使得金融资产的转入方或转出方很可能会行权）

图4-30　企业保留了金融资产所有权上几乎所有风险和报酬的情况

（3）企业既没有转移也没有保留金融资产所有权上几乎所有风险和报酬的（即除1和2外的其他情形），应当根据其是否保留了对金融资产的控制，分别按图4-31所示情形处理。

（1）企业未保留对该金融资产控制的，应当终止确认该金融资产，并将转移中产生或保留的权利和义务单独确认为资产或负债；
（2）企业保留了对该金融资产控制的，应当按照其继续涉入被转移金融资产的程度继续确认有关金融资产，并相应确认相关负债。继续涉入被转移金融资产的程度，是指企业承担的被转移金融资产价值变动风险或报酬的程度

图4-31　企业既没有转移也没有保留金融资产所有权上几乎所有风险和报酬的情况

企业在判断是否保留了对被转移金融资产的控制时，应当重点关注转入方出售被转移金融资产的实际能力。如果转入方有实际能力单方面决定将转入的金融资产整体出售给与其不相关的第三方，且没有额外条件对此项出售加以限制，则表明企业作为转出方未保留对被转移金融资产的控制；除此之外的其他情况下，则应视为企业保留了对被转移金融资产的控制。

第五章

投资性房地产

本章导读

在 2019 年公布的财富榜中，投资房地产者占据了重要的一席之地。

随着房地产行业的发展，人们将房子作为投资工具的兴趣越来越大。企业在进行资产管理过程时，目光也越来越集中到房地产行业。投资性房地产作为新会计准则中新增的内容，进一步满足了房地产行业的发展需求。投资性房地产是指为赚取租金或资本增值，或两者兼有而持有的房地产，包括已出租的土地使用权、持有并准备增值后转让的土地使用权、已出租的建筑物。

在本章中，我们重点学习投资性房产需要满足的条件、分类；掌握投资性房地产取得和处置时的会计核算，以及投资性房地产的价值发生变化时，如何进行后续的会计核算；并理解投资性房地产与非投资性房地产的转换，及其会计核算。

第一节　投资性房地产的概念与确认

一、投资性房地产的范围

投资性房地产的主要内容如图 5-1 所示。

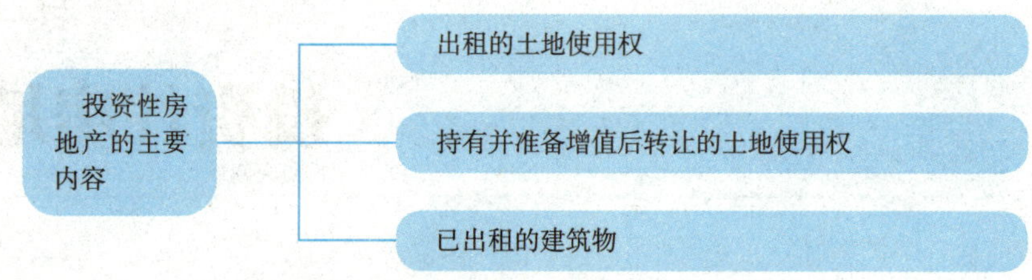

图5-1　投资性房地产的主要内容

投资性房地产的范围如表 5-1 所示。

表 5-1　投资性房地产的范围

投资性房地产的主要内容	投资性房地产的具体内容
已出租的土地使用权	以经营租赁方式出租的土地使用权。其中，用于出租的土地使用权是指企业通过出让或转让方式取得的土地使用权
持有并准备增值后转让的土地使用权	企业取得的、准备增值后转让的土地使用权。按照国家有关规定认定的闲置土地，不属于持有并准备增值后转让的土地使用权
已出租的建筑物	用于出租的建筑物是指企业拥有产权的建筑物

二、投资性房地产的确认条件

投资性房地产的确认条件如表 5-2 所示。

表 5-2　投资性房地产的确认条件

<table>
<tr><td rowspan="3">投资性房地产的两个确认条件</td><td colspan="2">符合投资性房地产的概念</td></tr>
<tr><td rowspan="2">同时满足</td><td>与该投资性房地产相关的经济利益很可能流入企业</td></tr>
<tr><td>该投资性房地产的成本能够可靠地计量</td></tr>
</table>

第二节　取得投资性房地产的会计核算

总体而言，投资性房地产应当按照取得的总成本进行初始计量，但根据取得方式的不同，其成本的计算有各自的特点。取得投资性房地产的会计核算如表 5-3 所示。

表 5-3　取得投资性房地产的会计核算

投资性房地产的取得方式	初始计量的具体说明	初始计量的成本	相关说明
外购的房地产	只有在购入房地产的同时开始对外出租（自租赁期开始日起，下同）或用于资本增值，才能称之为外购的投资性房地产	购买价款、相关税费和可直接归属于该资产的其他支出	自用一段时间之后再改为出租或用于资本增值的，应当先将外购的房地产确认为固定资产或无形资产，自租赁期开始日或用于资本增值之日起，再从固定资产或无形资产转换为投资性房地产
自行建造的房地产	只有在自行建造或开发活动完成（即达到预定可使用状态）的同时开始对外出租或用于资本增值，才能将自行建造的房地产确认为投资性房地产	由建造该项房地产达到预定可使用状态前发生的必要支出构成	达到预定可使用状态后一段时间才对外出租或用于资本增值的，应当先将自行建造的房地产确认为固定资产、无形资产或存货，自租赁期开始日或用于资本增值之日起，从固定资产、无形资产或存货转换为投资性房地产

第三节　投资性房地产的后续计量

投资性房地产的后续计量具有成本和公允价值两种模式，通常应当采用成本模式计量，满足特定条件时可以采用公允价值模式计量。但是，同一企业只能采用一种模式对所有投资性房地产进行后续计量，不得同时采用两种计量模式。

一、采用成本模式进行后续计量的投资性房地产

采用成本模式进行后续计量的投资性房地产如表5-4所示。

表5-4 采用成本模式进行后续计量的投资性房地产

采用成本模式的后续计量	遵循的会计处理
外购投资性房地产或自行建造的投资性房地产达到预定可使用状态时	按照其实际成本，借记“投资性房地产”，贷记“银行存款”“在建工程”等
按期（月）计提折旧或进行摊销	借记“其他业务成本”等，贷记“投资性房地产累计折旧（摊销）”
取得的租金收入	借记“银行存款”等，贷记“其他业务收入”等
经减值测试后确定发生减值的	借记“资产减值损失”，贷记“投资性房地产减值准备”

二、采用公允价值模式进行后续计量的投资性房地产

（一）采用公允价值模式的前提条件

企业只有存在确凿证据表明投资性房地产的公允价值能够持续可靠取得，才可以采用公允价值模式对投资性房地产进行后续计量。企业一旦选择采用公允价值计量模式，就应当对其所有投资性房地产均采用公允价值模式进行后续计量。采用公允价值模式进行后续计量同时满足的条件如表5-5所示。

表5-5 采用公允价值模式进行后续计量同时满足的条件

采用公允价值模式进行后续计量同时满足的条件	投资性房地产所在地（投资性房地产所在的城市）有活跃的房地产交易市场
	能够从活跃的房地产交易市场上取得同类或类似房地产（所处地理位置和地理环境相同、性质相同、结构类型相同或相近、新旧程度相同或相近、可使用状况相同或相近的建筑物或同一城区、同一位置区域、所处地理环境相同或相近、可使用状况相同或相近的土地）的市场价格及其他相关信息，从而对投资性房地产的公允价值作出合理的估计

（二）采用公允价值模式进行后续计量的会计处理

采用公允价值模式进行后续计量的会计处理如表5-6所示。

表5-6 采用公允价值模式进行后续计量的会计处理

采用公允价值模式进行后续计量	遵循的会计处理
按取得的成本确认投资性房地产价值	按实际成本，借记“投资性房地产（成本）”，贷记“银行存款”“在建工程”等
平常不对投资性房地产计提折旧或摊销，只需要在会计期末按照公允价值调整其账面价值	当资产负债表日，投资性房地产的公允价值高于原账面价值的差额，借记“投资性房地产（公允价值变动）”科目，贷记“公允价值变动损益”科目；公允价值低于原账面价值的差额，做相反的会计分录
取得投资性房地产的租金收入	借记“银行存款”等科目，贷记“其他业务收入”等

【例 5-1】2019 年 6 月 1 日，雅居地产股份公司与乙公司达成租赁协议，约定将自己购入的一栋可用于办公的写字楼租赁给乙公司使用，租期自 9 月 1 日开始，租赁期为 5 年。

当年 9 月 1 日，雅居地产股份公司一次性交纳了全部的购楼款 10 000 000 元，该写字楼也开始起租。由于该栋写字楼地处商业繁华区，所在城区有活跃的房地产交易市场，而且能够从房地产交易市场上取得同类房地产的市场报价，雅居地产股份公司决定采用公允价值模式对该项出租的房地产进行后续计量。

2019 年 12 月 31 日，该写字楼的公允价值为 12 000 000 元。2020 年 12 月 31 日，该写字楼的公允价值为 13 000 000 元。雅居地产股份公司的账务处理如下：

（1）2019 年 9 月 1 日，雅居地产股份公司交纳了全部房款并开始出租：

借：投资性房地产——×× 写字楼（成本）　　10 000 000

　贷：银行存款　　10 000 000

（2）2019 年 12 月 31 日，以公允价值为基础调整其账面价值，公允价值与原账面价值之间的差额计入当期损益：

公允价值变动损益 =12 000 000-10 000 000=2 000 000

借：投资性房地产——×× 写字楼（公允价值变动）　　2 000 000

　贷：公允价值变动损益　　2 000 000

（3）2020 年 12 月 31 日，公允价值又发生变动：

公允价值变动损益 =13 000 000-12 000 000=1 000 000

借：投资性房地产——×× 写字楼（公允价值变动）　　1 000 000

　贷：公允价值变动损益　　1 000 000

三、投资性房地产后续计量模式的变更

投资性房地产后续计量模式的变更如图 5-2 所示。

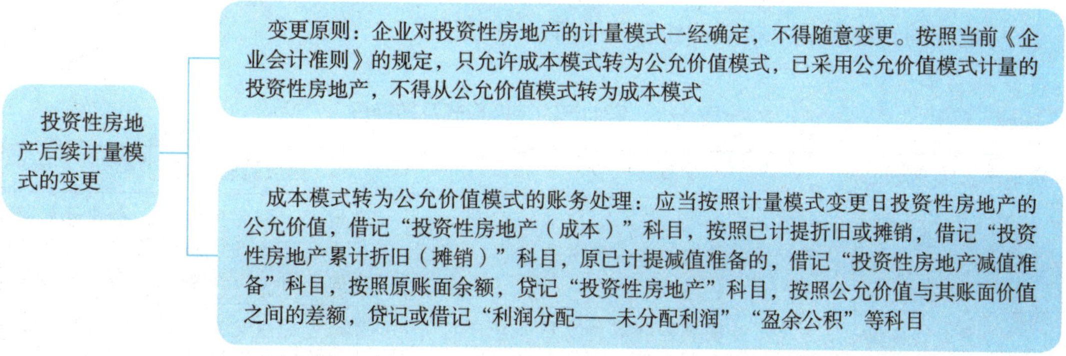

投资性房地产后续计量模式的变更

- 变更原则：企业对投资性房地产的计量模式一经确定，不得随意变更。按照当前《企业会计准则》的规定，只允许成本模式转为公允价值模式，已采用公允价值模式计量的投资性房地产，不得从公允价值模式转为成本模式
- 成本模式转为公允价值模式的账务处理：应当按照计量模式变更日投资性房地产的公允价值，借记“投资性房地产（成本）”科目，按照已计提折旧或摊销，借记“投资性房地产累计折旧（摊销）”科目，原已计提减值准备的，借记“投资性房地产减值准备”科目，按照原账面余额，贷记“投资性房地产”科目，按照公允价值与其账面价值之间的差额，贷记或借记“利润分配——未分配利润”“盈余公积”等科目

图5-2　投资性房地产后续计量模式的变更

【例 5-2】雅居地产股份公司拥有一栋可作办公用的独栋小楼，一直出租给某科技开发公司办公使用。在会计处理上一直按照成本模式作为投资性房地产处理。

2019 年 1 月 1 日，雅居地产股份公司认为，出租的写字楼由于其所在地的房地产交易市场比较成熟，具备了采用公允价值模式计量的条件，决定对该项投资性房地产从成本模式转换为公允价值模式计量。该写字楼的原造价为 1 000 000 元，已计提折旧 200 000 元，账面价值为 800 000 元。2019 年 1 月 1 日，该写字楼的公允价值为 950 000 元。假设雅居地产股份公司按净利润的 10% 计提盈余公积。雅居地产股份公司应该进行的账务处理如下：

借：投资性房地产——×× 写字楼（成本）　　950 000
　　投资性房地产累计折旧（摊销）　　200 000
　贷：投资性房地产——×× 写字楼　　1 000 000
　　　利润分配——未分配利润　　135 000
　　　盈余公积　　15 000

第四节　投资性房地产的转换

一、房地产转换的概念

房地产的转换，并非是指两个所有权人之间的房产置换，其实质上是因房地产用途发生改变，而在会计处理上，由投资性房地产转换为其他资产，或者由其他资产转换为投资性房地产。

二、房地产的转换形式及转换日

房地产的转换形式及转换日如表 5-7 所示。

表 5-7　房地产的转换形式及转换日

房地产的转换形式	具体含义	相应的转换日的确定
投资性房地产开始自用	将投资性房地产转为自用房地产	房地产达到自用状态，企业开始将其用于生产商品、提供劳务或者经营管理的日期
作为存货的房地产改为出租	房地产开发企业将其持有的开发产品以经营租赁的方式出租	房地产的租赁期开始日（承租人有权行使其使用租赁资产权利的日期）

续表

房地产的转换形式	具体含义	相应的转换日的确定
自用建筑物或土地使用权停止自用改为出租	企业将原本用于生产商品、提供劳务或者经营管理的房地产改用于出租，固定资产或土地使用权相应地转换为投资性房地产	凭期开始日
自用土地使用权停止自用改用于资本增值	企业将原本用于生产商品、提供劳务或者经营管理的土地使用权改用于资本增值，将土地使用权相应地转换为投资性房地产	自用土地使用权停止自用后，确定用于资本增值的日期

三、房地产转换的会计处理

（一）采用成本模式计量的投资性房地产转为自用房地产

采用成本模式计量的投资性房地产转为自用房地产的会计处理如表 5-8 所示。

表 5-8 采用成本模式计量的投资性房地产转为自用房地产的会计处理

采用成本模式计量的投资性房地产转为自用房地产	具体的会计处理
按该项投资性房地产在转换日的账面余额、累计折旧、减值准备等，分别转入“固定资产”“累计折旧”“固定资产减值准备”等科目	按账面余额，借记“固定资产”或“无形资产”，贷记“投资性房地产”；按已计提的折旧或摊销，借记“投资性房地产累计折旧（摊销）”，贷记“累计折旧”或“累计摊销”；原已计提减值准备的，借记“投资性房地产减值准备”，贷记“固定资产减值准备”或“无形资产减值准备”

【例 5-3】雅居地产股份公司拥有一座独立的厂房出租给另一家企业使用。在会计处理上一直采用成本模式计量，截至 2019 年 7 月 31 日，账面价值为 1 350 000 元，其中，原价值 1 500 000 元，累计已提折旧 150 000 元。

2019 年 7 月末，雅居地产股份公司将出租在外的厂房收回，从 8 月 1 日开始供本公司的生产车间使用，该厂房相应由投资性房地产转换为自用房地产。雅居地产股份公司 2019 年 8 月 1 日的账务处理如下：

借：固定资产　　1 500 000

　　投资性房地产累计折旧（摊销）　　150 000

　贷：投资性房地产——×× 厂房　　1 500 000

　　　累计折旧　　150 000

（二）作为存货的房地产转换为采用成本模式计量的投资性房地产

企业将作为存货的房地产转换为采用成本模式计量的投资性房地产时，应当按该项存货在转换日的账面价值，借记“投资性房地产”科目；原已计提跌价准备的，借记“存货跌价准备”科目，按其账面余额，贷记“开发产品”等科目。

【例 5-4】雅居地产股份公司是从事房地产开发业务的企业，2019 年 3 月 10 日，雅居地产股份公司与另一家公司签署了租赁协议，将其开发的一栋写字楼整体出租给另一家公司使用，租赁期开始日为 2019 年 4 月 15 日。2019 年 4 月 15 日，该写字楼的账面余额 10 000 000 元，未计提存货跌价准备，转换后采用成本模式计量。雅居地产股份公司 2019 年 4 月 15 日的账务处理如下：

借：投资性房地产——×× 写字楼　　10 000 000

　贷：开发产品　　10 000 000

（三）自用土地使用权或建筑物转换为以成本模式计量的投资性房地产

自用土地使用权或建筑物转换为以成本模式计量的投资性房地产的会计处理如表 5-9 所示。

表 5-9　自用土地使用权或建筑物转换为以成本模式计量的投资性房地产的会计处理

将自用土地使用权或建筑物转换为以成本模式计量的投资性房地产	具体的会计处理
按该项土地使用权或建筑物在转换日的原价、累计折旧、减值准备等，分别转入“投资性房地产”“投资性房地产累计折旧（摊销）”“投资性房地产减值准备”科目	按账面余额，借记“投资性房地产”，贷记“固定资产”或“无形资产”；按已计提的折旧或摊销，借记“累计折旧”或“累计摊销”，贷记“投资性房地产累计折旧（摊销）”；原已计提减值准备的，借记“固定资产减值准备”或“无形资产减值准备”，贷记“投资性房地产减值准备”

【例 5-5】雅居地产股份公司拥有一栋写字楼，2019 年之前一直用于本公司的办公使用。在本公司于其他地方购置了新办公用楼之后，雅居地产股份公司于 2019 年 3 月 10 日，与另一家企业签订了办公楼的经营租赁协议，将这栋办公楼整体出租给另一家公司使用，租赁期 5 年，起租日为 2019 年 4 月 10 日。

由于雅居地产股份公司所在城市缺乏活跃的房地产交易市场，该公司决定将该房产由固定资产转换为以成本模式核算的投资性房地产。2019 年 4 月 10 日，这栋办公楼的账面余额 15 000 000 元，已计提折旧 3 000 000 元。假设雅居地产股份公司所在城市没有活跃的房地产交易市场。

雅居地产股份公司 2019 年 4 月 10 日的账务处理如下：

借：投资性房地产——×× 写字楼　　15 000 000

　　累计折旧　　3 000 000

　贷：固定资产　　15 000 000

　　　投资性房地产累计折旧（摊销）　　3 000 000

（四）采用公允价值模式计量的投资性房地产转为自用房地产

采用公允价值模式计量的投资性房地产转为自用房地产的会计处理如表 5-10 所示。

表 5-10 采用公允价值模式计量的投资性房地产转为自用房地产的会计处理

采用公允价值模式计量的投资性房地产转换为自用房地产	转换日具体的会计处理
以其转换当日的公允价值作为自用房地产的账面价值，公允价值与原账面价值的差额计入当期损益	按该项投资性房地产的公允价值，借记“固定资产”或“无形资产”；按该项投资性房地产的成本，贷记“投资性房地产（成本）”，按该项投资性房地产的累计公允价值变动，贷记或借记“投资性房地产（公允价值变动）”，按其差额，贷记或借记“公允价值变动损益”

【例 5-6】2019 年 10 月 15 日，雅居地产股份公司因租赁期满，将出租的写字楼收回，准备作为办公楼用于本企业的行政管理。该项房地产在转换前采用公允价值模式计量，原账面价值为 17 500 000 元，其中，成本为 15 000 000 元，公允价值变动为增值 2 500 000 元。

2019 年 12 月 1 日，该写字楼正式开始自用，相应由投资性房地产转换为自用房地产，当日的公允价值为 18 000 000 元。雅居地产股份公司的账务处理如下：

借：固定资产	18 000 000
贷：投资性房地产——写字楼（成本）	15 000 000
——写字楼（公允价值变动）	2 500 000
公允价值变动损益	500 000

（五）作为存货的房地产转换为采用公允价值模式计量的投资性房地产

作为存货的房地产转换为采用公允价值模式计量的投资性房地产的会计处理如表 5-11 所示。

表 5-11 企业将作为存货的房地产转换为采用公允价值模式计量的投资性房地产的会计处理

企业将作为存货的房地产转换为采用公允价值模式计量的投资性房地产的会计处理	应当按该项房地产在转换日的公允价值，借记“投资性房地产（成本）”科目；原已计提跌价准备的，借记“存货跌价准备”科目，按其账面余额，贷记“开发产品”等科目
	转换日的公允价值小于账面价值的，按其差额，借记“公允价值变动损益”科目
	转换日的公允价值大于账面价值的，按其差额，贷记“资本公积——其他资本公积”科目待该项投资性房地产处置时，因转换计入资本公积的部分应转入当期的其他业务收入，借记“资本公积——其他资本公积”科目，贷记“其他业务收入”科目

【例 5-7】雅居地产股份公司是从事房地产开发业务的企业，2019 年 3 月 10 日，雅居地产股份公司与另一家公司签订了租赁协议，将其开发的一栋写字楼整体出租给另一家公司使用，租赁期开始日为 2019 年 4 月 15 日。2019 年 4 月 15 日，该写字楼的账面余额 10 000 000 元，未计提存货跌价准备，假设转换后采用公允价值模式计量，4 月 15 日该写字楼的公允价值为 9 000 000 元，2019 年 12 月 31 日，该项投资性房地产的公允价值为 12 000 000 元。2020 年 4 月租赁期届满，雅居地产股份公司收回该项投资性房地产，并于 2020 年 6 月以 16 000 000 元出售，出售款项已收讫。雅居地产股份公司的账务处理如下：

（1）2019 年 4 月 15 日：

借：投资性房地产——×× 写字楼（成本） 9 000 000

　　公允价值变动损益 1 000 000

　贷：开发产品 10 000 000

（2）2019 年 12 月 31 日：

借：投资性房地产——×× 写字楼（公允价值变动） 3 000 000

　贷：公允价值变动损益 3 000 000

（3）2020 年 6 月，出售时：

借：银行存款 16 000 000

　贷：其他业务收入 16 000 000

借：其他业务成本 12 000 000

　贷：投资性房地——×× 写字楼（成本） 11 000 000

　　　　　　　——×× 写字楼（公允价值变动） 1 000 000

同时，将投资性房地产累计公允价值变动转入其他业务收入。

公允价值变动增值=公允价值变动增值-公允价值变动减值=3 000 000-1 000 000=2 000 000。

借：公允价值变动损益 20 000 000

　贷：其他业务收入 20 000 000

（六）自用土地使用权或建筑物转换为采用公允价值模式计量的投资性房地产

自用土地使用权或建筑物转换为采用公允价值模式计量的投资性房地产的会计处理如表 5-12 所示。

表 5-12　自用土地使用权或建筑物转换为采用公允价值模式计量的投资性房地产的会计处理

<table>
<tr><td rowspan="3">将自用土地使用权或建筑物转换为采用公允价值模式计量的投资性房地产的会计处理</td><td>按转换日的公允价值，借记“投资性房地产（成本）”科目，按其账面余额，贷记“固定资产”或“无形资产”</td></tr>
<tr><td>按已计提的累计摊销或累计折旧，借记“累计摊销”或“累计折旧”科目，原已计提减值准备的，借记“无形资产减值准备”“固定资产减值准备”科目，同时，转换日的公允价值小于账面价值的，按其差额，借记“公允价值变动损益”科目；转换日的公允价值大于账面价值的，按其差额，贷记“资本公积——其他资本公积”</td></tr>
<tr><td>处置时，因转换计入资本公积的部分应转入当期的其他业务收入，借记“资本公积——其他资本公积”贷记“其他业务收入”</td></tr>
</table>

【例 5-8】2019 年 6 月，雅居地产股份公司打算搬迁至新建办公楼，由于原办公楼处于商业繁华地段，雅居地产股份公司准备将其出租，以赚取租金收入。2019 年 10 月，雅居地产股份公司完成了搬迁工作，原办公楼停止自用。

2019 年 12 月，雅居地产股份公司与另一家公司签订了租赁协议，将其原办公楼停止使用，租赁期开始日为 2020 年 1 月 1 日，租赁期限为 3 年。雅居地产股份公司应当于租赁期开始日（2020 年 1 月 1 日），将自用房地产转换为投资性房地产。由于该办公楼处于繁华商业区，房地产交易活跃，该企业能够从市场上取得同类或类似房地产的市场价格及其他相关信息，假设雅居地产股份公司对出租的办公楼采用公允价值模式作为投资性房地产进行会计核算。

雅居地产股份公司 2020 年 1 月 1 日，该办公楼的公允价值为 13 000 000 元，其原价为 15 000 000 元，已计提折旧 1 500 000 元。雅居地产股份公司 2020 年 1 月 1 日的账务处理如下：

借：投资性房地产——×× 办公楼（成本）　　13 000 000
　　公允价值变动损益　　500 000
　　累计折旧　　1 500 000
　贷：固定资产　　15 000 000

第五节　投资性房地产的处置

当投资性房地产被处置，或者永久退出使用且预计不能从其处置中取得经济利益时，应当终止确认该项投资性房地产。企业出售、转让、报废投资性房地产或者发生投资性房地产毁损，将实际收到的处置收入计入其他业务收入，所处置投资性房地产的账面价值计入其他业务成本，这样就相当于将处置收入与其账面价值、相关税费后的差额计入了当期损益。

一、成本模式计量的投资性房地产

投资性房地产的成本模式核算如图 5-3 所示。

投资性房地产的成本模式核算

应当按实际收到的金额，
借：银行存款
贷：其他业务收入

按该项投资性房地产的累计折旧或累计摊销，借记“投资性房地产累计折旧（摊销）”科目，按该项投资性房地产的账面余额，贷记“投资性房地产”科目，按其差额，借记“其他业务成本”科目。已计提减值准备的，还应同时结转减值准备

图5-3　投资性房地产的成本模式核算

【例 5-9】雅居地产股份公司拥有一栋用于出租的办公用房，一直采用成本模式将其作为投资性房地产进行会计核算。2019 年 6 月，雅居地产股份公司将该栋写字楼出售给美华公司，合同价款为 5 000 000 元，美华公司已用银行存款付清。出售时，该栋写字楼的成本为 2 800 000 元，已计提折旧 600 000 元。雅居地产股份公司的账务处理如下：

科目	借方	贷方
借：银行存款	5 000 000	
贷：其他业务收入		5 000 000
借：其他业务成本	2 200 000	
投资性房地产累计折旧（摊销）	600 000	
贷：投资性房地产——×× 写字楼		2 800 000

二、公允价值模式计量的投资性房地产

投资性房地产的公允价值模式核算如表 5-13 所示。

表 5-13　公允价值模式计量的投资性房地产的会计处理

投资性房产采用公允价值模式进行核算	按实际收到的金额，借记“银行存款”等，贷记“其他业务收入”
	按该项投资性房地产的账面余额，借记“其他业务成本”，贷记“投资性房地产（成本）”、贷记或借记“投资性房地产（公允价值变动）”
	按该项投资性房地产的公允价值变动，借记或贷记“公允价值变动损益”，贷记或借记“其他业务收入”
	按该项投资性房地产在转换日记入资本公积的金额，借记“资本公积——其他资本公积”，贷记“其他业务收入”

【例 5-10】雅居地产股份公司拥有一栋用于出租的办公用房，一直采用公允价值模式将其作为投资性房地产进行会计核算。2019 年 6 月，雅居地产股份公司将该栋写字楼出售给美华公司，合同价款为 5 000 000 元，美华公司已用银行存款付清。出售时，该栋写字楼的成本为 2 800 000 元，公允价值变动为借方余额 400 000 元。雅居地产股份公司的账务处理如下：

借：银行存款　　5 000 000

　贷：其他业务收入　　5 000 000

借：其他业务成本　　3 200 000

　贷：投资性房地产——×× 写字楼（成本）　　2 800 000

　　　　　　　　——×× 写字楼（公允价值变动）　　400 000

同时，将投资性房地产累计公允价值变动转入其他业务收入：

借：公允价值变动损益　　400 000

　贷：其他业务收入　　400 000

第六章

无形资产和其他资产

本章导读

商标的无形资产给企业带来了巨大的价值收益。无形资产好比知识，社会对知识的价值越认同，无形资产的价值也必然越凸现。在知识经济社会中，知识产权等无形资产越来越受到企业的重视。无形资产是指企业拥有或者控制的没有实物形态的可辨认非货币性资产。无形资产将成为企业最为重要的一类资产。

在本章中，我们学习什么是无形资产，无形资产的分类；掌握无形资产的计价和摊销，无形资产的注销和减值；最后再学习长期待摊费用的相关内容。

第一节 无形资产概述

一、无形资产的概念、分类及特征

（一）无形资产的概念

无形资产的概念如表 6-1 所示。

表 6-1 无形资产的概念

无形资产的含义	企业为生产商品、提供劳务、出租给他人，或为管理目的而持有的、没有实物形态的非货币性资产	
无形资产的内容	专利权	权利人在法定期限内对某一发明创造所拥有的独占权和专有权
	非专利技术	也叫专有技术，是指发明人垄断的、不公开的、具有实用价值的先进技术、资料、技能、知识等
	商标权	企业专门在某种指定的商品上使用特定的名称、图案、标记的权利
	著作权	著作人对其著作依法享有的出版、发行等方面的专有权利
	土地使用权	国家准许某一企业在一定期间内对国有土地享有开发、利用、经营的权利
	商誉	企业获得超额收益的能力。只有在企业购并过程中所产生的商誉，才能入账核算

（二）无形资产的分类

无形资产的分类如表 6-2 所示。

表 6-2 无形资产的分类

无形资产的划分标准	无形资产的分类具体内容	
按可否辨认分类	可辨认无形资产和不可辨认无形资产	通常可以脱离企业个体而单独取得或转让，具有相对独立性，如专利权、版权、商标权、非专利技术、土地使用权等
		不能脱离企业个体而单独取得或者转让，如商誉
按形成来源分类	购入的无形资产、自创的无形资产、投资者投入的无形资产以及接受捐赠的无形资产	
按有无期限分类	有限期无形资产和无限期无形资产。有限期无形资产的有效期多为法律规定，如专利权、商标权等；无限期无形资产在法律上没有规定其有效期限，如商誉	

（三）无形资产的特征

无形资产的特征如表 6-3 所示。

表 6-3　无形资产的特征

无形资产的特征	具体含义	相关说明
无实体性	无形资产一般是由法律或契约关系所赋予的权利，也可能为获得超额收益的能力，它没有实物形态，看不见，摸不着，但其作用可以感觉得到	没有实物形态的资产不一定都是无形资产，如应收账款，但无形资产一定是没有实物形态的
未来效益的不确定性	无形资产能为企业带来长期效益，但它所能提供的未来经济效益具有很大的不确定性	如企业拥有一项专利权，它使企业在某一项技术上拥有独占使用权，从而获得超过同类其他企业的经济利益。但是一旦有一项新的技术出现，它可以远远领先于企业的专利技术，那么企业来自该项专利的经济利益可能减少，甚至消失
非流动性	无形资产能为企业连续提供一年以上的服务或利益，其成本不能在短期内得到充分补偿	由于无形资产有效期在一年以上，因此也可以说是一种广义的固定资产，除此之外，与固定资产相同之处还包括：在用途上，两者都是主要用于企业的生产经营活动而非用于出售或投资；两者都能为企业带来经济利益且有价值，其成本都应按受益期分摊

二、无形资产的确认

无形资产的确认如表 6-4 所示。

表 6-4　无形资产的确认条件

无形资产的确认条件	举例说明	相关内容
与该无形资产有关的经济利益很可能流入企业	企业外购一项专利权，从而拥有法定所有权，使得企业的相关权利受到法律的保护，此时，表明企业能够控制该项无形资产所产生的经济利益	在实务工作中，要确定无形资产产生的经济利益是否很可能流入企业，应当对无形资产在预计使用寿命内可能存在的各种经济因素作出合理估计，并且应当有明确证据支持。在进行这种判断时，需要考虑相关的因素
该无形资产的成本能够可靠地计量	一些高科技领域的高科技人才，假定其与企业签订了服务合同，且合同规定其在一定期限内不能为其他企业提供服务。在这种情况下，虽然这些高科技人才的知识在规定的期限内预期能够为企业创造经济利益，但由于这些高科技人才的知识难以准确或合理辨认，加之为形成这些知识所发生的支出难以计量，从而不能作为企业的无形资产加以确认	—

三、无形资产的主要类型

无形资产主要包括专利权、非专利技术、商标权、著作权、土地使用权、特许权等。

（一）专利权

专利权的定义及其成本确定如图 6-1 所示。

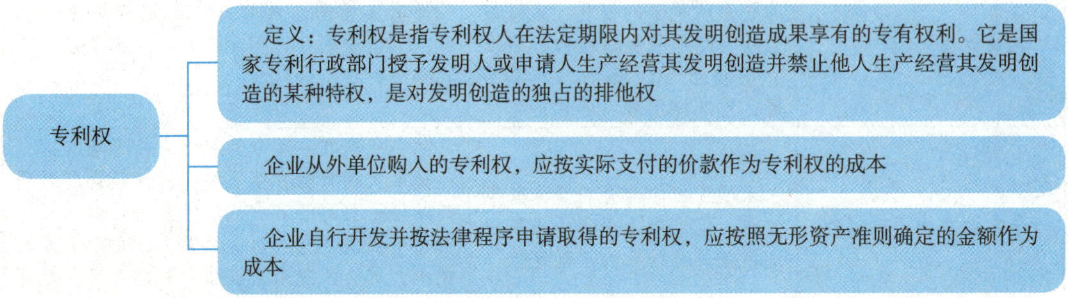

专利权

- 定义：专利权是指专利权人在法定期限内对其发明创造成果享有的专有权利。它是国家专利行政部门授予发明人或申请人生产经营其发明创造并禁止他人生产经营其发明创造的某种特权，是对发明创造的独占的排他权
- 企业从外单位购入的专利权，应按实际支付的价款作为专利权的成本
- 企业自行开发并按法律程序申请取得的专利权，应按照无形资产准则确定的金额作为成本

图6-1　专利权的定义及其成本确定

（二）商标权

商标权的定义和特征如图 6-2 所示。

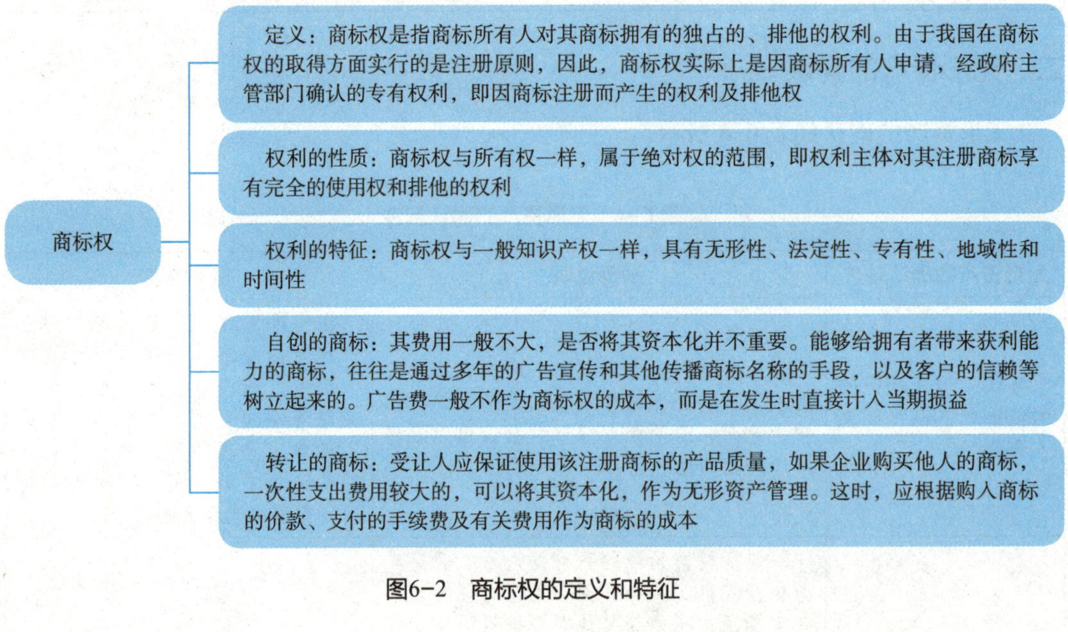

商标权

- 定义：商标权是指商标所有人对其商标拥有的独占的、排他的权利。由于我国在商标权的取得方面实行的是注册原则，因此，商标权实际上是因商标所有人申请，经政府主管部门确认的专有权利，即因商标注册而产生的权利及排他权
- 权利的性质：商标权与所有权一样，属于绝对权的范围，即权利主体对其注册商标享有完全的使用权和排他的权利
- 权利的特征：商标权与一般知识产权一样，具有无形性、法定性、专有性、地域性和时间性
- 自创的商标：其费用一般不大，是否将其资本化并不重要。能够给拥有者带来获利能力的商标，往往是通过多年的广告宣传和其他传播商标名称的手段，以及客户的信赖等树立起来的。广告费一般不作为商标权的成本，而是在发生时直接计入当期损益
- 转让的商标：受让人应保证使用该注册商标的产品质量，如果企业购买他人的商标，一次性支出费用较大的，可以将其资本化，作为无形资产管理。这时，应根据购入商标的价款、支付的手续费及有关费用作为商标的成本

图6-2　商标权的定义和特征

（三）土地使用权

土地使用权是指国家准许某一企业或单位在一定期间内对国有土地享有开发、利用、经营的权利。企业取得土地使用权，应将取得时发生的支出资本化，作为土地使用权的成本，记入“无形资产”科目。

（四）非专利技术

非专利技术的主要内容如表 6-5 所示。

表 6-5　非专利技术的主要内容

非专利技术的主要内容	工业专有技术，即在生产上已经采用，仅限于少数人知道，不享有专利权或发明权的生产、装配、修理、工艺或加工方法的技术知识
	商业（贸易）专有技术，即具有保密性质的市场情报、原材料价格情报以及用户、竞争对象的情况和有关知识
	管理专有技术，即生产组织的经营方式、管理方式、培训职工方法等保密知识。非专利技术并不是专利法的保护对象，专有技术所有人依靠自我保密的方式来维持其独占权，可以用于转让和投资

非专利技术的确认如图 6-3 所示。

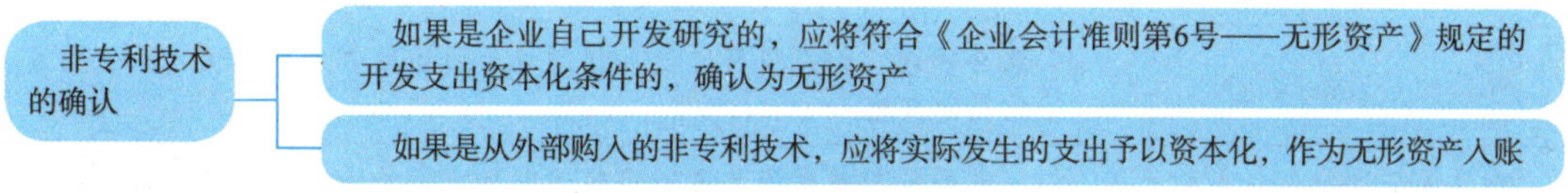

图6-3　非专利技术的确认

（五）著作权

著作权，亦称版权，是指作者及其他著作权人对其创作的文学、艺术和科学作品依法享有的权利。著作权包括人身权和财产权两个方面的内容。著作权特征如表 6-6 所示。

表 6-6　著作权的特征

著作权特征	著作权除了具有知识产权所共有的特征，即具有专有性、地域性、时间性等特征外，还具有的特征	专利权、商标权的取得必须经过申请、审批、登记和公告，即必须以行政确认程序来确认权利的取得和归属，而著作权因作品的创作完成而自动产生，一般不必履行任何形式的登记或注册手续，也不论其是否已经发表
		著作权突出对人身权的保护。著作权中作者的发表权、署名权、修改权、保护作品完整权等人身权利，永远归作者享有，不能转让，也不受著作权保护期限的限制

（六）特许权

特许权的定义或内容如图 6-4 所示。

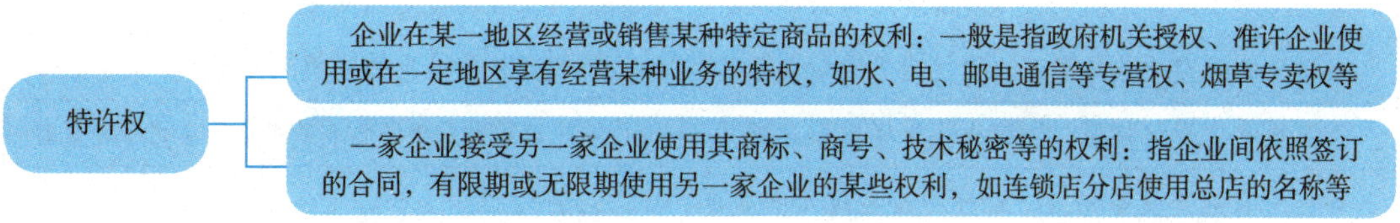

图6-4　特许权的定义或内容

第二节　无形资产的会计核算

一、无形资产的初始计量

无形资产成本的确定如表 6-7 所示。

表 6-7　无形资产成本的确认

无形资产的取得方式	无形资产成本的确定
外购的无形资产	购买价款、相关税费以及直接归属于使该项资产达到预定用途所发生的其他支出
购买无形资产的价款超过正常信用条件延期支付，实质上具有融资性质	以购买价款的现值为基础确定。实际支付的价款与购买价款的现值之间的差额，除按照《企业会计准则第 17 号——借款费用》应予资本化的以外，应当在信用期间内计入当期损益
自行开发的无形资产	自满足本准则第四条和第九条规定后至达到预定用途前所发生的支出总额，但是对于以前期间已经费用化的支出不再调整
投资者投入的无形资产	按照投资合同或协议约定的价值确定，但合同或协议约定价值不公允的除外
非货币性资产交换、债务重组、政府补助和企业合并取得的无形资产	分别按照《企业会计准则第 7 号——非货币性资产交换》《企业会计准则第 12 号——债务重组》《企业会计准则第 16 号——政府补助》和《企业会计准则第 20 号——企业合并》确定

二、无形资产的摊销

（一）摊销期限的选择

无形资产摊销期限的规定如表 6-8 所示。

表 6-8　无形资产摊销年限的规定

合同对无形资产摊销年限的规定	应确定的摊销年限
合同规定了受益年限但法律没有规定有效年限的	按不超过合同规定的受益年限摊销
合同没有规定受益年限而法律规定了有效年限的	按不超过法律规定的有效年限摊销
合同规定了受益年限，法律也规定了有效年限的	按不应超过受益年限和有效年限两者之中较短者
合同没有规定受益年限，法律也没有规定有效年限的	摊销年限不应超过 10 年

（二）摊销方法

无形资产摊销方法如图 6-5 所示。

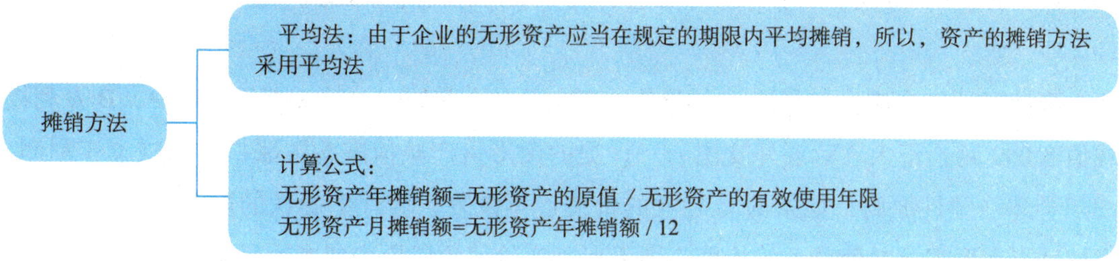

摊销方法

平均法：由于企业的无形资产应当在规定的期限内平均摊销，所以，资产的摊销方法采用平均法

计算公式：
无形资产年摊销额=无形资产的原值 / 无形资产的有效使用年限
无形资产月摊销额=无形资产年摊销额 / 12

图6-5 无形资产的摊销方法

三、无形资产注销与减值的核算

企业应当定期或至少每年年度终了，对各项资产进行全面检查。由于无形资产未来经济效益和受益期的不确定性，某些无形资产随时要经受市场竞争和新技术发明带来的冲击，所以，企业要根据谨慎性原则，合理地预计各项无形资产可能发生的损失，对可能发生的各项资产损失计提资产减值准备，如表 6-9 所示。

表 6-9 无形资产注销与减值准备的确定主要考虑的因素

<table>
<tr><td rowspan="9">无形资产注销与减值准备的确定主要考虑的因素</td><td colspan="2">企业的无形资产应当按照账面价值与可收回金额孰低计量，可收回金额低于账面价值的差额</td></tr>
<tr><td rowspan="3">当存在右侧一项或若干项情形时，应当将该项无形资产的账面价值全部转入当期损益</td><td>某项无形资产已被其他新技术所代替，并且该项无形资产已无使用价值和转让价值</td></tr>
<tr><td>某项无形资产已超过法律保护期限，并且已不能为企业带来经济利益</td></tr>
<tr><td>其他足以证明某项无形资产已经丧失了使用价值和转让价值的情形</td></tr>
<tr><td rowspan="4">当存在右侧一项或若干项情形时，应当计提无形资产的减值准备</td><td>某项无形资产已被其他新技术所代替，使其为企业创造经济利益的能力受到重大不利影响</td></tr>
<tr><td>某项无形资产的市价在当期大幅下跌，在剩余摊销年限内预期不会恢复</td></tr>
<tr><td>某项无形资产已超过法律保护期限，但仍然具有部分使用价值</td></tr>
<tr><td>其他足以证明某项无形资产实质上已经发生了减值的情形</td></tr>
</table>

正确计量无形资产价值对于企业的好处如表 6-10 所示。

表 6-10 正确计量无形资产价值对于企业的好处

<table>
<tr><td rowspan="2">正确计量无形资产价值对于企业的好处</td><td>资产公允</td><td>无形资产的入账金额并不会一成不变，技术的进步和人为因素的影响，会造成无形资产价值上的变化。企业通过无形资产摊销和确认无形资产减值准备，将使会计报表中的无形资产项目更公允、更可靠</td></tr>
<tr><td>利润真实</td><td>无形资产价值更多地体现在未来超额收益的流入上。倘若无形资产真的减值了，及时反映其对利润总额的影响，才能保证对外会计报表的真实性</td></tr>
</table>

【例 6-1】雅居地产股份公司有 A、B 两项专利权。2019 年年末，账面价值为 5 000 元的 A 专利权因泄密等原因，符合将其账面价值全部转入当期损益的规定；B 专利权的账面价值为 8 600 元，因技术陈旧应当计提 3 000 元的减值准备。

会计上，年末应将专利权 A 的价值 5 000 元，全部记入“管理费用”账户，B 专利权减值 3 000 元，记入“营业外支出——计提的无形资产减值准备”账户，冲减本年利润。按照会计稳健性原则，如果 B 专利权的价值逐年恢复，会计上确认的恢复价值不应超过当初计提无形资产减值准备的价值，即无形资产价值仍以历史成本为基础。

四、无形资产的披露

无形资产的披露如表 6-11 所示。

表 6-11 无形资产的披露

按照无形资产的类别在附注中披露的信息	无形资产的期初和期末账面余额、累计摊销额及减值准备累计金额
	使用寿命有限的无形资产，其使用寿命的估计情况；使用寿命不确定的无形资产，其使用寿命不确定的判断依据
	无形资产的摊销方法
	用于担保的无形资产账面价值、当期摊销额等情况
	计入当期损益和确认为无形资产的研究开发支出金额

第三节 其他资产项目

其他资产项目如图 6-6 所示。

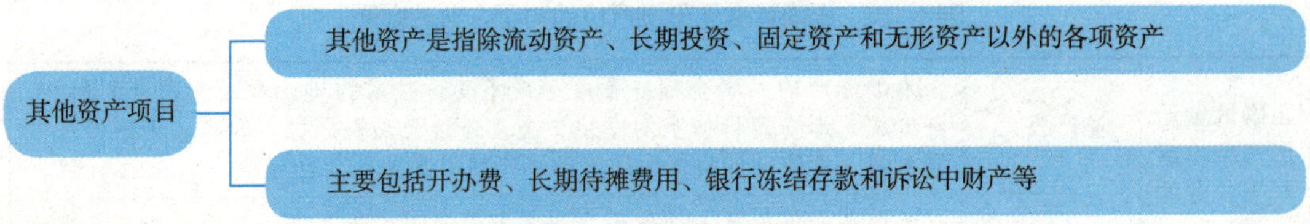

其他资产项目
- 其他资产是指除流动资产、长期投资、固定资产和无形资产以外的各项资产
- 主要包括开办费、长期待摊费用、银行冻结存款和诉讼中财产等

图6-6 其他资产项目

一、开办费的会计核算

开办费的会计核算如表 6-12 所示。

表 6-12　开办费的会计核算

开办费的含义	会计处理	
企业在筹建期间发生的不能计入各项资产价值的支出，主要包括筹建期间人员的工资、办公费、培训费、差旅费、印刷费、注册登记费以及不计入固定资产价值的汇兑损益、利息支出等。开办费应该在企业生产经营开始之日一次摊销	发生各项开办费时	借记"开办费" 贷记相关科目
	摊销时	借记"管理费用" 贷记"开办费"

二、长期待摊费用的核算

长期待摊费用是指公司已经支出但摊销期限在 1 年以上（不含 1 年）的各项费用，包括固定资产大修理支出、租入固定资产的改良支出等。应当由本期负担的借款利息、租金等，不得作为长期待摊费用处理，其会计核算如表 6-13 所示。

表 6-13　长期待摊费用的会计核算

长期待摊费用	摊销的方式
固定资产大修理费用	将发生的大修理费用在下一次大修理前平均摊销
租入固定资产改良支出	在租赁期限与预计可使用年限两者孰短的期限内平均摊销
其他长期待摊费用	在受益期内平均摊销
股份有限公司委托其他单位发行股票支付的手续费或佣金等相关费用，减去股票发行冻结期间的利息收入的余额较大	在不超过两年的期限内平均摊销，计入损益（金额较小，直接计入当期损益）
企业所有筹建期间发生的费用，即开办费用	先在长期待摊费用中归集，待企业开始生产经营时一次计入开始生产经营当期的损益。如果长期待摊费用不能使以后会计期间受益，应当将尚未摊销的项目的摊余价值全部计入当期损益

【例 6-2】2019 年 4 月 1 日，雅居地产股份公司对其以经营租赁方式新租入的办公楼进行装修，发生以下有关支出：须用生产用材料 500 000 元，购进该批原材料时支付的增值税进项税额为 85 000 元；辅助生产车间为该装修工程提供的劳务支出为 180 000 元；有关人员工资等职工薪酬 435 000 元。2019 年 12 月 1 日，该办公楼装修完工，达到预定可使用状态并交付使用，并按租赁期 10 年开始进行摊销。假定不考虑

其他因素，公司应作如下会计处理：

（1）装修领用原材料时：

借：长期待摊费用　585 000

　贷：原材料　500 000

　　应交税费——应交增值税（进项税额转出）　85 000

（2）辅助生产车间为装修工程提供劳务时：

借：长期待摊费用　180 000

　贷：生产成本——辅助生产成本　180 000

（3）确认工程人员职工薪酬时：

借：长期待摊费用　435 000

　贷：应付职工薪酬　435 000

（4）2019 年摊销装修支出时：

借：管理费用　10 000

　贷：长期待摊费用　10 000

第七章

流动负债

本章导读

一家盈利的公司，也会破产吗？

答案是肯定的。试想一家公司当年有一定的盈利，但资产结构中流动负债要远远超过流动资本，如果盈利不足以弥补当期净负债额，公司将由于当期无法偿付流动负债而破产。不同于资产小于负债的技术性破产，业内人士称之为“黑字破产”。流动负债有如此之大的杀伤力，那么，为什么公司偏偏又对流动负债不设防呢？原因很简单，因为流动负债在公司的所有负债中属于成本最低的筹资方式。于是，在低成本与稳健经营的抉择中，更多的公司甚至甘于冒着巨大的风险，选择较高的流动负债比率。

负债是企业借助外部的资源，发展自身事业的行为。在现代的商业社会中，不再会存在无债一身轻的公司，学会用别人的钱做自己的事将是企业家的重要任务。合理的负债，将加速企业的发展，不合理的负债，将成为企业沉重的包袱。

在本章中，我们首先介绍负债的概念和分类，然后再重点讲解什么是应付票据，什么是应付账款，什么是应交税费，什么是应付职工薪酬，以及如何对它们进行会计核算。

第一节　负债的概念与分类

一、负债的概念

负债，是指企业过去的交易或者事项形成的、预期会导致经济利益流出企业的现时义务。负债的特征如表 7-1 所示。

表 7-1　负债的特征

负债的特征	负债特征的具体含义	相关规定
负债是企业承担的现时义务	由企业过去的交易或事项形成的、现已承担的义务。现时义务可以是法定义务，也可以是推定义务	法定义务是指具有约束力的合同或者法律、法规规定的义务，通常在法律意义上需要强制执行。推定义务是指根据企业多年来的习惯做法、公开的承诺或者公开宣布的政策而导致企业将承担的责任，这些责任也使有关各方形成了企业将履行义务解脱责任的合理预期
负债的清偿预期会导致经济利益流出企业	履行预期均会导致企业经济利益的流出。具体表现为交付资产、提供劳务、将一部分股权转给债权人等	如果企业能够回避义务，则不能相应地确认为一项负债
负债是由企业过去的交易或者事项形成的	只有过去发生的交易或者事项才形成负债，企业将在未来发生的承诺、合同等交易或者事项，不形成负债	过去的交易或者事项包括购买货物、使用劳务、接受银行贷款等

二、负债的确认条件

负债的确认条件如图 7-1 所示。

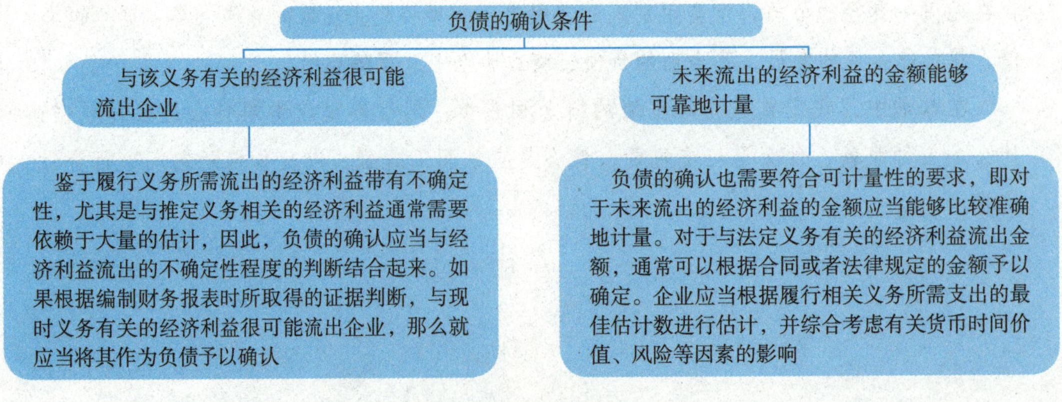

负债的确认条件

与该义务有关的经济利益很可能流出企业

鉴于履行义务所需流出的经济利益带有不确定性，尤其是与推定义务相关的经济利益通常需要依赖于大量的估计，因此，负债的确认应当与经济利益流出的不确定性程度的判断结合起来。如果根据编制财务报表时所取得的证据判断，与现时义务有关的经济利益很可能流出企业，那么就应当将其作为负债予以确认

未来流出的经济利益的金额能够可靠地计量

负债的确认也需要符合可计量性的要求，即对于未来流出的经济利益的金额应当能够比较准确地计量。对于与法定义务有关的经济利益流出金额，通常可以根据合同或者法律规定的金额予以确定。企业应当根据履行相关义务所需支出的最佳估计数进行估计，并综合考虑有关货币时间价值、风险等因素的影响

图7-1　负债的确认条件

三、负债的分类

负债的分类如表 7-2 所示。

表 7-2 负债的分类

负债的分类	具体内容	包含项目
流动负债	预计在一个正常营业周期中清偿、或者主要为交易目的而持有、或者自资产负债表日起一年内（含一年）到期应予以清偿、或者企业无权自主地将清偿推迟至资产负债表日后一年以上的负债	短期借款、应付票据、应付账款、预收账款、应付职工薪酬、应交税费、应付利息、应付股利、其他应付款等
非流动负债	流动负债以外的负债	长期借款、应付债券等

第二节 短期借款的会计核算

短期借款是指企业为满足生产经营的需要，向银行或其他金融机构借入的、偿还期在 1 年以内的各种借款。

“短期借款”科目总括地反映企业短期借款的借入、归还和结余情况，该科目应按债权人户名和借款种类进行明细核算，其会计处理如表 7-3 所示。

表 7-3 短期借款的会计处理

短期借款的业务	相关的会计核算
借入各种短期借款	借记“银行存款”等科目，贷记“短期借款”
归还短期借款	借记“短期借款”科目，贷记“银行存款”
发生的短期借款利息	数额不大，可于支付月份计入财务费用借记“财务费用”，贷记“预提费用”“银行存款”等
	数额较大的采用按月预提的办法，即各月末应借记“财务费用”，贷记“预提费用”，实际支付利息时，再借记“预提费用”，贷记“银行存款”

【例 7-1】雅居地产股份公司为了采购原料，于 2019 年 9 月 1 日从银行取得期限为 3 个月、年利率 6% 的短期借款 10 万元，利息在偿还本金时一并归还；该企业对此项短期借款的利息支出，采用按月预提的办法。请对以上的经济业务编制会计分录：

（1）取得借款时：

借：银行存款　　　　100 000

贷：短期借款　100 000

（2）每月末（9月、10月末）预提利息费用时：

每月应预提的利息 =100 000×6%×1 / 12=500（元）

借：财务费用　500

贷：预提费用　500

（3）该项借款到期，按期归还本息时：

应归还的本息总和 =100 000+500×3=101 500（元）

借：短期借款　100 000

预提费用　1 000

财务费用　500

贷：银行存款　101 500

第三节　应付票据

一、应付票据的概念

应付票据的概念如图 7-2 所示。

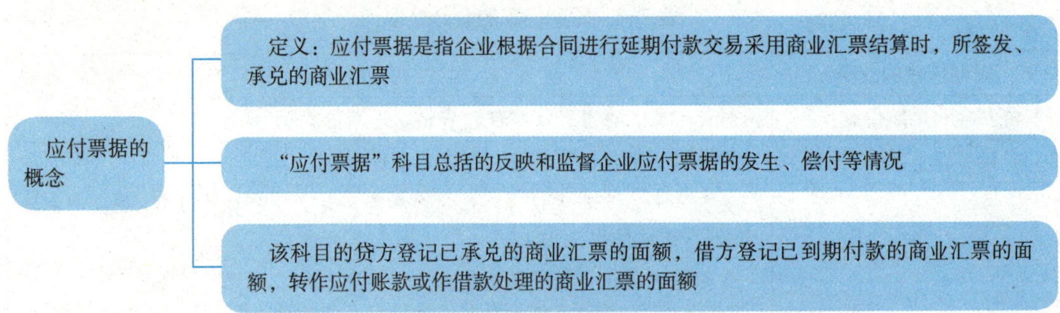

图7-2　应付票据的概念

二、应付票据的账务处理

和应付票据相关的业务主要包括企业开出票据进行支付、票据到期支付现金以及票据到期后，无资金进行支付等三种情况，其账务处理如表 7-4 所示。

表 7-4 应付票据的账务处理

<table>
<tr><th>应付票据的业务</th><th>相关的会计核算</th></tr>
<tr><td>开出、承兑商业汇票或以承兑汇票抵付货款</td><td>借记“原材料”“应付账款”“应交税金”等，贷记“应付票据”</td></tr>
<tr><td>开出银行承兑汇票，在支付银行承兑手续费</td><td>借记“财务费用”，贷记“银行存款”</td></tr>
<tr><td>汇票到期付款</td><td>借记“应付票据”科目，贷记“银行存款”
如为带息票据，则应借记“应付票据”“财务费用”等科目，贷记“银行存款”</td></tr>
<tr><td rowspan="2">票据到期无力偿付</td><td>若为商业承兑汇票，则将应付票据转为应付账款，借记“应付票据”科目，贷记“应付账款”</td></tr>
<tr><td>若为银行承兑汇票，则银行先代为付款，企业将不足部分转为短期借款，借记“应付票据”科目，贷记“银行存款”“短期借款”</td></tr>
<tr><td>归还银行短期借款</td><td>借记“短期借款”科目，贷记“银行存款”</td></tr>
</table>

【例 7-2】雅居地产股份公司出具一张期限为 90 天、票面金额为 33 900 元的不带息商业承兑汇票，向某供应单位购进原材料一批，其增值税发票上记载的货款金额为 30 000 元，增值税额为 3 900 元。现对以上的业务编制会计分录：

（1）购进原材料时：

借：原材料　　30 000

　　应交税费——应交增值税（进项税额）　　3 900

　贷：应付票据　　33 900

（2）票据到期，接到银行支付汇票款项的通知时：

借：应付票据　　30 000

　　财务费用　　3 900

　贷：银行存款　　33 900

第四节　应付账款的会计核算

一、应付账款的概念

应付账款的概念如图 7-3 所示。

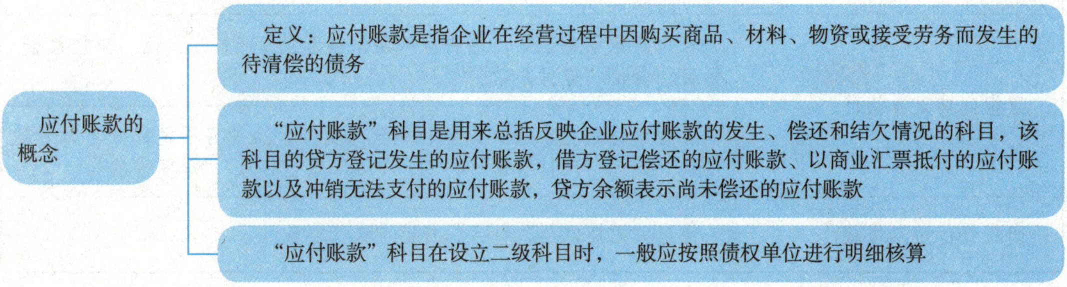

应付账款的概念

定义：应付账款是指企业在经营过程中因购买商品、材料、物资或接受劳务而发生的待清偿的债务

"应付账款"科目是用来总括反映企业应付账款的发生、偿还和结欠情况的科目，该科目的贷方登记发生的应付账款，借方登记偿还的应付账款、以商业汇票抵付的应付账款以及冲销无法支付的应付账款，贷方余额表示尚未偿还的应付账款

"应付账款"科目在设立二级科目时，一般应按照债权单位进行明细核算

图7-3　应付账款的概念

二、应付账款的账务处理

应付账款的账务处理如表 7-5 所示。

表 7-5　应付账款的账务处理

应付账款的业务	相关的会计核算
企业购入材料、物资等已验收入库，但货款尚未支付	据有关结算凭证，借记"原材料"和"应交税金"，贷记"应付账款"
对于材料等已验收入库、结算凭证未到、货款尚未支付的业务，因结算凭证一般在短时间内即可到达	为了简化核算，可以暂不作会计分录，待收到结算凭证后，再按正常手续进行账务处理。但是，每月月末，对于那些结算凭证尚未到达的入库材料，则应按材料的暂估价格（合同价格或计划单位成本）计价入库，借记"原材料"等科目，贷记"应付账款"科目。这笔分录，在下月月初时应用红字冲回，以便下月结算凭证到达时，按正常程序进行核算
接受供应单位提供劳务而发生的应付未付款项	据供应单位的发票账单，借记有关的成本费用科目和"应交税金"科目，贷记"应付账款"
偿付应付账款	借记"应付账款"科目，贷记"银行存款"等
企业开出、承兑商业汇票抵付应付账款	借记"应付账款"科目，贷记"应付票据"

对于一些预付账款业务不多的企业，不单独设置"预付账款"科目的情况下，对于预付账款可以通过"应付账款"科目进行核算，即用"应付账款"科目同时核算企业应付账

款和预付账款的增减变动和结果。

【例 7-3】雅居地产股份公司 5 月 30 日从某厂购进原材料一批，增值税发票记载的货款金额为 10 000 元，增值税进项税额为 1 300 元，已验收入库，款项尚未支付。7 月 10 日，雅居地产股份公司开出 11 300 元的转账支票一张，支付此笔购料款。现编制以上业务的会计分录：

（1）购买材料时：

借：原材料　　10 000

　　应交税费——应交增值税（进项税额）　　1 300

　贷：应付账款　　11 300

（2）支付购料款时：

借：应付账款　　11 300

　贷：银行存款　　11 300

【例 7-4】雅居地产股份公司 6 月 28 日收到供货单位运来的新型材料 10 吨，发票和商品结算清单尚未到达，原材料已验收入库。6 月 30 日时，发票账单仍未到，按每吨 3 000 元的暂估价入账，现编制以上业务的会计分录：

借：原材料　　30 000

　贷：应付账款　　30 000

以上分录 7 月 1 日以红字冲回，其会计分录如下：

借：原材料　　30 000

　贷：应付账款　　30 000

第五节　应付职工薪酬

一、应付职工薪酬应核算的内容

应付职工薪酬是指企业根据有关规定应付给职工的各种薪酬，包括职工工资、奖金、津贴和补贴，职工福利费，医疗、养老、失业、工伤、生育等社会保险费，住房公积金，工会经费，职工教育经费，非货币性福利等因职工提供服务而产生的义务，如表 7-6 所示。

表 7-6 应付职工薪酬的具体内容

不同视角	具体内容	详细解释
广义的职工薪酬	企业必须付出的人力成本，是吸引和激励职工的重要手段	职工薪酬既是职工对企业投入劳动获得的报酬，也是企业的成本费用
狭义的职工薪酬	职工工资、奖金、津贴和补贴	按照国家统计局《关于职工工资总额组成的规定》，构成工资总额的计时工资、计件工资、支付给职工的超额劳动报酬和增收节支的劳动报酬、为了补偿职工特殊或额外的劳动消耗和因其他特殊原则支付给职工的津贴，以及为了保证职工工资水平不受物价影响支付给职工的物价补贴等企业按规定支付给职工的加班加点工资，以及根据国家法律、法规和政策规定，企业在职工因病、工伤、产假、计划生育假、婚丧假、事假、探亲假、定期休假、停工学习、执行国家或社会义务等特殊情况下，按照计时工资或计件工资标准的一定比例支付的工资，也属于职工工资范畴，在职工休假或缺勤时，不应当从工资总额中扣除
	职工福利费	企业为职工集体提供的福利，如补助生活困难职工等
	医疗保险费、养老保险费、失业保险费、工伤保险费和生育保险费等社会保险费	企业按照国家规定的基准和比例计算，向社会保险经办机构缴纳的医疗保险金、基本养老保险金、失业保险金、工伤保险费和生育保险费，以及根据《企业年金试行办法》《企业年金基金管理试行办法》等相关规定，向有关单位（企业年金基金账户管理人）缴纳的补充养老保险费；以商业保险形式提供给职工的各种保险待遇
	住房公积金	企业按照国家《住房公积金管理条例》规定的基准和比例计算，向住房公积金管理机构缴存的住房公积金
	工会经费和职工教育经费	企业为了改善职工文化生活、提高职工业务素质用于开展工会活动和职工教育及职业技能培训，根据国家规定的基准和比例，从成本费用中提取的金额
	非货币性福利	包括企业以自己的产品或其他有形资产发放给职工作为福利、企业向职工提供无偿使用自己拥有的资产（如提供给企业高级管理人员的汽车、住房等）。企业为职工无偿提供商品或类似医疗保健的服务等
	其他职工薪酬	比如因解除与职工的劳动关系给予的补偿（又称辞退福利），即由于企业分离办社会职能、实施主辅分离辅业改制等分流安置富余人员、实施重组、改组计划、职工不能胜任等原因，企业在职工劳动合同到期之前解除与职工的劳动关系，或者为鼓励职工自愿接受裁减而提出补偿建议的计划中给予职工的经济补偿

二、应付职工薪酬的核算

应付职工薪酬科目的设置如表 7-7 所示。

表 7-7 应付职工薪酬科目的设置

科目设置目的	核算内容	明细设置
“应付职工薪酬”科目用来核算应付职工薪酬的提取、结算、使用等情况	贷方登记已分配计入有关成本费用项目的职工薪酬的数额，借方登记实际发放职工薪酬的数额；该科目期末贷方余额，反映企业应付未付的职工薪酬	按照“工资”“职工福利”“社会保险费”“住房公积金”“工会经费”“职工教育经费”“非货币性福利”等应付职工薪酬项目设置明细科目

（一）计算职工薪酬

进行应付职工薪酬的核算，首先要计算应付给职工的工资。计算应付职工工资时，应根据考勤记录、工时记录、产量记录、工资标准、工资等级、计件工资单件，以及其他有关资料，计算应付给每一职工的工资数，在此基础上，再根据有关代扣款项凭证计算实际应发放给每一职工的金额，一般情况下，应按照部门分别编制“工资结算表”，如表 7-8 所示，企业可根据本单位的实际需要设计该表的格式与内容。

表 7-8 部门工资结算表

所属部门：第一工程部　　2019 年 × 月　　单位：元

序号	姓名	基本工资	浮动工资	津贴		应付工资	代扣款项		实发金额
				乘车补助	餐补		五险一金	个人所得税	
1									
2									
3									
4									
5									
6									
7									
合计									

为了总括反映整个企业对职工工资的结算情况，便于进行总分类核算，会计部门应根据按车间、部门编制的工资结算单，汇总编制“工资结算汇总表”，企业可根据本单位的实际需要设计该表的格式与内容。工资结算汇总表的常见格式如表 7-9 所示。

表 7-9 工资结算汇总表

2019 年 × 月　　　　单位：元

车间、部门名称	计时工资	计件工资	应扣工资		综合奖金	应付工资	扣除款项		实发金额
			事假	病假			社会保险	个人所得税	
第一工程部									
其中：生产工人									
管理人员									
第二工程部									
其中：生产工人									
管理人员									
管理部门									
销售机构人员									
基建工程人员									
医务室、托儿所									
长期病假人员									
合计									

（二）分配职工薪酬

1. 货币性职工薪酬

企业应当在职工为其提供服务的会计期间，根据职工提供服务的受益对象，将应确认的职工薪酬（包括货币性薪酬和非货币性福利）计入相关资产成本或当期损益，同时确认为应付职工薪酬，其会计处理如表 7-10 所示。

表 7-10 职工薪酬的会计处理

职工薪酬	相应的会计处理
生产部门人员的职工薪酬	借记“生产成本”“制造费用”“劳务成本”等，贷记“应付职工薪酬”
管理部门人员的职工薪酬	借记“管理费用”，贷记“应付职工薪酬”
销售人员的职工薪酬	借记“销售费用”，贷记“应付职工薪酬”
由在建工程、研发支出负担的职工薪酬	借记“在建工程”“研发支出”科目，贷记“应付职工薪酬”
外商投资企业按规定从净利润中提取的职工奖励及福利基金	借记“利润分配——提取的职工奖励及福利基金”科目，贷记“应付职工薪酬”

应付职工薪酬计提的标准如图 7-4 所示。

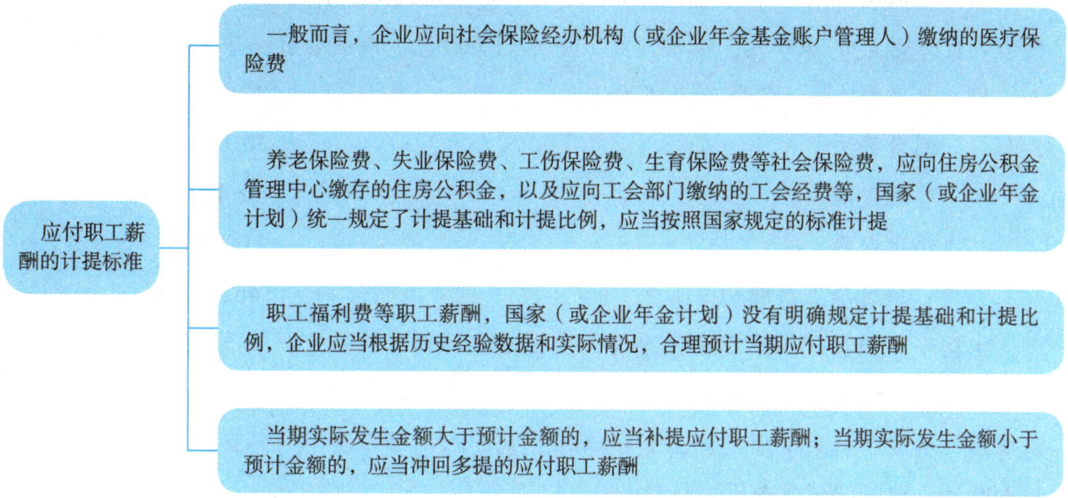

应付职工薪酬的计提标准

- 一般而言，企业应向社会保险经办机构（或企业年金基金账户管理人）缴纳的医疗保险费
- 养老保险费、失业保险费、工伤保险费、生育保险费等社会保险费，应向住房公积金管理中心缴存的住房公积金，以及应向工会部门缴纳的工会经费等，国家（或企业年金计划）统一规定了计提基础和计提比例，应当按照国家规定的标准计提
- 职工福利费等职工薪酬，国家（或企业年金计划）没有明确规定计提基础和计提比例，企业应当根据历史经验数据和实际情况，合理预计当期应付职工薪酬
- 当期实际发生金额大于预计金额的，应当补提应付职工薪酬；当期实际发生金额小于预计金额的，应当冲回多提的应付职工薪酬

图7-4 应付职工薪酬的计提标准

月份终了，应按照工资的用途，进行工资费用的分配。工资费用的分配，先由各车间根据工资结算凭证等编制工资费用分配表，会计部门根据各车间的工资费用分配表及其他部门发生的工资数，编制工资费用分配汇总表，据以进行总分配核算。工资费用分配汇总表的格式如表 7-11 所示。

表 7-11 工资分配汇总表

2019 年 × 月　　单位：元

应借科目	第一工程部	第二工程部	管理部门	销售部门	基建部门	医院室托儿所	合计
开发成本							
制造费用							
管理费用							
营业费用							
在建工程							
应付福利费							
合计							

【例 7-5】雅居地产股份公司本月应付工资总额 462 000 元，工资费用分配汇总表中列示的产品生产人员工资为 320 000 元，车间管理人员工资为 70 000 元，企业行政管理人员工资为 60 400 元，销售人员工资为 11 600 元。有关会计分录如下：

借：生产成本——基本生产成本　　320 000

　　制造费用　　70 000

　　管理费用　　60 400

　　销售费用　　11 600

　贷：应付职工薪酬——工资　　462 000

本例中，根据不同职工提供服务的受益对象不同，产品生产人员工资 320 000 元应记入“生产成本——基本生产成本”科目，车间管理人员工资 70 000 元应记入“制造费用”科目，行政管理人员工资 60 400 元应记入“管理费用”科目，销售人员工资 11 600 元应记入“销售费用”科目。

【例 7-6】雅居地产股份公司下设一所职工食堂，每月根据在岗职工数量及岗位分布情况、相关历史经验数据等计算需要补贴食堂的金额，从而确定企业每期因职工食堂而需要承担的福利费金额。2019 年 11 月，企业在岗职工共计 100 人，其中管理部门 20 人，第一工程部 80 人，企业的历史经验数据表明，对于每个职工企业每月需补贴食堂 120 元。有关会计分录如下：

借：生产成本　　9 600

　　管理费用　　2 400

　贷：应付职工薪酬——职工福利　　12 000

应当提取的职工福利 =120×100=12 000（元）

其中，第一工程部职工相应的福利费 9 600 元应记入“生产成本”科目，管理部门职工相应的福利费 2 400 元应记入“管理费用”科目。

【例 7-7】根据国家规定的计提标准，雅居地产股份公司本月应向社会保险经办机构缴纳职工基本养老保险费共计 64 680 元，其中，应计入第一工程部生产成本的金额为 44 800 元，应计入制造费用的金额为 9 800 元，应计入管理费用的金额为 10 080 元。甲企业的有关会计分录如下：

借：生产成本——基本生产成本　　44 800

　　制造费用　　9 800

　　管理费用　　10 080

　贷：应付职工薪酬——社会保险费（基本养老保险）　　64 680

2. 非货币性职工薪酬

非货币性职工薪酬的账务处理如图 7-5 所示。

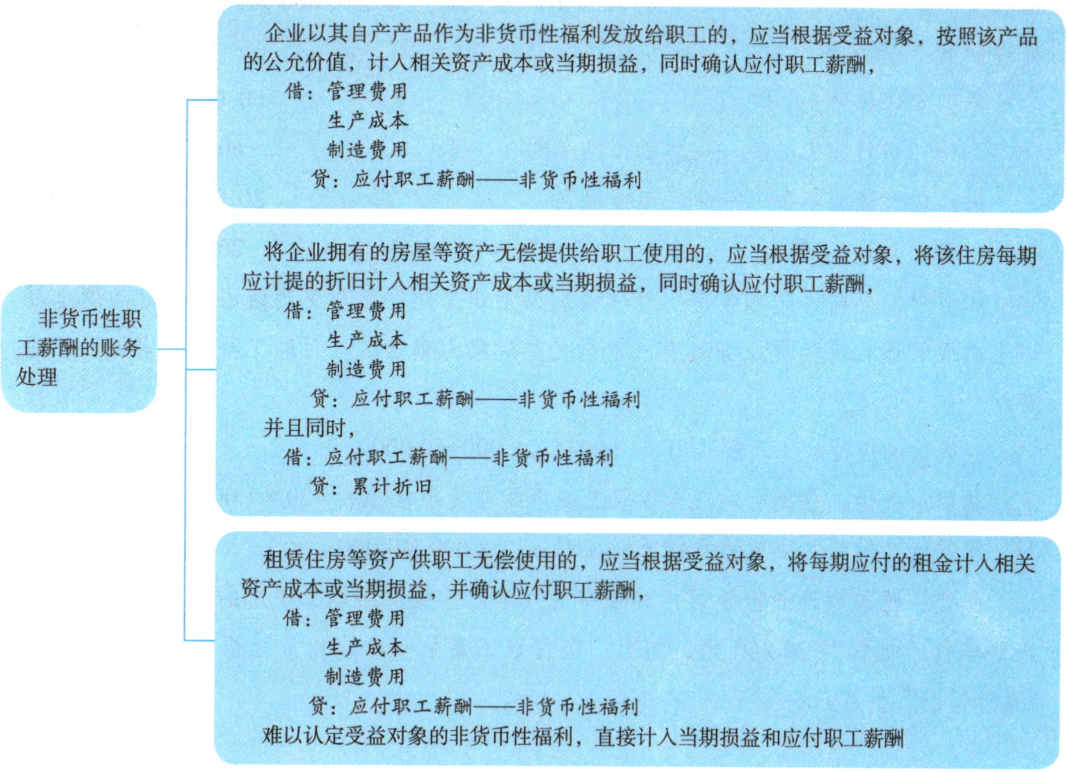

非货币性职工薪酬的账务处理

企业以其自产产品作为非货币性福利发放给职工的，应当根据受益对象，按照该产品的公允价值，计入相关资产成本或当期损益，同时确认应付职工薪酬，
借：管理费用
　　生产成本
　　制造费用
　贷：应付职工薪酬——非货币性福利

将企业拥有的房屋等资产无偿提供给职工使用的，应当根据受益对象，将该住房每期应计提的折旧计入相关资产成本或当期损益，同时确认应付职工薪酬，
借：管理费用
　　生产成本
　　制造费用
　贷：应付职工薪酬——非货币性福利
并且同时，
借：应付职工薪酬——非货币性福利
　贷：累计折旧

租赁住房等资产供职工无偿使用的，应当根据受益对象，将每期应付的租金计入相关资产成本或当期损益，并确认应付职工薪酬，
借：管理费用
　　生产成本
　　制造费用
　贷：应付职工薪酬——非货币性福利
难以认定受益对象的非货币性福利，直接计入当期损益和应付职工薪酬

图7-5 非货币性职工薪酬

【例 7-8】甲公司为小家电生产企业，共有职工 200 名，其中 170 名为直接参加生产的职工，30 名为总部管理人员。2020 年 2 月，甲公司以其生产的每台成本为 900 元的电暖器作为春节福利发放给公司每名职工。该型号的电暖器市场售价为每台 1 000 元，甲公司适用的增值税税率为 13%。甲公司的有关会计处理如下：

借：生产成本　　198 900
　　管理费用　　35 100
　贷：应付职工薪酬——非货币性福利　　234 000

本例中，应确认的应付职工薪酬 =200×1 000×13%+200×1 000=226 000（元）

其中，应记入“生产成本”科目的金额 =170×1 000×13%+170×1000=192 100（元）

总记入“管理费用”科目的金额 =30×1 000×13%+30×1000=33 900（元）

【例 7-9】雅居地产股份公司为总部各部门经理级别以上职工提供汽车免费使用，同时为副总裁以上高级管理人员每人租赁一套住房。雅居地产股份公司总部共有部门经理以上职工20名，每人提供一辆桑塔纳汽车免费使用，假定每辆桑塔纳汽车每月计提折旧1 000元；该公司共有副总裁以上高级管理人员5名，公司为其每人租赁一套面积为200平方米带有家具和电器的公寓，月租金为每套8 000元。公司的有关会计处理如下：

借：管理费用　　60 000

　贷：应付职工薪酬——非货币性福利　　60 000

借：应付职工薪酬——非货币性福利　　20 000

　贷：累计折旧　　20 000

本例中，公司为总部各部门经理级别以上职工提供汽车免费使用，同时为副总裁以上高级管理人员租赁住房使用，根据受益对象，确认的应付职工薪酬应当计入管理费用。

应确认的应付职工薪酬 =20×1 000+5×8 000=60 000（元）

其中，提供企业拥有的汽车供职工使用的非货币性福利 =20×1 000=20 000（元）

租赁住房供职工使用的非货币性福利 =5×8 000=40 000（元）

此外，雅居地产股份公司将其拥有的汽车无偿提供给职工使用的，还应当按照该部分非货币性福利20 000元，借记“应付职工薪酬——非货币性福利”科目，贷记“累计折旧”科目。

（三）发放职工薪酬

发放职工薪酬的账务处理如图7-6所示。

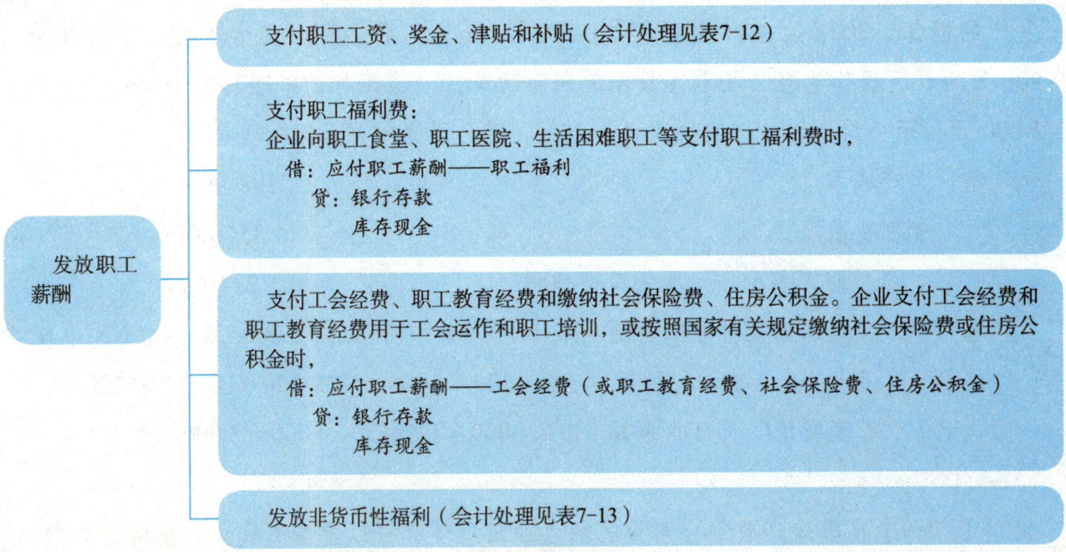

发放职工薪酬

- 支付职工工资、奖金、津贴和补贴（会计处理见表7-12）
- 支付职工福利费：
  企业向职工食堂、职工医院、生活困难职工等支付职工福利费时，
  借：应付职工薪酬——职工福利
  　贷：银行存款
  　　　库存现金
- 支付工会经费、职工教育经费和缴纳社会保险费、住房公积金。企业支付工会经费和职工教育经费用于工会运作和职工培训，或按照国家有关规定缴纳社会保险费或住房公积金时，
  借：应付职工薪酬——工会经费（或职工教育经费、社会保险费、住房公积金）
  　贷：银行存款
  　　　库存现金
- 发放非货币性福利（会计处理见表7-13）

图7-6　发放职工薪酬的账务处理

支付职工工资、资金、津贴和补贴的会计处理如表 7-12 所示。

表 7-12 支付职工工资、奖金、津贴和补贴的会计处理

相关支付活动	会计处理
向职工支付工资、奖金、津贴等	借记“应付职工薪酬——工资”，贷记“银行存款”“库存现金”等
从应付职工薪酬中扣还的各种款项（代垫的家属药费、个人所得税等）	借记“应付职工薪酬”，贷记“银行存款”“库存现金”“其他应收款”“应交税费——应交个人所得税”等
每月发放工资前据“工资结算汇总表”中的“实发金额”栏的合计数向开户银行提取现金	借记“库存现金”科目，贷记“银行存款”科目；然后再向职工发放

【例 7-10】雅居地产股份公司根据“工资结算汇总表”结算本月应付职工工资总额 462 000 元，代扣职工房租 40 000 元，企业代垫职工家属医药费 2 000 元，实发工资 420 000 元。有关会计分录如下：

（1）向银行提取现金：

借：库存现金　　420 000

　贷：银行存款　　420 000

（2）发放工资，支付现金：

借：应付职工薪酬——工资　　420 000

　贷：库存现金　　420 000

（3）代扣款项：

借：应付职工薪酬——工资　　42 000

　贷：其他应收款——职工房租　　40 000

　　　　　　　　——代垫医药费　　2 000

本例中，企业从应付职工薪酬中代扣职工房租 40 000 元，扣还代垫职工家属医药费 2 000 元，应当借记“应付职工薪酬”科目，贷记“其他应收款”科目。

【例 7-11】2019 年 9 月，雅居地产股份公司以现金支付职工张某生活困难补助 800 元。有关会计分录如下：

借：应付职工薪酬——职工福利　　800

　贷：库存现金　　800

【例 7-12】雅居地产股份公司以银行存款缴纳参加职工医疗保险的医疗保险费

40 000 元，有关会计分录如下：

借：应付职工薪酬——社会保险费　　40 000

　贷：银行存款　　40 000

发放非货币性福利的会计处理如表 7-13 所示。

表 7-13　发放非货币性福利的会计处理

发放非货币性福利的形式	会计处理
以自产产品作为职工薪酬发放给职工	确认主营业务收入，借记“应付职工薪酬——非货币性福利”科目，贷记“主营业务收入”科目，同时结转相关成本，涉及增值税销项税额的，还应进行相应的处理
支付租赁住房等资产供职工无偿使用发生的租金	借记“应付职工薪酬——非货币性福利”科目，贷记“银行存款”等

【例 7-13】雅居地产股份公司向职工发放电暖器作为福利，以上电暖器的成本价为 180 000 元，按该公司同种产品的售价，该批电暖器的总售价为 200 000 元，其销项税额为 26 000 元，同时要根据相关税收规定，视同销售计算增值税销项税额。有关会计分录如下：

借：应付职工薪酬——非货币性福利　　226 000

　贷：主营业务收入　　200 000

　　　应交税费——应交增值税（销项税额）　　26 000

借：主营业务成本　　180 000

　贷：库存商品——电暖器　　180 000

公司应确认的主营业务收入 =200×1 000=200 000（元）

公司应确认的增值税销项税额 =200×1 000×13%=26 000（元）

公司应结转的销售成本 =200×900=180 000（元）。

第六节　应交税费的会计核算

一、应交增值税

增值税的定义如图 7-7 所示。

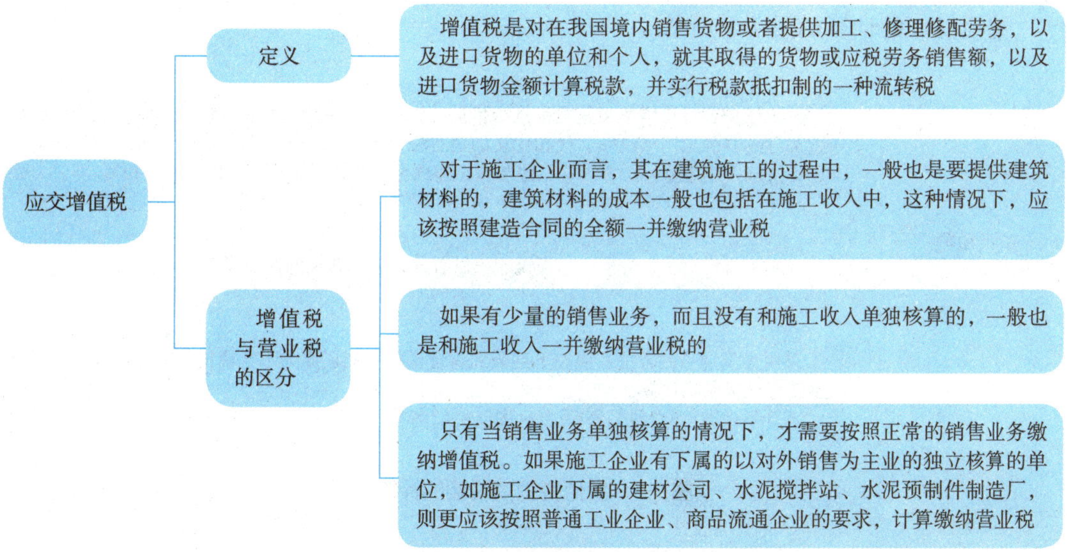

应交增值税
- 定义
  - 增值税是对在我国境内销售货物或者提供加工、修理修配劳务，以及进口货物的单位和个人，就其取得的货物或应税劳务销售额，以及进口货物金额计算税款，并实行税款抵扣制的一种流转税
- 增值税与营业税的区分
  - 对于施工企业而言，其在建筑施工的过程中，一般也是要提供建筑材料的，建筑材料的成本一般也包括在施工收入中，这种情况下，应该按照建造合同的全额一并缴纳营业税
  - 如果有少量的销售业务，而且没有和施工收入单独核算的，一般也是和施工收入一并缴纳营业税的
  - 只有当销售业务单独核算的情况下，才需要按照正常的销售业务缴纳增值税。如果施工企业有下属的以对外销售为主业的独立核算的单位，如施工企业下属的建材公司、水泥搅拌站、水泥预制件制造厂，则更应该按照普通工业企业、商品流通企业的要求，计算缴纳营业税

图7-7　增值税的定义

（一）应纳税额的计算（一般纳税人）

应纳税额的计算如图 7-8 所示。

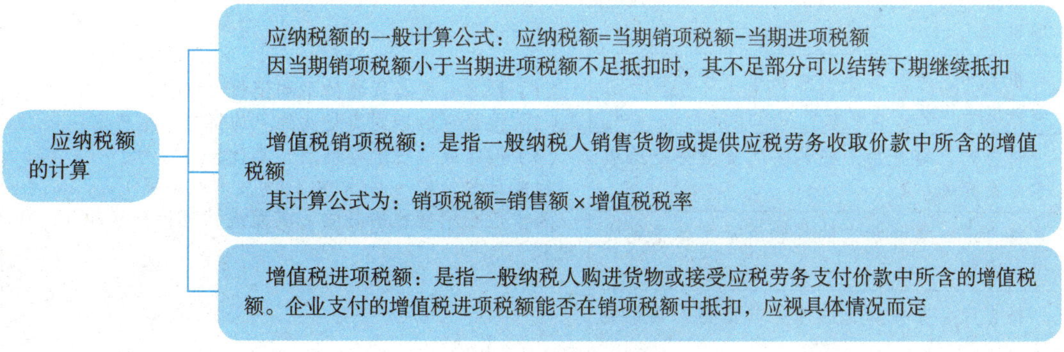

应纳税额的计算
- 应纳税额的一般计算公式：应纳税额=当期销项税额-当期进项税额
因当期销项税额小于当期进项税额不足抵扣时，其不足部分可以结转下期继续抵扣
- 增值税销项税额：是指一般纳税人销售货物或提供应税劳务收取价款中所含的增值税额
其计算公式为：销项税额=销售额×增值税税率
- 增值税进项税额：是指一般纳税人购进货物或接受应税劳务支付价款中所含的增值税额。企业支付的增值税进项税额能否在销项税额中抵扣，应视具体情况而定

图7-8　增值税应纳税额的计算

不得从销项税额中抵扣的进项税额项目如表 7-14 所示。

表 7-14　不得从销项税额中抵扣的进项税额的项目

不得从销项税额中抵扣的进项税额的项目	购进固定资产
	用于非应税项目的购进货物或者应税劳务
	用于免税项目的购进货物或者应税劳务
	用于集体福利或者个人消费的购进货物或者应税劳务
	非正常损失的购进货物
	非正常损失的在产品、产成品所耗用的购进货物或者应税劳务

销项税额的计算如图 7-9 所示。

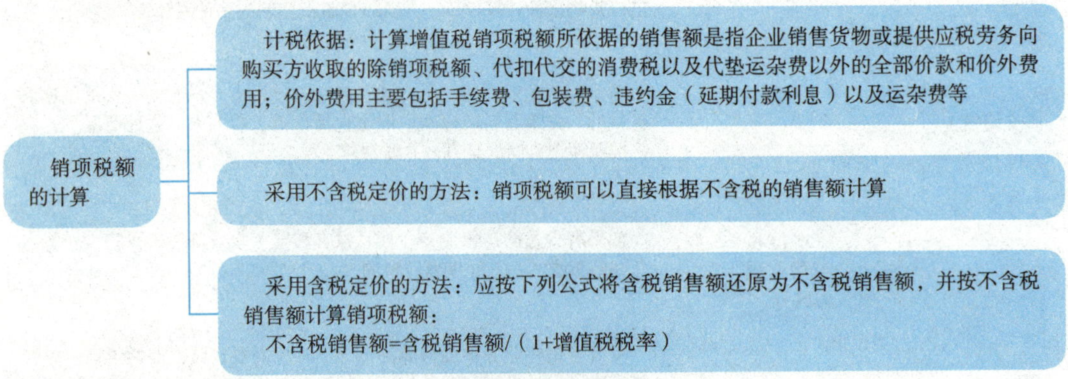

销项税额的计算

计税依据：计算增值税销项税额所依据的销售额是指企业销售货物或提供应税劳务向购买方收取的除销项税额、代扣代交的消费税以及代垫运杂费以外的全部价款和价外费用；价外费用主要包括手续费、包装费、违约金（延期付款利息）以及运杂费等

采用不含税定价的方法：销项税额可以直接根据不含税的销售额计算

采用含税定价的方法：应按下列公式将含税销售额还原为不含税销售额，并按不含税销售额计算销项税额：
不含税销售额=含税销售额/（1+增值税税率）

图7-9　增值税销项税额的计算

视同销售行为及其计税时销售额的确定顺序如表 7-15 所示。

表 7-15　视同销售行为及其计税时销售额的确定顺序

视同销售行为	计算交纳增值税时，销售额的确定顺序
企业将自产、委托加工的货物用于非应税项目	（1）按当月同类货物的平均销售价格确定 （2）按最近时期同类货物的平均销售价格确定 （3）按组成计税价格确定，其计算公式为： 组成计税价格＝成本 ×（1+ 成本利润率） 属于应征消费税的货物，其组成计税价格应加计消费税额
将自产、委托加工的货物用于投资、提供给其他单位或个体经营者	
将自产、委托加工或购买的货物分配给股东或投资者	
将自产或委托加工的货物用于集体福利或个人消费	
将自产、委托加工或购买的货物无偿赠送他人的	

（二）应交增值税的会计核算

应交增值税的会计核算如图 7-10 所示。

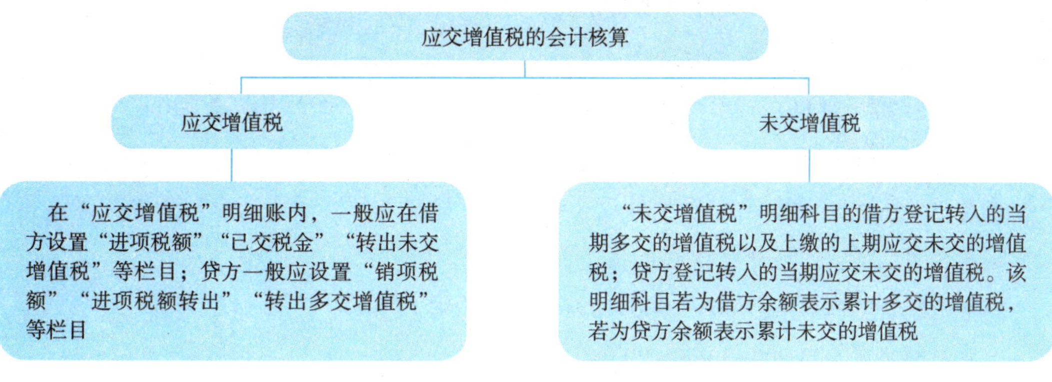

图7-10　应交增值税的会计核算

应交增值税明细账计算出的数据如图 7-11 所示。

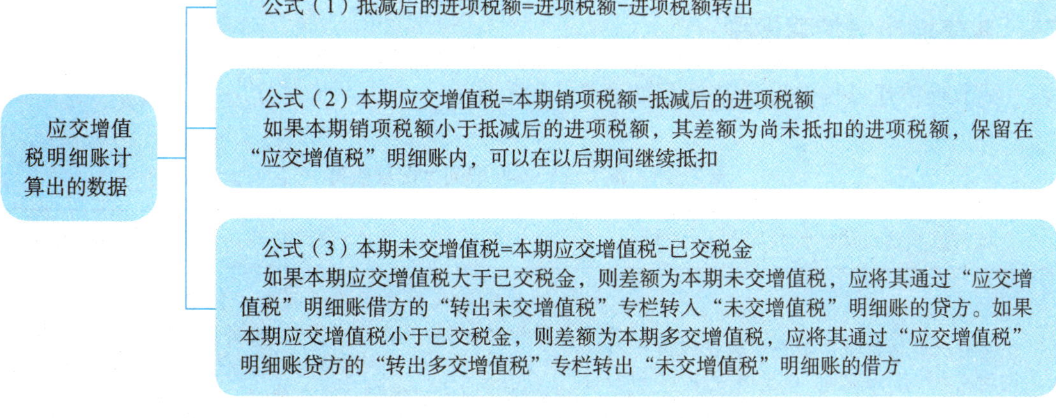

图7-11　应交增值税明细账计算出的数据

在这里需要注意的是，企业在交纳增值税时，应将补交的以前月份未交增值税记入“应交税费——未交增值税”科目借方，将交纳的当月增值税记入“应交增值税——应交增值税（已交税金）”科目的借方。

【例 7-14】雅居地产股份公司为增值税一般纳税人，其销售产品的增值税税率为 13%，2019 年 8 月份发生的与增值税有关的经济业务及其会计分录如下：

（1）销售甲产品一批，不含税的价格为 80 000 元，增值税销项税额为 80 000×13%=10 400 元，共计 90 400 元，款项收到存入银行：

借：银行存款　　90 400

贷：主营业务收入　　80 000

　　应交税费——应交增值税（销项税额）　　10 400

（2）补交5月份未交增值税2 000元：

借：应交税费——未交增值税　　2 000

　贷：银行存款　　2 000

（3）购进原材料一批，原价30 000元，增值税3 900元，运费1 000元（供应单位代垫），共计33 900元，原材料已验收入库，货款未付。注意，由购货方实际承担的运费，可按6%作为进项税额抵扣：

增值税进项税额 =3 900+1 000×6%= 3 960（元）

原材料成本 =33 900-3 960= 29 940（元）

借：原材料　　29 940

　　应交税费——应交增值税（进项税额）　　3 960

　贷：应付账款　　33 900

二、应交城市维护建设税

城市维护建设税的计税及核算如表7-16所示。

表7-16　城市维护建设税的计税及核算

城市维护建设税的计税依据及公式	会计核算
以应交纳的增值税、消费税为计税依据 应纳税额 = 计税依据 × 适用税率	计算应纳城市维护建设税时，应借记“主营业务税金及附加”“其他业务支出”“固定资产清理”等，贷记“应交税金——应交城市维护建设税”；实际交纳城市维护建设税时，应借记“应交税金——应交城市维护建设税”，贷记“银行存款”

【例7-15】雅居地产股份公司2019年7月应交增值税和消费税如下：

销售产品应交增值税　　60 000元

销售产品应交消费税　　30 000元

合计　　90 000元

根据以上数据和本企业城市维护建设税税率7%计算的应交城市维护建设税及会计分录如下：

本月应交城市维护建设税 =90 000×7%=6 300（元）

借：主营业务税金及附加　　6 300

　贷：应交税费——应交城市维护建设税　　6 300

三、应交教育费附加

应交教育费附加的会计核算如图 7-12 所示。

应交教育费附加的会计核算

定义：教育费附加是一种附加费。应交教育费附加的计算方法与应交城市维护建设税的计算口径相同。由于教育费附加不是税，因而不通过“应交税费”科目核算，而是通过“其他应交款”科目核算

计算应交教育费附加时，
借：主营业务税金及附加
　　其他业务支出
　　固定资产清理
　　贷：其他应交款——应交教育费附加
实际交纳教育费附加时，
借：其他应交款——应交教育费附加
　　贷：银行存款

图7-12　应交教育费附加的会计核算

【例 7-16】雅居地产股份公司 2019 年 7 月应交增值税、消费税如下：

销售产品应交增值税	60 000 元
销售产品应交消费税	30 000 元
合计	90 000 元

根据以上数据和本企业应交教育费附加的税率 3%，计算应交教育费附加金额及会计分录如下：

本月应交教育费附加 =90 000×3%=2 700（元）

借：主营业务税金及附加　　2 700
　　贷：其他应交款——应交教育费附加　　2 700

第八章

非流动负债

本章导读

随着2017年以来楼市调控政策的收紧，多数开发商的资金链已经出现了问题，再加上央行连续几次加息，在这样的经济背景下，相信不少房企将转向海外融资。但现阶段，并非所有企业都有条件进行海外融资，多数房企或许将更多选择银行贷款或信托融资。由此可知，企业非流动负债的管理对企业长期的发展起着重要的作用。

非流动负债是指流动负债以外的负债，主要包括长期借款、应付债券等，非流动负债可以帮助企业获得发展所必需的长期资金。

在本章中，我们重点学习长期借款和长期债券的相关内容，掌握长期借款和长期债券的会计核算；理解债券溢价、折价发行及其不同会计处理；掌握可转换债券的会计核算。

第一节　长期借款

一、长期借款的概念

长期借款的概念如图 8-1 所示。

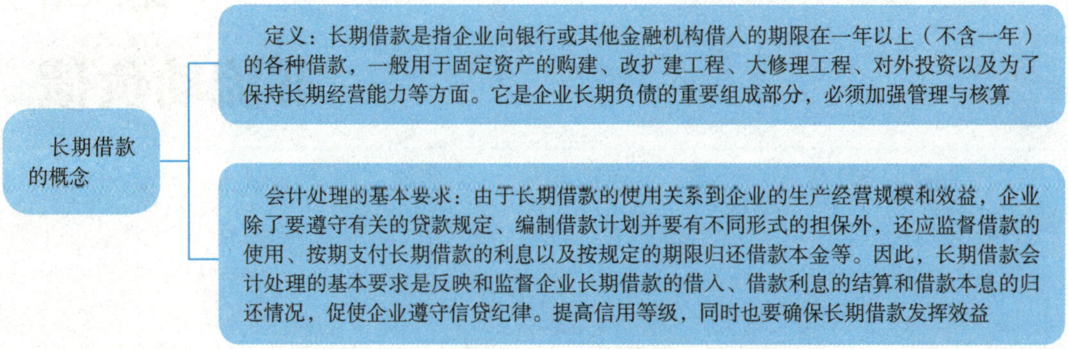

图8-1　长期借款的概念

二、长期借款的会计核算

为了总括地反映和监督长期借款的借入、应计利息以及本息的归还情况，企业应设置“长期借款”科目。该科目的贷方登记借款本金和利息的增加数，借方登记借款本金和利息的减少数，贷方余额表示尚未归还的长期借款的本金和利息。该科目应按借款单位设置明细科目，并按借款种类进行明细核算。

（一）取得长期借款时的账务处理

企业借入长期借款，应按实际收到的金额，借记“银行存款”科目，贷记“长期借款——本金”科目；如存在差额，还应借记“长期借款——利息调整”科目。

【例 8-1】雅居地产股份公司于 2019 年 4 月 10 日从银行借入资金 4 000 000 元，借款期限为 3 年，年利率为 8.4%（到期一次还本付息，不计复利）。所借款项已存入银行。有关会计处理如下：

借：银行存款　　4 000 000

　贷：长期借款——本金　　4 000 000

（二）长期借款费用的账务处理

长期借款费用的账务处理如表 8-1 所示。

表 8-1 长期借款费用的几种情况的账务处理

长期借款费用的几种情况	具体的账务处理
属于筹建期间的，计入长期待摊费用	借：长期待摊费用 贷：长期借款
属于生产经营期间的，计入财务费用	借：财务费用 贷：长期借款
属于发生的与固定资产购建有关的专门借款的借款费用，在固定资产达到预定可使用状态前按规定应予以资本化	借：在建工程 贷：长期借款
固定资产达到预定可使用状态后所发生的借款费用以及按规定不能予以资本化的借款费用	借：财务费用 贷：长期借款

（三）对借款费用进行账务处理时的关键点

1. 借款费用开始资本化时点的确定

专门借款的借款费用开始资本化，计入所购建固定资产的成本应同时具备的条件如表 8-2 所示。

表 8-2 专门借款的借款费用开始资本化，计入所购建固定资产的成本应同时具备的条件

专门借款的借款费用开始资本化，计入所购建固定资产的成本应同时具备的三个条件	资产支出已经发生：只包括为购建固定资产而以支付现金、转移非现金资产或者承担带息债务形式发生的支出
	借款费用已经发生：已经发生了因购建固定资产而专门借入款项的利息、折价或溢价的摊销、辅助费用或汇兑差额
	为使资产达到预定可使用状态所必要的购建活动已经开始

注：因安排专门借款而发生的一次性支出的辅助费用，一般不考虑开始资本化的三个条件，应当在发生时予以资本化，如发行债券的手续费、初始借款手续费应当在实际发生时予以资本化。

2. 借款费用资本化金额的确定

借款费用资本化金额的确定如图 8-2 所示。

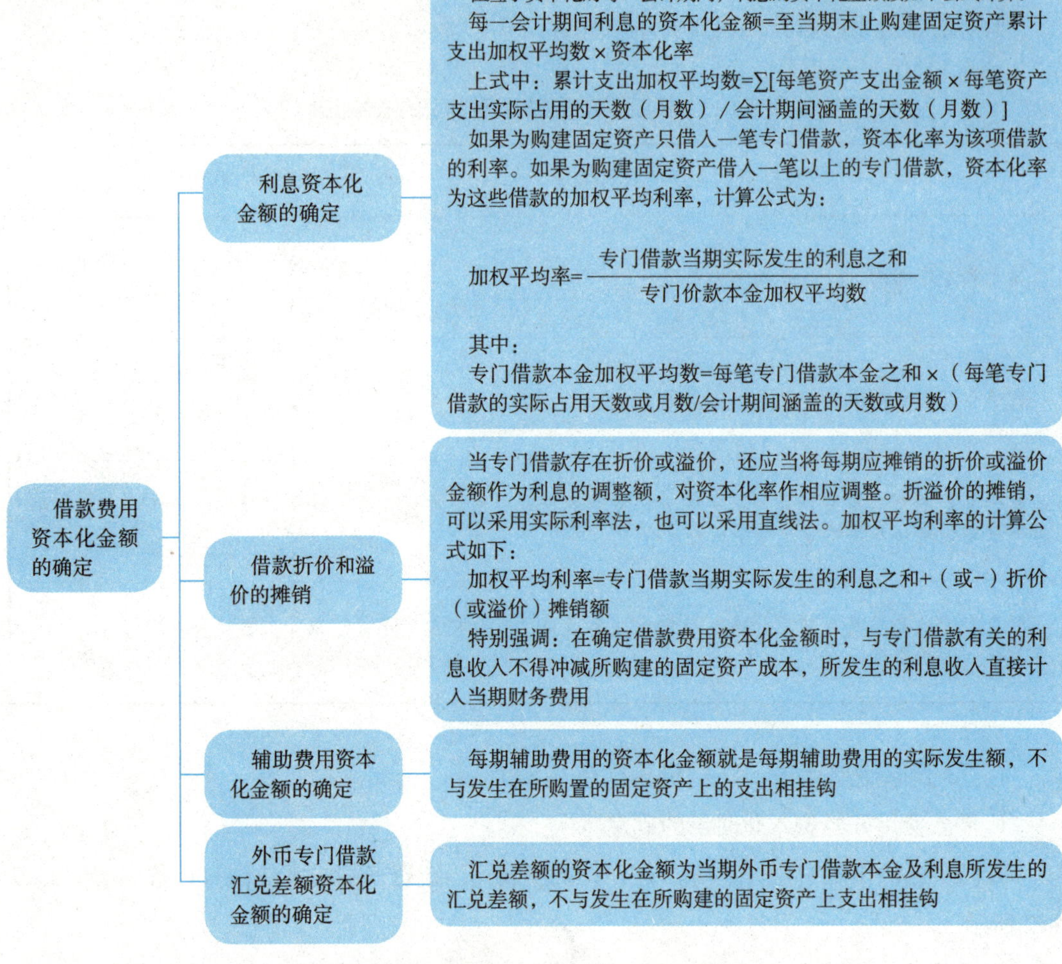

图8-2　借款费用资本化金额的确定

3. 借款费用资本化的暂停和停止

借款费用资本化的暂停和停止如表 8-3 所示。

表 8-3　借款费用资本化的暂停和停止

区分	满足的条件	会计处理
借款费用资本化的暂停	固定资产的购建活动发生非正常中断，并且中断时间连续超过 3 个月	暂停借款费用的资本化，将其确认为当期费用，直至资产的购建活动重新开始
借款费用资本化的停止	当所购建的固定资产达到预定可使用状态	停止其借款费用的资本化；以后发生的借款费用应当于发生当期确认为费用

【例 8-2】雅居地产股份公司由于缺乏生产周转资金，决定从银行申请 2 年期的长期贷款用于企业的生产经营周转，2019 年 1 月 1 日从银行取得长期借款 100 000 元，

年利率为 8%，按单利计息，每年计提一次利息，到期一次还本付息。

由于该项长期借款的用途是企业的生产经营周转，因而按期确认的借款利息，应计入财务费用。有关会计分录如下：

（1）取得借款，并存入开户银行时：

借：银行存款　　　　100 000

　贷：长期借款　　　　100 000

（2）2019 年年末计提利息时：

利息费用 =100 000×8%=8000（元）

借：财务费用　　　　8 000

　贷：长期借款　　　　8 000

（3）2020 年年末计提利息的计算和所编制会计分录与 2019 年年末的相同。

（4）2020 年年末到期归还本息时：

两年的累计利息 =8 000+8 000=16 000（元）

应归还的本息之和 =100 000+16 000=116 000（元）

借：长期借款　　　　116 000

　贷：银行存款　　　　116 000

【例 8-3】雅居地产股份公司计划购建一条搅拌水泥生产线，2019 年 1 月 1 日为购建这条生产线从银行取得 2 年期借款 200 万元，年利率 8%，按单利计息。在该项固定资产的购建中，分别于 1 月 1 日、4 月 1 日和 10 月 1 日各投入 50 万元、100 万元和 50 万元。该项固定资产于 2019 年 12 月 31 日达到预定可使用状态。有关具体经济业务及资本化金额的计算和会计分录如下：

（1）2019 年 1 月 1 日，取得该项借款，其中 500 000 元直接用于支付工程价款，1 500 000 元存入银行：

借：在建工程　　　　500 000

　　银行存款　　　　1 500 000

　贷：长期借款　　　　2 000 000

（2）2019 年 4 月 1 日，支付工程价款 1 000 000 元：

借：在建工程　　　　1 000 000

　贷：银行存款　　　　1 000 000

（3）2019 年 10 月 1 日，支付工程价款 500 000 元：

借：在建工程　　　　500 000

　贷：银行存款　　　　500 000

（4）2019 年年末确认借款利息及其中应予资本化的金额和应计入财务费用的金额：

①借款利息 =2 000 000×8%=160 000（元）。

②应予资本化的金额的计算。

因为为购建这条生产线，只取得了一笔贷款，因此资本化率也就是该笔贷款的利率 8%。

加权资金金额 =500 000+1 000 000×（9/12）+500 000×（3/12）=1 375 000（元）

应予资本化的金额 =1 375 000×8%=110 000（元）

③应计入财务费用的金额 =160 000−110 000=50 000（元）。

借：在建工程　　110 000

　　财务费用　　50 000

　贷：长期借款　　160 000

（5）2019 年年末该项固定资产达到预定可使用状态，并验收竣工，交付使用：

该项固定资产的造价 =500 000+1 000 000+500 000+110 000=2 110 000（元）

借：固定资产　　2 110 000

　贷：在建工程　　2 110 000

（6）2020 年年末确认利息时：

借款利息 =2 000 000×8%=160 000（元）

借：财务费用　　160 000

　贷：长期借款　　160 000

（7）2020 年年末归还本息时：

本息之和 =2 000 000+160 000+160 000=2 320 000（元）

借：长期借款　　2 320 000

　贷：银行存款　　2 320 000

（四）归还长期借款

企业归还长期借款的本金时，应按归还的金额，借记“长期借款——本金”科目，贷记“银行存款”科目；按归还的利息，借记“应付利息”科目，贷记“银行存款”科目。

第二节　长期债券的会计核算

一、一般公司债券的会计核算

（一）应付债券核算应设置的科目

应付债券科目设置的目的与核算如表 8-4 所示。

表 8-4　应付债券科目设置的目的与核算

应付债券科目的设置目的	科目的核算
为了总括地反映和监督企业为筹集长期资金而实际发行的债券及应付的利息	贷方登记应付债券的本息，借方登记归还的债券本息，贷方余额表示尚未归还的债券本息

债券发行方式如图 8-3 所示。

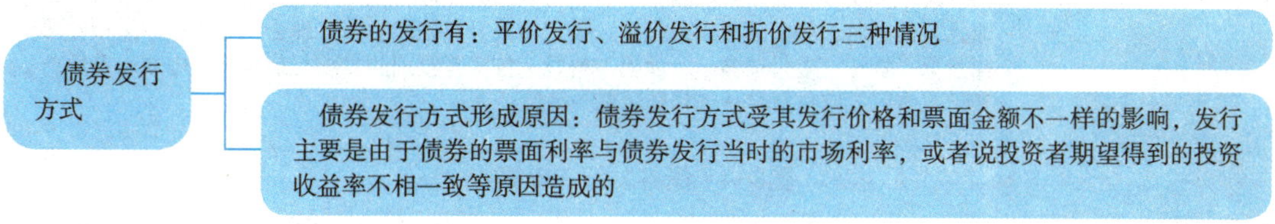

债券发行方式

债券的发行有：平价发行、溢价发行和折价发行三种情况

债券发行方式形成原因：债券发行方式受其发行价格和票面金额不一样的影响，发行主要是由于债券的票面利率与债券发行当时的市场利率，或者说投资者期望得到的投资收益率不相一致等原因造成的

图8-3　债券发行方式

债券发行情况如表 8-5 所示。

表 8-5　债券的发行情况

相关概念	具体内容	发行情况
债券的票面利率（名义利率）	债券上载明的、用以计算应付给债券购买人利息的利率	票面利率等于市场利率时，债券按其面值发行，即平价发行；票面利率大于市场利率时，债券以高于其面值的价格发行，即溢价发行，发行价格超出债券面值的部分，称为债券溢价，这一部分差价，相当于是给予债券发行人多支付利息的补偿；票面利率小于市场利率时，债券以低于其面值的价格发行，即折价发行，发行价格低于债券面值的部分，称为债券折价，这一部分差价，相当是给予债券投资人少收获的利息的补偿
市场利率（实际利率）	债券发行时，金融市场上那些风险和期限与该债券类似的借贷资本的通行利率	

应付债券科目的设置如表 8-6 所示。

表 8-6　应付债券科目的设置

科目设置目的	明细科目的设置	核算的内容
为了全面核算企业应付债券的面值、溢价、折价和应计利息	应付债券——债券面值	贷方登记已发行债券的面值；借方登记归还债券的面值；贷方余额表示尚未归还债券的面值
	应付债券——债券溢价	贷方登记已发行债券的溢价金额；借方登记逐期摊销的溢价金额；贷方余额表示尚未摊销的溢价金额
	应付债券——债券折价	借方登记已发行债券的折价金额；贷方登记逐期摊销的折价金额；借方余额表示尚未摊销的折价金额
	应付债券——应计利息	贷方登记各期应计的债券利息，借方登记实际支付的债券利息，贷方余额表示尚未支付的债券利息

（二）公司债券发行的核算

债券发行的核算如图 8-4 所示。

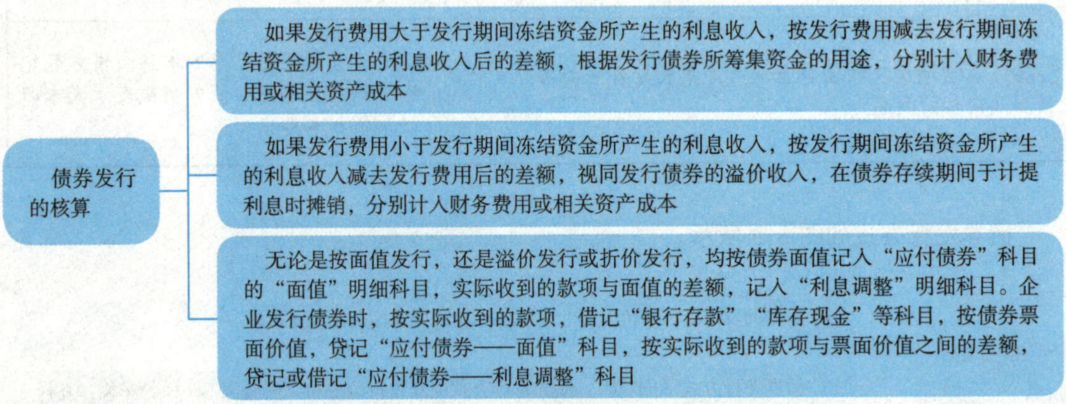

债券发行的核算

如果发行费用大于发行期间冻结资金所产生的利息收入，按发行费用减去发行期间冻结资金所产生的利息收入后的差额，根据发行债券所筹集资金的用途，分别计入财务费用或相关资产成本

如果发行费用小于发行期间冻结资金所产生的利息收入，按发行期间冻结资金所产生的利息收入减去发行费用后的差额，视同发行债券的溢价收入，在债券存续期间于计提利息时摊销，分别计入财务费用或相关资产成本

无论是按面值发行，还是溢价发行或折价发行，均按债券面值记入“应付债券”科目的“面值”明细科目，实际收到的款项与面值的差额，记入“利息调整”明细科目。企业发行债券时，按实际收到的款项，借记“银行存款”“库存现金”等科目，按债券票面价值，贷记“应付债券——面值”科目，按实际收到的款项与票面价值之间的差额，贷记或借记“应付债券——利息调整”科目

图8-4　债券发行的核算

债券发行的会计核算如表 8-7 所示。

表 8-7　债券发行的会计核算

债券发行方式	相关账务处理
债券平价发行	按照实际收到的款项（这时实际收到的款项与已发行债券的面值总额相等），借记“银行存款”“库存现金”，贷记“应付债券——债券面值”
	支付债券代理发行手续费及印刷费时，借记“在建工程”“财务费用”，贷记“银行存款”
债券溢价发行	按实际收到的款项，借记“银行存款”“库存现金”科目；按已发行债券的面值总额，贷记“应付债券——债券面值”
	按实际收到的款项与已发行债券的面值总额的差额，贷记“应付债券——债券溢价”
债券折价发行	按实际收到的款项，借记“银行存款”“库存现金”科目；按实际收到的款项与已发行债券的面值总额的差额，借记“应付债券——债券折价”科目；按已发行债券的面值总额，贷记“应付债券——债券面值”

【例 8-4】雅居地产股份公司 2019 年 1 月 1 日发行 2 年期长期债券，用于生产经营周转。债券面值总额为 120 000 元，年利率为 9%，债券到期一次还本付息。债券平价发行，全部售完，实际收到 120 000 元，款项已存入银行。对以上的经济业务编制会计分录如下：

借：银行存款　　120 000

　贷：应付债券——债券面值　　120 000

【例 8-5】雅居地产股份公司 2019 年 1 月 1 日发行 2 年期长期债券用于生产经营周转。债券面值总额为 100 000 元，年利率为 10%，债券到期一次还本付息。债券溢价发行，全部售完，实际收到 101 694 元，款项已存入银行。对以上的经济业务编制会计分录如下：

借：银行存款　　101 694

　贷：应付债券——债券面值　　100 000

　　　　　　——债券溢价　　1 694

【例 8-6】雅居地产股份公司 2019 年 1 月 1 日发行 2 年期长期债券，用于生产经营周转。债券面值总额为 150 000 元，年利率为 8%，债券到期一次还本付息。债券折价发行，全部售完，实际收到 147 458 元，款项已存入银行。对以上的经济业务编制会计分录如下：

借：银行存款　　147 458

　　应付债券——债券折价　　2 542

　贷：应付债券——债券面值　　150 000

（三）应计利息和债券溢价、折价摊销的核算

企业债券溢价和折价的摊销，可以采用直线法，也可以采用实际利率法。这里只介绍直线法下企业债券溢价和折价摊销的处理，如图 8-5 所示。直线法是将债券溢价或折价平均分摊于各期的一种摊销方法。

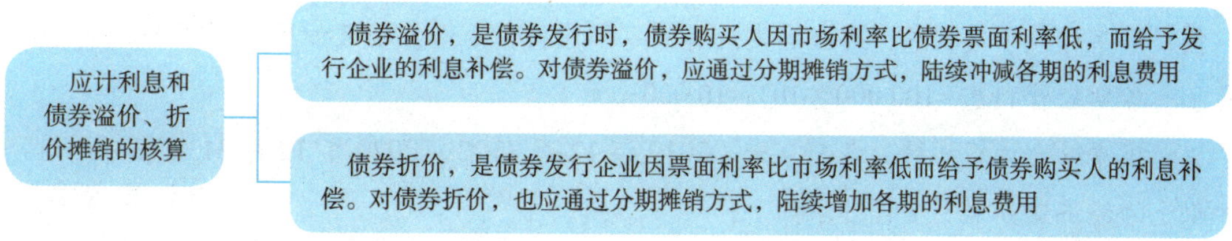

应计利息和债券溢价、折价摊销的核算

- 债券溢价，是债券发行时，债券购买人因市场利率比债券票面利率低，而给予发行企业的利息补偿。对债券溢价，应通过分期摊销方式，陆续冲减各期的利息费用
- 债券折价，是债券发行企业因票面利率比市场利率低而给予债券购买人的利息补偿。对债券折价，也应通过分期摊销方式，陆续增加各期的利息费用

图8-5　应计利息和债券溢价、折价摊销的核算

债券计提利息的账务处理如图 8-6 所示。

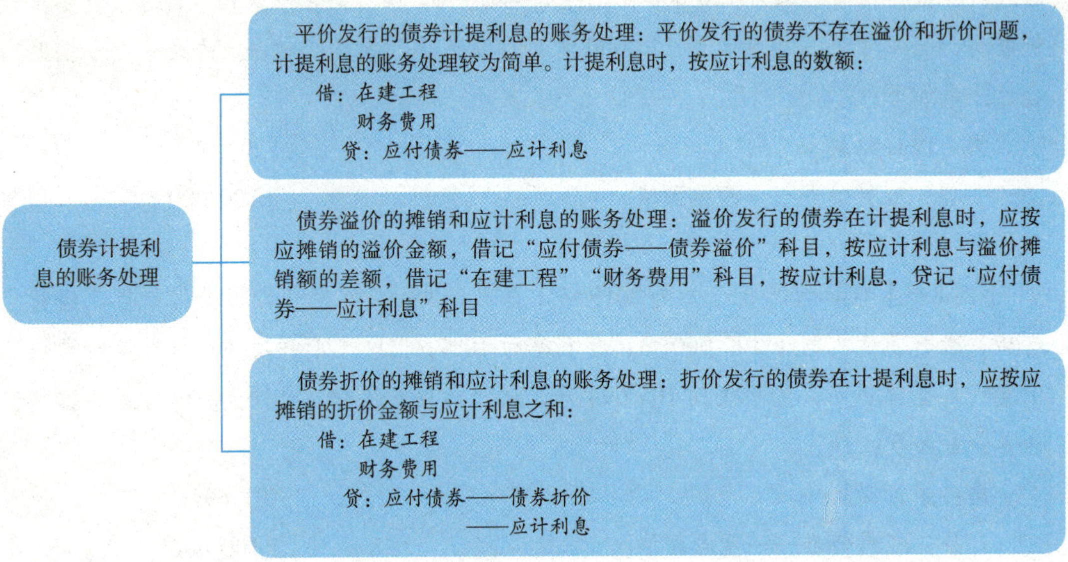

债券计提利息的账务处理

平价发行的债券计提利息的账务处理：平价发行的债券不存在溢价和折价问题，计提利息的账务处理较为简单。计提利息时，按应计利息的数额：

借：在建工程

　　财务费用

　贷：应付债券——应计利息

债券溢价的摊销和应计利息的账务处理：溢价发行的债券在计提利息时，应按应摊销的溢价金额，借记“应付债券——债券溢价”科目，按应计利息与溢价摊销额的差额，借记“在建工程”“财务费用”科目，按应计利息，贷记“应付债券——应计利息”科目

债券折价的摊销和应计利息的账务处理：折价发行的债券在计提利息时，应按应摊销的折价金额与应计利息之和：

借：在建工程

　　财务费用

　贷：应付债券——债券折价

　　　　　　——应计利息

图8-6　债券计提利息的账务处理

【例 8-7】雅居地产股份公司 2019 年 1 月 1 日发行 2 年期长期债券，用于生产经营周转。债券面值总额为 120 000 元，年利率为 9%，债券到期一次还本付息。债券平价发行，全部售完，实际收到 120 000 元，款项已存入银行。假设每年计提一次利息，那么各期应计利息可计算如下：

各期应计利息 =120 000×9%=10 800（元）

根据以上计算结果，各期期末（2019 年 12 月 31 日、2020 年 12 月 31 日）分别对以上的经济业务编制会计分录如下：

借：财务费用　　　　10 800

　贷：应付债券——应计利息　　　　10 800

【例 8-8】雅居地产股份公司 2019 年 1 月 1 日发行 2 年期长期债券，用于生产经营周转。债券面值总额为 100 000 元，年利率为 10%，债券到期一次还本付息。债券溢价发行，全部售完，减除各项发行费用后实际收到 105 000 元，款项已存入银行。假设每年计提一次利息，那么各期应计利息和应摊销的溢价金额如下：

各期应计利息 =100 000×10%=10 000（元）

根据以上计算结果，各期期末（2019 年 12 月 31 日、2020 年 12 月 31 日）分别对以上的经济业务编制会计分录如下：

借：财务费用　　　　7 500

应付债券——债券溢价　　2 500

贷：应付债券——应计利息　　10 000

【例 8-9】雅居地产股份公司 2019 年 1 月 1 日发行 2 年期长期债券，用于生产经营周转。债券面值总额为 100 000 元，年利率为 10%，债券到期一次还本付息。债券折价发行，全部售完，减除各项发行费用后实际收到 95 000 元，款项已存入银行。假设每年计提一次利息，那么各期应计利息和应摊销的溢价金额如下：

各期应计利息 =100 000×10%=10 000（元）

根据以上计算结果，各期期末（2019 年 12 月 31 日、2020 年 12 月 31 日）分别对以上的经济业务编制会计分录如下：

借：财务费用　　12 500

贷：应付债券——应计利息　　10 000

应付债券——债券溢价　　2 500

（四）债券到期支付本息的核算

债券到期，支付本息时，应按支付的本金，借记“应付债券——债券面值”科目；按支付的利息，借记“应付债券——应计利息”科目，按支付的本金和利息之和，贷记“银行存款”科目。

【例 8-10】雅居地产股份公司曾于 2019 年 10 月 1 日发行一批 2 年期企业债券，票面金额 120 000 元，票面利率为 9%，单利计息，约定到期后一次性还本付息。对以上的经济业务编制会计分录如下：

分析：该笔债券到期时，支付的本金为 120 000 元，支付的利息为 21 600 元（12 000×9%×2）。

借：应付债券——债券面值　　120 000

应付债券——应计利息　　21 600

贷：银行存款　　141 600

二、可转换公司债券核算

我国发行可转换公司债券采取记名式无纸化发行方式，债券最短期限为 3 年，最长期限为 5 年。企业发行的可转换公司债券在“应付债券”科目下设置“可转换公司债券”明细科目核算，如图 8-7 所示。

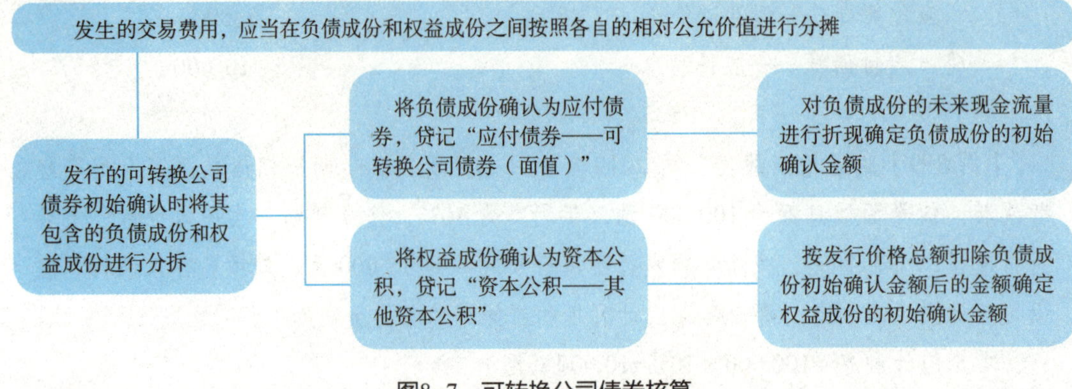

图8-7 可转换公司债券核算

可转换公司债券的账务处理如图 8-8 所示。

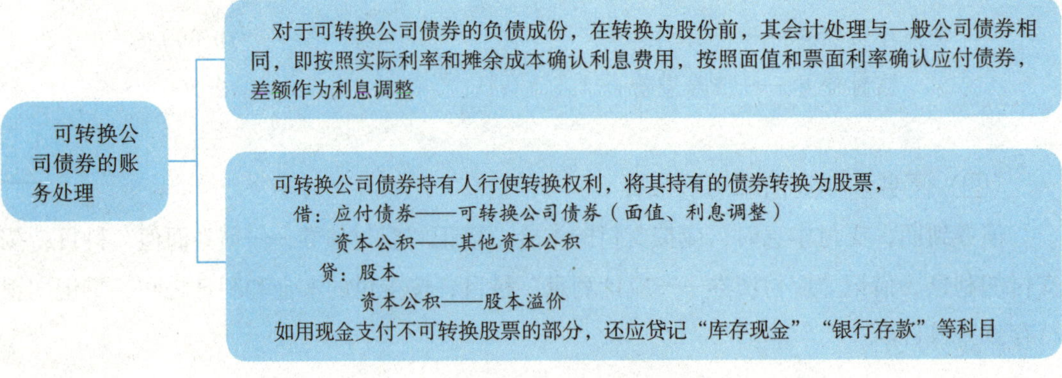

图8-8 可转换公司债券的账务处理

【例 8-11】雅居地产股份公司经批准于 2019 年 1 月 1 日按面值发行 5 年期一次还本付息的可转换公司债券 200 000 000 元，款项已收存银行，债券票面年利率为 6%，利息按年支付。债券发行 1 年后可转换为普通股股票，初始转股价为每股 10 元，股票面值为每股 1 元。

2020 年 1 月 1 日债券持有人将持有的可转换公司债券全部转换为普通股股票（假定按当日可转换公司债券的账面价值计算转股数），雅居地产股份公司发行可转换公司债券时二级市场上与之类似的没有转换权的债券市场利率为 9%。

据此，公司的账务处理如下：

（1）2019 年 1 月 1 日发行可转换公司债券：

借：银行存款　　200 000 000

　　应付债券——可转换公司债券（利息调整）　　23 343 600

　贷：应付债券——可转换公司债券（面值）　　200 000 000

资本公积——其他资本公积 23 343 600

可转换公司债券负债成份的公允价值为：

200 000 000×0.6499+200 000 000×6%×3.8897=176 656 400（元）

可转换公司债券权益成份的公允价值为：

200 000 000−176 656 400=23 343 600（元）

（2）2019 年 12 月 31 日确认利息费用：

借：财务费用 15 899 076

贷：应付债券——可转换公开发行债券（应计利息） 12 000 000

——可转换公司债券（利息调整） 3 899 076

（3）2020 年 1 月 1 日债券持有人行使转换权：

转换的股份数 =（176 656 400+12 000 000+3 899 076）/10=19 255 547.6（股）

不足 1 股的部分支付现金 0.6 元

借：应付债券——可转换公司债券（面值） 200 000 000

——可转换公司债券（应计利息） 12 000 000

资本公积——其他资本公积 23 343 600

贷：股本 19 255 547

应付债券——可转换公司债券（利息调整） 19 444 524

资本公积——股本溢价 196 643 528.4

库存现金 0.6

第九章

或有事项

本章导读

如何避免像ST长控、ST托普等公司隐瞒诉讼、担保等或有事项操纵利润最后引爆财报“地雷”的案例再次发生？影响上市公司的财务状况和经营成果金额较大的项目之一就是或有事项，会计信息质量的谨慎性需要企业在面临不确定性因素的情况下应充分估计到各种风险和损失，这些风险如果不充分地披露，或计入资产负债表及利润表，会对投资者产生重大的误导。

加上金融危机的周期性复发，使得企业更加关注风险，对不确定性越来越持谨慎的态度。企业在日常的经营活动中，经常会出现一些潜在的义务，如未决诉讼或仲裁、债务担保、产品质量保证等等，正是因为或有事项的不确定性，在会计处理时基于谨慎性原则，我们需要对或有事项中的或有资产和或有负债进行不同的处理。所以对于或有事项的学习将显得尤为重要。

在本章中，我们学习或有事项的概念和特点，理解哪些属于或有负债、哪些属于或有资产，以及两者之间的联系，掌握不同或有事项的进行计量和会计处理。

第一节　或有事项的特征

一、或有事项的特征

或有事项的概念如图 9-1 所示。

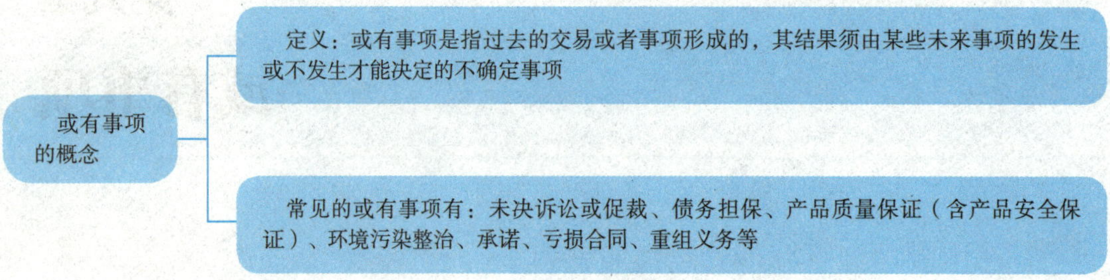

或有事项的概念

定义：或有事项是指过去的交易或者事项形成的，其结果须由某些未来事项的发生或不发生才能决定的不确定事项

常见的或有事项有：未决诉讼或促裁、债务担保、产品质量保证（含产品安全保证）、环境污染整治、承诺、亏损合同、重组义务等

图9-1　或有事项的概念

或有事项的基本特征如表 9-1 所示。

表 9-1　或有事项的基本特征

或有事项的基本特征	具体含义	举例说明
由过去交易或事项形成	或有事项的现存状况是过去交易或事项引起的客观存在	未决诉讼虽然是正在进行中的诉讼，但该诉讼是企业因过去的经济行为导致起诉其他单位或被其他单位起诉。这是现存的一种状况而不是未来将要发生的事项。未来可能发生的自然灾害、交通事故、经营亏损等，不属于或有事项
结果具有不确定性	或有事项的结果是否发生具有不确定性，或者或有事项的结果预计将会发生，但发生的具体时间或金额具有不确定性	债务担保事项的担保方到期是否承担和履行连带责任，需要根据被担保方债务到期时能否按时还款加以确定。这一事项的结果在担保协议达成时具有不确定性
由未来事项决定	或有事项的结果只能由未来不确定事项的发生或不发生才能决定	债务担保事项只有在被担保方到期无力还款时，企业（担保方）才履行连带责任

二、或有负债和或有资产与或有事项密切相关

（一）或有负债

或有负债，是指过去的交易或事项形成的潜在义务，其存在须通过未来不确定事项的发生或不发生证实；或过去的交易或事项形成的现时义务，履行该义务不是很可能导致经济利益流出企业或该义务的金额不能可靠地计量，如表 9–2 所示。

表 9–2　或有负债的两类义务

或有负债的两类义务	具体含义	相关内容
潜在义务	结果取决于不确定未来事项的可能义务	潜在义务最终是否转变为现时义务，由某些未来不确定事项的发生或不发生才能决定。或有负债作为一项潜在义务，其结果如何只能由未来不确定事项的发生或不发生来证实
现时义务	企业在现行条件下已承担的义务	或有负债作为现时义务，其特征在于：该现时义务的履行不是很可能导致经济利益流出企业，或者该现时义务的金额不能可靠地计量

（二）或有资产

或有资产，是指过去的交易或者事项形成的潜在资产，其存在须通过未来不确定事项的发生或不发生予以证实，如表 9–3 所示。

表 9–3　或有资产的含义

或有资产的含义	或有资产的具体解释	举例说明
过去的交易或者事项形成的潜在资产，其存在须通过未来不确定事项的发生或不发生予以证实	或有资产作为一种潜在资产，其结果具有较大的不确定性，只有随着经济情况的变化，通过某些未来不确定事项的发生或不发生才能证实其是否会形成企业真正的资产	甲企业向法院起诉乙企业侵犯了其专利权。法院尚未对该案件进行公开审理，甲企业是否胜诉尚难判断。对于甲企业而言，将来可能胜诉而获得的赔偿属于一项或有资产，但这项或有资产是否会转化为真正的资产，要由法院的判决结果确定。如果终审判决结果是甲企业胜诉，那么这项或有资产就转化为甲企业的一项资产。如果终审判决结果是甲企业败诉，那么或有资产就消失了，更不可能形成甲企业的资产

第二节　或有事项的确认和计量

一、或有事项的确认

或有事项相关的义务确认为或有事项同时满足的三个条件如图 9-2 所示。

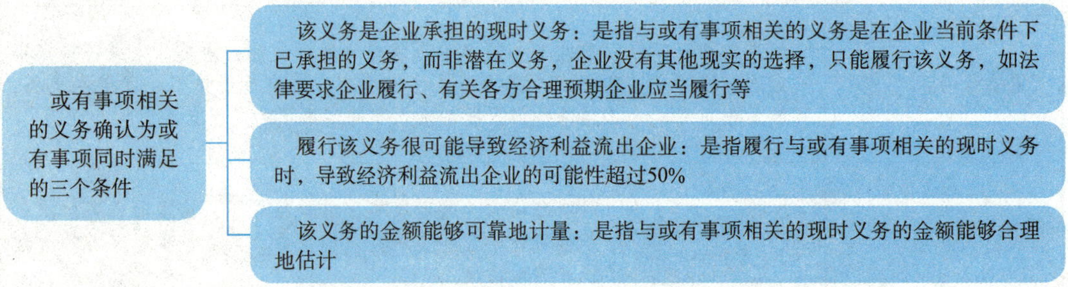

或有事项相关的义务确认为或有事项同时满足的三个条件

该义务是企业承担的现时义务：是指与或有事项相关的义务是在企业当前条件下已承担的义务，而非潜在义务，企业没有其他现实的选择，只能履行该义务，如法律要求企业履行、有关各方合理预期企业应当履行等

履行该义务很可能导致经济利益流出企业：是指履行与或有事项相关的现时义务时，导致经济利益流出企业的可能性超过50%

该义务的金额能够可靠地计量：是指与或有事项相关的现时义务的金额能够合理地估计

图9-2　或有事项相关的义务确认为或有事项同时满足的三个条件

履行或有事项相关义务导致经济利益流出企业的可能性判断如表 9-4 所示。

表 9-4　履行或有事项相关义务导致经济利益流出企业的可能性判断表

结果的可能性	对应的概率区间
基本确定	大于 95% 但小于 100%
很可能	大于 50% 但小于或等于 95%
可能	大于 5% 但小于或等于 50%
极小可能	大于 0 但小于或等于 5%

计量或有事项的金额应考虑的情况如表 9-5 所示。

表 9-5　计量或有事项的金额应考虑的情况

计量或有事项的金额应考虑的情况	充分考虑与或有事项有关的风险和不确定性，在此基础上按照最佳估计数确定或有事项的金额
	或有事项的金额通常等于未来应支付的金额，但未来应支付金额与其现值相差较大的，如油井或核电站的弃置费用等，应当按照未来应支付金额的现值确定
	有确凿证据表明相关未来事项将会发生的，如未来技术进步、相关法规出台等，确定或有事项金额时应考虑相关未来事项的影响

二、或有事项的计量

或有事项的计量如图 9-3 所示。

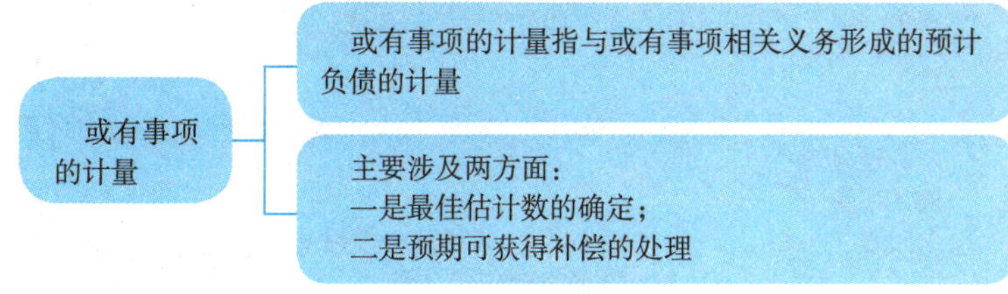

图9-3　或有事项的计量

（一）最佳估计数的确定

预计负债应当按照履行相关现时义务所需支出的最佳估计数进行初始计量，如表 9-6 所示。

表 9-6　最佳估计数的确定

两种情形	最佳估计数的确定
所需支出存在一个连续范围，且该范围内各种结果发生的可能性相同	按照该范围内的中间值，即上、下限金额的平均数确定
所需支出不存在一个连续范围，或者虽然存在一个连续范围但该范围内各种结果发生的可能性不相同	或有事项涉及单个项目的，按照最可能发生金额确定。"涉及单个项目"指或有事项涉及的项目只有一个，如一项未决诉讼、一项未决仲裁或一项债务担保等
	或有事项涉及多个项目的，按照各种可能结果及相关概率计算确定。"涉及多个项目"指或有事项涉及的项目不止一个，如在产品质量保证中，提出产品保修要求的可能有许多客户。相应地，企业对这些客户负有保修义务，应根据发生质量问题的概率及相关的保修费用计算确认应予确认的负债金额

（二）预期可获得的补偿

预期可获得的补偿如图 9-4 所示。

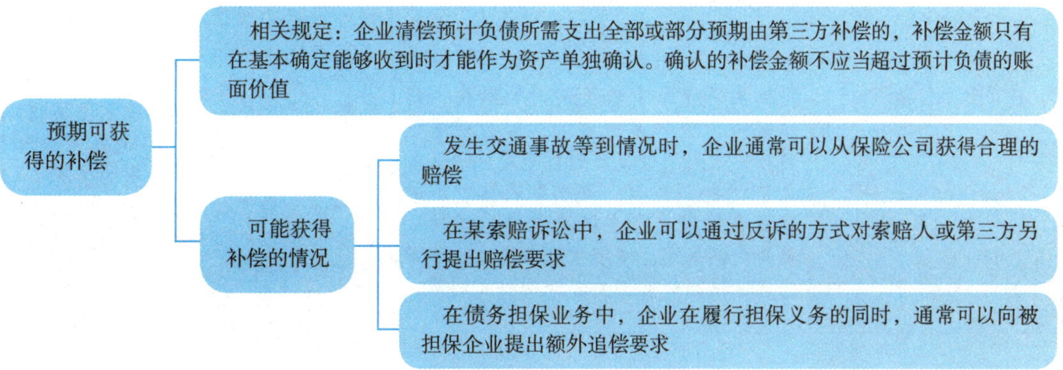

图9-4　可能获得补偿的情况

补偿金额的确认如图 9-5 所示。

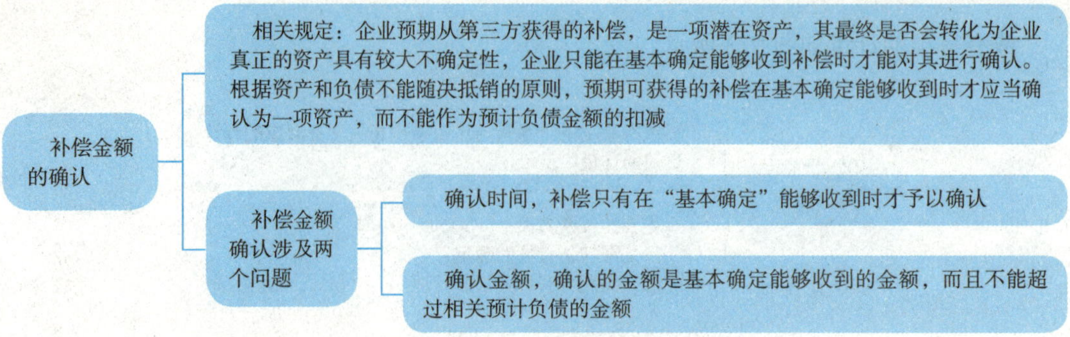

补偿金额的确认
- 相关规定：企业预期从第三方获得的补偿，是一项潜在资产，其最终是否会转化为企业真正的资产具有较大不确定性，企业只能在基本确定能够收到补偿时才能对其进行确认。根据资产和负债不能随决抵销的原则，预期可获得的补偿在基本确定能够收到时才应当确认为一项资产，而不能作为预计负债金额的扣减
- 补偿金额确认涉及两个问题
  - 确认时间，补偿只有在“基本确定”能够收到时才予以确认
  - 确认金额，确认的金额是基本确定能够收到的金额，而且不能超过相关预计负债的金额

图9-5　补偿金额的确认

（三）预计负债计量需要考虑的其他因素

预计负债计量需要考虑的其他因素如表 9-7 所示。

表 9-7　预计负债计量需要考虑的其他因素

预计负债计量需要考虑的其他因素	具体含义	具体解释
与或有事项有关的风险、不确定性	风险是对交易或事项结果的变化可能性的一种描述。风险的变动可能增加负债计量的金额。企业在不确定的情况下进行判断需要谨慎，使收益或资产不会被高估，费用或负债不会被低估。但是，不确定性并不说明应当确认过多的预计负债和故意夸大负债	企业需要谨慎从事，充分考虑与或有事项有关的风险和不确定性，既不能忽略风险和不确定性对或有事项计量的影响，也要避免对风险和不确定性进行重复调整，从而在低估和高估预计负债金额之间寻找平衡点
货币时间价值	相关现时义务的金额通常应当等于未来应支付的金额。但是，因货币时间价值的影响，资产负债表日后不久发生的现金流出，要比一段时间之后发生的同样金额的现金流出负有更大的义务。所以，如果预计负债的确认时点距离实际清偿有较长的时间跨度，货币时间价值的影响重大，那么要通过对相关未来现金流出进行折现后确认最佳估计数。例如，油气井或核电站的弃置费用等，应当按照未来应支付金额的现值确定。确定预计负债的金额不应考虑预期处置相关资产形成的利得	折现需要注意三点：①用来计算现值的折现率，应当是反映货币时间价值的当前市场估计和相关负债特有风险的税前利率。②风险和不确定性既可以在计量未来现金流出时作为调整因素，也可以在确定折现率时予以考虑，但不能重复反映。③随着时间的推移，即使在未来现金流出和折现率均不改变的情况下，预计负债的现值也将逐渐增长。企业应当在资产负债表日，对预计负债的现值进行重新计量

续表

预计负债计量需要考虑的其他因素	具体含义	具体解释
未来事项	企业应当考虑可能影响履行现时义务所需金额的相关未来事项。也就是说，对于这些未来事项，如果有足够的客观证据表明它们将会发生，则应当在预计负债计量中予以反映	预期的未来事项可能对预计负债的计量较为重要。例如，某核电企业预计在生产结束时清理核废料的费用将因未来技术水平的提高而显著降低。那么，该企业因此确认的预计负债金额应当反映有关专家对技术发展以及清理费用减少作出的合理预测。但是，这种预计需要得到相当客观的证据予以支持
资产负债表日对预计负债账面价值的复核	在资产负债表日对预计负债的账面价值进行复核	有确凿证据表明该账面价值不能真实反映当前最佳估计数的，应当按照当前最佳估计数对该账面价值进行调整

【例 9-1】雅居地产股份公司化工事业部对环境造成了污染，按照当时的法律规定，只需要对污染进行清理。随着国家对环境保护越来越重视，按照现行的法律规定，该企业不但需要对污染进行清理，还很可能要对企业附近的居民进行赔偿。这种法律要求的变化，会对企业预计负债的计量产生影响。企业应当在资产负债表日对为此确认的预计负债金额进行复核，相关因素发生变化表明预计负债金额不再能反映真实情况时，需要按照当前情况下企业清理和赔偿支出的最佳估计数对预计负债的账面价值进行相应的调整。

企业当期实际发生的担保诉讼损失金额与已计提的相关预计负债之间的差额，应分别情况处理如图 9-6 所示。

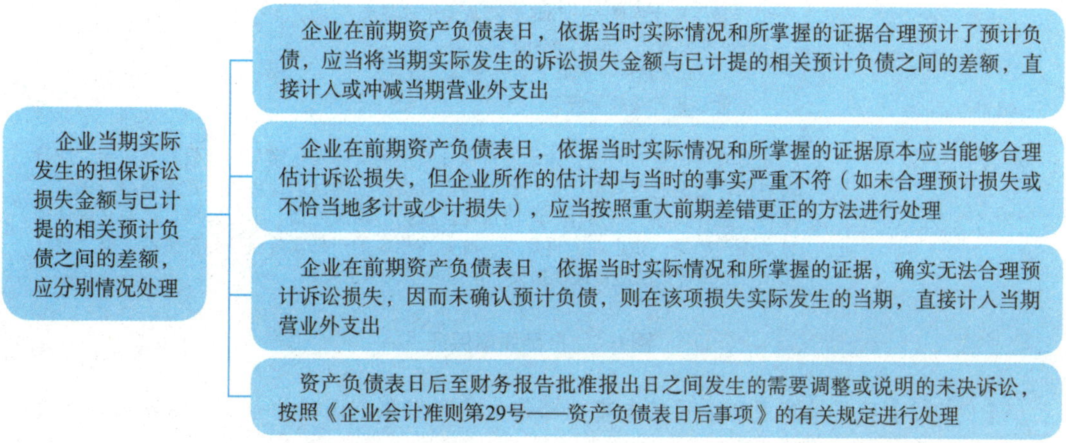

企业当期实际发生的担保诉讼损失金额与已计提的相关预计负债之间的差额，应分别情况处理

- 企业在前期资产负债表日，依据当时实际情况和所掌握的证据合理预计了预计负债，应当将当期实际发生的诉讼损失金额与已计提的相关预计负债之间的差额，直接计入或冲减当期营业外支出
- 企业在前期资产负债表日，依据当时实际情况和所掌握的证据原本应当能够合理估计诉讼损失，但企业所作的估计却与当时的事实严重不符（如未合理预计损失或不恰当地多计或少计损失），应当按照重大前期差错更正的方法进行处理
- 企业在前期资产负债表日，依据当时实际情况和所掌握的证据，确实无法合理预计诉讼损失，因而未确认预计负债，则在该项损失实际发生的当期，直接计入当期营业外支出
- 资产负债表日后至财务报告批准报出日之间发生的需要调整或说明的未决诉讼，按照《企业会计准则第29号——资产负债表日后事项》的有关规定进行处理

图9-6　企业当期实际发生的担保诉讼损失金额与已计提的相关预计负债之间的差额分情况处理

第三节　或有事项会计处理原则的运用

“预计负债”科目的设置如表 9-8 所示。

表 9-8　“预计负债”科目的设置

“预计负债”科目设置目的	核算内容	明细科目的设置
为了正确核算和披露预计负债，并区别于其他负债项目	借方反映实际发生的费用以及预计负债的冲销额，如支付产品维修费用、因败诉而支付的赔偿款等；贷方反映确认的预计负债金额；期末贷方余额反映企业已预计尚未清偿的债务金额	分别不同性质设置“预计产品质量保证损失”“预计未决诉讼损失”“预计担保损失”“预计重组损失”等明细科目，进行明细核算

一、产品质量保证

产品质量保证如图 9-7 所示。

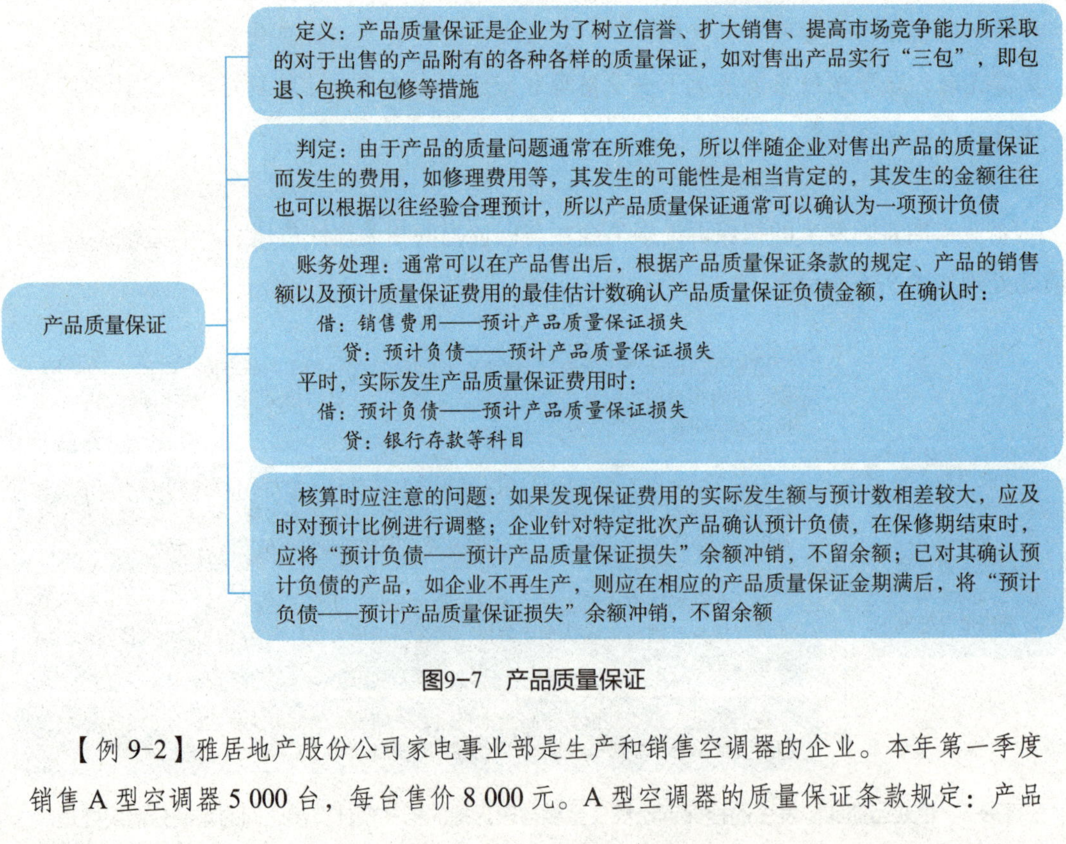

产品质量保证

定义：产品质量保证是企业为了树立信誉、扩大销售、提高市场竞争能力所采取的对于出售的产品附有的各种各样的质量保证，如对售出产品实行“三包”，即包退、包换和包修等措施

判定：由于产品的质量问题通常在所难免，所以伴随企业对售出产品的质量保证而发生的费用，如修理费用等，其发生的可能性是相当肯定的，其发生的金额往往也可以根据以往经验合理预计，所以产品质量保证通常可以确认为一项预计负债

账务处理：通常可以在产品售出后，根据产品质量保证条款的规定、产品的销售额以及预计质量保证费用的最佳估计数确认产品质量保证负债金额，在确认时：

借：销售费用——预计产品质量保证损失

　　贷：预计负债——预计产品质量保证损失

平时，实际发生产品质量保证费用时：

借：预计负债——预计产品质量保证损失

　　贷：银行存款等科目

核算时应注意的问题：如果发现保证费用的实际发生额与预计数相差较大，应及时对预计比例进行调整；企业针对特定批次产品确认预计负债，在保修期结束时，应将“预计负债——预计产品质量保证损失”余额冲销，不留余额；已对其确认预计负债的产品，如企业不再生产，则应在相应的产品质量保证金期满后，将“预计负债——预计产品质量保证损失”余额冲销，不留余额

图9-7　产品质量保证

【例 9-2】雅居地产股份公司家电事业部是生产和销售空调器的企业。本年第一季度销售 A 型空调器 5 000 台，每台售价 8 000 元。A 型空调器的质量保证条款规定：产品

在售出两年内如出现非意外事件造成的故障和质量问题，公司免费负责保修。根据以往经验，发生保修费一般为销售额的1%～3%。根据上述业务，公司在第一季度应确认的产品质量保证负债金额为800 000［(5 000×8 000)×(1%+3%)/2］元，应编制会计分录如下：

借：销售费用——预计产品质量保证损失　　800 000
　贷：预计负债——预计产品质量保证损失　　800 000

若公司在第一季度实际以银行存款支出的A型空调器维修费为50 000元，则应编制如下会计分录：

借：预计负债——预计产品质量保证损失　　50 000
　贷：银行存款　　50 000

二、未决诉讼

未决诉讼的判定及账务处理如图9-8所示。

未决诉讼的判定及账务处理

判定：企业在经营活动中经常会涉及经济诉讼、仲裁等案件，但这些审理中的诉讼、仲裁事项将对企业的财务状况和经营成果产生多大影响，企业因此要承担多大风险，具有不确定性。如果这些未决诉讼引起的相关义务符合预计负债确认条件、预计败诉的可能性属于“很可能”，要发生的诉讼等费用也能可靠预计，则企业应将预计要发生的支出确认为预计负债

账务处理：确认为预计负债：
借：营业外支出
管理费用
　贷：预计负债——预计未决诉讼损失
因败诉实际支付诉讼等费用时：
借：预计负债——预计未决诉讼损失
　贷：银行存款等科目

图9-8　未决诉讼的判定及账务处理

【例9-3】2018年11月20日，雅居地产股份公司从A银行取得一笔信用贷款5 000万元，期限为1年，年利率为7.2%。2019年11月20日，雅居地产股份公司的借款（本金和利息）到期。雅居地产股份公司具有还款能力，但因与A银行之间存在其他经济纠纷，而未按时归还A银行的贷款。

A银行遂与雅居地产股份公司协商，但未达成协议，于2019年12月20日向法院提起诉讼。截至2019年12月31日，法院尚未对A银行提起的诉讼进行审理。2019年12月31日，雅居地产股份公司对此诉讼案件进行分析，认为如无特殊情况，本公司很可能败诉，为此不仅要偿还贷款本息，还需要支付罚息和承担诉讼费等费用。假设雅居地产股份公司预计将要支付的罚息、诉讼费等费用估计为50万～60万元，其中

包括对方支付前诉讼费5万元，则雅居地产股份公司在2019年12月31日应确认的负债为55［（50+60）/2］万元，编制会计分录如下：

借：管理费用——诉讼费　　50 000

　　营业外支出——罚息支出　　500 000

　贷：预计负债——预计未决诉讼损失　　550 000

三、对外担保事项

企业对外提供担保可能产生的负债，如果符合预计负债的确认条件，应当确认为预计负债。

（1）担保涉及诉讼的情况如图9-9所示。

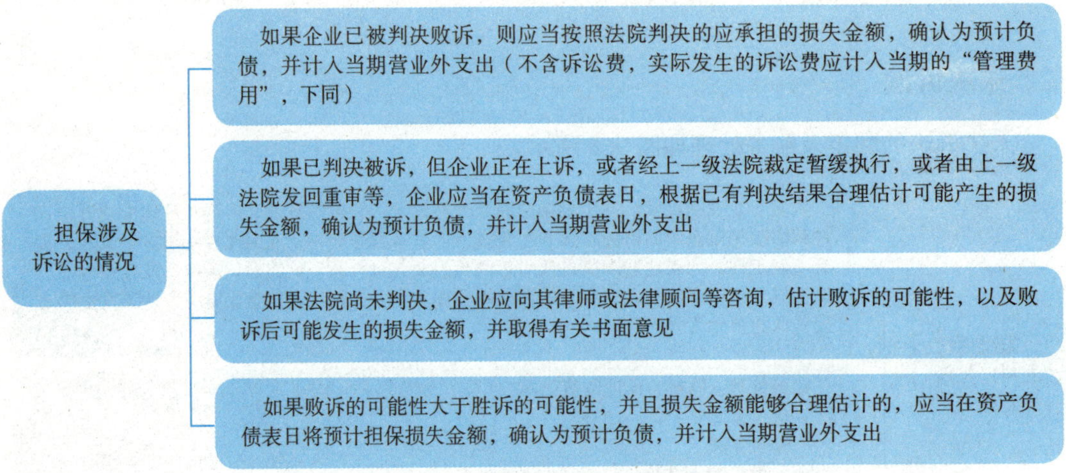

担保涉及诉讼的情况

- 如果企业已被判决败诉，则应当按照法院判决的应承担的损失金额，确认为预计负债，并计入当期营业外支出（不含诉讼费，实际发生的诉讼费应计入当期的“管理费用”，下同）
- 如果已判决被诉，但企业正在上诉，或者经上一级法院裁定暂缓执行，或者由上一级法院发回重审等，企业应当在资产负债表日，根据已有判决结果合理估计可能产生的损失金额，确认为预计负债，并计入当期营业外支出
- 如果法院尚未判决，企业应向其律师或法律顾问等咨询，估计败诉的可能性，以及败诉后可能发生的损失金额，并取得有关书面意见
- 如果败诉的可能性大于胜诉的可能性，并且损失金额能够合理估计的，应当在资产负债表日将预计担保损失金额，确认为预计负债，并计入当期营业外支出

图9–9　担保涉及诉讼的情况

（2）企业当期实际发生的担保诉讼损失金额与已计提的相关预计负债之间的差额，按情况处理的详情如图9-10所示。

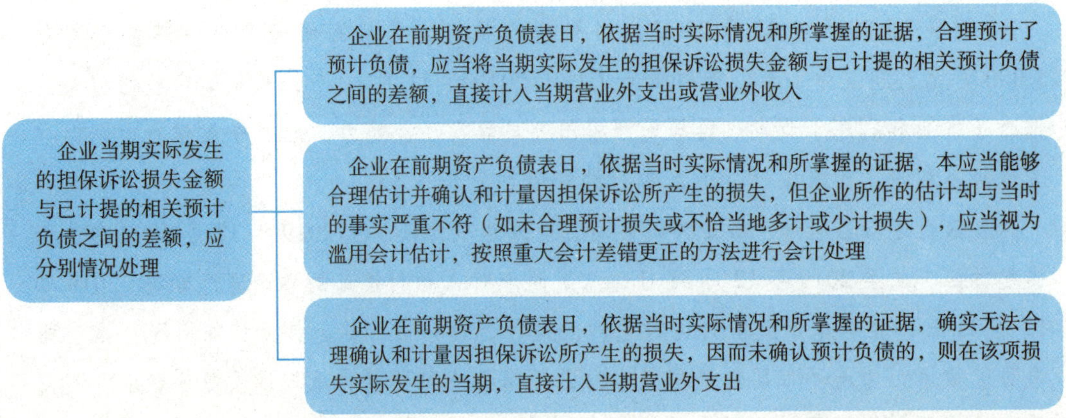

企业当期实际发生的担保诉讼损失金额与已计提的相关预计负债之间的差额，应分别情况处理

- 企业在前期资产负债表日，依据当时实际情况和所掌握的证据，合理预计了预计负债，应当将当期实际发生的担保诉讼损失金额与已计提的相关预计负债之间的差额，直接计入当期营业外支出或营业外收入
- 企业在前期资产负债表日，依据当时实际情况和所掌握的证据，本应当能够合理估计并确认和计量因担保诉讼所产生的损失，但企业所作的估计却与当时的事实严重不符（如未合理预计损失或不恰当地多计或少计损失），应当视为滥用会计估计，按照重大会计差错更正的方法进行会计处理
- 企业在前期资产负债表日，依据当时实际情况和所掌握的证据，确实无法合理确认和计量因担保诉讼所产生的损失，因而未确认预计负债的，则在该项损失实际发生的当期，直接计入当期营业外支出

图9–10　企业当期实际发生的担保诉讼损失金额与已计提的相关预计负债之间的差额分情况处理

（3）资产负债表日后至财务报告批准报出日之间发生的需要调整或说明的担保诉讼事项，按照资产负债表日后事项准则的有关规定进行会计处理。

四、待执行合同变成亏损合同事项

待执行合同与亏损合同内容如表 9-9 所示。

表 9-9　待执行合同与亏损合同

合同名称	具体内容	相关内容
待执行合同	合同各方尚未履行任何合同义务，或部分地履行了同等义务的合同	企业与其他方签订的尚未履行或部分履行了同等义务的合同，如商品买卖合同、劳务合同、租赁合同等，均属于待执行合同
亏损合同	履行合同义务不可避免会发生的成本超过预期经济利益的合同	根据或有事项准则的规定，待执行合同变成亏损合同的，该亏损合同产生的义务满足规定条件的，应当确认为预计负债

预计负债的说明如表 9-10 所示。

表 9-10　预计负债的说明

合同转换的会计处理	相应的案例说明
企业在履行合同义务过程中，如发生的成本预期将超过与合同相关的未来流入的经济利益的，待执行合同即变成了亏损合同，此时，如果与该合同相关的义务不需支付任何补偿.即可撤销，通常不存在现时义务，不应确认预计负债。如果与该合同相关的义务不可撤销，企业就存在了现时义务，同时满足该义务很可能导致经济利益流出企业和金额能够可靠地计量的，通常应当确认预计负债	某公司 2017 年 1 月采用经营租赁方式租入生产线生产产品，租赁期 3 年，生产的产品预计每年均可获利。2018 年 12 月，市政规划要求公司迁址，加之宏观政策调整该公司决定停产上述产品，原经营租赁合同为不可撤销合同，还要持续 1 年，生产线无法转租给其他单位。此时，该公司执行原经营租赁合同发生的费用很可能超过预期获得的经济利益，该租赁合同变为亏损合同，应当在 2018 年 12 月 31 日根据未来期间（2019 年）应支付的租金确认预计负债
待执行合同变成亏损合同时，企业拥有合同标的资产的，应当先对标的资产进行减值测试并按规定确认减值损失，如预计亏损超过该减值损失，应将超过部分确认为预计负债。企业没有合同标的资产的，亏损合同相关义务满足规定条件时，应当确认为预计负债	商品销售合同属于待执行合同，在其售价低于成本时，该合同即变为亏损合同，该合同存在标的资产（存货）的，应当确认减值损失和存货跌价准备，不确认预计负债；如果合同不存在标的资产（存货），企业应在满足资产确认条件时确认预计负债

五、重组事项

重组事项如表 9-11 所示。

表 9-11 重组事项

重组的定义	重组事项	重组与企业合并和债务重组的区别	企业承担了重组义务的情况（同时存在）	案例说明
企业制订和控制的将显著改变企业组织形式、经营范围或经营方式的计划实施行为	（1）出售或终止企业的部分经营业务；（2）对企业的组织结构进行较大调整；（3）关闭企业的部分营业场所，或将营业活动由一个国家或地区迁移到其他国家或地区	重组通常是企业内部资源的调整和组合，谋求现有资产效能的最大化；企业合并是在不同企业之间的资本重组和规模扩张；债务重组是债权人对债务人作出让步，债务人减轻债务负担，债权人尽可能减少损失	（1）有详细、正式的重组计划，包括重组涉及的业务、主要地点、需要补偿的职工人数及其岗位性质、预计重组支出、计划实施时间等；（2）该重组计划已对外公告	某公司董事会决定关闭一个事业部。如果有关决定尚未传达到受影响的各方，也未采取任何措施实施该项决定，表明该公司没有承担重组义务，不应确认预计负债；如果有关决定已经传达到受影响的各方，各方预期公司将关闭该事业部，通常表明公司开始承担重组义务，同时满足预计负债确认条件的，应当确认预计负债

六、或有事项的信息披露

或有事项的信息披露如表 9-12 所示。

表 9-12 企业应当在附注中披露与或有事项有关的下列信息

企业应在附注中披露与或有事项有关的信息	详细内容
预计负债	（1）预计负债的种类、形成原因以及经济利益流出不确定性的说明； （2）各类预计负债的期初、期末余额和本期变动情况； （3）与预计负债有关的预期补偿金额和本期已确认的预期补偿金额
或有负债（不包括极小可能导致经济利益流出企业的或有负债）	（1）或有负债的种类及其形成原因，包括已贴现商业承兑汇票、未决诉讼、未决仲裁、对外提供担保等形成的或有负债； （2）经济利益流出不确定性的说明； （3）或有负债预计产生的财务影响，以及获得补偿的可能性；无法预计的，应当说明原因
企业通常不应当披露或有资产	或有资产很可能会给企业带来经济利益的，应当披露其形成的原因、预计产生的财务影响等。在涉及未决诉讼、未决仲裁的情况下，如按照上述规定披露全部或部分信息预期对企业造成重大不利影响的，企业无需披露这些信息，但应当披露该未决诉讼、未决仲裁的性质，以及没有披露这些信息的事实和原因

第十章

所有者权益

本章导读

从法律意义上讲，企业全部属于股东，但从经济的角度讲，只有所有者权益部分属于股东，而其余部分是属于债权人的。

在本章中，我们重点学习所有者权益的概念和内容，所有者权益和负债的区别，掌握实收资本、资本公积、盈余公积和未分配利润的会计核算。

第一节　所有者权益的性质及内容

所有者权益的简述如表 10-1 所示。

表 10-1　所有者权益的简述

所有者权益定义	所有者权益构成要素	所有者权益和负债的联系	所有者权益和负债的区别
企业所有者对企业净资产的要求权，企业的净资产在数量上等于企业全部资产减去全部负债后的余额	实收资本（股本）、资本公积和留存收益	同属权益，都是对企业资产的要求权。企业的资产总额等于负债总额加上所有者权益总额	（1）从本质上讲，所有者权益是所有者对企业剩余资产的要求权，是一种“剩余权益”，在顺序上置于债权人的要求权之后。即它是对企业资产中满足债权人的要求权之后的剩余部分的要求权；而负债则是企业对债权人应负担的义务； （2）企业向有关债权人到期应支付的利息是按一定的利率计算、预先可以确定的固定金额；而企业向所有者分配多少利润，则是根据企业的盈利情况、经营状况和企业的政策而定，一般是不固定的； （3）权利上的区别。作为企业负债对象的债权人与企业只有债权债务关系，无权参与企业的经营管理，也不参与企业的利润分配；而作为所有者权益对象的投资人则有法定参与管理企业或委托他人管理企业的权利，同时也有参与企业利润分配的权利； （4）每项负债必须在其发生时按规定的方法单独计价，即负债有明确的计价方法；而所有者权益的数量除了在投资人投入资本时以外，在企业存续期间的任一时点，都是按照一定的方法计量资产和负债以后形成的结果

第二节　实收资本

我国有关法律规定，投资者设立企业首先必须投入资本。为了反映和监督投资者投入资本的增减变动情况，企业必须按照国家统一的会计制度的规定进行实收资本的核算，真实地反映所有者投入企业资本的状况，维护所有者各方在企业中的权益。

一、取得实收资本的会计核算

取得实收资本的会计核算如表 10-2 所示。

表 10-2　取得实收资本的会计核算

实收资本的会计核算	账务处理
股份有限公司应通过“股本”科目核算，除股份有限公司以外，其他各类企业应通过“实收资本”科目核算。企业收到所有者投入企业的资本后，应根据有关原始凭证（如投资清单、银行通知单等），分别根据不同的出资方式进行会计处理	企业接受投资者投入的资本，应借记“银行存款”“其他应收款”“固定资产”“无形资产”“长期股权投资”等，按其在注册资本或股本中所占份额，贷记“实收资本”（股份公司记“股本科目”），按其差额，贷记“资本公积——资本溢价或股本溢价”

（一）接受现金资产投资

接受现金资产投资的会计处理如图 10-1 所示。

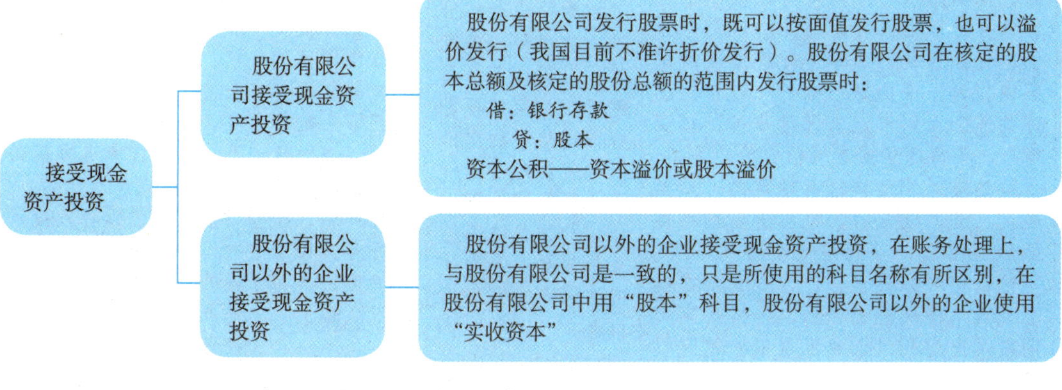

图10-1　接受现金资产投资的会计处理

【例 10-1】雅居地产股份公司发行普通股 1 000 万股，每股面值 1 元，每股发行价格 5 元。假定股票发行成功，发行费用忽略不计，股款 5 000 万元已全部收到。该公司对于以上的经济业务应作如下账务处理：

借：银行存款　　50 000 000
　贷：股本　　10 000 000
　　资本公积——股本溢价　　40 000 000

【例 10-2】甲、乙、丙共同投资设立雅居地产股份公司，注册资本为 2 000 000 元，甲、乙、丙持股比例分别为 60%，25% 和 15%。按照章程规定，甲、乙、丙投入资本分别为 1 200 000 元、500 000 元和 300 000 元。公司已如期收到各投资者一次缴足的款项，在进行会计处理时，应编制会计分录如下：

借：银行存款　　2 000 000

　贷：实收资本——甲　　1 200 000

　　　　　　　——乙　　500 000

　　　　　　　——丙　　300 000

（二）接受非现金资产投资

接受非现金资产投资如表 10-3 所示。

表 10-3　接受非现金资产投资

《公司法》的规定	非现金资产投资		
	接受投入固定资产	接受实物投资	接受无形资产投资
股东可以用货币出资，也可以用实物、知识产权、土地使用权等用货币估价并可以依法转让的非货币财产作价出资；但是，法律、行政法规规定不得作为出资的财产除外。对作为出资的非货币财产应当评估作价，核实财产，不得高估或者低估作价。法律、行政法规对评估作价有规定的，从其规定。全体股东的货币出资金额不得低于有限责任公司注册资本的30%。不论以何种方式出资，投资者如在投资过程中违反投资合约，不按规定如期缴足出资额，企业可以依法追究投资者的违约责任	接受投资者作价投入的房屋、建筑物、机器设备等固定资产，应按投资合同或协议约定价值确定固定资产价值（但投资合同或协议约定价值不公允的除外）和在注册资本中应享有的份额	企业在接受股东或国家的原材料、固定资产等实物投资时，应对这些实物的价值进行评估，按投资各方确认的价值，作为入账价值	对于投资人投入的各种无形资产，如专利权、商标权、著作权、土地使用权、非专利技术、商誉等，一般情况下，应以投资各方确认的价值作为入账价值。 企业收到投资人投入的无形资产时，应按确认的价值，借记“无形资产”科目，贷记“实收资本”科目

【例 10-3】雅居地产股份公司于设立时收到乙公司作为资本投入的不需要安装的机器设备一台，合同约定该机器设备的价值为 2 000 000 元，增值税进项税额为 260 000 元（假设不允许抵扣）。合同约定的固定资产价值与公允价值相符，不考虑其他因素，公司进行会计处理时，应编制会计分录如下：

借：固定资产　　2 260 000

　贷：实收资本——乙公司　　2 260 000

本例中，该项固定资产合同约定的价值与公允价值相符，并且雅居地产股份公司接受的固定资产投资产生的相关增值税进项税额不允许抵扣，因此，固定资产应按合同约定价值与增值税进项税额的合计金额 2 260 000 元入账。雅居地产股份公司接受乙公司投入的固定资产按合同约定全额作为实收资本，因此，可按2 260 000元的金额贷记“实收资本”科目。

【例10-4】雅居地产股份公司收到A公司按合资协议投入的原材料一批，双方所确认的价值为226 000元，其中增值税为26 000元。编制会计分录如下：

借：原材料　　200 000

　　应交税费——应交增值税（进项税额）　　26 000

　贷：实收资本　　226 000

【例10-5】雅居地产股份公司接受C公司以一项专利权作为投资，该项专利权经双方商定确认其价值为100 000元。雅居地产股份公司在取得该项专利的使用权时，编制会计分录如下：

借：无形资产——专利权　　100 000

　贷：实收资本　　100 000

二、实收资本（或股本）的增减变动

实收资本（或股本）的增减变动如表10-4所示。

表10-4 实收资本（或股本）的增减变动

企业法人登记管理条例的规定	实收资本（或股本）的增加	实收资本（或股本）的减少
除国家另有规定外，企业的注册资金应当与实收资本相一致，当实收资本比原注册资金增加或减少的幅度超过20%时，应持资金信用证明或者验资证明，向原登记主管机关申请变更登记。如擅自改变注册资本或抽逃资金，要受到工商行政管理部门的处罚	三个途径：接受投资者追加投资、资本公积转增资本和盈余公积转增资本 由于资本公积和盈余公积均属于所有者权益，用其转增资本时，如果是独资企业比较简单，直接结转即可。如果是股份公司或有限公司应该按照原投资者出资比例相应增加各投资者的出资额	企业减少实收资本应按法定程序报经批准，股份有限公司采用收购本公司股票方式减资的，按股票面值和注销股数计算的股票面值总额冲减股本，所注销库存股的账面余额与所冲减股本的差额冲减股本溢价，股本溢价不足冲减的，再冲减盈余公积直至未分配利润。如果购回股票支付的价款低于面值总额的，所注销库存股的账面余额与所冲减股本的差额作为增加股本溢价处理

【例10-6】甲、乙、丙三人共同投资设立雅居地产股份公司，甲、乙、丙原来的持股比例分别是12.5%、50%、37.5%。为扩大经营规模，经股东会表决通过，甲、乙、丙三位股东按照原出资比例分别追加投资125 000元、500 000元和375 000元。公司如期收到甲、乙、丙追加的现金投资后，进行了以下的账务处理：

借：银行存款　　1 000 000

　贷：实收资本——甲　　125 000

　　　　　　——乙　　500 000

　　　　　　——丙　　375 000

【例10-7】雅居地产股份公司2019年8月1日发行的总股本为1亿股，面值为1元，资本公积（股本溢价）3 000万元，盈余公积4 000万元。经股东大会批准，雅居地产股份公司以现金在证券市场上回购本公司股票并计划予以注销。

1. 当回购成本低于股票总面额时，增加资本公积时的账务处理

假定公司按每股0.9元回购2 000万股股票，其他条件不变，有关会计处理如下：

（1）回购本公司股票时：

库存股成本=20 000 000×0.9=18 000 000（元）

借：库存股　　18 000 000

　贷：银行存款　　18 000 000

（2）注销本公司股票时：

由于折价回购，回购股票总面额与库存股成本的差额200万元应作为增加资本公积处理。

应增加的资本公积=20 000 000×1-20 000 000×0.9=2 000 000（元）

借：股本　　20 000 000

　贷：库存股　　18 000 000

　　　资本公积——股本溢价　　2 000 000

2. 当回购成本高于股票总面额时，只冲减资本公积时的账务处理

假定公司按每股2.1元回购股票2 000万股，不考虑其他因素，有关会计处理如下：

（1）回购本公司股票时：

回购库存股的成本=20 000 000×2.1=42 000 000（元）

借：库存股　　42 000 000

　贷：银行存款　　42 000 000

（2）注销本公司股票时：

应冲减的资本公积=20 000 000×2.1-20 000 000×1=22 000 000（元）

借：股本　　20 000 000

　　资本公积——股本溢价　　22 000 000

　贷：库存股　　42 000 000

3. 当回购成本高于股票总面额时，需要冲减资本公积和盈余公积时账务处理

假定公司按每股3元回购股票，其他条件不变，由于应冲减的资本公积大于公司现有的资本公积，所以只能冲减资本公积3 000万元，剩余的1 000万元应冲减盈余公积。公司的会计处理如下：

（1）回购本公司股票时：

借：库存股　　60 000 000

　贷：银行存款　　60 000 000

库存股成本=20 000 000×3=60 000 000（元）

（2）注销本公司股票时：

应冲减的资本公积=20 000 000×3−20 000 000×1=40 000 000（元）

因为差额大于资本公积的全额，在冲减了全部的资本公积之后，还要冲减盈余公积。

借：股本　　20 000 000

　　资本公积——股本溢价　　30 000 000

　　盈余公积　　10 000 000

　贷：库存股　　60 000 000

第三节　资本公积

一、资本公积的概念与组成

资本公积的概念与组成如表10-5所示。

表10-5　资本公积的概念与组成

资本公积的定义	资本溢价（或股本溢价）的定义	直接计入所有者权益的利得和损失的定义	资本公积核算内容
企业收到投资者的超出其在企业注册资本（或股本）中所占份额的投资，以及直接计入所有者权益的利得和损失等。资本公积包括资本溢价（或股本溢价）和直接计入所有者权益的利得和损失等	企业收到投资者的超出其在企业注册资本（或股本）中所占份额的投资。形成资本溢价（或股本溢价）的原因有溢价发行股票、投资者超额缴入资本等	不应计入当期损益、会导致所有者权益发生增减变动的、与所有者投入资本或者向所有者分配利润无关的利得或者损失	包括资本溢价（或股本溢价）的核算、其他资本公积的核算和资本公积转增资本的核算等内容

二、资本溢价（或股本溢价）的核算

资本溢价或股本溢价的核算如图 10-2 所示。

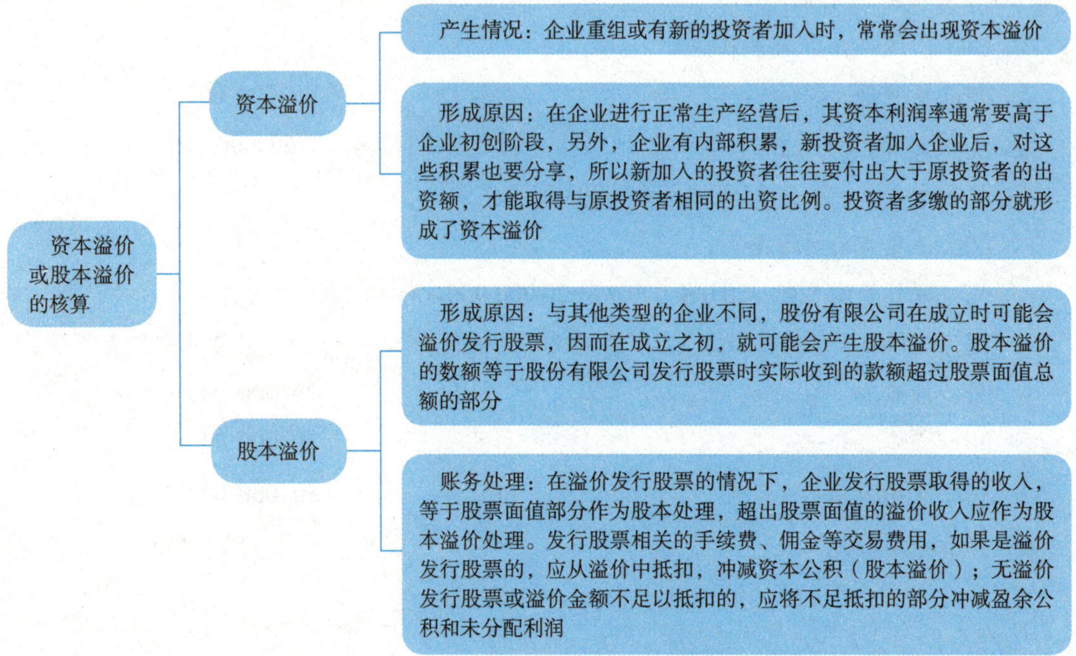

图10-2　资本溢价或股本溢价的核算

【例 10-8】雅居地产股份公司是由甲、乙两位股东在 2010 年设立，成立时各出资 300 000 元。2011 年 5 月有丙投资者以实际出资 400 000 元、占有该公司 1/3 的股份为条件加入该公司。该公司变更登记后的注册资本为 900 000 元，甲、乙、丙三位股东各占 1/3 的股份。该公司收到丙股东的出资时，编制会计分录如下：

借：银行存款　　400 000

　贷：实收资本　　300 000

　　资本公积——资本溢价　　100 000

本例中，雅居地产股份公司收到第三位投资者的现金投资 40 万元中，30 万元属于第三位投资者在注册资本中所享有的份额，应记入“实收资本”科目，10 万元属于资本溢价，应记入“资本公积——资本溢价”科目。

【例 10-9】雅居地产股份公司首次公开发行了普通股 50 000 000 股，每股面值 1 元，每股发行价格为 4 元。B 公司以银行存款支付发行手续费、咨询费等费用共计 6 000 000 元。假定发行收入已全部收到，发行费用已全部支付，不考虑其他因素，公司的会计处理如下：

（1）收到发行收入时：

借：银行存款　　200 000 000

　贷：股本　　50 000 000

　　资本公积——股本溢价　　150 000 000

应增加的资本公积 =50 000 000×（4-1）=15 000 0000（元）

本例中公司溢价发行普通股，发行收入中等于股票面值的部分 50 000 000 元应记入“股本”科目，发行收入超出股票面值的部分 150 000 000 元记入“资本公积——股本溢价”科目。

（2）支付发行费用时：

借：资本公积——股本溢价　　6 000 000

　贷：银行存款　　6 000 000

本例中，公司的股本溢价 150 000 000 元高于发行中发生的交易费用 6 000 000 元，因此，交易费用可从股本溢价中扣除，作为冲减资本公积处理。

三、其他资本公积的核算

其他资本公积的核算如图 10-3 所示。

其他资本公积的核算

定义：其他资本公积是指除资本溢价（或股本溢价）项目以外所形成的资本公积，其中主要是指直接计入所有者权益的利得和损失

会计核算：企业对某被投资单位的长期股权投资采用权益法核算的，在持股比例不变的情况下，对因被投资单位除净损益以外的所有者权益的其他变动，如果是利得，则应按持股比例计算其应享有被投资企业所有者权益的增加数额；如果是损失，则作相反的分录。在处置长期股权投资时，应转销与该笔投资相关的其他资本公积

图10-3　其他资本公积的核算

【例 10-10】雅居地产股份公司于 2019 年 1 月 1 日向富友公司投资 8 000 000 元。拥有该公司 20% 的股份，并对该公司有重大影响，因而对富友公司长期股权投资采用权益法核算。2019 年 12 月 31 日，富友公司净损益之外的所有者权益增加了 1 000 000 元。假定除此以外，富友公司的所有者权益没有变化，雅居地产股份公司的持股比例没有变化，富友公司资产的账面价值与公允价值一致，不考虑其他因素。雅居地产股份公司的会计分录如下：

借：长期股权投资——富友公司　　200 000

　贷：资本公积——其他资本公积　　200 000

雅居地产股份公司增加的资本公积 =1 000 000 元 ×20%=200 000（元）。

本例中，雅居地产股份公司对富友公司的长期股权投资采用权益法核算，持股比例未发生变化，富友公司发生了除净损益之外的所有者权益的其他变动，雅居地产股份公司应按其持股比例计算应享有的富友公司权益的数额 200 000 元，作为增加其他资本公积处理。

四、资本公积转增资本的核算

经股东大会或类似机构决议，用资本公积转增资本时，应冲减资本公积，同时按照转增前的实收资本（或股本）的结构或比例，将转增的金额记入“实收资本”（或“股本”）科目下各所有者的明细分类账。

第十一章
房地产开发企业成本的核算

本章导读

低成本战略是企业发展的重要战略之一，作为开发成本比较高的房地产开发企业也应该借鉴之。房地产开发企业的成本主要是产品的开发成本，相当于工业产品的制造成本和建筑安装工程的施工成本。为了加强开发成本的管理，应降低开发过程耗费的活劳动和物化劳动，提高企业经济效益，并正确核算开发产品的成本，在各个开发环节控制各项费用支出。

在本章中，我们先重点介绍房地产开发企业的开发成本的概念和内容，然后再详细讲解自营开发工程、发包开发工程、开发间接费用、土地开发成本、配套设施开发成本、房屋开发成本，以及代建工程开发成本的核算。

第一节　开发成本概述

房地产开发企业在其生产经营的活动中发生的费用的两部分如图 11-1 所示。

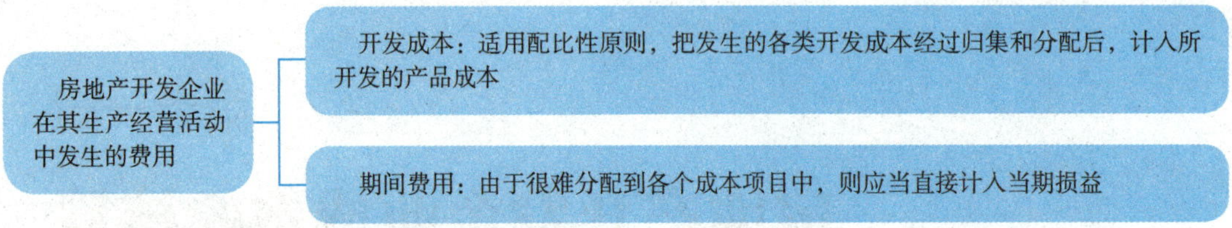

房地产开发企业在其生产经营活动中发生的费用

开发成本：适用配比性原则，把发生的各类开发成本经过归集和分配后，计入所开发的产品成本

期间费用：由于很难分配到各个成本项目中，则应当直接计入当期损益

图11-1　房地产开发企业在其生产经营的活动中发生的费用的两部分

一、开发产品成本的构成

开发产品成本的构成及相关内容如表 11-1 所示。

表 11-1　开发产品成本构成及相关内容

开发产品成本构成及相关内容	按用途划分	土地开发成本：指房地产开发企业开发土地（即建设场地）所发生的各项费用支出	
		房屋开发成本：指房地产开发企业开发各种房屋（包括商品房、出租房、周转房、代建房等）所发生的各项费用支出	
		配套设施开发成本：指房地产开发企业开发能有偿转让的大配套设施及不能有偿转让、不能直接计入开发产品成本的公共配套设施所发生的各项费用支出	
		代建工程开发成本：指房地产开发企业接受委托单位的委托，代为开发除土地、房屋以外其他工程，如市政工程等所发生的各项费用支出	
	按照成本支出的用途划分	土地征用及拆迁补偿费	此类成本包括土地征用费、耕地占用税、劳动力安置费及有关地上、地下附着物拆迁补偿的净支出、安置动迁用房支出等
		前期工程费	此类成本包括规划、设计、项目可行性研究、水文、地质、勘察、测绘、“三通一平”（通水、通电、通路、清理平整建设场地）等支出
		建筑安装工程费	此类成本指土地房屋开发项目在开发过程中按建筑安装开发产品图施工所发生的各项建筑安装工程费和设备费。如果企业以出包工程的形式进行施工建设，建筑安装工程费就是房地产开发企业支付给承包单位的建筑安装工程费；如果以自营方式进行，建筑安装工程费则是房地产企业为进行某一项工程的开发所发生的直接人工、直接材料、机械使用费、其他直接费和间接费用的总和
		基础设施建设费	此类成本包括开发小区内道路、供水、供电、供气、排污、排洪、通信、照明、环卫、绿化等工程发生的支出。其中，开发小区内道路、供水、供电、供气、排污、排洪、通信照明工程，通常称为“七通”

续表

开发产品成本构成及相关内容	按照成本支出的用途划分	公共配套设施费	此类成本指在开发小区内发生，可计入土地、房屋开发成本的不能进行有偿转让的公共配套设施费用，如锅炉房、水塔、居委会、派出所、幼托、消防、自行车棚、公厕等设施支出
		开发间接费用	此类成本是指企业所属直接组织管理开发项目发生的费用，包括工资、职工福利费、折旧费、修理费、办公费、水电费、劳动保护费、周转房摊销等
		其他开发费用	此类成本包括企业为开发产品而发生的应计入开发产品成本的以上各项之外的支出。如企业为开发房地产而借入的资金，在开发产品完工之前所发生的利息等借款费用，以及其他难以归入以上各个项目的开支等

二、开发产品成本核算对象的确定

开发产品成本核算对象的确定如图 11-2 所示。

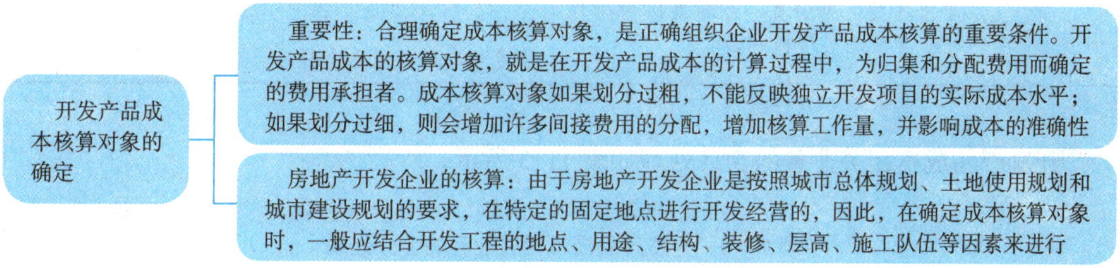

图11-2 开发产品成本核算对象的确定

确定成本核算的一般原则如图 11-3 所示。

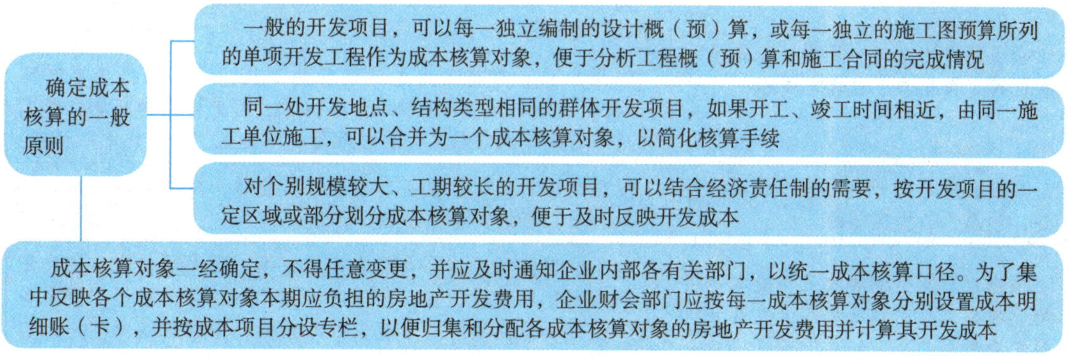

图11-3 确定成本核算的一般原则

三、开发产品成本的科目设置及核算内容

开发产品成本的核算，就是将房地产开发过程中发生的各项生产费用，根据各有关部门提供的手续完备的凭证资料进行汇总，然后再直接计入或分配计入有关成本核算对象，计算出各开发产品的实际成本。开发产品成本科目设置目的及具体规定如表 11-2 所示。

表 11–2 开发产品成本科目设置目的及具体规定

科目名称	科目设置目的	具体规定
开发成本	用于核算企业在土地、房屋、配套设施和代建工程的开发过程中所发生的各项费用，如土地征用及拆迁补偿费、前期工程费、基础设施费、建筑安装工程费、配套设施费和开发间接费用等，以及企业对出租房进行装饰及增补室内设施而发生的出租房工程支出	企业发生的土地征用及拆迁补偿费、前期工程费、基础设施费和建筑安装工程费等，属于直接费用，直接计入本科目借方有关成本核算对象的相应成本项目
		应由开发产品成本负担的间接费用，应先在“开发间接费用”科目进行归集，月末，再按一定的分配标准分配计入有关的开发产品成本
开发间接费用	用于核算企业内部独立核算单位为开发产品而发生的各项间接费用，包括工资、福利费、折旧费、修理费、办公费、水电费、劳动保护费、周转房摊销等	企业发生的各项间接费用，借记本科目，贷记“应付工资”“应付福利费”“累计折旧”“周转房”等科目。期末，借方归集的开发间接费用应按企业成本核算办法的规定，分配计入有关的成本核算对象，借记“开发成本”科目，贷记本科目，结转后本科目应无余额

开发产品成本相关业务的会计处理如表 11–3 所示。

表 11–3 开发产品成本相关业务的会计处理

相关业务	会计处理
企业开发的土地、房屋、配套设施和代建工程等，采用出包方式的	根据承包企业提出的“工程价款结算账单”承付工程款，借记本科目，贷记“应付账款——应付工程款”科目
企业开发的土地、房屋、配套设施和代建工程等采用自营方式的	发生的各项费用，直接借记本科目，贷记“库存材料”“银行存款”等科目
	如果企业自营施工大型建筑安装工程，可以根据需要增设“开发产品”“施工间接费用”等科目，用来核算和归集自营工程建筑安装费用，月末，再按实际成本转入“开发成本”科目
企业在房地产开发过程中领用的设备，附属于工程实体的	根据附属对象，于设备发出交付安装时，按其实际成本，借记本科目，贷记“库存设备”科目
根据权责发生制和收入与成本费用配比原则，应由商品房等开发产品负担的费用	如不能有偿转让的公共配套设施费等，应在结转商品房等开发产品销售成本时预提，预提时，借记本科目，贷记“预提费用”科目。预提数与实际支出数的差额，增加或减少有关开发产品成本
企业已经开发完成并验收合格的土地、房屋、配套设施和代建工程	应及时进行成本结转，按其实际成本，借记“开发产品”科目，贷记本科目；企业对出租房屋进行装饰及增补室内设施工程完工，应及时结转工程成本，借记“出租开发产品”科目，贷记本科目

第二节 自营开发工程成本的核算

自营开发工程成本的核算如图 11-4 所示。

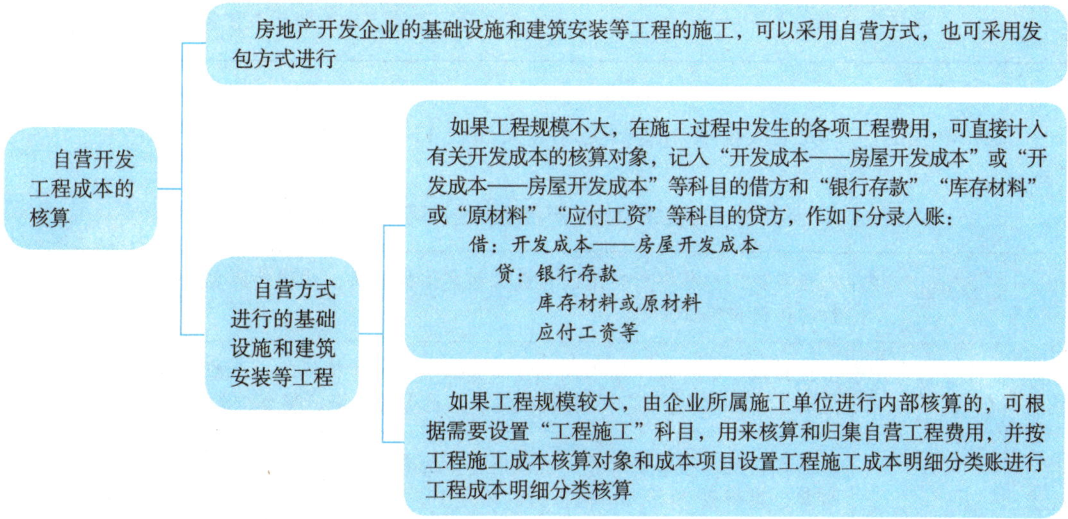

自营开发工程成本的核算

房地产开发企业的基础设施和建筑安装等工程的施工，可以采用自营方式，也可采用发包方式进行

自营方式进行的基础设施和建筑安装等工程

如果工程规模不大，在施工过程中发生的各项工程费用，可直接计入有关开发成本的核算对象，记入“开发成本——房屋开发成本”或“开发成本——房屋开发成本”等科目的借方和“银行存款”“库存材料”或“原材料”“应付工资”等科目的贷方，作如下分录入账：

借：开发成本——房屋开发成本
　贷：银行存款
　　　库存材料或原材料
　　　应付工资等

如果工程规模较大，由企业所属施工单位进行内部核算的，可根据需要设置“工程施工”科目，用来核算和归集自营工程费用，并按工程施工成本核算对象和成本项目设置工程施工成本明细分类账进行工程成本明细分类核算

图11-4 自营开发工程成本的核算

一、自营工程成本核算的对象和项目

自营工程成本的特点如图 11-5 所示。

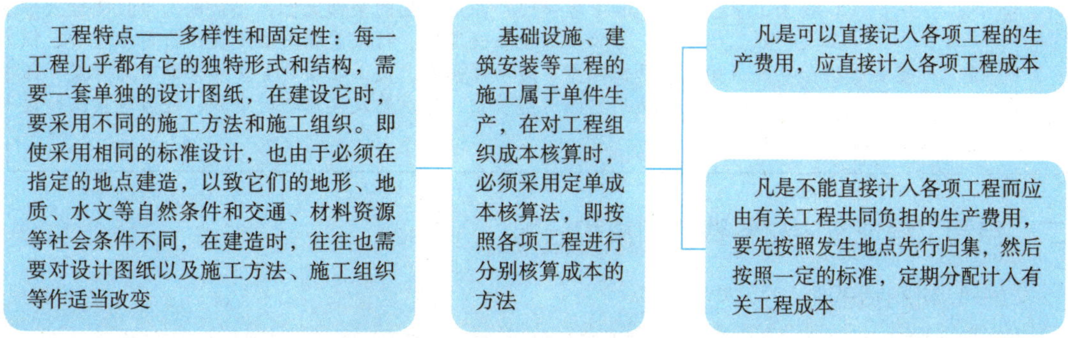

工程特点——多样性和固定性：每一工程几乎都有它的独特形式和结构，需要一套单独的设计图纸，在建设它时，要采用不同的施工方法和施工组织。即使采用相同的标准设计，也由于必须在指定的地点建造，以致它们的地形、地质、水文等自然条件和交通、材料资源等社会条件不同，在建造时，往往也需要对设计图纸以及施工方法、施工组织等作适当改变

基础设施、建筑安装等工程的施工属于单件生产，在对工程组织成本核算时，必须采用定单成本核算法，即按照各项工程进行分别核算成本的方法

凡是可以直接记入各项工程的生产费用，应直接计入各项工程成本

凡是不能直接计入各项工程而应由有关工程共同负担的生产费用，要先按照发生地点先行归集，然后按照一定的标准，定期分配计入有关工程成本

图11-5 自营工程成本的特点

按定单成本核算法核算工程成本，必须确定工程成本计算的对象。工程成本核算的对象，通常是具有工程预算的单位工程。因为单位工程是编制工程预算、工程进度计划的对

象。根据单位工程来组织工程成本核算，便于反映工程预算的执行结果，分析工程成本超降的原因，及时反映施工活动的经济效益。有些情况可简化工程成本核算的手续，如表 11-4 所示。

表 11-4 可简化工程核算手续的情况

可简化工程核算手续的情况	可以简化工程成本核算手续，合并核算成本然后按照各该单位工程预算造价的比例，算得各该单位工程的实际成本的情况包括	在同一施工地点、同一结构类型、开竣工时间相接近的各个单位工程
		在同一工地上施工的几个预算造价较小的工程

施工单位的生产费用按经济用途归类及含义如表 11-5 所示。

表 11-5 施工单位的生产费用按经济用途归类及含义

施工单位的生产费用	材料费	指在施工过程中所耗用的构成工程实体的材料、结构件的实际成本以及周转材料的摊销和租赁费用
	人工费	指直接从事开发产品工人（包括施工现场制作构件工人，施工现场水平、垂直运输等辅助工人，但不包括机械施工人员）的工资、奖金、津贴和职工福利费
	机械使用费	指在施工过程中使用施工机械所发生的费用，包括机上操作人员工资，职工福利费，燃料动力费，机械折旧、修理费，替换工具及部件费，润滑及擦拭材料费，安装、拆卸及辅助设施费，养路费，牌照税，使用外单位施工机械的租赁费，以及按照规定支付的施工机械进出场费
	其他直接费	指现场施工用水、电、蒸汽费，冬雨季施工增加费，夜间施工增加费，土方运输费，材料二次搬运费，生产工具用具使用费，工程定位复测费，工程点交费，场地清理费等
	施工间接费	指施工单位为组织和管理开发产品所发生的全部支出，包括施工单位管理人员工资、职工福利费、办公费、差旅交通费、行政管理用固定资产折旧修理费、低值易耗品摊销、财产保险费、劳动保护费、民工管理费等。如搭建有为开发产品所必需的生产、生活用的临时建筑物、构筑物及其他临时设施，还应包括临时设施摊销费

二、自营工程成本中材料费的归集和分配

（一）材料费的概念及内容

自营工程成本中的“材料费”项目，包括在施工过程中耗用、构成工程实体或有助于工程形成的各种主要材料、结构件的实际成本以及周转材料的摊销及租赁费用。

（二）材料费用的会计核算方法及其归集

材料费用的归集如表 11-6 所示。

表 11-6　材料费用的归集

情况	归集方法
凡能点清数量和分清用料对象的，能直接用于工程的材料，如钢材、木材、冰泥	通常都可分别按成本核算对象直接计入各工程成本的材料费项目中
凡能点清数量、集中配料或统一下料的，如油漆、玻璃、木材等	应在领料凭证上注明“工程集中配料”字样，月末由材料管理人员或领用部门，根据用料情况，结合材料消耗定额，编制“集中配料耗用分配表”，在各成本核算对象之间分配
凡不能点清数量，也很难立即分清用料对象的一些大堆材料，如砖、瓦、白灰、沙石等，几个单位工程共同使用	先由材料员或领料部门验收保管，月末实地盘点结存数量，然后根据月初结存数量与本月进料数量，倒轧本月实际数量，结合材料耗用定额，编制“大堆材料耗用计算单”，据以计入各成本核算对象的成本
对于其他不能点清数量的材料	用于辅助生产部门、机械作业部门的各种材料应分别计入“辅助生产”“机械作业”账户的借方
实行材料节约的	应按材料节约的数额，直接计入各成本核算对象
成本计算期内已办理领料手续，但没有全部耗用的材料	应在期末进行盘点，填制“退料单”，作为办理退料的凭证，据以冲减本期材料费。开发产品后的剩余材料，应填制“退料单”，办理退料手续。施工过程中发生的残次料和包装物等，应尽量回收利用，并填制“废料交库单”估价入账，并冲减工程材料费
周转材料	应根据各个工程成本核算对象在用的数量，按照规定的摊销方法计提当月的摊销额，并编制各种“周转材料摊销计算表”。月末，财会部门必须严格审核各种领退料凭证，并根据各种领料凭证、退料凭证及材料成本差异，编制“材料费分配表”，计算收益对象应分配的材料费

（三）材料费用的分配

材料费用的分配如图 11-6 所示。

图11-6　材料费用的分配

【例 11-1】2019 年 5 月，雅居地产股份公司第一工程处根据审核无误的各种领料凭证、大堆材料耗用分配表、周转材料摊销分配表等汇总编制的“材料费用分配表”，见表 11-7。

表 11-7 材料费用分配表

2019 年 5 月

单位：第一工程处　　　　单位：元

工程成本核算对象	主要材料								水泥预制件		其他材料		合计		
	钢材		水泥		其他主要材料		合计								
	计划成本	成本差异	计划成本	成本差异	计划成本	成本差异	计划成本	成本差异	计划成本	成本差异	计划成本	成本差异	计划成本	成本差异	
		-1%		2%		-4%		1.5%		-1%		5%		超支	节约
甲工程	120 000	-1 200	50 000	1 000	15 000	-600	185 000	2 775	350 000	-3 500	8 000	400	543 000	3 175	-3 500
乙工程	90 000	-900	30 000	600	12 000	-480	132 000	1 980	70 000	-700	3 000	150	205 000	2 130	-700
合计	210 000	-2 100	80 000	1 600	27 000	-1 080	317 000	4 755	420 000	-4 200	11 000	550	748 000	5 305	-4 200

根据“材料费用分配表”资料，作如下会计分录：

（1）确认甲工程应承担的各种材料费用：

借：开发产品——甲工程——材料费　　543 000

　贷：原材料——主要材料　　185 000

　　原材料——结构件　　350 000

　　原材料——其他材料　　8 000

（2）对甲工程应该承担的材料成本差异进行调整：

借：开发产品——甲工程——材料费　　3 175

　贷：材料成本差异——主要材料　　2 775

　　材料成本差异——其他材料　　400

借：开发产品——甲工程——材料费　　3 500

　贷：材料成本差异——结构件　　3 500

（3）确认乙工程应承担的各种材料费用：

借：开发产品——甲工程——材料费　　205 000

　贷：原材料——主要材料　　132 000

　　原材料——结构件　　70 000

　　原材料——其他材料　　3 000

（4）对乙工程应该承担的材料成本差异进行调整：

借：开发产品——甲工程——材料费　　2 130

　贷：材料成本差异——主要材料　　1 980

　　材料成本差异——其他材料　　150

借：开发产品——甲工程——材料费　　700

　贷：材料成本差异——结构件　　700

三、自营工程成本中人工费的归集和分配

（一）人工费的概念和内容

自营工程成本中的人工费，是指在施工过程中直接参加施工生产的建筑安装工人以及在施工现场直接为工程制作构件和运料、配料等辅助生产工人的工资、工资性津贴、职工福利费及劳动保护费等，如表 11-8 所示。

表 11-8　人工费的相关内容

人工费	基本工资	按照规定的标准计算的工资，在结构工资制下包括：基础工资、职务工资和工龄津贴，是职工的基本收入，基本工资又可分为计时工资和计件工资两种形式

续表

人工费	经常性奖金	指对完成和超额完成工作量以及有关经济技术指标的职工而支付的各种奖励性报酬。如超产奖、质量奖、安全（无事故）奖、考核各项经济技术指标的综合奖、提前竣工奖、年终奖、节约奖、劳动竞赛奖等
	津贴	指为了补偿职工额外或特殊的劳动消耗，鼓励职工安心于劳动强度大、条件艰苦的工作岗位而支付给职工的各种津贴，如高空津贴、井下津贴、野外津贴、夜班津贴和技术性津贴等
	补贴	指为了保证职工的工资水平不受物价的影响而支付给职工的各种物价补贴
	加班加点工资	指按规定支付给职工的加班工资和加点工资
	特殊情况下支付的工资	指根据国家法律、法规和政策的规定，在非工作时间内支付给职工的工资和其他工资

（二）人工费的归集与分配

人工费计入成本的方法如图 11-7 所示。

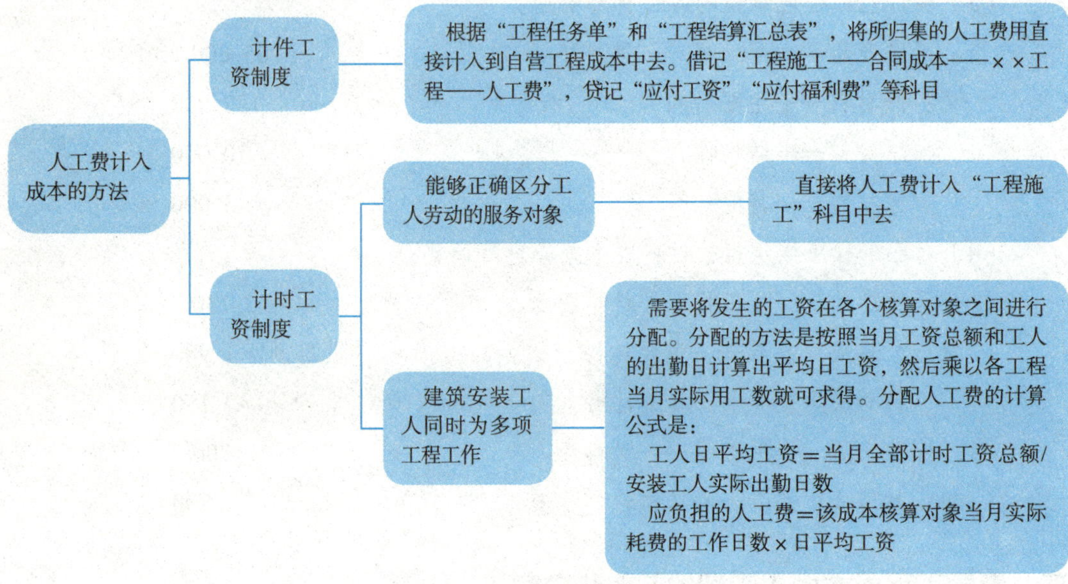

图11-7　人工费计入成本的方法

【例 11-2】2019 年 5 月，雅居地产股份公司第一工程处本年度有甲、乙两个单位工程，分别计算工程成本。本月发生的人工资料如下：

（1）本月为折弯钢筋件支付的计件工资 24 000 元，这批钢筋件甲工程耗用 5 吨，乙工程耗用 3 吨。

工资分配标准 =24 000/（3+5）=3 000（元）

计件工资可以明确的归属到甲乙两个工程中，人工费分配见表 11-9。

表 11-9　人工费分配表（计件工资）

单位：第一工程处　　2019 年 5 月　　单位：元

计件工资项目	甲工程	乙工程
折弯钢筋工资	15 000	9 000
合计	15 000	9 000

（2）本月发生计时工资 60 000 元，其中甲工程耗用 2 200 工时，乙工程耗用 1 800 工时。计时工资分配见表 11-10。

表 11-10　人工费分配表（计时工资）

单位：第一工程处　　2019 年 5 月　　单位：元

成本核算对象	耗用工时	平均工时工资	分配人工费
甲工程	2 200	15	33 000
乙工程	1 800	15	27 000
合计	4 000	—	60 000

注：表中，平均工时工资=60 000/（2 200+1 800）=15（元 / 工时）。

根据上述“人工费分配表”，作如下会计分录：

借：工程施工——合同成本——甲工程——人工费　　48 000

　　工程施工——合同成本——乙工程——人工费　　36 000

　贷：应付职工薪酬——职工工资　　84 000

四、机械使用费的归集和分配

工程成本项目中的“机械使用费”，指建筑安装开发产品过程中使用施工机械所发生的费用和按照规定支付的施工机械进出场费等。

（一）施工机械的管理

施工机械的两种管理方法如表 11-11 所示。

表 11-11　施工机械的两种管理方法

类别	管理方法
一般中小型机械加小型挖土机、机动翻斗车、混凝土搅拌机、砂浆搅拌机等	由土建施工单位使用并负责管理
大型机械和数量不多的特殊机械设备如大型挖土机、推土机、压路机、大型吊车、升板滑模设备等	由机械施工单位负责管理，根据各单位施工的需要，由机械施工单位进行施工，或将机械租给土建施工单位，向土建施工单位结算机械台班费或机械租赁费

（二）施工机械的分类

施工机械的分类如图 11-8 所示。

施工机械的分类

租赁的：对于施工企业各工程项目租赁施工机械而支出的租赁和进出场费，应根据结算账单直接计入有关各工程成本“机械使用费”项目，不通过“机械作业”账户。账务处理如下：

借：工程施工——合同成本——××工程（机械使用费）

　贷：银行存款

自行管理的：对于自有施工机械，其使用过程中发生的费用应首先按机组或单机归集，计算每台班的实际成本，然后根据各个成本核算对象使用台班数，确定应计入各成本核算对象的机械使用费。进行机械作业所发生的各项费用的归集和分配，通过“机械作业”账户进行，并按照机械设备的类别设置明细账，按规定的成本项目归集费用。费用项目的确定通常应和机械台班预算定额的构成内容一致，以便计算出来的台班实际成本与定额相比较，费用发生计入该账户的借方；月末根据归集的费用和设备作业时间计算各类机械的台班成本或按适当的标准分配计入各项工程成本的“机械使用费”项目，同时计入“机械作业”账户的贷方

图11-8　施工机械的分类

（三）机械使用费包括的内容

机械使用费的相关内容如表 11-12 所示。

表 11-12　机械使用费用的相关内容介绍

机械使用费	人工费	指施工设备操作人员的工资和职工福利费
	燃料、动力费	指施工机械耗用的燃料、动力费
	材料费	指施工机械耗用的润滑材料和擦拭材料等
	折旧修理费	指对施工机械计提的折旧费、大修理费用摊销和发生的经常修理费，以及租赁施工机械的租赁费
	替换工具、部件费	指施工机械上使用的传动皮带、轮胎、胶皮管、钢丝绳、变压器、开关、电线、电缆等替换工具和部件的摊销和维修费
	运输装卸费	指将施工机械运到施工现场、远离施工现场（若运往其他现场，运出费用由其他施工现场的工程成本负担）和在施工现场范围内转移的运输、安装、拆卸及试车等费用
	辅助设施费	指为使用施工机械而建造、铺设的基础、底座、工作台、行走轨道等费用。施工机械的辅助设施费，如果数额较大，也应先记入“待摊费用”“递延资产”或“长期待摊费用”科目，然后按照在现场内施工的期限，分次从“待摊费用”“递延资产”或“长期待摊费用”科目转入“机械作业”或“开发成本——机械作业成本”科目，摊入各月工程成本
	养路费、牌照税	指为施工运输机械（如铲车等）交纳的养路费和牌照税
	间接费用	指机械施工单位组织机械施工、保管机械发生的费用和停机棚的折旧、维修费等。如果是内部独立核算单位，应设置间接费用明细分类账，进行明细分类核算

（四）机械使用费的分配方法

机械使用费的分配方法如图 11-9 所示。

机械使用费的分配方法

按施工机械的实际台时（或完成工程量）分配机械使用费：月末，根据各类机械明细账借方发生额及实际作业台班数计算台班成本，编制“机械使用费分配表”并计入“工程施工——合同成本”账户借方及工程成本计算单的“机械使用费”项目内；同时记入“机械作业”账户贷方；当月“机械作业”账户发生的费用一般当月分配完毕，月末没有余额

先按机械的计划台时费对机械使用费进行分配，然后依据计划机械使用费与实际机械使用费之间的比值调整为实际机械使用费的方法

- 确定各种施工机械每种台时费计划数
- 求出各种施工机械按台时费计划数计算的机械使用费合计：按台时费计划数计算的机械使用费合计=∑（机械工作台时合计×该机械台时费计划数）
- 根据“机械作业明细分类账”汇总计算实际发生的机械使用费
- 计算机械使用费实际数占按台时费计划数计算的百分比：某项工程应分配的机械使用费=∑［（该项工程使用机械的工作台时×机械台时费计划数）×（实际发生的机械使用费/按台时费计划数计算的机械使用费合计）］
- 将各成本计算对象按台时费计划数计算的机械使用费，按算得的百分比加以调整
- 作出相关机械使用费分配的会计分录按算得的百分比加以调整

图11-9　机械使用费的分配方法

1. 按施工机械的实际台时（或完成工程量）分配机械使用费

【例 11-3】2019 年 6 月，雅居地产股份公司第一工程处的一台吊车和一台铲车分别对本公司的甲、乙两处工程进行了机械作业。机械作业——吊车机械使用费明细科目的借方发生额为 47 380 元，吊车实际作业情况为甲工程 132 小时，乙工程 68 小时。机械作业——铲车机械使用费明细科目的借方发生额为 60 000 元，铲车实际作业情况为甲工程 90 小时，乙工程 160 小时。

编制机械使用费分配表，并进行相应的账务处理如表 11-13、表 11-14 所示。

表 11-13　机械作业——吊车机械使用费明细账

2019 年 6 月　　　　单位：元

日期		摘要	借方						贷方科目
月	日		人工费	燃料及动力费	折旧及修理费	其他直接费	间接费用	合计	
6	6	材料分配表		16 000				16 000	
6	8	修理车间转来修理费			3 500			3 500	
6	19	低值易耗品摊销表			4 600			4 600	
6	20	操作工工资	2 200					2 200	
6	15	安装拆卸费结算单	300					300	
6	30	应由吊车承担的其他直接费用与间接费用				3 400	2 380	5 780	
6	30	本月吊车折旧			15 000			15 000	
6	30	将机械作业费用结转							47 380
		本月合计	2 500	16 000	23 100	3 400	2 380	47 380	47 380

表 11-14　机械使用费分配表

2019 年 6 月　　　　单位：元

受益对象	吊车			挖土机			
	台班数	每台班成本	金额	台班数	每台班成本	金额	合计
甲工程	132	236.90	31 270.80	90	240	21 600.00	52 870.80
乙工程	68		16 109.20	160		38 400.00	54 509.20
合计	184		47 380.00	250		60 000.00	107 380.00

（1）依据机械使用费分配表，对甲工程应分摊的机械使用费进行如下的账务处理：

借：开发产品——合同成本——甲工程　　　　52 870.80

　贷：机械作业——吊车　　　　31 270.80

　　　机械作业——铲车　　　　21 600.00

（2）依据机械使用费分配表，对乙工程应分摊的机械使用费进行如下的账务处理：

借：开发产品——合同成本——乙工程　　54 509.20

　贷：机械作业——吊车　　16 109.20

　　　机械作业——铲车　　38 400.00

2. 先按机械的计划台时费对机械使用费进行分配，然后依据计划机械使用费与实际机械使用费之间的比值调整为实际机械使用费的方法

【例 11-4】雅居地产股份公司机械施工的情况如表 11-15 所示，2019 年 6 月该企业“机械作业明细分类账”汇总计算实际发生的机械使用费为 37 560 元，如表 11-15 所示。

表 11-15　机械使用费资料

2019 年 6 月

施工机械名称	计划台时费（元 / 台时）①	本期实际使用台时（台时）②	合计 ③ = ① × ②	实际机械施工费
履带挖土机	50	380 台时（其中：甲工程 280 台时，乙工程 70 台时，丙工程 30 小时）	19 000	23 600
混凝土搅拌机	15	180 台时（其中：甲工程 90 台时，B 工程 40 台时，丙工程 50 台时）	2 700	2 500
吊车	80	120 台时（其中：甲工程 80 台时，乙工程 40 台时，丙工程 0 台时）	9 600	11 460
合计			31 300	37 560

依据以上的数据，请先按机械的计划台时费对机械使用费进行分配，然后依据计划机械使用费与实际机械使用费之间的比值调整为实际机械使用费，并进行相应的账务处理。

计算与处理的步骤如下：

（1）各种施工机械按台时费计划数计算的机械使用费合计为 31 300 元。

（2）该企业“机械作业明细分类账”汇总计算实际发生的机械使用费为 37 560 元。

（3）机械使用费实际数占按台时费计划数计算的百分比 =37 560/31 300=1.20。

（4）各成本计算对象按台时费计划数计算的机械使用费，按算得的百分比加以调整后可得表 11-16。

表 11-16 机械使用费分配表

2019 年 6 月　　单位：元

<table>
<tr><th rowspan="2">工程名称</th><th colspan="3">履带挖土机</th><th colspan="3">混凝土搅拌机</th><th colspan="3">吊车</th><th rowspan="2">按计划数计算的机械使用费总额</th><th rowspan="2">调整比例</th><th rowspan="2">调整后的机械使用费</th></tr>
<tr><th>计划数（元/台）</th><th>实际工时</th><th>总费用</th><th>计划数（元/台）</th><th>实际工时</th><th>总费用</th><th>计划数（元/台）</th><th>实际工时</th><th>总费用</th></tr>
<tr><td>甲工程</td><td rowspan="4">50</td><td>280</td><td>14 000</td><td rowspan="4">15</td><td>90</td><td>1 350</td><td rowspan="4">80</td><td>80</td><td>6 400</td><td>21 750</td><td rowspan="4">1.2</td><td>26 100</td></tr>
<tr><td>乙工程</td><td>70</td><td>3 500</td><td>40</td><td>600</td><td>40</td><td>3 200</td><td>7 300</td><td>8 760</td></tr>
<tr><td>丙工程</td><td>30</td><td>1 500</td><td>50</td><td>750</td><td>0</td><td>0</td><td>2 250</td><td>2 700</td></tr>
<tr><td>合计</td><td>380</td><td>19 000</td><td>180</td><td>2 700</td><td>120</td><td>9 600</td><td>31 300</td><td>37 560</td></tr>
</table>

根据表 11-16，其机械使用费分配的会计分录为：

借：开发产品——合同成本——甲工程　　26 100

　　开发产品——合同成本——乙工程　　8 760

　　开发产品——合同成本——丙工程　　2 700

　贷：机械作业——挖土机　　22 800

　　　机械作业——搅拌机　　3 240

　　　机械作业——吊车　　11 520

五、自营工程成本中辅助生产费用的归集和分配

辅助生产费用的归集和分配如图 11-10 所示。

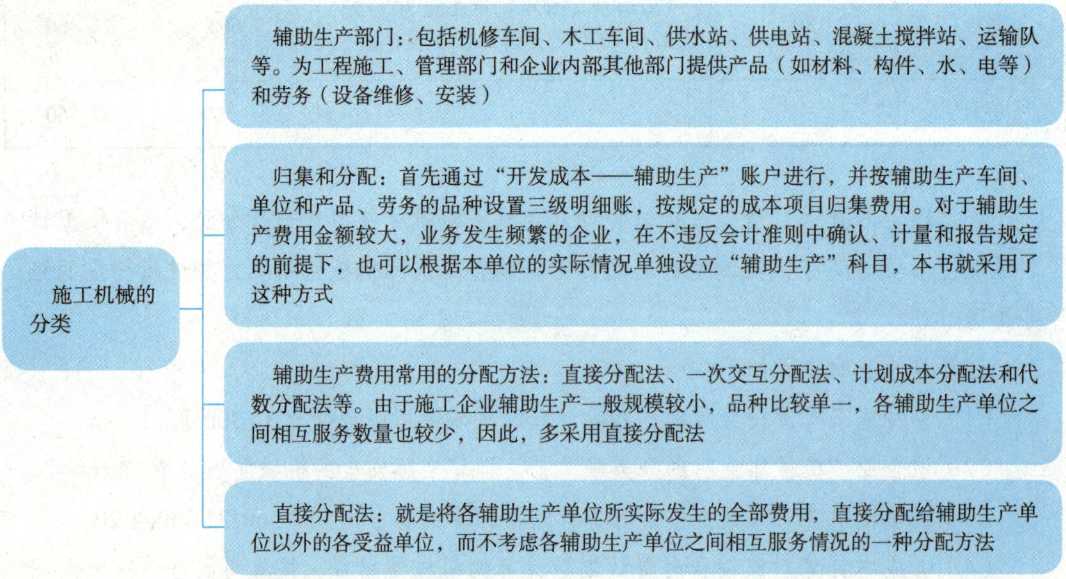

施工机械的分类

- 辅助生产部门：包括机修车间、木工车间、供水站、供电站、混凝土搅拌站、运输队等。为工程施工、管理部门和企业内部其他部门提供产品（如材料、构件、水、电等）和劳务（设备维修、安装）
- 归集和分配：首先通过“开发成本——辅助生产”账户进行，并按辅助生产车间、单位和产品、劳务的品种设置三级明细账，按规定的成本项目归集费用。对于辅助生产费用金额较大，业务发生频繁的企业，在不违反会计准则中确认、计量和报告规定的前提下，也可以根据本单位的实际情况单独设立“辅助生产”科目，本书就采用了这种方式
- 辅助生产费用常用的分配方法：直接分配法、一次交互分配法、计划成本分配法和代数分配法等。由于施工企业辅助生产一般规模较小，品种比较单一，各辅助生产单位之间相互服务数量也较少，因此，多采用直接分配法
- 直接分配法：就是将各辅助生产单位所实际发生的全部费用，直接分配给辅助生产单位以外的各受益单位，而不考虑各辅助生产单位之间相互服务情况的一种分配方法

图11-10　辅助生产费用的归集和分配

【例 11-5】雅居地产股份公司运输队本月发生各种费用共 261 900 元，已根据有关凭证登记入账，如表 11-17 辅助生产费用明细账所示。

该公司发生辅助生产费用时，进行的账务处理如下：

借：辅助生产　　261 900
　贷：原材料　　134 500
　　应付职工薪酬　　71 800
　　累计折旧　　51 800
　　开发产品——合同成本——其他直接费　　1 600
　　制造费用　　2 200

表 11-17　辅助生产费用明细账

类别：运输费　　2019 年 6 月　　单位：元

日期		凭证及摘要	借方						贷方
月	日		人工费	燃料及动力费	折旧及修理费	其他直接费	间接费用	合计	
		材料分配表		134 500		1 600		136 100	
		折旧计算表			17 200			17 200	
		修理费			33 800			33 800	
		低值易耗品摊销			800			800	
		工资分配表	71 800					71 800	
		分配制造费用					2 200	2 200	
		合计	71 800	134 500	51800	1 600	2 200	261 900	261 900

月末，根据各辅助生产明细账借方发生额及实际提供的产品、劳务数量，编制“辅助生产费用分配表”（见表 11-18）。

表 11-18　辅助生产费用分配表

类别：运输费　　2019 年 6 月　　单位：元

受益对象	受益数量（吨千米）	分配系数	金额
甲项目部	18 580	5 元 / 吨千米	92 900
乙项目部	12 380		61 900
其中：1 号工程	9 120		45 600
2 号工程	3 260		16 300
公司总部	21 420		107 100
合计	52 380		261 900

根据分配表作会计分录如下：

借：开发产品——合同成本——甲项目部　　92 900

　　开发产品——乙项目部　　61 900

　　管理费用　　107 100

　贷：辅助生产　　261 900

六、其他直接费的归集和分配

其他直接费的归集和分配如图 11-11 所示。

其他直接费的归集和分配

其他直接费：是指不包括人工费、材料费、机械使用费项目在内而在预算定额以外，在施工现场发生的材料二次搬运费、临时设施摊销费、生产工具用具使用费、检验试验费、工程定位复测费、工程点交费及场地清理费等

归集和分配：施工企业发生的其他直接费，凡是能分清成本对象的，应直接计入各受益的工程成本核算对象下的“其他直接费用”项目中。当由于是几个工程共同发生，不能直接确定成本核算对象的其他直接费，可以先行汇总在“其他直接费”明细账中归集，并按照定额用量预算费用或以工程的工料成本作为分配基数，月末或竣工时编制“其他直接费分配表”分配计入各成本核算对象

图11-11　其他直接费的归集和分配

【例 11-6】雅居地产股份公司第一工程处，本月发生其他直接费 19 000 元。其中分配给 1 号工程 12 000 元，2 号工程 7 000 元。账务处理程序如以下分录：

借：开发产品——合同成本——其他直接费　　19 000

　贷：开发产品——合同成本——1 号工程　　12 000

　　　开发产品——合同成本——2 号工程　　7 000

七、间接费用的归集和分配

（一）间接费用的内容

建筑安装工程成本中除了各项直接费外，还包括企业所属各施工单位，如工程处、施工队、项目经理部为施工准备、组织和管理施工生产所发生的各项费用，如表 11-19 所示。这些费用不能确定其为某项工程所应负担，因而无法将它直接记入各个成本计算对象。为了简化核算手续，可将它先记入“开发产品——间接费用”或“开发成本——开发产品成本——间接费用”科目，然后按照适当分配标准，将它记入各项工程成本。

表 11-19 间接费用明细项目含义及相关内容

明细项目	具体含义及相关内容
临时设施摊销费	指为保证施工和管理的正常进行而建造的各种临时性生产和生活设施，如临时宿舍、文化福利及公用设施，仓库、办公室、加工厂，以及规定范围内道路、水、电管线等临时设施的摊销费（详见第十一章第六节）
管理人员工资	指施工单位管理人员的工资、奖金和工资性津贴
职工福利费	指按照施工单位管理人员工资总额的 14% 提取的职工福利费
劳动保护费	指用于施工单位职工的劳动保护用品和技术安全设施的购置、摊销和修理费，供职工保健用的解毒剂、营养品、防暑饮料、洗涤肥皂等物品的购置费或补助费，以及工地上职工洗澡、饮水的燃料费等
办公费	指施工单位管理部门办公用的文具、纸张、账表、印刷、邮电、书报、会议、水电、烧水和集体取暖（包括现场临时宿舍取暖）用煤等费用
差旅交通费	指施工单位职工因公出差期间的旅费、住勤补助费，市内交通费和误餐补助费，职工探亲路费，劳动力招募费，职工离退休、退职一次性路费，工伤人员就医路费，工地转移费，以及现场管理使用的交通工具的油料、燃料、养路费及牌照费等
折旧费	指施工单位施工管理和试验部门等使用属于固定资产的房屋、设备、仪器，以及不实行内部独立核算的辅助生产单位的厂房等的折旧费
修理费	指施工单位施工管理和试验部门等使用属于固定资产的房屋、设备、仪器，以及不实行内部独立核算的辅助生产单位的厂房等的经常修理费和大修理费
工具用具使用费	指施工单位施工管理和试验部门等使用不属于固定资产的工具、器具、家具和检验、试验、测绘、消防用具等的购置、摊销和维修费
保险费	指施工管理用财产、车辆保险费，以及海上、高空、井下作业等特殊工种安全保险费
工程保修费	指工程竣工交付使用后，在规定保修期以内的修理费用。应采用预提方式计入
其他费用	指上列各项费用以外的其他间接费用，如工程排污费等

（二）间接费用的归集和分配

间接费用的归集和分配如表 11-20 所示。

表 11-20 间接费用的归集和分配

间接费用的归集	间接费用的分配标准
当间接费用发生时计入“制造费用”科目的借方；月末将归集的费用采用一定的标准全数分配，借记相应的工程成本项目，贷记“制造费用”科目，月末应该没有余额	（1）土建工程一般应以工程成本的直接费用为分配标准 （2）安装工程应以安装工程的人工费用为分配标准。在实际工作中，由于施工单位施工的工程往往有土建工程和安装工程，有时辅助生产单位生产的产品或劳务可能还会对外销售，所以施工单位的间接费用一般要经过两次分配，一次是在不同类的工程、劳务和作业间进行分配，另一次是在同类的工程、劳务和作业间进行分配

间接费用的二次分配如表 11-21 所示。

表 11-21 间接费用的二次分配

第一次分配	第一次分配是将发生的全部间接费用在不同类的工程、劳务和作业间进行分配。一般是以各类工程、劳务和作业中的人工费为基础进行分配
	计算公式如下： 间接费用分配率 = 间接费总额 / 各类工程（劳务、作业）成本中人工费总额 × 100% 某类工程应分配的间接费用 = 该类工程成本中的人工费 × 间接费分配率
第二次分配	第二次分配是将第一次分配到各类的工程间接费用再分配到本类的工程、劳务和作业中去。第二次分配是按各类工程、劳务和作业发生的直接费或人工费为基础进行分配的
	其计算公式如下： （1）土建工程：以工程的直接成本（即人工费、材料费、机械使用费、其他直接费之和）实际发生数或已完工程直接费预算数为标准进行分配 间接费用分配率 = 建筑工程分配的间接费总额 / 全部土建工程直接费总额 ×100% 某土建工程应分配的间接费用 = 该土建工程直接费 × 间接费分配率 （2）安装工程：以工程实际发生人工费或已完工程人工费预算数作为标准分配。 间接费用分配率 = 安装工程应分配的间接费总额 / 各安装工程人工费总额 ×100% 某安装工程应分配的间接费用 = 该安装工程人工费 × 间接费分配率

实际核算中的费用的分配如图 11-12 所示。

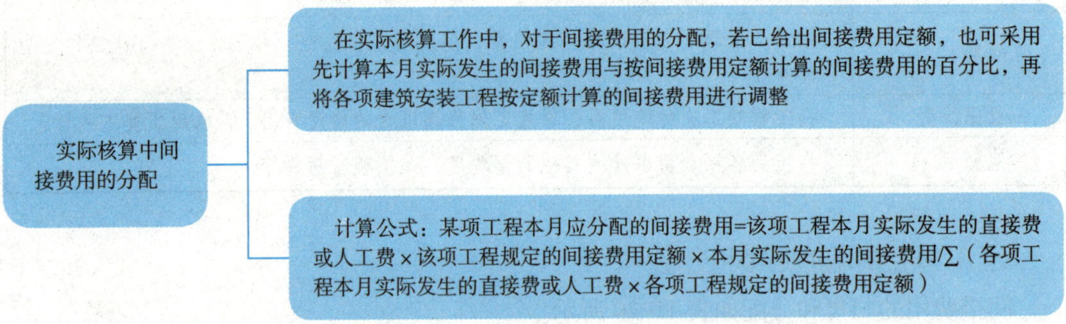

实际核算中间接费用的分配

在实际核算工作中，对于间接费用的分配，若已给出间接费用定额，也可采用先计算本月实际发生的间接费用与按间接费用定额计算的间接费用的百分比，再将各项建筑安装工程按定额计算的间接费用进行调整

计算公式：某项工程本月应分配的间接费用=该项工程本月实际发生的直接费或人工费×该项工程规定的间接费用定额×本月实际发生的间接费用/∑（各项工程本月实际发生的直接费或人工费×各项工程规定的间接费用定额）

图11-12 实际核算中间接费用的分配

【例 11-7】雅居地产股份公司道路工程处在 2019 年 6 月只有甲、乙两处建筑工程，没有安装工程和劳务。本月间接费用的发生情况如表 11-22 间接费用明细账所示，该公司的间接费用采用直接分配法，按照各个工程项目所耗费的直接费用为依据进行分配，本月加工成发生直接费用 75 000 元，乙工程发生直接费用 65 000 元。

编制间接费用分配表，并进行相应的会计处理如下。

表 11-22　间接费用明细账

单位名称：道路工程处　　　　单位：元

日期		凭证及摘要	借方										贷方
月	日		工作人员工资	奖金	职工福利费	办公费差旅费	固定资产及工具使用费	劳动保护费	工程保修费	财产保险费	其他	合计	
6	9	工资汇总分配表	25 800	32 500								58 300	
6	12	以银行存款支付				12 000		9 290	12 600	7 465	1 700	43 055	
6	15	以现金支付费用				6 825		4 394	12 806			24 025	
6	30	折旧计算表					6 800					6 800	
6	30	低耗品摊销表						1 620				1 620	
6	30	材料汇总分配表					6 200					6 200	
6	30	分配间接费用											140 000
		合计	25 800	32 500	0	18 825	13 000	15 304	25 406	7 465	1 700	140 000	140 000

会计处理如表 11-23 所示：

表 11-23　间接费用分配表

2019 年 6 月　　　　单位：元

工程项目	直接费	分配系数	金额
甲工程	1 500 000	0.05	75 000
乙工程	1 300 000		65 000
合计	2 800 000		140 000

分配系数 =140 000/2 800 000=0.05

根据分配表作会计分录：

借：开发产品——合同成本——甲工程　　75 000

　　开发产品——合同成本——乙工程　　65 000

　贷：制造费用　　140 000

第三节　发包开发工程及其价款结算的核算

对发包的基础设施和建筑安装工程，一般采用招标、议标方式，通过工程公开招标或邀请房地产企业议标，将工程发包给房地产企业的，按工程标价进行结算。开发企业要根据工程承包合同条例的规定，同承包工程的房地产企业签订工程承包合同。承包合同是发包开发企业和承包房地产企业为了完成承发包工程，根据批准的设计文件和中标标函内容所签订，明确双方相互权利、义务关系的协议，具体内容如图 11-13 所示。

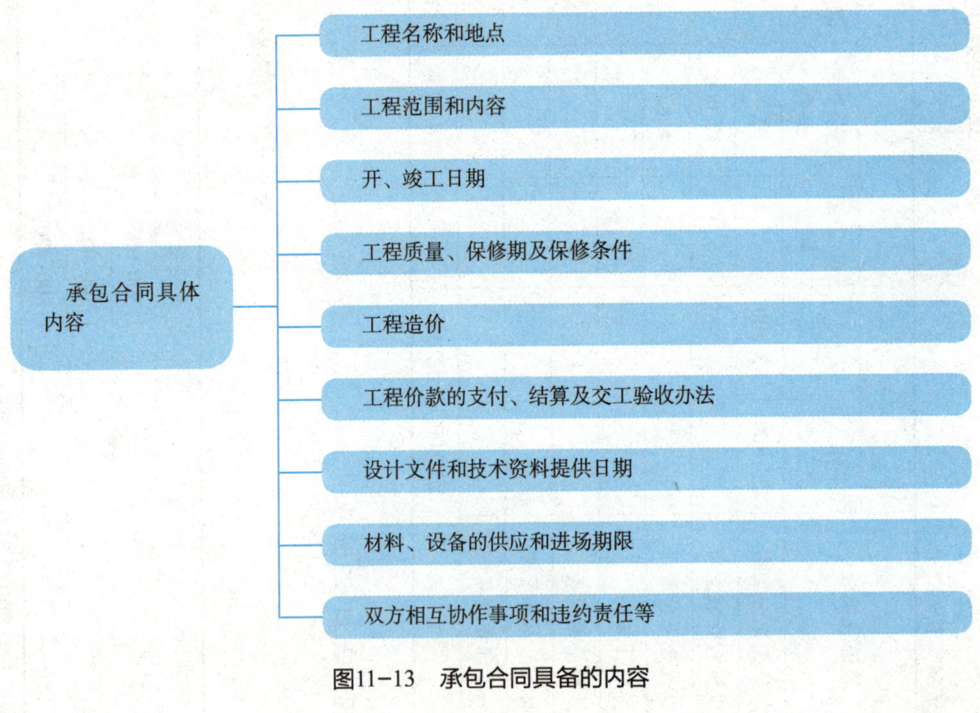

图11-13　承包合同具备的内容

一、工程价款结算的办法

工程价款结算办法如图 11-14 所示。

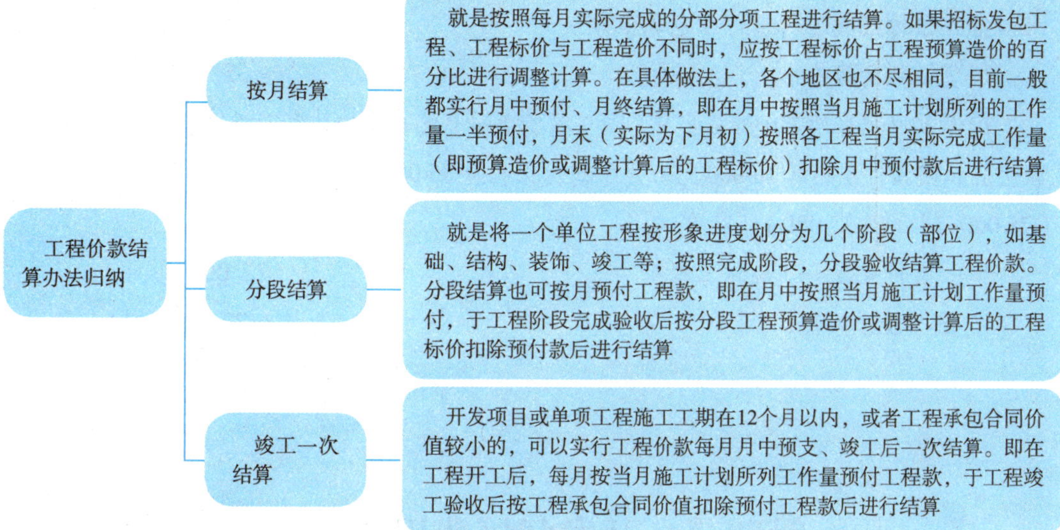

图11-14　工程价款结算办法归纳

二、应付工程款和预付备料款、工程款的核算

应付工程款和预付备料款、工程款的核算如图 11-15 所示。

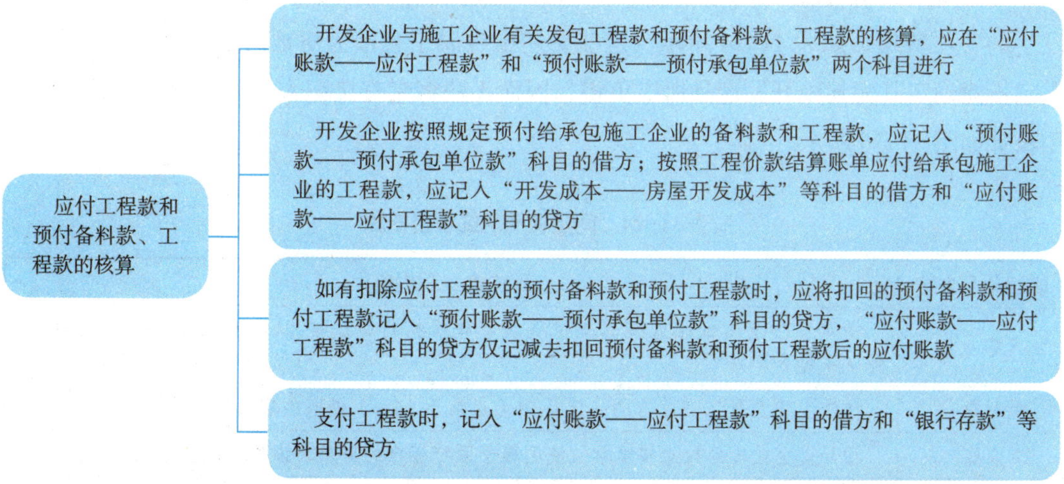

应付工程款和预付备料款、工程款的核算

- 开发企业与施工企业有关发包工程款和预付备料款、工程款的核算，应在“应付账款——应付工程款”和“预付账款——预付承包单位款”两个科目进行
- 开发企业按照规定预付给承包施工企业的备料款和工程款，应记入“预付账款——预付承包单位款”科目的借方；按照工程价款结算账单应付给承包施工企业的工程款，应记入“开发成本——房屋开发成本”等科目的借方和“应付账款——应付工程款”科目的贷方
- 如有扣除应付工程款的预付备料款和预付工程款时，应将扣回的预付备料款和预付工程款记入“预付账款——预付承包单位款”科目的贷方，“应付账款——应付工程款”科目的贷方仅记减去扣回预付备料款和预付工程款后的应付账款
- 支付工程款时，记入“应付账款——应付工程款”科目的借方和“银行存款”等科目的贷方

图11-15　应付工程款和预付备料款、工程款的核算

【例 11-8】雅居地产股份公司某项发包工程年度合同总值为 600 000 元，按照合同规定开工前应付预付备料款 150 000 元，则在用银行存款支付时，应作如下分录入账：

借：预付账款——预付承包单位款　　150 000
　贷：银行存款　　150 000

9 月份根据房地产企业当月施工计划所列工作量的二分之一即 35 000 元，用银行存款预付工程款时，应作：

借：预付账款——预付承包单位款　　35 000
　贷：银行存款　　35 000

10 月初根据房地产企业提出 9 月份工程价款结算账单中的已完工程价值为 75 000 元，减去应扣回预付备料款 18 000 元。月中预付工程款 35 000 元，尚应支付工程款 22 000 元（75 000-18 000-35 000），应作：

借：应付账款——应付工程款　　22 000
　贷：银行存款　　22 000

第四节　开发间接费用的核算

一、开发间接费用的组成和核算

开发间接费用是指房地产开发企业内部独立核算单位在开发现场组织管理开发产品而发生的各项费用，如表 11-24 所示。这些费用虽也属于直接为房地产开发而发生的费用，但它不能确定其为某项开发产品所应负担，因而无法将它直接记入各项开发产品成本，费用核算如图 11-16 所示。

表 11-24　间接费用明细项目核算

明细项目名称	具体含义及内容
工资	指开发企业内部独立核算单位现场管理机构行政、技术、经济、服务等人员的工资、奖金和津贴
福利费	指按上项人员工资总额的一定比例（目前为 14%）提取的职工福利费
折旧费	指开发企业内部独立核算单位使用属于固定资产的房屋、设备、仪器等提取的折旧费
修理费	指开发企业内部独立核算单位使用属于固定资产的房屋、设备、仪器等发生的修理费
办公费	指开发企业内部独立核算单位各管理部门办公用的文具、纸张、印刷、邮电、书报、会议、差旅交通、烧水和集体取暖用煤等费用
水电费	指开发企业内部独立核算单位各管理部门耗用的水电费

续表

明细项目名称	具体含义及内容
劳动保护费	指用于开发企业内部独立核算单位职工的劳动保护用品的购置、摊销和修理费，供职工保健用营养品、防暑饮料、洗涤肥皂等物品的购置费或补助费，以及工地上职工洗澡、饮水的燃料等
周转房摊销	指不能确定为某项开发项目安置拆迁居民周转使用的房屋计提的摊销费
利息支出	指开发企业为开发房地产借入资金所发生而不能直接计入某项开发成本的利息支出及相关的手续费，但应冲减使用前暂存银行而发生的利息收入。开发产品完工以后的借款利息，应作为财务费用，计入当期损益
其他费用	指上列各项费用以外的其他开发间接费用支出

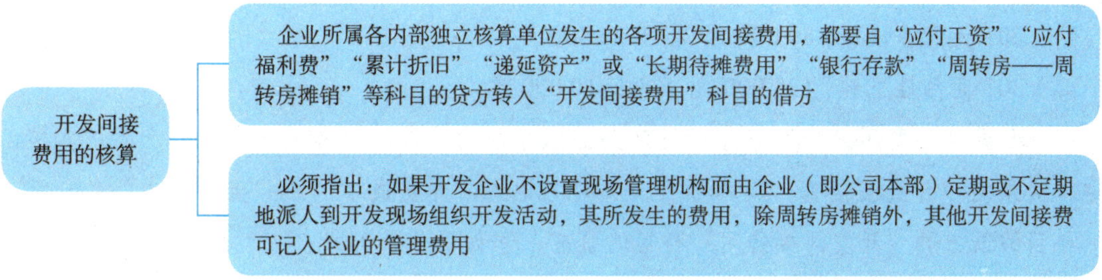

开发间接费用的核算

企业所属各内部独立核算单位发生的各项开发间接费用，都要自“应付工资”“应付福利费”“累计折旧”“递延资产”或“长期待摊费用”“银行存款”“周转房——周转房摊销”等科目的贷方转入“开发间接费用”科目的借方

必须指出：如果开发企业不设置现场管理机构而由企业（即公司本部）定期或不定期地派人到开发现场组织开发活动，其所发生的费用，除周转房摊销外，其他开发间接费可记入企业的管理费用

图11-16　开发间接费用的核算

二、开发间接费用的分配

开发间接费用的分配如图 11-17 所示。

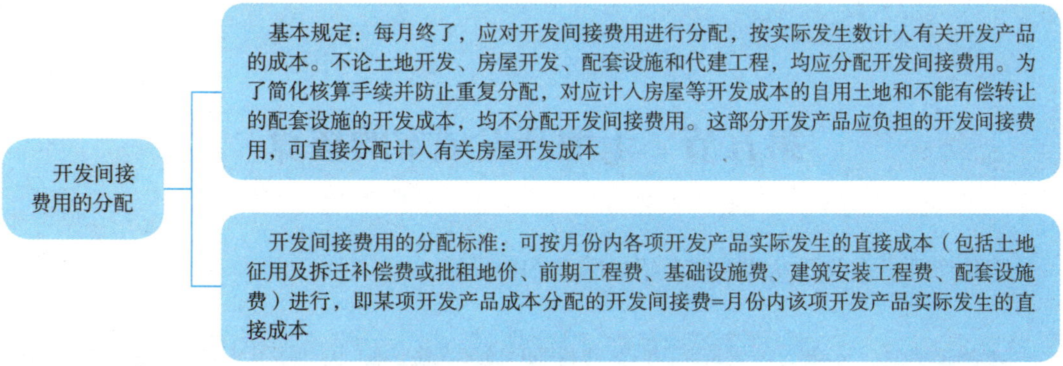

开发间接费用的分配

基本规定：每月终了，应对开发间接费用进行分配，按实际发生数计入有关开发产品的成本。不论土地开发、房屋开发、配套设施和代建工程，均应分配开发间接费用。为了简化核算手续并防止重复分配，对应计入房屋等开发成本的自用土地和不能有偿转让的配套设施的开发成本，均不分配开发间接费用。这部分开发产品应负担的开发间接费用，可直接分配计入有关房屋开发成本

开发间接费用的分配标准：可按月份内各项开发产品实际发生的直接成本（包括土地征用及拆迁补偿费或批租地价、前期工程费、基础设施费、建筑安装工程费、配套设施费）进行，即某项开发产品成本分配的开发间接费=月份内该项开发产品实际发生的直接成本

图11-17　开发间接费用的分配

【例 11-9】雅居地产股份公司某内部独立核算单位在 2019 年 5 月份共发生了开发间接费用 41 600 元，各开发产品实际发生的直接成本如下：

开发产品编号	名称	直接成本
101	商品房	50 000

102	商品房	120 000
151	出租房	75 000
181	周转房	70 000
201	大配套设施——商店	80 000
301	商品性土地	125 000
合计		520 000

根据上列公式，即可为各开发产品算得5月份应分配的开发间接费：

102 商品房：120 000元 ×8%=9 600元

151 出租房：75 000元 ×8%=6 000元

181 周转房：70 000元 ×8%=5 600元

201 大配套设施：80 000元 ×8%=6 400元

301 商品性土地：125 000元 ×8%=10 000元

开发间接费用分配可将各开发产品成本分配的开发间接费记入各开发产品成本核算对象的"开发间接费"成本项目，并将它记入"开发成本"或"生产成本"各二级科目的借方和"开发间接费用"科目的贷方，作如下分录入账：

借：开发成本——房屋开发成本　　25 200

　　开发成本——配套设施开发成本　　6 400

　　开发成本——商品性土地开发成本　　10 000

　贷：开发间接费用　　41 600

第五节　土地开发成本的核算

房地产开发企业开发的土地介绍如图11-18所示。

房地产开发企业开发的土地

- 一种是为了转让、出租而开发的商品性土地（也叫商品性建设场地）
- 另一种是为开发商品房、出租房等房屋而开发的自用土地

图11-18　房地产开发企业开发的土地

一、土地开发支出划分和归集的原则

土地开发支出划分和归集的原则如图 11-19 所示。

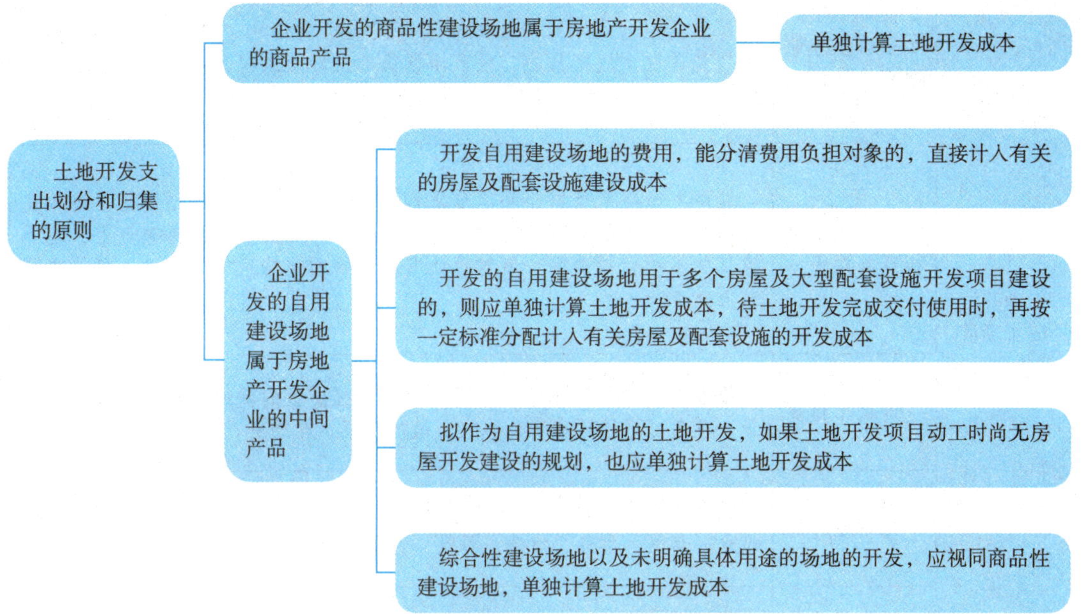

图11-19　土地开发支出划分和归集的原则

二、土地开发成本核算对象的确定和成本项目的设置

（一）土地开发成本核算对象的确定

确定土地开发成本的核算对象的原则如表 11-25 所示。

表 11-25　确定土地开发成本的核算对象的原则

确定土地开发成本的核算对象的原则	对开发面积不大、开发工期较短的土地，可以每一块独立的开发项目为成本核算对象
	对开发面积较大、开发工期较长、分区域开发的土地，可以一定区域作为土地开发成本核算对象

（二）土地开发成本项目的设置

企业要根据所开发土地的具体情况和会计制度规定的成本项目，设置土地开发项目的成本项目。对于会计制度规定的、企业没有发生支出内容的成本项目，如建筑安装工程费、配套设施费，可不必设置，如表 11-26 所示。

表 11-26　土地开发成本项目的设置

内容		
土地开发成本项目	获得土地使用权的成本	如开发土地是从政府土地管理部门批租获得的，则应列入批租地价；如果是通过土地交易的二级市场取得的土地使用权，则是购入土地的价格以及为获得土地使用股权而需要缴纳的各类税金
	土地征用及拆迁补偿费	其中土地征用及拆迁补偿费是指按照城市建设总体规划进行土地开发所发生的土地征用费、耕地占用税、劳动力安置费，及有关地上、地下建筑物拆迁补偿费等，但对拆迁旧建筑物回收的残值应估价入账并冲减有关成本
	前期工程费	前期工程费是指土地开发项目前期工程发生的费用，包括规划、设计费，项目可行性研究费，水文、地质勘察、测绘费，场地平整费等
	基础设施费	基础设施费是指土地开发过程中发生的各种基础设施费，包括道路、供水、供电、供气、排污、排洪、通信等设施费用
	开发间接费	开发间接费指应由商品性土地开发成本负担的开发间接费用

三、土地开发成本的核算

房地产开发企业在土地开发过程中发生各项开发建设费用，除可将直接计入房屋开发成本的自用土地开发支出在“开发成本——房屋开发成本”科目核算外，其他土地开发支出均应通过“开发成本——土地开发成本”科目进行核算，如图 11-20 所示。

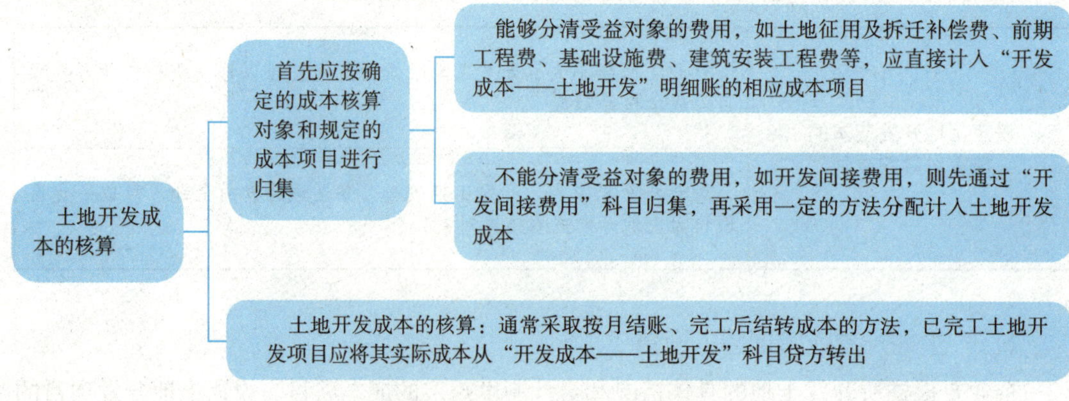

图11-20　土地开发成本的核算

已完工土地开发项目转出的会计核算如表 11-27 所示。

表 11-27　已完工土地开发项目转出的会计核算

<table>
<tr><td rowspan="4">已完工土地开发项目转出</td><td colspan="2">情况</td><td>会计核算</td></tr>
<tr><td colspan="2">为销售或有偿转让而开发的商品性建设场地</td><td>开发完成后将其实际成本转入“开发产品”科目</td></tr>
<tr><td rowspan="2">企业自用的建设场地</td><td>开发完成后近期投入使用的</td><td>其实际成本应转入“开发成本——房屋开发”科目，计入有关商品房、周转房或出租房等开发产品成本</td></tr>
<tr><td>开发完成后近期暂不使用的</td><td>应视同企业最终产品，在竣工验收时，将其实际成本转入“开发产品——自用土地”科目</td></tr>
</table>

【例 11-10】2019 年年初雅居地产股份公司通过投标的方式，从东方市国有土地储备中心获得甲和乙两块土地。甲块土地面积为 8 000 平方米，是一块无须拆迁的净地，该公司计划开发后作为商品性土地对外销售；乙块土地面积为 20 000 平方米，地处中心商业地带，需要对原有的居民进行补偿后再拆迁，计划开发完成后作为自用建设场地，用于本公司开发的新兴写字楼建设。8 月关于两块土地发生的开发成本如表 11-28、表 11-29 所示。

（1）8 月 3 日，雅居地产股份公司以银行存款支付土地出让金 8 800 万元，其中甲块土地 2 800 万元，乙块土地 6 000 万元：

借：开发成本——土地开发——甲块土地（征地拆迁费）　28 000 000

　　开发成本——土地开发——乙块土地（征地拆迁费）　60 000 000

　贷：银行存款　88 000 000

（2）8 月 5 日，雅居地产股份公司以银行存款支付拆迁补偿费 1 400 万元，全部为乙块土地支出，甲块土地无须拆迁：

借：开发成本——土地开发——乙块土地（拆迁补偿费）　14 000 000

　贷：银行存款　14 000 000

（3）8 月 9 日，雅居地产股份公司以银行存款支付项目可行性研究及勘察、测绘费 9 万元，其中，甲块土地 3 万元，乙块土地 6 万元：

借：开发成本——土地开发——甲块土地（前期工程费）　30 000

　　　　　　　　　　　——乙块土地（前期工程费）　60 000

　贷：银行存款　90 000

（4）8 月 16 日，雅居地产股份公司由一家建筑公司承包的土地开发基础设施工程竣工，结算应付工程款 85.30 万元，其中，甲块土地 80 万元，乙块土地 5.30 万元：

表 11-28　开发产品成本卡

二级账户：土地开发　　三级明细账：甲块土地　　单位：元

2019 年		凭证号	摘要	土地出让金	拆迁补偿费	前期工程费	基础设施费	建筑安装工程费	公共配套设施费	开发间接费用	开发成本合计
月	日										
8	3	29	支付土地出让金	2 800 000							2 800 000
8	9	43	支付前期工程费			60 000					60 000
8	16	68	结算基础设施费				53 000				53 000
8	19	78	结算公共配套设施费						120 000		120 000
8	31	146	结转开发间接费用							20 000	20 000
			本月开发费用合计	2 800 000	0	60 000	53 000	0	120 000	20 000	3 053 000
8	31	168	结转竣工建设场地成本	2 800 000	0	60 000	53 000	0	120 000	20 000	3 053 000

表 11-29　开发产品成本卡

二级账户：土地开发　　三级明细账：乙块土地　　单位：元

2019 年		凭证号	摘要	土地出让金	拆迁补偿费	前期工程费	基础设施费	建筑安装工程费	公共配套设施费	开发间接费用	开发成本合计
月	日										
8	3	29	支付土地出让金	60 000 000							60 000 000
8	5	31	支付征地拆迁费		14 000 000						14 000 000
8	9	43	支付前期工程费			30 000					30 000
8	16	68	结算基础设施费				800 000				800 000
8	19	78	结算公共配套设施费					45 000	160 000		205 000
8	31	146	结转开发间接费用							40 000	40 000
			本月开发费用合计	60 000 000	14 000 000	30 000	800 000	45 000	160 000	40 000	75 075 000
8	31	168	结转竣工建设场地成本	60 000 000	14 000 000	30 000	800 000	45 000	160 000	40 000	75 075 000

借：开发成本——土地开发——甲块土地（基础设施费）　800 000

　　　　　　　　　　——乙块土地（基础设施费）　53 000

　贷：应付账款——应付工程款　853 000

（5）8月19日，乙块土地的天然气调压站建设完工，结算应付工程款4.50万元：

借：开发成本——土地开发——乙块土地（建筑安装工程费）　45 000

　贷：应付账款——应付工程款　45 000

（6）8月19日，雅居地产股份公司向市政管理部门缴纳公共配套设施费28万元，其中甲块土地12万元，乙块土地16万元：

借：开发成本——土地开发——甲块土地（公共配套设施费）120 000

　　开发成本——土地开发——乙块土地（公共配套设施费）160 000

　贷：应付账款——应付工程款　280 000

（7）8月31日，结转两块土地应负担的开发间接费用6万元，其中甲块土地2万元，乙块土地4万元：

借：开发成本——土地开发——甲块土地（开发间接费用）　20 000

　　开发成本——土地开发——乙块土地（开发间接费用）　40 000

　贷：开发间接费用　60 000

（8）月末，甲块土地开发完成竣工验收，结转开发成本：

借：开发产品——土地——甲块土地　3 053 000

　贷：开发成本——土地开发——甲块土地　3 053 000

（9）月末，将乙块土地已发生的开发成本结转到开发成本中：

借：开发成本——新兴写字楼（土地出让金）　60 000 000

　　开发成本——新兴写字楼（拆迁补偿费）　14 000 000

　　开发成本——新兴写字楼（前期工程费）　30 000

　　开发成本——新兴写字楼（基础设施费）　800 000

　　开发成本——新兴写字楼（建筑安装工程费）　45 000

　　开发成本——新兴写字楼（公共配套设施费）　160 000

　　开发成本——新兴写字楼（开发间接费用）　40 000

　贷：开发成本——土地开发——乙块土地　75 075 000

第六节　配套设施开发成本的核算

一、配套设施的种类及其支出归集的原则

房地产开发企业开发的配套设施的分类如图 11-21 所示。

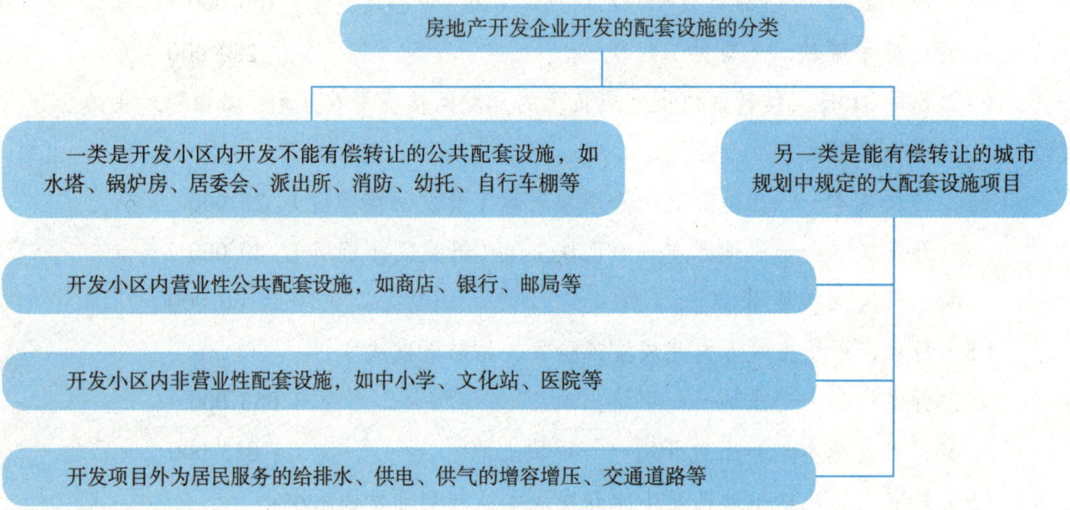

房地产开发企业开发的配套设施的分类

一类是开发小区内开发不能有偿转让的公共配套设施，如水塔、锅炉房、居委会、派出所、消防、幼托、自行车棚等

另一类是能有偿转让的城市规划中规定的大配套设施项目

开发小区内营业性公共配套设施，如商店、银行、邮局等

开发小区内非营业性配套设施，如中小学、文化站、医院等

开发项目外为居民服务的给排水、供电、供气的增容增压、交通道路等

图11-21　房地产开发企业开发的配套设施的分类

配套设施支出的归集如表 11-30 所示。

表 11-30　配套设施支出的归集

	情况	会计核算
配套设施支出的归集	对能分清并直接计入某个成本核算对象的第一类配套设施支出	可直接计入有关房屋等开发成本，并在“开发成本——房屋开发成本”科目中归集其发生的支出
	对不能直接计入有关房屋开发成本的第一类配套设施支出	应先在“开发成本——配套设施开发成本”科目进行归集，于开发完成后再按一定标准分配计入有关房屋等开发成本
	对能有偿转让的第二类大配套设施支出	应在“开发成本——配套设施开发成本”科目进行归集

二、配套设施开发成本核算对象的确定和成本项目的设置

配套设施开发成本核算对象的确定和成本项目的设置如图 11-22 所示。

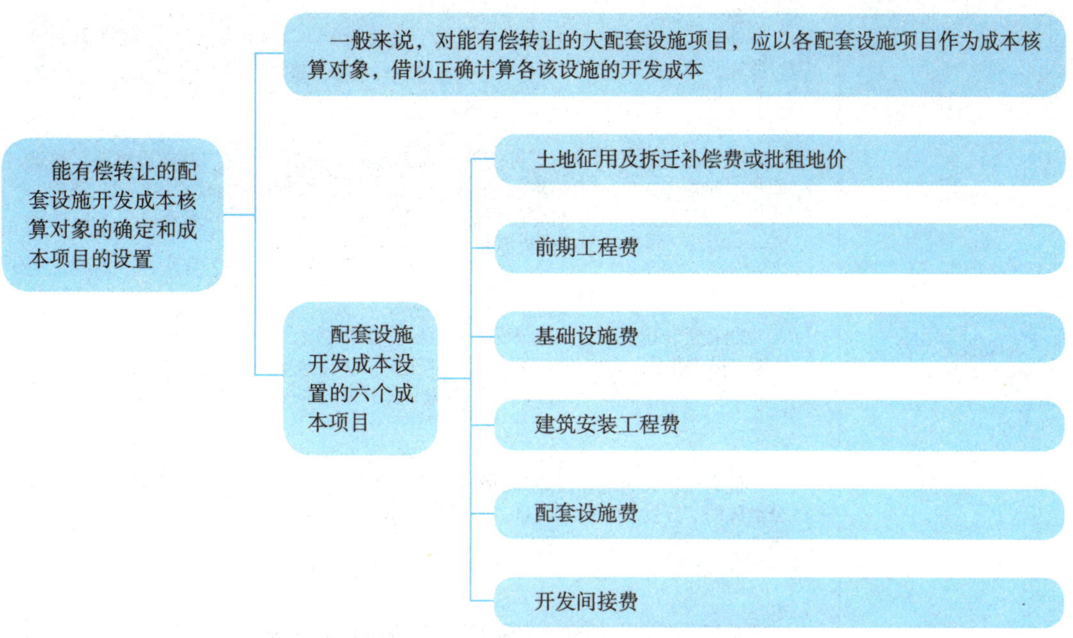

图11-22　配套设施开发成本核算对象的确定和成本项目的设置

不能有偿转让的配套设施开发成本核算对象的确定和成本项目的设置如图 11-23 所示。

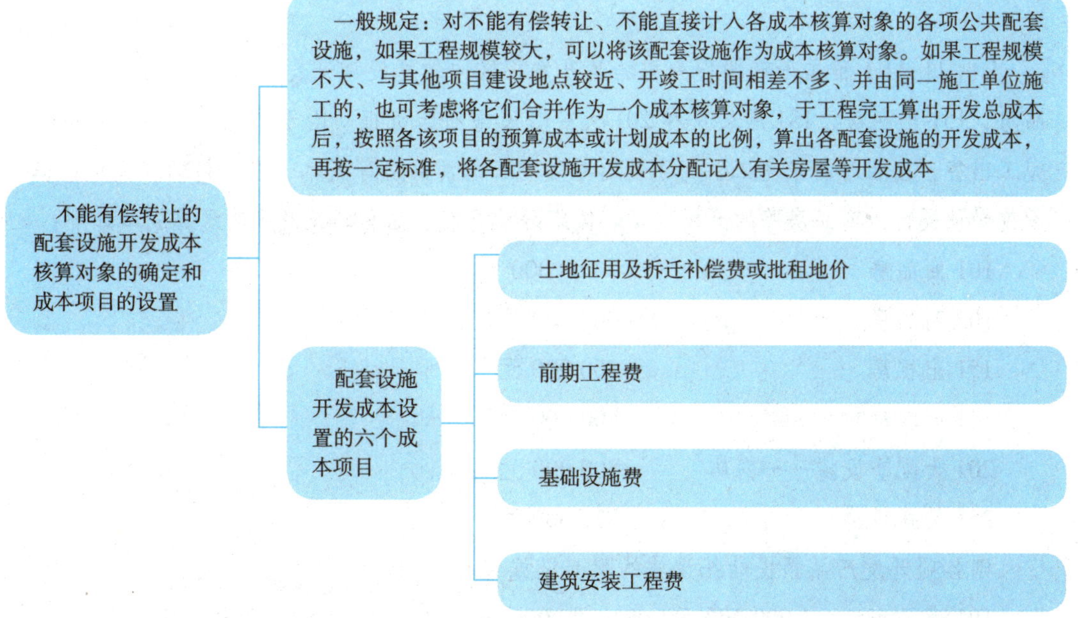

图11-23　不能有偿转让的配套设施开发成本核算对象的确定和成本项目的设置

三、配套设施开发成本的核算

配套设施开发成本的核算如图 11-24 所示。

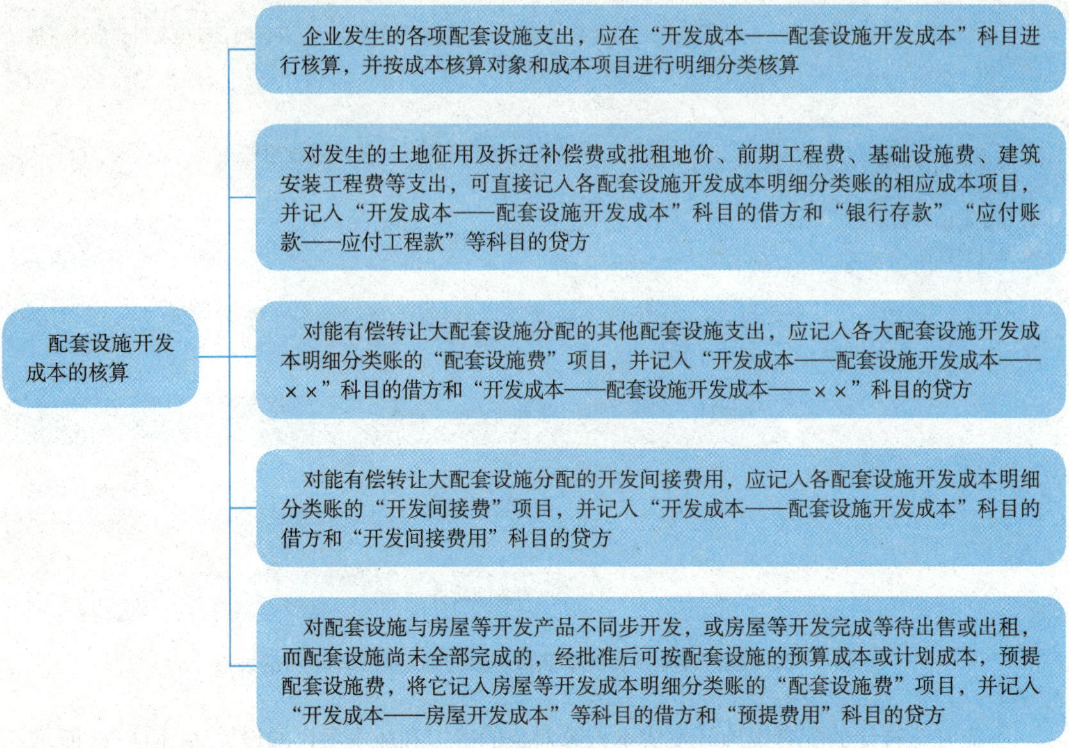

配套设施开发成本的核算

- 企业发生的各项配套设施支出，应在“开发成本——配套设施开发成本”科目进行核算，并按成本核算对象和成本项目进行明细分类核算
- 对发生的土地征用及拆迁补偿费或批租地价、前期工程费、基础设施费、建筑安装工程费等支出，可直接记入各配套设施开发成本明细分类账的相应成本项目，并记入“开发成本——配套设施开发成本”科目的借方和“银行存款”“应付账款——应付工程款”等科目的贷方
- 对能有偿转让大配套设施分配的其他配套设施支出，应记入各大配套设施开发成本明细分类账的“配套设施费”项目，并记入“开发成本——配套设施开发成本——××”科目的借方和“开发成本——配套设施开发成本——××”科目的贷方
- 对能有偿转让大配套设施分配的开发间接费用，应记入各配套设施开发成本明细分类账的“开发间接费”项目，并记入“开发成本——配套设施开发成本”科目的借方和“开发间接费用”科目的贷方
- 对配套设施与房屋等开发产品不同步开发，或房屋等开发完成等待出售或出租，而配套设施尚未全部完成的，经批准后可按配套设施的预算成本或计划成本，预提配套设施费，将它记入房屋等开发成本明细分类账的“配套设施费”项目，并记入“开发成本——房屋开发成本”等科目的借方和“预提费用”科目的贷方

图11-24 配套设施开发成本的核算

【例 11-11】雅居地产股份公司的某开发小区内幼托设施开发成本应由101、102商品房，151出租房，181周转房和201大配套设施商店负担。由于幼托设施在商品房等完工出售、出租时尚未完工，为了及时结转完工的商品房等成本，应先将幼托设施配套设施费预提计入商品房等的开发成本。假定各项开发产品和幼托设施的预算成本如下：

101 商品房　　1 000 000 元

102 商品房　　900 000 元

151 出租房　　800 000 元

181 周转房　　800 000 元

201 大配套设施——商店　　500 000 元

251 幼托设施　　320 000 元

则各项开发产品预提幼托设施的配套设施费为：

101 商品房　1 000 000 元 ×8%=80 000 元

102 商品房　900 000 元 ×8%=72 000 元

152 出租房　800 000 元 ×8%=64 000 元

182 周转房　800 000 元 ×8%=64 000 元

201 大配套设施——商店　500 000 元 ×8%=40 000 元

按预提率计算各项开发产品的配套设施费时，其与实际支出数的差额，应在配套设施完工时，按预提数的比例，调整增加或减少有关开发产品的成本。

现举例说明配套设施开发成本的核算如下：

雅居地产股份公司根据建设规划要求，在某开发小区内负责建设一间商店和一座水塔、一所幼托。上述设施均发包给房地产企业施工，其中商店建成后，有偿转让给商业部门。水塔和幼托的开发支出按规定计入有关开发产品的成本。水塔与商品房等同步开发，幼托与商品房等不同步开发，其支出经批准采用预提办法。上述各配套设施共发生了下列有关支出（单位：元）：

	201 商店 （元）	251 水塔 （元）	252 幼托 （元）
支付征地拆迁费	50 000	5 000	50 000
支付承包设计单位前期工程款	30 000	20 000	30 000
应付承包房地产企业基础设施工程款	50 000	30 000	50 000
应付承包房地产企业建筑安装工程款	200 000	245 000	190 000
分配水塔设施配套设施费	35 000		
分配开发间接费	55 000		
预提幼托设施配套设施费	40 000		

则用银行存款支付征地拆迁费时，应作：

借：开发成本——配套设施开发成本　　105 000

　贷：银行存款　　105 000

用银行存款支付设计单位前期工程款时，应作：

借：开发成本——配套设施开发成本　　80 000

　贷：银行存款　　80 000

将应付房地产企业基础设施工程款和建筑安装工程款入账时，应作：

借：开发成本——配套设施开发成本　　765 000

　贷：应付账款——应付工程款　　765 000

分配应记入商店配套设施开发成本的水塔设施支出时，应作：

借：开发成本——商店配套设施开发成本　　35 000

　贷：开发成本——水塔　　35 000

分配应记入商店配套设施开发成本的开发间接费用时，应作：

借：开发成本——商店配套设施开发成本　　55 000

　贷：开发间接费用　　55 000

预提应由商店配套设施开发成本负担的幼托设施支出时，应作：

借：开发成本——商店配套设施开发成本　　40 000

　贷：预提费用——预提幼托配套设施费　　40 000

同时应将各项配套设施支出分别记入各配套设施开发成本明细分类账。

四、已完配套设施开发成本的结转

已完配套设施开发成本的结转如图 11-25 所示。

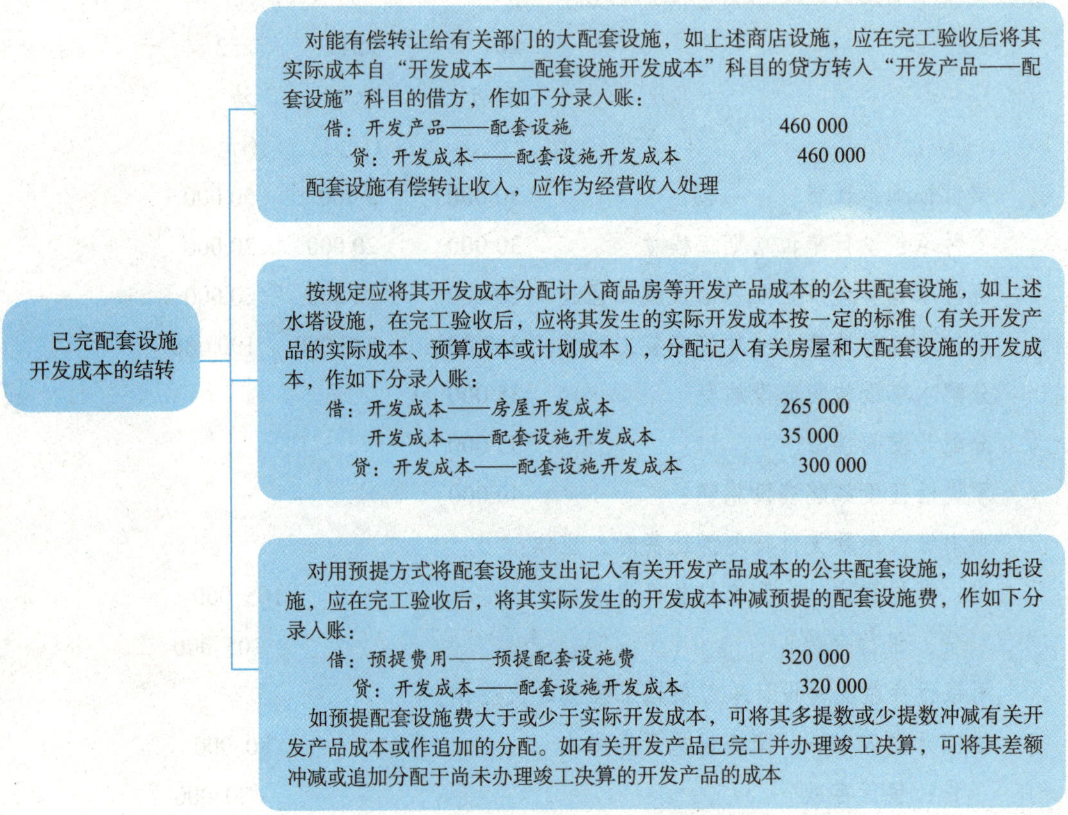

已完配套设施开发成本的结转

对能有偿转让给有关部门的大配套设施，如上述商店设施，应在完工验收后将其实际成本自“开发成本——配套设施开发成本”科目的贷方转入“开发产品——配套设施”科目的借方，作如下分录入账：

借：开发产品——配套设施　　460 000

　贷：开发成本——配套设施开发成本　　460 000

配套设施有偿转让收入，应作为经营收入处理

按规定应将其开发成本分配计入商品房等开发产品成本的公共配套设施，如上述水塔设施，在完工验收后，应将其发生的实际开发成本按一定的标准（有关开发产品的实际成本、预算成本或计划成本），分配记入有关房屋和大配套设施的开发成本，作如下分录入账：

借：开发成本——房屋开发成本　　265 000

　　开发成本——配套设施开发成本　　35 000

　贷：开发成本——配套设施开发成本　　300 000

对用预提方式将配套设施支出记入有关开发产品成本的公共配套设施，如幼托设施，应在完工验收后，将其实际发生的开发成本冲减预提的配套设施费，作如下分录入账：

借：预提费用——预提配套设施费　　320 000

　贷：开发成本——配套设施开发成本　　320 000

如预提配套设施费大于或少于实际开发成本，可将其多提数或少提数冲减有关开发产品成本或作追加的分配。如有关开发产品已完工并办理竣工决算，可将其差额冲减或追加分配于尚未办理竣工决算的开发产品的成本

图11-25　已完配套设施开发成本的结转

第七节　房屋开发成本的核算

一、开发房屋的种类及其核算对象和成本项目

房屋开发的内容与各类如图 11-26 所示。

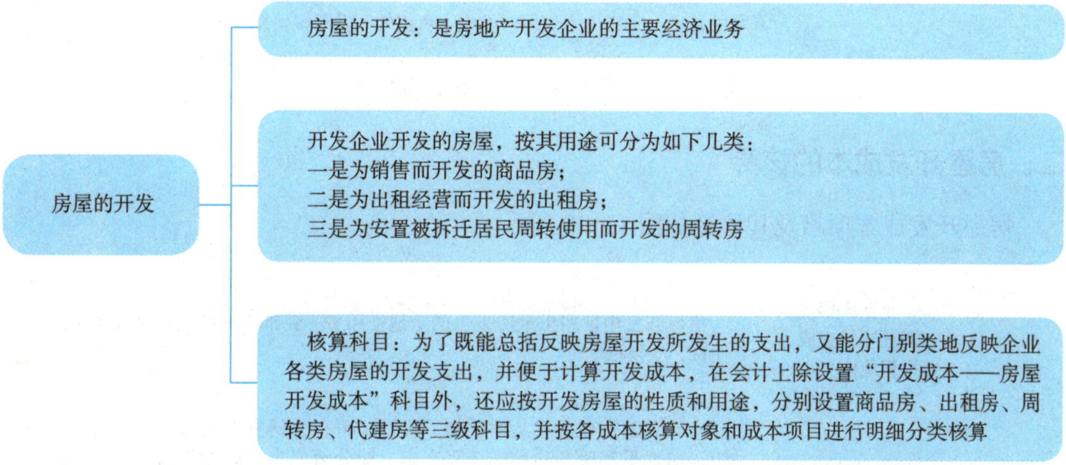

房屋的开发

房屋的开发：是房地产开发企业的主要经济业务

开发企业开发的房屋，按其用途可分为如下几类：
一是为销售而开发的商品房；
二是为出租经营而开发的出租房；
三是为安置被拆迁居民周转使用而开发的周转房

核算科目：为了既能总括反映房屋开发所发生的支出，又能分门别类地反映企业各类房屋的开发支出，并便于计算开发成本，在会计上除设置“开发成本——房屋开发成本”科目外，还应按开发房屋的性质和用途，分别设置商品房、出租房、周转房、代建房等三级科目，并按各成本核算对象和成本项目进行明细分类核算

图11-26　房屋的开发

房屋成本核算对象的确定如图 11-27 所示。

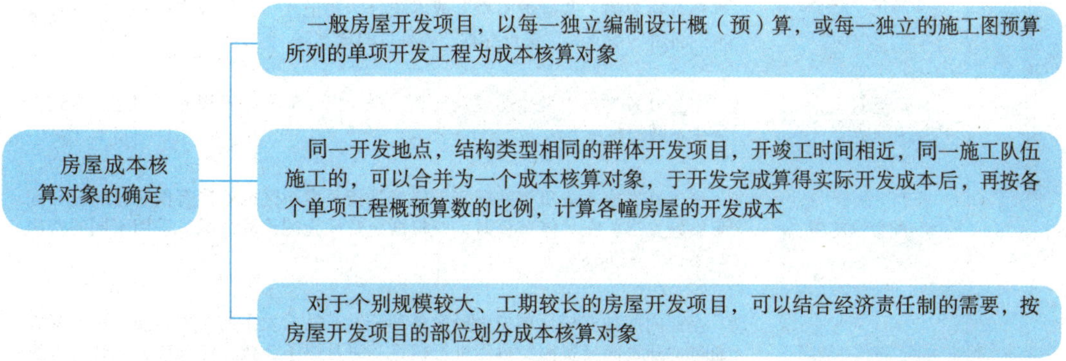

房屋成本核算对象的确定

一般房屋开发项目，以每一独立编制设计概（预）算，或每一独立的施工图预算所列的单项开发工程为成本核算对象

同一开发地点，结构类型相同的群体开发项目，开竣工时间相近，同一施工队伍施工的，可以合并为一个成本核算对象，于开发完成算得实际开发成本后，再按各个单项工程概预算数的比例，计算各幢房屋的开发成本

对于个别规模较大、工期较长的房屋开发项目，可以结合经济责任制的需要，按房屋开发项目的部位划分成本核算对象

图11-27　房屋成本核算对象的确定

房屋成本核算设置的成本项目如图 11-28 所示。

房屋成本核算设置的成本项目

土地征用及拆迁补偿费或批租地价：是指房屋开发中征用土地所发生的土地征用费、耕地占用税、劳动力安置费，以及有关地上、地下物拆迁补偿费，或批租地价

前期工程费：是指房屋开发前期发生的规划设计、项目可行性研究、水文地质勘察、测绘等支出

基础设施费：是指房屋开发中各项基础设施发生的支出，包括道路、供水、供电、供气、排污、排洪、照明、绿化、环卫设施等支出

建筑安装工程费：是指列入房屋开发项目建筑安装工程施工图预算内的各项费用支出（包括设备费用）

配套设施费：是指按规定应计入房屋开发成本不能有偿转让公共配套设施如锅炉房、水塔、居委会、派出所、幼托、消防、自行车棚、公厕等支出

开发间接费：是指应由房屋开发成本负担的开发间接费用

图11-28　房屋成本核算设置的成本项目

二、房屋开发成本的核算

房屋开发成本项目及其核算如图 11-29 所示。

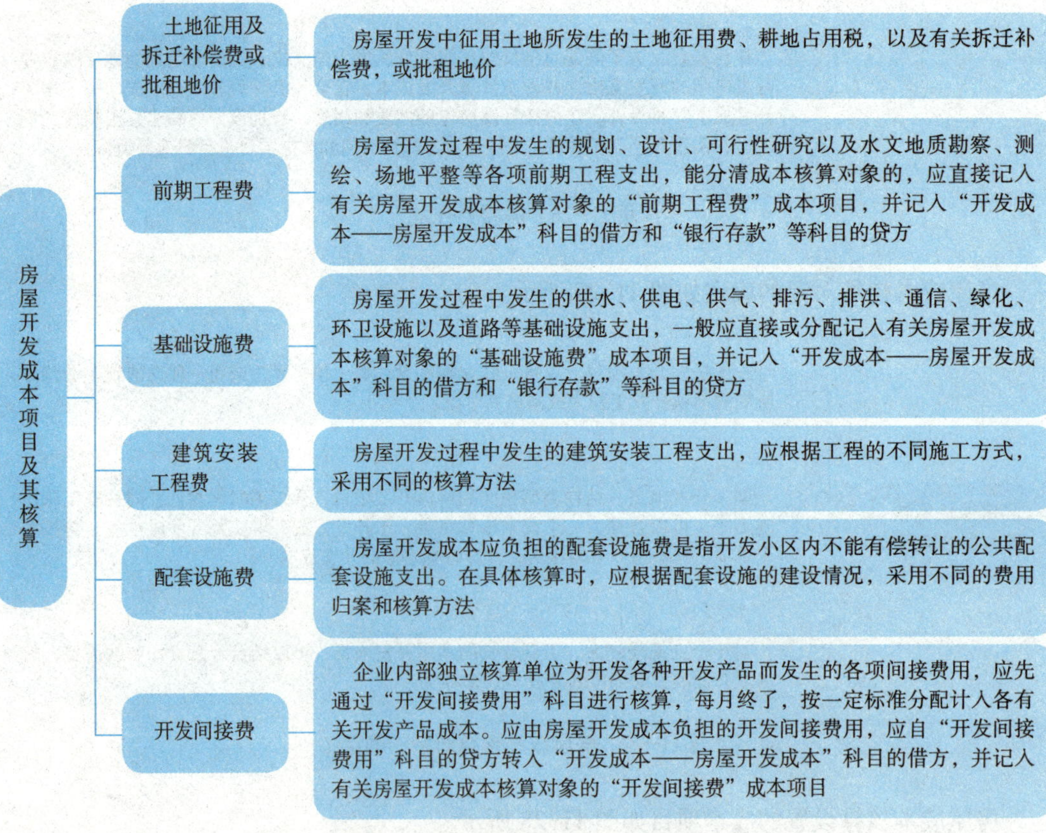

图11-29　房屋开发成本项目及其核算

（一）土地征用及拆迁补偿费或批租地价

土地征用及拆迁补偿费或批租地价的会计处理如表 11-31 所示。

表 11-31　土地征用及拆迁补偿费或批租地价的会计处理

<table>
<tr><th colspan="3">情况</th><th>会计核算</th></tr>
<tr><td rowspan="3">土地征用及拆迁补偿费或批租地价</td><td rowspan="2">房屋开发过程中发生的土地征用及拆迁补偿费或批租地价</td><td>能分清成本核算对象的</td><td>应直接计入有关房屋开发成本核算对象的“土地征用及拆迁补偿费”成本项目，并记入“开发成本——房屋开发成本”科目的借方和“银行存款”等科目的贷方</td></tr>
<tr><td>如分不清成本核算对象的</td><td>应先通过“开发成本——自用土地开发成本”科目进行汇集，待土地开发完成投入使用时，再按一定标准将其分别记入有关房屋开发成本核算对象，并记入“开发成本——房屋开发成本”科目的借方和“开发成本——自用土地开发成本”科目的贷方</td></tr>
<tr><td colspan="2">房屋开发占用的土地，如属企业综合开发的商品性土地的一部分</td><td>则应将其发生的土地征用及拆迁补偿费，先在“开发成本——商品性土地开发成本”科目进行汇集，待土地开发完成投入使用时，再按一定标准将其分别记入有关房屋开发成本核算对象，并记入“开发成本——房屋开发成本”科目的借方和“开发成本——商品性土地开发成本”科目的贷方。如开发完成商品性土地已经转入“开发产品”或“库存商品”科目，则在用以建造房屋时，将其应负担的土地征用及拆迁补偿费记入有关房屋开发成本核算对象，并记入“开发成本——房屋开发成本”科目的借方和“开发产品”或“库存商品”科目的贷方</td></tr>
</table>

（二）建筑安装工程费

建筑安装工程费如图 11-30 所示。

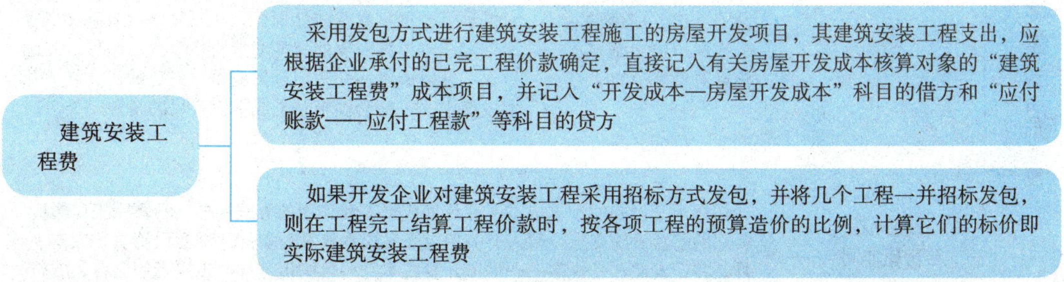

图11-30　建筑安装工程费

【例 11-12】雅居地产股份公司将两幢商品房建筑安装工程进行招标，标价为

1 080 000 元，这两幢商品房的预算造价为：

101 商品房　　630 000 元

102 商品房　　504 000 元

台计　　1 134 000 元

则在工程完工结算工程价款时，按如下方法计算各幢商品房的实际建筑安装工程费：

采用自营方式进行建筑安装工程施工的房屋开发项目，其发生的各项建筑安装工程支出，一般可直接记入有关房屋开发成本核算对象的“建筑安装工程费”成本项目，并记入“开发成本——房屋开发成本”科目的借方和“库存材料”或“原材料”“应付工资”“银行存款”等科目的贷方。如果开发企业自行施工大型建筑安装工程，可以按照本章第二节所述设置“工程施工”“施工间接费用”等科目，用来核算和归集各项建筑安装工程支出，月末将其实际成本转入“开发成本——房屋开发成本”科目，并记入有关房屋开发成本核算对象的“建筑安装工程费”成本项目。

企业用于房屋开发的各项设备，即附属于房屋工程主体的各项设备，应在出库交付安装时，记入有关房屋开发成本核算对象的“建筑安装工程费”成本项目，并记入“开发成本——房屋开发成本”科目的借方和“库存设备”科目的贷方。

（三）配套设施费

配套设施费的核算如图 11-31 所示。

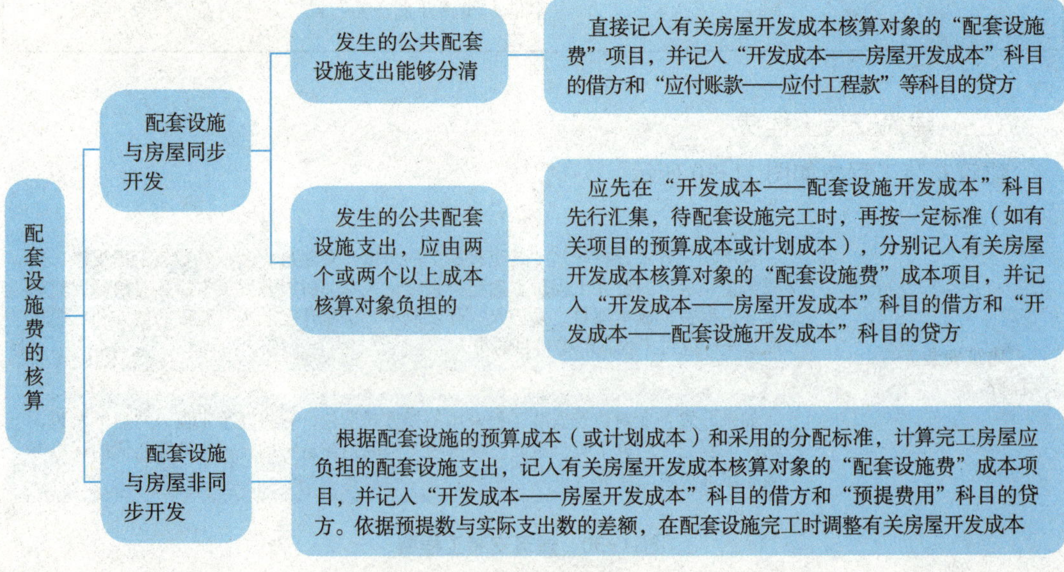

图11-31　配套设施费的核算

三、房屋开发成本核算举例

【例 11-13】雅居地产股份公司在 2019 年内，共发生了下列有关房屋开发支出（单位：元），如表 11-32 所示。

表 11-32　雅居地产股份公司房屋开发成本核算

科目	101	102	152	182
	商品房	商品房	出租房	周转房
支付征地拆迁费	100 000.00	80 000.00		
结转自用土地征地拆迁费			75 000.00	75 000.00
应付承包设计单位前期工程费	30 000.00	30 000.00	30 000.00	30 000.00
应付承包房地产企业基础设施工程款	90 000.00	75 000.00	70 000.00	70 000.00
应付承包房地产企业建筑安装工程款	600 000.00	480 000.00	450 000.00	450 000.00
分配配套设施费（水塔）	80 000.00	65 000.00	60 000.00	60 000.00
预提配套设施费（幼托）	80 000.00	72 000.00	64 000.00	64 000.00
分配开发间接费用	82 000.00	66 000.00	62 000.00	62 000.00

则在用银行存款支付征地拆迁费时，应作：

借：开发成本——房屋开发成本　　180 000

　贷：银行存款　　180 000

结转出租房、周转房使用土地应负担的自用土地开发成本时，应作：

借：开发成本——房屋开发成本　　150 000

　贷：开发成本——自用土地开发成本　　150 000

将应付设计单位前期工程款入账时，应作：

借：开发成本——房屋开发成本　　120 000

　贷：应付账款——应付工程款　　120 000

将应付房地产企业基础设施工程款入账时，应作：

借：开发成本——房屋开发成本　　305 000

　贷：应付账款——应付工程款　　305 000

将应付房地产企业建筑安装工程款入账时，应作：

借：开发成本——房屋开发成本　　1 980 000

　贷：应付账款——应付工程款　　1 980 000

分配应由房屋开发成本负担的水塔配套设施支出时，应作：

借：开发成本——房屋开发成本　　265 000

　贷：开发成本——水塔　　265 000

预提应由房屋开发成本负担的幼托设施支出时，应作：

借：开发成本——房屋开发成本　　280 000

　贷：预提费用——预提配套设施费　　280 000

分配应由房屋开发成本负担的开发间接费用时，应作：

借：开发成本——房屋开发成本　　272 000

　贷：开发间接费用　　272 000

同时应将各项房屋开发支出分别记入各有关房屋开发成本明细分类账。

四、已完房屋开发成本的结转

已完房屋开发成本的结转如图 11-32 所示。

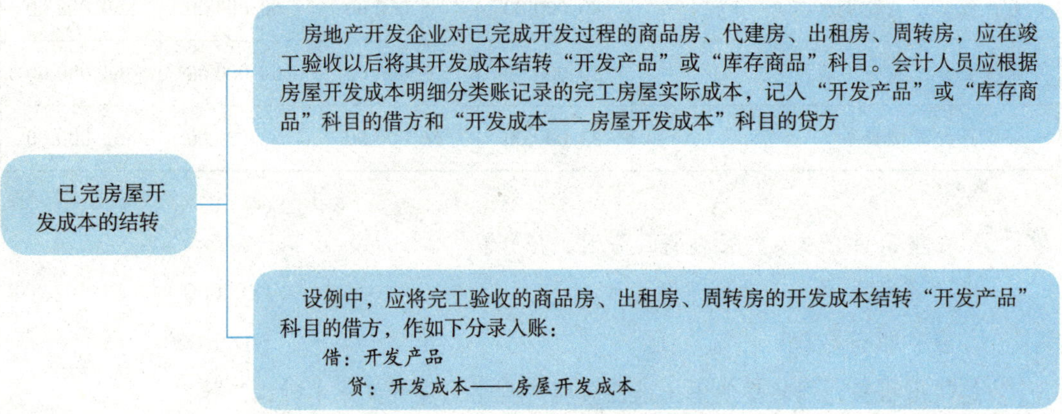

已完房屋开发成本的结转

房地产开发企业对已完成开发过程的商品房、代建房、出租房、周转房，应在竣工验收以后将其开发成本结转“开发产品”或“库存商品”科目。会计人员应根据房屋开发成本明细分类账记录的完工房屋实际成本，记入“开发产品”或“库存商品”科目的借方和“开发成本——房屋开发成本”科目的贷方

设例中，应将完工验收的商品房、出租房、周转房的开发成本结转“开发产品”科目的借方，作如下分录入账：

借：开发产品

　贷：开发成本——房屋开发成本

图11-32　已完房屋开发成本的结转

第八节　代建工程开发成本的核算

一、代建工程的种类及其成本核算的对象和项目

代建工程的种类及其成本核算的对象和项目如图 11-33 所示。

代建工程的种类及其成本核算的对象和项目

- 定义：代建工程是指开发企业接受委托单位的委托，代为开发的各种工程，包括土地、房屋、市政工程等
- 现行会计制度规定：企业代委托单位开发的土地（即建设场地）、各种房屋所发生的各项支出，应分别通过“开发成本——商品性土地开发成本”和“开发成本——房屋开发成本”科目进行核算，并在这两个科目下分别按土地、房屋成本核算对象和成本项目归集各项支出，进行代建工程项目开发成本的明细分类核算
- 除土地、房屋以外，企业代委托单位开发的其他工程如市政工程等，其所发生的支出，则应通过“开发成本——代建工程开发成本”科目进行核算。因此，开发企业在“开发成本——代建工程开发成本”科目核算的，仅限于企业接受委托单位委托，代为开发的除土地、房屋以外的其他工程所发生的支出
- 代建工程开发成本的核算对象
  - 土地征用及拆迁补偿费
  - 前期工程费
  - 基础设施费
  - 建筑安装工程费
  - 开发间接费

图11-33　代建工程的种类及其成本核算的对象和项目

二、代建工程开发成本的核算

代建工程开发成本的核算如图 11-34 所示。

代建工程开发成本的核算

- 开发企业发生的各项代建工程支出和对代建工程分配的开发间接费用，应记入“开发成本——代建工程开发成本”科目的借方和“银行存款”“应付账款——应付工程款”“库存材料”或“原材料”“应付工资”“开发间接费用”等科目的贷方。同时应按成本核算对象和成本项目分别归类记入各代建工程开发成本明细分类账。代建工程开发成本明细分类账的格式，基本上和房屋开发成本明细分类账相同
- 完成全部开发过程并经验收的代建工程，应将其实际开发成本自“开发成本——代建工程开发成本”科目的贷方转入“开发产品”或“库存商品”科目的借方，并在将代建工程移交委托代建单位，办妥工程价款结算手续后，将代建工程开发成本自“开发产品”或“库存商品”科目的贷方转入“经营成本”或“主营业务成本”科目的借方

图11-34　代建工程开发成本的核算

【例 11-14】雅居地产股份公司接受市政工程管理部门的委托，代为扩建开发小区旁边一条道路。扩建过程中，用银行存款支付拆迁补偿费 300 000 元，前期工程费 160 000 元，应付基础设施工程款 540 000 元，分配开发间接费用 80 000 元，在发生上列各项扩建工程开发支出和分配开发间接费用时，应作如下分录入账：

借：开发成本——代建工程开发成本　　1 080 000

　贷：银行存款　　460 000

　　应付账款——应付工程款　　540 000

　　开发间接费用　　80 000

道路扩建工程完工并经验收，结转已完工程成本时，应作如下分录入账：

借：开发产品——代建工程　　1 080 000

　贷：开发成本——代建工程开发成本　　1 080 000

第十二章
房地产开发企业收入的核算

本章导读

如果把商品房看作普通商品，房地产开发企业主营业务收入的取得和工业企业有很大的相似性，同样是生产产品，然后通过商品的销售取得利润。但由于商品房往往需要通过分期收款的方式进行销售，且销售时一般均是按套销售，很少出现整栋楼宇整体出售的情形，这给房地产开发企业的业务、成本的确认带来了很大的难度。

在本章中，我们重点学习以下的内容：企业营业收入确认和会计核算，成本和费用的区别，如何对产品成本进行会计核算，如何对费用进行会计核算，了解什么是政府补助，获得政府补助时怎样进行会计核算，最后掌握什么是利润，利润的构成及其会计核算。

第一节　房地产开发企业收入概述

一、收入的概念和特征

收入的概念和特征如表 12-1 所示。

表 12-1　收入的概念和特征

收入的含义	收入的特点
企业在日常活动中形成的、会导致所有者权益增加的、与所有者投入资本无关的经济利益的总流入	（1）收入是企业在日常活动中形成的经济利益的总流入； （2）收入会导致企业所有者权益的增加； （3）收入与所有者投入资本无关

二、收入的分类

收入的分类如表 12-2 所示。

表 12-2　收入的分类

划分标准	分类	含义及具体内容
按企业从事日常活动的性质不同	销售商品收入	企业通过销售商品实现的收入。这里的商品包括企业为销售而生产的产品和为转售而购进的商品。企业销售的其他存货如原材料、包装物等也视同商品
	提供劳务收入	企业通过提供劳务实现的收入。比如，企业通过提供旅游、运输、咨询、代理、培训、产品安装等劳务所实现的收入
	让渡资产使用权收入	企业通过让渡资产使用权实现的收入。让渡资产使用权收入主要是指金融企业对外贷款形成的利息收入，以及企业转让无形资产（如商标权、专利权、专营权、版权）等资产的使用权形成的使用费收入
	建造合同收入	建造合同收入是指房地产企业承包工程所获得的收入，包括合同中规定的初始收入和因合同变更、索赔、奖励等形成的收入。房地产开发企业由于和房地产企业紧密联系，如果有下属的房地产企业，通常也会有建造合同收入
按企业经营业务的主次不同	主营业务收入	企业为完成其经营目标所从事的经常性活动实现的收入。主营业务收入一般占企业总收入的较大比重，对企业的经济效益产生较大影响。通过“主营业务收入”科目核算，并通过“主营业务成本”科目核算为取得主营业务收入发生的相关成本。 房地产开发企业的主要业务是从事土地开发、房屋开发、配套设施开发和代建工程开发等，因此其主营业务收入是指对外转让、销售、结算和出租开发产品等所取得的收入，具体包括土地转让收入（建设场地销售收入）、商品房销售收入、配套设施销售收入、代建工程结算收入和出租开发产品的租金收入等

续表

划分标准	分类	含义及具体内容
按企业经营业务的主次不同	其他业务收入	其他业务收入是指企业为完成其经营目标所从事的与经常性活动相关的活动实现的收入。其他业务收入属于企业日常活动中次要交易实现的收入，一般占企业总收入的比重较小。 房地产开发企业从事其他多种经营取得的收入，如商品房售后服务收入、饮食服务收入，以及销售材料、转让无形资产、出租固定资产等形成的收入，均属于其他业务收入。通过“其他业务收入”科目核算的其他业务收入，需通过“其他业务成本”科目核算为取得其他业务收入发生的相关成本

三、房地产开发企业相关收入的确认原则

房地产开发企业相关收入的确认原则如图 12-1 所示。

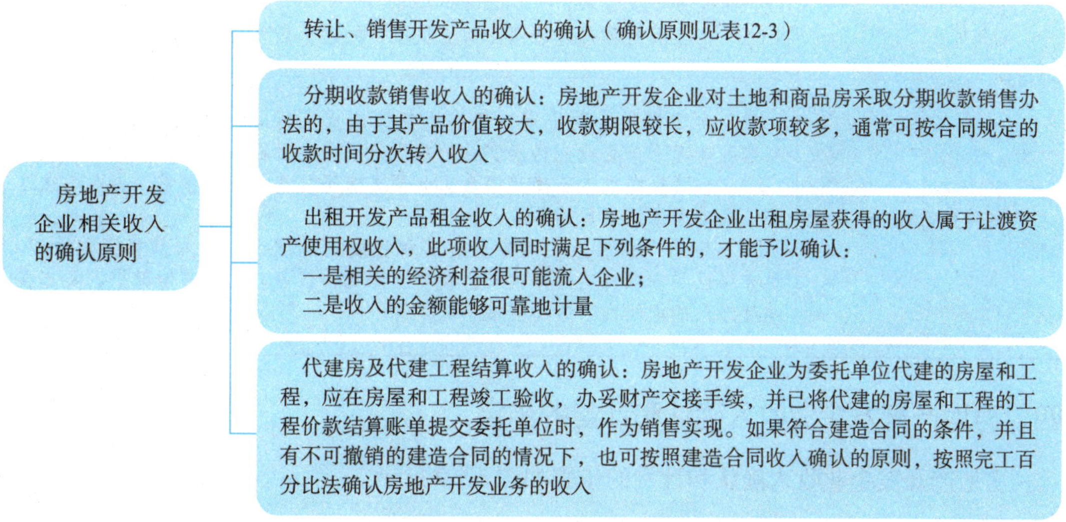

房地产开发企业相关收入的确认原则

- 转让、销售开发产品收入的确认（确认原则见表12-3）
- 分期收款销售收入的确认：房地产开发企业对土地和商品房采取分期收款销售办法的，由于其产品价值较大，收款期限较长，应收款项较多，通常可按合同规定的收款时间分次转入收入
- 出租开发产品租金收入的确认：房地产开发企业出租房屋获得的收入属于让渡资产使用权收入，此项收入同时满足下列条件的，才能予以确认：
  一是相关的经济利益很可能流入企业；
  二是收入的金额能够可靠地计量
- 代建房及代建工程结算收入的确认：房地产开发企业为委托单位代建的房屋和工程，应在房屋和工程竣工验收，办妥财产交接手续，并已将代建的房屋和工程的工程价款结算账单提交委托单位时，作为销售实现。如果符合建造合同的条件，并且有不可撤销的建造合同的情况下，也可按照建造合同收入确认的原则，按照完工百分比法确认房地产开发业务的收入

图12-1　房地产开发企业相关收入的确认原则

房地产销售收入的确认如表 12-3 所示。

表 12-3　房地产销售收入的确认

房地产销售收入的确认	确认的条件（要同时满足）
一般商品销售收入	企业应当在履行了合同中的履约义务，即在客户取得相关商品控制权时确认收入。取得相关商品控制权，是指能够主导该商品的使用并从中获得几乎全部的经济利益，也包括有能力阻止其他方主导该商品的使用并从中获得经济利益。取得商品控制权包括以下三个要素： （1）能力，即客户必须拥有现时权利，能够主导该商品的使用并从中获得几乎全部经济利益。如果客户只能在未来的某一期间主导该商品的使用并从中获益，则表明其尚未取得该商品的控制权； （2）主导该商品的使用。客户有能力主导该商品的使用，是指客户有权使用该商品，或者能够允许或阻止其他方使用该商品；

续表

房地产销售收入的确认	确认的条件（要同时满足）
一般商品销售收入	（3）能够获得几乎全部的经济利益。商品的经济利益，是指该商品的潜在现金流量，既包括现金流入的增加，也包括现金流出的减少。客户可以通过很多方式直接或间接地获得商品的经济利益，例如使用、消耗、出售或持有该商品、使用该商品提升其他资产的价值，以及将该商品用于清偿债务、支付费用或抵押等。 在房地产销售中，房地产企业与客户之间的合同同时满足下列条件的，企业应当在客户取得相关商品控制权时确认收入： （1）合同各方已批准该合同并承诺将履行各自义务； （2）该合同明确了合同各方与所转让的商品（或提供的服务，以下简称转让的商品）相关的权利和义务； （3）该合同有明确的与所转让的商品相关的支付条款； （4）该合同具有商业实质，即履行该合同将改变企业未来现金流量的风险、时间分布或金额； （5）企业因向客户转让商品而有权取得的对价很可能收回
几种特殊情况	（1）卖方根据合同规定，仍有责任实施重大行动，例如工程尚未完工。在这种情况下，企业应在所实施的重大行动完成时确认收入； （2）合同存在重大不确定因素，如买方有退货选择权的销售。企业应在这些不确定因素消失后确认收入； （3）房地产销售后，卖方仍有某种程度的继续涉入，如销售回购协议、卖方保证买方在特定时期内获得投资报酬的协议等。在这些情况下，卖方在继续涉入的期间内一般不应确认收入

四、房地产开发企业收入确认和计量的步骤

房地产开发企业收入确认和计量的步骤如图 12-2 所示。

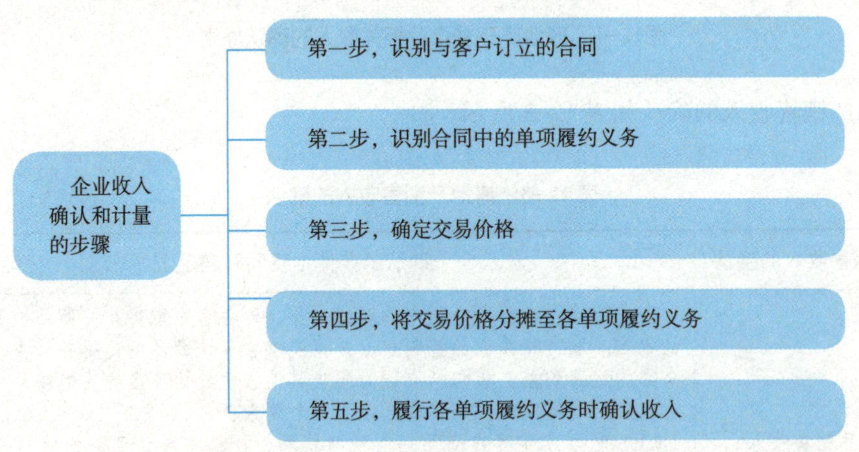

图12-2　房地产开发企业收入确认和计量的步骤

企业收入确认和计量的步骤具体内容如表 12-4 所示。

表 12-4　企业收入确认和计量的步骤具体内容

步骤	相关的内容
识别与客户订立的合同	合同，是指双方或多方之间订立有法律约束力的权利义务的协议，包括书面形式、口头形式以及其他可验证的形式（如隐含于商业惯例或企业以往的习惯做法中等）。 企业与客户之间的合同同时满足下列条件的，企业应当在客户取得相关商品控制权时确认收入： （1）合同各方已批准该合同并承诺将履行各自义务； （2）该合同明确了合同各方与所转让的商品（或提供的服务，以下简称转让的商品）相关的权利和义务； （3）该合同有明确的与所转让的商品相关的支付条款； （4）该合同具有商业实质，即履行该合同将改变企业未来现金流量的风险、时间分布或金额； （5）企业因向客户转让商品而有权取得的对价很可能收回。 对于不能同时满足上述收入确认的五个条件的合同，企业只有在不再负有向客户转让商品的剩余义务（例如，合同已完成或取消），且已向客户收取的对价（包括全部或部分对价）无须退回时，才能将已收取的对价确认为收入；否则，应当将已收取的对价作为负债进行会计处理。其中，企业向客户收取无须退回的对价的，应当在已经将该部分对价所对应的商品的控制权转移给客户，并且已不再向客户转让额外的商品且不再负有此类义务时，将该部分对价确认为收入；或者，在相关合同已经终止时，将该部分对价确认为收入
识别合同中的单项履约义务	合同开始日，企业应当对合同进行评估，识别该合同所包含的各单项履约义务，并确定各单项履约义务是在某一时段内履行，还是在某一时点履行，然后，在履行了各单项履约义务时分别确认收入。履约义务，是指合同中企业向客户转让可明确区分商品的承诺。企业应当将下列向客户转让商品的承诺作为单项履约义务： （1）企业向客户转让可明确区分商品（或者商品或服务的组合）的承诺； （2）企业向客户转让一系列实质相同且转让模式相同的、可明确区分商品的承诺
确定交易价格	交易价格，是指企业因向客户转让商品而预期有权收取的对价金额。企业代第三方收取的款项（例如增值税）以及企业预期将退还给客户的款项，应当作为负债进行会计处理，不计入交易价格。合同标价并不一定代表交易价格。企业应当根据合同条款，并结合以往的习惯做法等确定交易价格。企业在确定交易价格时，应当假定将按照现有合同的约定向客户转让商品，且该合同不会被取消、续约或变更
将交易价格分摊至各单项履约义务	当合同中包含两项或多项履约义务时，为了使企业分摊至每一单项履约义务的交易价格能够反映其因向客户转让已承诺的相关商品（或提供已承诺的相关服务）而预期有权收取的对价金额，企业应当在合同开始日，按照各单项履约义务所承诺商品的单独售价的相对比例，将交易价格分摊至各单项履约义务
履行每一单项履约义务时确认收入	企业应当在履行了合同中的履约义务，即客户取得相关商品控制权时确认收入。企业应当根据实际情况，首先判断履约义务是否满足在某一时段内履行的条件，如不满足，则该履约义务属于在某一时点履行的履约义务。对于在某一时段内履行的履约义务，企业应当选取恰当的方法来确定履约进度；对于在某一时点履行的履约义务，企业应当综合分析控制权转移的迹象，判断其转移时点

五、房地产开发企业商品房销售收入金额的确定

房地产开发企业商品房销售收入金额的确定如图 12-3 所示。

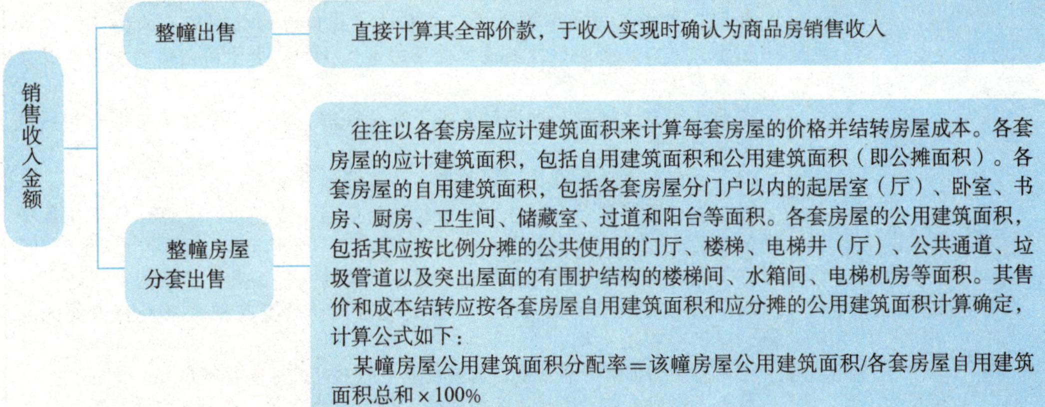

图12-3　房地产开发企业商品房销售收入金额的确定

【例 12-1】雅居地产股份公司开发了美丽花园小区，全部是用于出售的商品房。小区总建筑面积共 72 000 平方米，其中，全部房屋的套内自用建筑面积总和为 60 000 平方米，公用建筑面积 12 000 平方米，该公司出售一套自用建筑面积 80 平方米的房屋，该商品房每建筑平方米售价 6 000 元，请计算这套房屋的总售价。

公用建筑面积分配率 =12 000 / 60 000×100%=20%

该套房屋销售应计建筑面积 =80×（1+20%）=96（平方米）

该套房屋销售价款 =6 000×96=576 000（元）

第二节　房地产开发企业销售开发产品的核算

一、开发产品销售核算中的科目

房地产开发企业在对开发产品进行销售的过程中，需要确认收入，同时也需要结转成本，在会计核算的过程中，同普通商品的销售一样，需要涉及的科目主要有“主营业务收入”“主营业务成本”“长期应收款”“未确认融资费用”等科目，会计处理如表 12-5 所示。

表 12-5　房地产开发企业科目设置及会计处理

科目名称	借贷科目
主营业务收入	企业销售开发产品的收入，应按实际收到或应收的金额，借记“银行存款”“应收账款”“应收票据”等科目，按确认的营业收入，贷记“主营业务收入”科目。期末，应将“主营业务收入”科目的余额转入“本年利润”科目，结转后“主营业务收入”科目应无余额
主营业务成本	会计期末，房地产开发企业应根据本期销售的开发产品的实际成本，计算应结转的主营业务成本，借记“主营业务成本”科目，贷记“开发产品”等科目。会计期末，应将本科目的余额转入“本年利润”科目，结转后“主营业务成本”科目无余额
长期应收款	按应收的合同或协议价款，借记“长期应收款”科目，按应收合同或协议价款的公允价值（折现值），贷记“主营业务收入”等科目，按其差额，贷记“未实现融资收益”科目。涉及增值税的，还应进行相应的处理。本科目的期末借方余额，反映企业尚未收回的长期应收款
未实现融资收益	按应收的合同或协议价款，借记“长期应收款”科目，按应收的合同或协议价款的公允价值，贷记“主营业务收入”等科目，按其差额，贷记“未实现融资收益”科目。涉及增值税的，还应进行相应的处理。该科目期末贷方余额，反映企业尚未转入当期收益的未实现融资收益

二、开发产品完成开发之后的核算

开发产品完成开发之后的核算如图 12-4 所示。

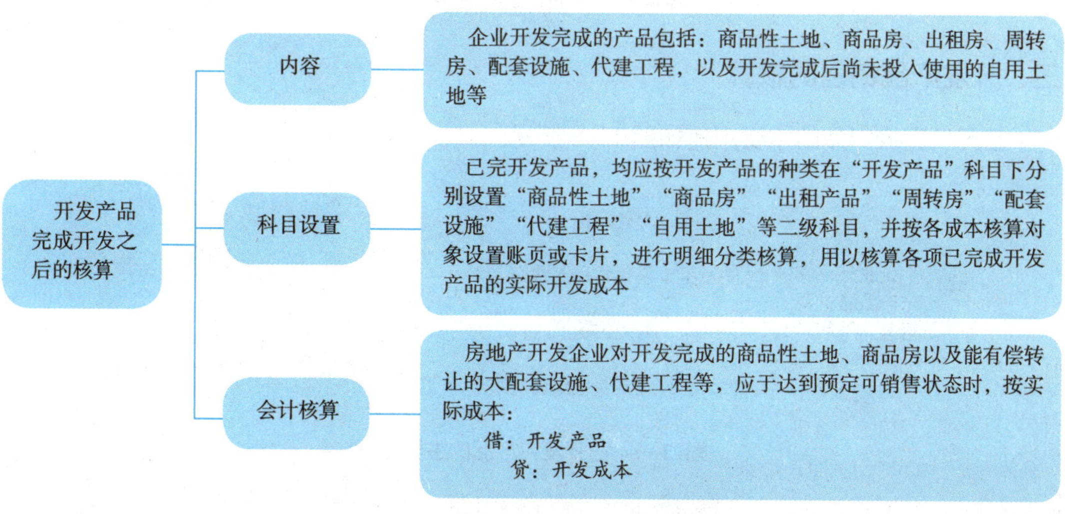

图12-4　开发产品完成开发之后的核算

不同情况开发完成后的会计处理如表 12-6 所示。

表 12-6 不同情况开发完成后的会计处理

情况	会计分录
商品性土地开发完成后的核算	借：开发产品——商品性土地 ××× 贷：开发成本——商品性土地开发成本 ×××
商品房开发完成后的核算	借：开发产品——商品房 ××× 贷：开发成本——房屋开发成本 ×××
配套设施开发完成后的核算	借：开发产品——配套设施 ××× 贷：开发成本——配套设施开发成本 ×××
代建工程开发完成后的核算	借：开发产品——代建工程 ××× 贷：开发成本——代建工程开发成本 ×××

开发产品的特殊情况如图 12-5 所示。

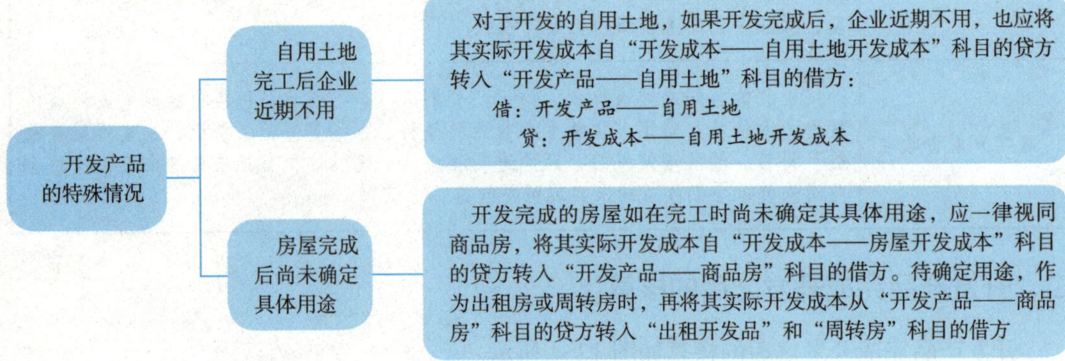

图12-5 开发产品的特殊情况

三、开发产品销售的核算

已开发完成产品的主要用途如图 12-6 所示。

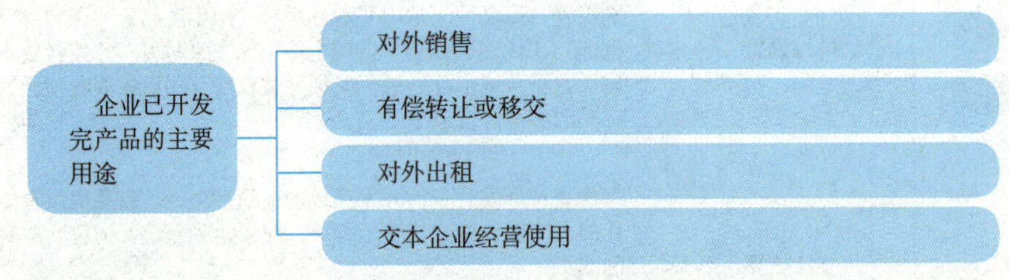

图12-6 已开发完产品的主要用途

（一）房屋销售的核算

企业开发完成的房屋，在竣工验收取得验收合格证书并办理登记手续后，即可加以出售。房屋可以整幢出售，也可以分套出售，如图 12-7 所示。整幢房屋分套出售前，企业应明确各套房屋的建筑面积及相应的土地使用权比例，如图 12-8，图 12-9 所示。

整幢房屋分套出售

整幢房屋分套出售时，应以建筑面积作为计算房屋价格的基本单位，除了各套“自用”建筑面积外，还要合理分摊“公用”建筑面积

各套房屋的“自用”建筑面积：包括各套房屋分户门以内的起居室（厅）、卧室、办公室、厨房、卫生间、储藏室、过道和阳台等面积

各套房屋的“公用”建筑面积：包括公共使用的门厅、楼梯、电梯井（厅）、公共通道、垃圾管道以及突出屋面的有围护结构的楼梯间、水箱间、电梯机房等面积

图12-7 整幢房屋分套出售

分套出售房屋建筑面积的计算

分套出售房屋建筑面积的计算公式：

某套出售房屋建筑面积=该套房屋的“自用”建筑面积×（1+该栋房屋公用建筑面积/该栋房屋自用建筑面积总和）×100%

实例：如某幢出售房屋的建筑面积共为6 000平方米，其中各套房屋“自用”建筑面积总和为5 000平方米，“公用”建筑面积为1 000平方米。如某套出售房屋的“自用”建筑面积为50平方米，则：

该套出售房屋建筑面积=50平方米×（1+20%）=60平方米

图12-8 分套出售房屋建筑面积的计算

对外销售房屋的会计核算

对外销售的房屋，应在移交商品房、并将发票账单提交买主时，将其销售收入记入“银行存款”“应收账款”等科目的借方和“主营业务收入——商品房销售收入”科目的贷方，对于相应的增值税销项税额，贷记“应交税费——应交增值税（销项税额）”

作如下分录入账：

借：银行存款等 ×××

贷：主营业务收入——商品房销售收入 ×××

应交税费——应交增值税（销项税额） ×××

月份终了，应将销售房屋的实际开发成本自“开发产品——商品房”科目的贷方结转“主营业务成本——商品房销售成本”科目的借方，作如下分录入账：

借：主营业务成本——商品房销售成本 ×××

贷：开发产品——商品房 ×××

图12-9 对外销售房屋的会计核算

（二）土地转让的核算

转让土地使用权的核算如表 12-7 所示。

表 12-7 转让土地使用权的核算

转让规定及合同内容	交易方式	其他单位转让土地的会计处理	
应签订转让合同，在合同中载明土地的位置、四周边界和面积、地上附着物、土地用途、建筑物高度、绿化面积、土地转让期限、土地转让金的支付方式和违约责任等	可以采用协议、招标、拍卖等方式。土地转让的价格，根据地理位置、经济环境、土地用途、土地转让期限、房地产市场供求等因素决定，并报当地土地管理机关备案	在移交转让土地、并将发票账单提交买主时	月份终了
		转让价格记入“银行存款”“应收账款”等科目的借方和“主营业务收入——土地转让收入”科目的贷方	将转让土地的实际开发成本自“开发产品——商品性土地”科目的贷方结转“主营业务成本——土地转让成本”科目的借方

（三）配套设施转让的核算

配套设施转让的核算如图 12-10 所示。

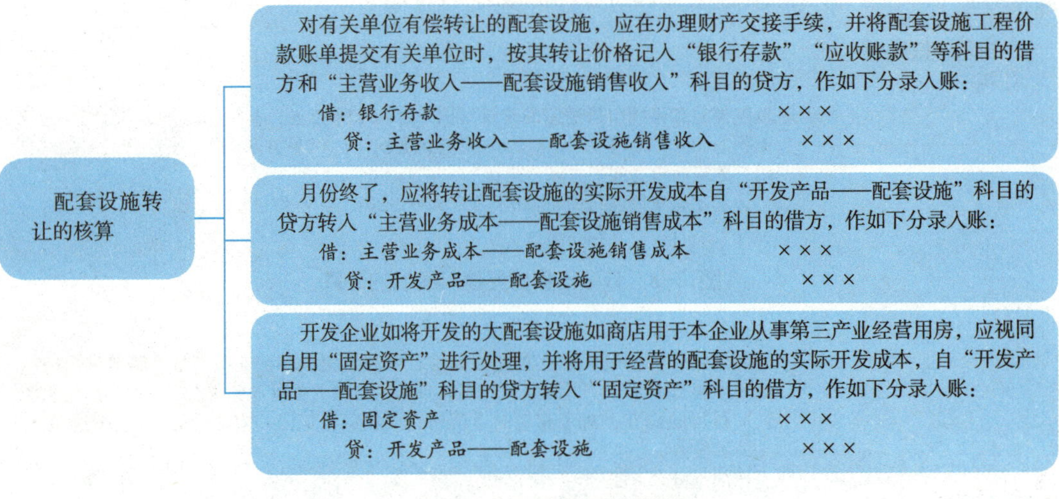

图12-10 配套设施转让的核算

（四）代建工程移交的核算

代建工程移交的核算如图 12-11 所示。

代建工程移交的核算

在工程竣工验收、办理财产交接手续，并将代建工程价款结算账单提交委托单位时

将其工程价款记入“银行存款”“应收账款”科目的借方和“主营业务收入——代建工程结算收入”科目的贷方，作如下分录入账：

借：银行存款

贷：主营业务收入——代建工程结算收入

月份终了

将移交代建工程的实际开发成本自“开发产品——代建工程”科目的贷方转入“主营业务成本——代建工程结算成本”科目的借方，作如下分录入账：

借：主营业务成本——代建工程结算成本

贷：开发产品——代建工程

图12-11 代建工程移交的核算

（五）开发产品分期收款销售收入的核算

开发产品分期收款销售收入的核算如表 12-8 所示。

表 12-8　开发产品分期收款销售收入的核算

开发产品分期收款销售收入的核算原则	开发产品分期收款销售的账务处理
（1）分期收款开发产品销售成本的结转时间。根据会计配比原则，企业营业收入与其相对应的成本、费用应当相互配比，以便正确计算和考核企业的经营成本。因此，采用分期收款办法销售的开发产品，它的销售成本的结转，应与分期收款销售收入实现的时间相一致。分期收款开发产品的应收价款，应按合同规定的收款时间分次转作收入，它的销售成本也应于销售实现时分次进行结转。 （2）分期收款开发产品销售成本的结转数额。由于分期收款开发产品的销售收入是分次实现的，因此与销售收入相关联的销售成本也应分次结转。企业当期结转销售成本的数额，一般可根据当期收回的价款（即合同规定当期应收价款数额）占分期收款产品应收价款总额（即全部售价）	企业采用分期收款方式销售开发产品，实质上具有融资性质的，在满足收入确认条件时，应按应收合同或协议价款，借记“长期应收款”科目，按应收合同或协议价款的公允价值，贷记“主营业务收入”科目，按销售开发产品等应交纳的增值税额，贷记“应交税费——应交增值税（销项税额）”科目，按其差额，贷记“未实现融资收益”科目。每期收到价款时，借记“银行存款”科目，贷记“长期应收款”科目。月末一并计算并结转销售开发产品成本。按期采用实际利率法计算确定利息收入，借记“未实现融资收益”科目，贷记“财务费用”科目

【例 12-2】雅居地产股份公司于 2020 年 1 月 1 日采用分期收款方式销售办公楼一栋，合同价格为 1 500 万元，合同成立时先支付 500 万元，其余款项分 5 年于每年年末收取。假定该办公楼不采用分期收款方式时的销售价格为 1 300 万元，暂不考虑营业税等税收。

分析：该项销售应收款项的收取时间较长，相当于对客户提供信贷，具有融资性质，因此应按 1 300 万元确认收入，合同总价款 1 500 万元与 1 300 万元的差额 200 万元应当作为未实现融资收益，在 5 年内采用实际利率法进行摊销，冲减财务费用。

使用实际利率法的关键是求得实际利率，也就是满足下列公式的利率：

未来 5 年收款额的现值 = 现销方式下应收账款金额

根据年金现值系数表，可计算得出年金 200 万元、期数 5 年、现值 800 万元的折现率为 7.93%，即为该笔应收款项的实际利率。

该笔应收款项账面余额，减去未实现融资收益账面余额后的差额，即为应收款项的摊余成本；摊余成本和实际利率 7.93% 的乘积即为当期应冲减的财务费用。

各年应摊销的未实现融资收益计算如下：

第 1 年 =（1 000-200）×7.93%=63.44（万元）

第 2 年 =［800-（200-63.44）］×7.93%=52.61（万元）

第 3 年 =［600-（200-63.44-52.61）］×7.93%=40.92（万元）

第 4 年 =［400-（200-63.44-52.61-40.92）］×7.93%=28.31（万元）

第 5 年 =200-63.44-52.61-40.92-28.31=14.72（万元）

会计分录如下：

（1）销售成立时：

借：银行存款　　500

　　长期应收款　　1 000

　贷：主营业务收入　　1 300

　　　未实现融资收益　　200

（2）第 1 年年末：

借：银行存款　　200

　贷：长期应收款　　200

借：未实现融资收益　　63.44

　贷：财务费用　　63.44

（3）第 2、3、4、5 年年末：

借：银行存款　　200

　贷：长期应收款　　200

借：未实现融资收益　　各年应摊销的未实现融资收益

　贷：财务费用　　各年应摊销的未实现融资收益

第三节　开发产品跌价准备提取的核算

一、需要计提开发产品跌价准备的情形

对于房地产开发企业而言，作为其主要开发产品的商品房、商品性建设场地由于销售周期较长，对于市场因素的变化非常敏感，为了较真实地反映企业在建开发产品和已完工开发产品的可变现净值，提高企业会计信息的真实性，按照新《企业会计准则》的规定，企业在年终对在建开发产品和已完工开发产品进行清查时，如发现其可变现净值低于开发成本时，应当提取开发产品跌价准备，如图 12-12 所示。

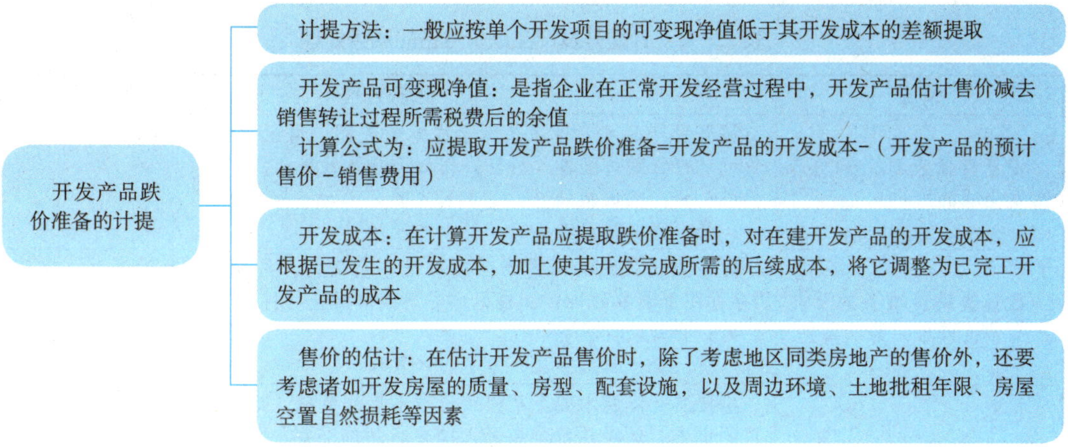

开发产品跌价准备的计提

计提方法：一般应按单个开发项目的可变现净值低于其开发成本的差额提取

开发产品可变现净值：是指企业在正常开发经营过程中，开发产品估计售价减去销售转让过程所需税费后的余值

计算公式为：应提取开发产品跌价准备=开发产品的开发成本-（开发产品的预计售价－销售费用）

开发成本：在计算开发产品应提取跌价准备时，对在建开发产品的开发成本，应根据已发生的开发成本，加上使其开发完成所需的后续成本，将它调整为已完工开发产品的成本

售价的估计：在估计开发产品售价时，除了考虑地区同类房地产的售价外，还要考虑诸如开发房屋的质量、房型、配套设施，以及周边环境、土地批租年限、房屋空置自然损耗等因素

图12－12　开发产品跌价准备的计提

在一般情况下，当开发产品存在下列情况之一时，应当计提跌价准备，具体见表 12-9。

表 12-9　应当计提跌价准备的条件

应当计提跌价准备的条件
（1）地区房地产市场价格持续下跌，并且在可预见的未来无回升的希望
（2）开发房屋质量、房型不好、配套设施不全、所在地区环境不好
（3）开发房屋已空置多年，周边地区房产已经滞销，难以按成本价销售，等等
（4）开发土地属于今后城市公共设施用地范围，预计未来将被征用
（5）在建开发房屋已“停工”“烂尾”多年，企业已无后续资金，即便借款开发，也难收回投入资金

二、核算开发产品跌价准备的常用会计科目

核算开发产品跌价准备的常用会计科目及科目意义如表 12-10 所示。

表 12-10　核算开发产品跌价准备的常用会计科目及科目意义

常用会计科目	对应科目意义
存货跌价准备	开发产品的跌价准备主要通过“存货跌价准备”科目进行核算，“存货跌价准备”科目可按开发产品的项目或类别进行明细核算。本科目的期末余额一般在贷方，反映企业已计提但尚未转销的开发产品的存货跌价准备
资产减值损失	房地产开发企业因为计提开发产品减值准备所形成的损失通过“资产减值损失”科目进行核算，“资产减值损失”科目可按资产减值损失的项目进行明细核算。期末，应将本科目余额转入“本年利润”科目，结转后本科目无余额

三、计提开发产品跌价准备的账务处理

计提开发产品跌价准备的账务处理如表 12-11 所示。

表 12-11 计提开发产品跌价准备的账务处理

情况	账务处理
资产负债表日，开发产品发生减值的	按开发产品可变现净值低于成本的差额，借记“资产减值损失”科目，贷记“存货跌价准备”科目。作如下分录入账： 借：资产减值损失 ××× 贷：存货跌价准备 ×××
已计提跌价准备的开发产品价值以后又得以恢复	应在原已计提的开发产品跌价准备金额内，按恢复增加的金额，借记“存货跌价准备”科目，贷记“资产减值损失”科目。作如下分录入账： 借：存货跌价准备 ××× 贷：资产减值损失 ×××
对已提跌价准备的开发产品，在销售、转让后结转经营成本时	应按其开发成本减去已提跌价准备后的数额，记入“主营业务成本”科目的借方，已提跌价准备记入“存货跌价准备”科目的借方，开发产品开发成本记入”开发产品”科目的贷方，作如下分录入账： 借：主营业务成本 ××× 存货跌价准备 ××× 贷：开发产品 ×××

【例 12-3】雅居地产股份公司有两栋自己开发待对外销售的别墅，目前尚未销售，在“开发产品”科目的余额分别为 500 万元、350 万元。

（1）由于当地高档商品住房的价格大跌，2019 年 12 月 31 日，经估算这两栋房产的可变现净值分别为 420 万元和 300 万元，需要计提开发产品减值准备，请进行账务处理：

甲房产应计提的开发产品减值准备 =500-420=80（万元）

乙房产应计提的开发产品减值准备 =350-300=50（万元）

借：资产减值损失——开发产品减值准备　　1 300 000

　贷：存货跌价准备——甲方产　　800 000

　　存货跌价准备——乙方产　　500 000

（2）2020 年 2 月，该公司将甲房产以 520 万的价格销售，房款已收入公司的银行账户，请进行账务处理：

借：银行存款　　5 200 000

　贷：主营业务收入　　5 200 000

借：主营业务成本　　4 200 000

　存货跌价准备　　800 000

　贷：开发产品　　5 000 000

（3）截至 2020 年年底时，乙房产尚未销售，但当时高档房产的价格有所回升，经估算这栋房产的可变现净值达 330 万元：

借：存货跌价准备　　300 000

　贷：资产减值损失　　300 000

第十三章

房地产企业的期间费用与利润

本章导读

不能小看期间费用，对期间费用知识的学习也是非常重要的，而利润作为企业经营的真实目的所在，其重要性不言而喻。同工业企业一样，房地产企业也存在期间费用和利润。期间费用是指不计入产品生产成本、直接计入发生当期损益的费用。期间费用主要包括管理费用、销售费用和财务费用。利润是企业的收入减去成本费用之后的余额，它是企业经营成本。

在本章中，我们重点学习哪些支出属于管理费用，哪些支出属于销售费用，哪些支出属于财务费用，以及它们的会计核算，掌握如何计算企业的利润，如何对企业利润进行结转与分配。

第一节　期间费用的核算

一、管理费用

管理费用含义、内容和科目设置的介绍如表 13-1 所示。

表 13-1　管理费用含义、内容和科目设置的介绍

管理费用含义	管理费用内容	“管理费用”科目
企业为组织和管理生产经营活动而发生的各种管理费用	企业在筹建期间发生的开办费、董事会和行政管理部门在企业的经营管理中发生的或者应由企业统一负担的公司经费（包括行政管理部门职工薪酬、物料消耗。低值易耗品摊销、办公费和差旅费等）、工会经费、董事会费（包括董事会成员津贴、会议费和差旅费等）、聘请中介机构费、咨询费（含顾问费）、诉讼费、业务招待费、房产税、车船使用税、土地使用税、印花税、技术转让费、矿产资源补偿费、研究费用、排污费以及企业生产车间（部门）和行政管理部门发生的固定资产修理费等	核算管理费用的发生和结转情况。该科目借方登记企业发生的各项管理费用，贷方登记期末转入“本年利润”科目的管理费用，结转后该科目应无余额。该科目应按管理费用的费用项目进行明细核算

【例 13-1】雅居地产股份公司筹建期间发生办公费、差旅费等开办费 25 000 元，均用银行存款支付。会计分录如下：

借：管理费用　　25 000

　贷：银行存款　　25 000

【例 13-2】雅居地产股份公司行政部 9 月份共发生费用 224 000 元，其中：行政人员薪酬 150 000 元，行政部专用办公设备折旧费 45 000 元，报销行政人员差旅费 21 000 元（假定报销人均未预借差旅费），其他办公、水电费 8 000 元（均用银行存款支付）。会计分录如下：

借：管理费用　　224 000

　贷：应付职工薪酬　　150 000

　　　累计折旧　　45 000

　　　库存现金　　21 000

　　　银行存款　　8 000

二、销售费用

销售费用含义、内容和科目含义的介绍如图 13-1 所示。

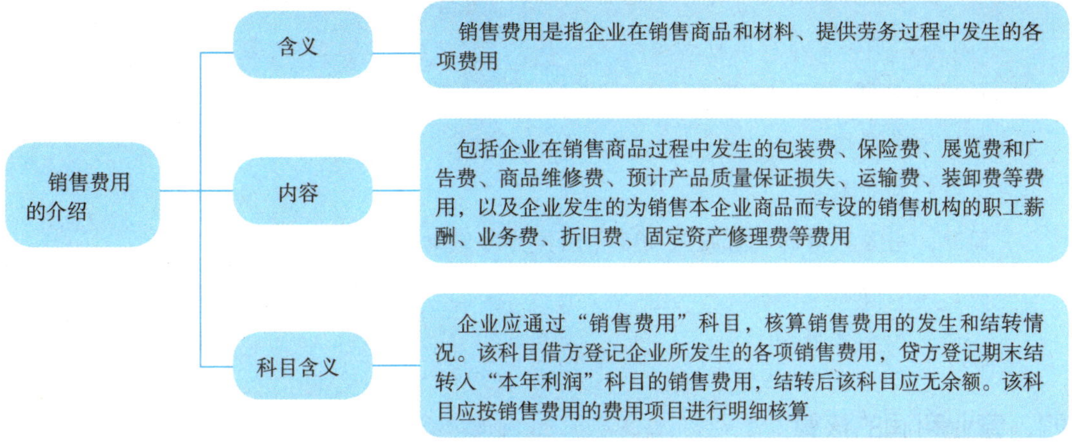

图13-1　销售费用含义、内容和科目含义的介绍

【例 13-3】雅居地产股份公司销售部 8 月份共发生费用 220 000 元，其中：销售人员薪酬 100 000 元，销售部专用办公设备折旧费 50 000 元，业务费 70 000 元（均用银行存款支付）。会计分录如下：

借：销售费用　　220 000

　贷：应付职工薪酬　　100 000

　　累计折旧　　50 000

　　银行存款　　70 000

三、财务费用

财务费用含义、内容和科目含义的介绍如图 13-2 所示。

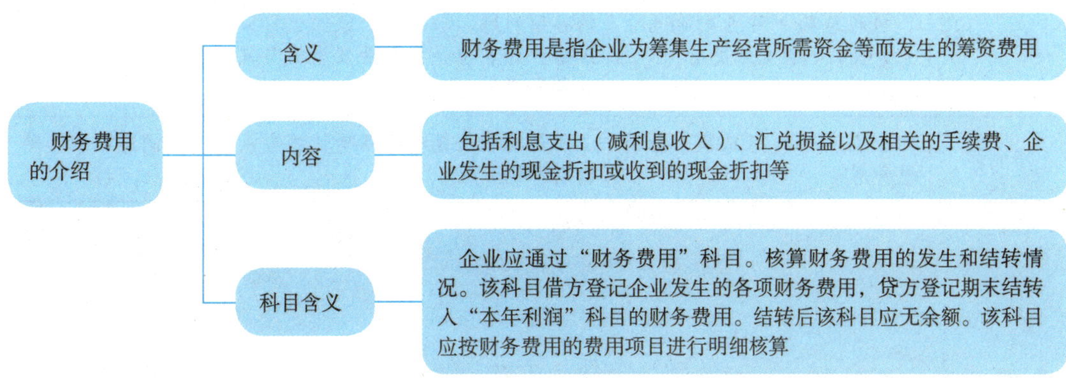

图13-2　财务费用含义、内容和科目含义的介绍

【例 13-4】雅居地产股份公司于 2020 年 1 月 1 日向银行借入生产经营用短期借款 360 000 元，期限 6 个月，年利率 5%，该借款本金到期后一次归还，利息分月预提，按季支付。假定 1 月份其中 120 000 元暂时作为闲置资金存入银行，并获得利息收入 400 元。假定所有利息均不符合利息资本化条件。1 月份相关利息的会计处理如下：

1 月末，预提当月份应计利息：

360 000×5% / 12=1 500（元）

借：财务费用　　1 500

　贷：应付利息　　1 500

同时，当月取得的利息收入 400 元应作为冲减财务费用处理。

借：银行存款　　400

　贷：财务费用　　400

四、营业利润的核算

营业利润的核算如表 13-2 所示。

表 13-2　营业利润的核算

各种利润	核算公式	相关定义
营业利润	营业利润 = 营业收入 - 营业成本 - 营业税金及附加 - 销售费用 - 管理费用 - 财务费用 - 资产减值损失 + 公允价值变动收益（- 公允价值变动损失）+ 投资收益（- 投资损失）	营业收入是指企业经营业务所确认的收入总额，包括主营业务收入和其他业务收入。 营业成本是指企业经营业务所发生的实际成本总额，包括主营业务成本和其他业务成本。 资产减值损失是指企业计提各项资产减值准备所形成的损失。 公允价值变动收益（或损失）是指企业交易性金融资产等公允价值变动形成的应计入当期损益的利得（或损失）。 投资收益（或损失）是指企业以各种方式对外投资所取得的收益（或发生的损失）
利润总额	利润总额 = 营业利润 + 营业外收入 - 营业外支出	营业外收入是指企业发生的与其日常活动无直接关系的各项利得。 营业外支出是指企业发生的与其日常活动无直接关系的各项损失
净利润	净利润 = 利润总额 - 所得税费用	所得税费用是指企业确认的应从当期利润总额中扣除的所得税费用

第二节　利润的核算

一、利润及其计算

利润及其计算如表 13-3 所示。

表 13-3　利润及其计算

利润的含义	利润的计算
企业在一定会计期间的经营成果	包括收入减去费用后的净额、直接计入当期利润的利得和损失等。其中直接计入当期利润的利得和损失，是指应当计入当期损益、会导致所有者权益发生增减变动的、与所有者投入资本或者向所有者分配利润无关的利得或者损失

二、营业外收入和营业外支出的核算

营业外收入和营业外支出的核算如表 13-4、表 13-5 所示。

表 13-4　营业外收入

含义	包含的内容	“营业外收入”科目	会计处理
企业发生的与其日常活动无直接关系的各项利得	非流动资产处置利得、盘盈利得、罚没利得、捐赠利得、确实无法支付而按规定程序经批准后转作营业外收入的应付款项等	核算营业外收入的取得及结转情况。该科目贷方登记企业确认的各项营业外收入，借方登记期末结转入本年利润的营业外收入。结转后该科目应无余额。该科目应按照营业外收入的项目进行明细核算	确认营业外收入，借记“固定资产清理”“银行存款”“库存现金”“应付账款”等，贷记“营业外收入”。期末，应将“营业外收入”余额转入“本年利润”，借记“营业外收入”，贷记“本年利润”
注：营业外收入并不是企业经营资金耗费所产生的，不需要企业付出代价，实际上是经济利益的净流入，不可能也不需要与有关的费用进行配比	注：非流动资产处置利得包括固定资产处置利得和无形资产出售利得。固定资产处置利得，指企业出售固定资产所取得价款或报废固定资产的材料价值和变价收入等，扣除处置固定资产的账面价值、清理费用、处置相关税费后的净收益；无形资产出售利得，指企业出售无形资产所取得价款，扣除出售无形资产的账面价值、出售相关税费后的净收益。 盘盈利得，主要指对于现金等清查盘点中盘盈的现金等，报经批准后计入营业外收入的金额。 罚没利得，指企业取得的各项罚款，在弥补由于对违反合同或协议而造成的经济损失后的罚款净收益。 捐赠利得，指企业接受捐赠产生的利得		

表 13-5　营业外支出

含义	包含的内容	"营业外支出"科目	会计处理
企业发生的与其日常活动无直接关系的各项损失	非流动资产处置损失、盘亏损失、罚款支出、公益性捐赠支出、非常损失等	核算营业外支出的发生及结转情况。该科目借方登记企业发生的各项营业外支出，贷方登记期末结转入本年利润的营业外支出。结转后该科目应无余额。该科目应按照营业外支出的项目进行明细核算	发生营业外支出时，借记"营业外支出"，贷记"固定资产清理""待处理财产损溢""库存现金""银行存款"等。期末，应将"营业外支出"科目余额转入"本年利润"，借记"本年利润"，贷记"营业外支出"
	注：流动资产处置损失包括固定资产处置损失和无形资产出售损失。固定资产处置损失，指企业出售固定资产所取得价款或报废固定资产的材料价值和变价收入等，不足以抵补处置固定资产的账面价值、清理费用、处置相关税费所发生的净损失；无形资产出售损失，指企业出售无形资产所取得价款，不足以抵补出售无形资产的账面价值、出售相关税费后所发生的净损失。 盘亏损失，主要指对于固定资产清查盘点中盘亏的固定资产，在查明原因处理时按确定的损失计入营业外支出的金额。 罚款支出，指企业由于违反税收法规、经济合同等而支付的各种滞纳金和罚款。 公益性捐赠支出，指企业对外进行公益性捐赠发生的支出。 非常损失，指企业对于因客观因素（如自然灾害等）造成的损失，在扣除保险公司赔偿后应计入营业外支出的净损失		

【例 13-5】雅居地产股份公司将拥有的一项非专利技术出售，取得价款 900 000 元，应交的增值税为 54 000 元。该非专利技术的账面余额为 1 000 000 元，累计摊销额为 100 000 元，未计提减值准备。会计分录如下：

借：银行存款　　900 000

　　累计摊销　　100 000

　　营业外支出　　54 000

　贷：无形资产　　1 000 000

　　　应交税费——应交增值税　　54 000

三、利润的结转与分配

（一）利润的结转

本年利润科目的设置如表 13-6 所示。

表 13-6 “本年利润”科目的设置

“本年利润”科目设置目的	期末会计核算	年度终了时的会计核算
核算企业本年度内实现的利润总额（或亏损总额）	将各收益类科目的余额转入“本年利润”科目的贷方；将各成本、费用类科目的余额转入“本年利润”科目的借方。转账后，“本年利润”科目如为贷方余额，反映本年度自年初开始累计实现的净利润；如为借方余额，反映本年度自年初开始累计发生的净亏损	将“本年利润”科目的全部累计余额，转入“利润分配”科目，如为净利润，借记“本年利润”科目，贷记“利润分配”科目；如为净亏损，作相反会计分录。年度结账后，“本年利润”科目无余额

【例 13-6】雅居地产股份公司在 2019 年度决算时，各损益账户 12 月 31 日的余额如下：

科目名称	结前余额（元）
主营业务收入	90 000（贷）
主营业务税金及附加	4 500（借）
主营业务成本	50 000（借）
营业费用	2 000（借）
管理费用	8 500（借）
财务费用	2 000（借）
其他业务收入	9 400（贷）
其他业务支出	7 400（借）
投资收益	1 500（贷）
营业外收入	3 500（贷）
营业外支出	1 800（借）
所得税	8 500（借）

根据上述资料，企业作如下会计处理：

（1）结转主营业务收入：

借：主营业务收入　　90 000

　贷：本年利润　　90 000

（2）结转销售税金、成本和期间费用：

借：本年利润　　67 000

　贷：主营业务税金及附加　　4 500

主营业务成本　　50 000

营业费用　　2 000

管理费用　　8 500

财务费用　　2 000

（3）结转其他业务收支：

借：其他业务收入　　9 400

　贷：本年利润　　9 400

借：本年利润　　7 400

　贷：其他业务支出　　7 400

（4）结转投资净收益：

借：投资收益　　1 500

　贷：本年利润　　1 500

（5）结转营业外收支：

借：营业外收入　　3 500

　贷：本年利润　　3 500

借：本年利润　　1 800

　贷：营业外支出　　1 800

（6）结转本年所得税费用：

借：本年利润　　8 500

　贷：所得税　　8 500

（7）计算并结转本年净利润：

"本年利润"科目借方发生额 = 67 000 + 7 400 + 1 800 + 8 500 = 84 700（元）

"本年利润"科目贷方发生额 = 90 000 + 9 400 + 1 500 + 3 500= 104 400（元）

净利润 = 104 400 − 84 700 = 19 700（元）

借：本年利润　　19 700

　贷：利润分配——未分配利润　　19 700

（二）利润分配的会计核算

利润分配的会计核算如表 13-7 所示。

表 13-7 利润分配

利润分配含义	利润分配的顺序	“利润分配”科目
企业根据国家有关规定和企业章程、投资者协议等，对企业当年可供分配的利润所进行的分配	提取法定盈余公积；提取任意盈余公积；向投资者分配利润 可供分配的利润＝当年实现的净利润＋年初未分配利润（或－年初未弥补亏损）＋其他转入	核算企业利润的分配（或亏损的弥补）和历年分配（或弥补）后的未分配利润（或未弥补亏损）。该科目应分别“提取法定盈余公积”“提取任意盈余公积”“应付现金股利或利润”“盈余公积补亏”“本分配利润”等进行明细核算。企业未分配利润通过“利润分配——未分配利润”明细科目进行核算。年度终了，企业应将全年实现的净利润或发生的净亏损，自“本年利润”科目转入“利润分配——未分配利润”，并将“利润分配”科目所属其他明细科目的余额，转入“未分配利润”明细科目。结转后，“利润分配——未分配利润”如为贷方余额，表示累积未分配的利润数额；如为借方余额，则表示累积未弥补的亏损数额

【例 13-7】雅居地产股份公司年初未分配利润为 0，本年实现净利润 2 000 000 元，本年提取法定盈余公积 200 000 元，宣告发放现金股利 800 000 元。假定不考虑其他因素，公司会计处理如下：

（1）结转本年利润：

借：本年利润　　2 000 000

　贷：利润分配——未分配利润　　2 000 000

如企业当年发生亏损，则应借记“利润分配——未分配利润”科目，贷记“本年利润”科目。

（2）提取法定盈余公积、宣告发放现金股利：

借：利润分配——提取法定盈余公积　　200 000

　　　　　　——应付现金股利　　800 000

　贷：盈余公积　　200 000

　　　应付股利　　800 000

同时，

借：利润分配——未分配利润　　1 000 000

　贷：利润分配——提取法定盈余公积　　200 000

　　　　　　　——应付现金股利　　800 000

结转后，如果“未分配利润”明细科目的余额在贷方，表示累计未分配的利润；如果余额在借方，则表示累积未弥补的亏损。本例中，“利润分配——未分配利润”明细科目的余额在贷方，此贷方余额 100 000 元（本年利润 2 000 000－提取法定盈余公积 200 000－支付现金股利 800 000）即为公司本年年末的累计未分配利润。

（三）盈余公积的会计核算

盈余公积的会计核算如表 13-8 所示。

表 13-8　盈余公积

盈余公积含义	《公司法》对盈余公积的规定	盈余公积的作用	相关内容
企业按规定从净利润中提取的企业积累资金。公司制企业的盈余公积包括法定盈余公积和任意盈余公积	公司制企业应当按照净利润（减弥补以前年度亏损，下同）的 10% 提取法定盈余公积。非公司制企业法定盈余公积的提取比例可超过净利润的 10%。法定盈余公积累计额已达注册资本的 50% 时可以不再提取。注：在计算提取法定盈余公积的基数时，不应包括企业年初未分配利润	经批准可用于弥补亏损、转增资本、发放现金股利或利润等	公司制企业可根据股东大会的决议提取任意盈余公积。非公司制企业经类似权力机构批准，也可提取任意盈余公积。法定盈余公积和任意盈余公积的区别在于其各自计提的依据不同，前者以国家的法律法规为依据；后者由企业的权力机构自行决定

1. 提取盈余公积

企业按规定提取盈余公积时，应通过“利润分配”和“盈余公积”等科目处理。

【例 13-8】雅居地产股份公司本年实现净利润为 5 000 000 元，年初未分配利润为 0。经股东大会批准，公司按当年净利润的 10% 提取法定盈余公积。假定不考虑其他因素，有关会计分录如下：

借：利润分配——提取法定盈余公积　　500 000

　贷：盈余公积——法定盈余公积　　500 000

本年提取盈余公积金额 =5 000 000×10%=500 000（元）

2. 盈余公积补亏

【例 13-9】经股东大会批准，雅居地产股份公司用以前年度提取的盈余公积弥补当年亏损，当年弥补亏损的数额为 600 000 元。假定不考虑其他因素，有关会计分录如下：

借：盈余公积　　600 000

　贷：利润分配——盈余公积补亏　　600 000

3. 盈余公积转增资本

【例 13-10】因扩大经营规模需要，经股东大会批准，雅居地产股份公司将盈余公积 400 000 元转增股本。假定不考虑其他因素，有关会计分录如下：

借：盈余公积　　400 000

　贷：股本　　400 000

4. 用盈余公积发放现金股利或利润

【例 13-11】雅居地产股份公司 2019 年 12 月 31 日普通股股本为 50 000 000 股，每股面值 1 元，可供投资者分配的利润为 5 000 000 元，盈余公积 20 000 000 元。2020 年 3 月 20 日，股东大会批准了 2019 年度利润分配方案，以 2019 年 12 月 31 日为登记日，按每股 0.2 元发放现金股利。公司共需要分派 10 000 000 元现金股利，其中动用可供投资者分配的利润 55 000 元、盈余公积 500 000 元。假定不考虑其他因素，有关会计处理如下：

（1）宣告分派股利时：

借：利润分配——应付现金股利　　5 000 000

　　盈余公积　　5 000 000

　贷：应付股利　　10 000 000

（2）支付股利时：

借：应付股利　　10 000 000

　贷：银行存款　　10 000 000

本例中，公司经股东大会批准，以未分配利润和盈余公积发放现金股利，属于以未分配利润发放现金股利的部分 5 000 000 元应记入“利润分配——应付现金股利”科目，属于以盈余公积发放现金股利的部分 5 000 000 元应记入“盈余公积”科目。

第十四章 所得税

本章导读

企业所得税是对我国企业和经营单位的生产经营所得和其他所得征收的一种所得税。所得税会计是从资产负债表出发，通过比较资产负债表上列示的资产、负债按照企业会计准则规定确定的账面价值与按照税法规定确定的计税基础，对于两者之间的差额分别应纳税暂时性差异与可抵扣暂时性差异，确认相关的递延所得税负债与递延所得税资产，并在此基础上确定每一期间利润表中的所得税费用。企业会计准则规定，企业应采用资产负债表债务法核算所得税。在本章中，我们首先学习所得税的概念、特点和核算程序，然后再重点掌握什么是所得税会计，它具有什么特点；进行所得税核算时，一般应按照怎样的程序执行；什么是暂时性差异，什么是永久性差异，如何进行计算；什么是递延所得税资产，如何进行会计核算；什么是递延所得税负债，如何进行会计核算。

第一节　所得税会计概述

一、所得税会计的特点

所得税会计的特点如图 14-1 所示。

所得税会计的特点

特点：纳税人在计算应纳税所得额时，其财务、会计处理办法同国家有关税收的规定有抵触的，应当按照国家有关税收的规定计算纳税，即企业当期应交的所得税与当期按会计利润计算的所得税费用之间存在差异

差异产生的原因：企业会计准则是为了规范企业的财务会计行为，保护投资者和股东的利益，对经营者的经营成果在计算标准、内容、方法上所作的规定；而应纳税所得额的确定是按照税法处理国家和纳税人之间的分配关系，两者的目的不同，因此，两者对于收入、成本、费用、利润、资产、负债、所有者权益等的确认与计量亦不完全相同

差异的确认：其中一部分差异是由于会计准则与税法对企业资产和负债的计量的规定不同引起的，在以后会计期间，随着资产价值的收回和负债的支付，这部分差异会逐期转回，因此，根据权责发生制原则和配比原则，企业应将这部分差异确认为递延所得税资产和递延所得税负债

图14-1　所得税会计的特点

二、所得税会计核算的一般程序

采用资产负债表债务法核算所得税时，企业一般应于每一资产负债表日进行所得税的核算。发生特殊交易或事项时，如企业合并，在确认因交易或事项产生的资产、负债时即应确认相关的所得税影响。企业进行所得税核算的一般程序如图 14-2 所示。

按照相关企业会计准则规定，确定资产负债表中除递延所得税负债和递延所得税资产以外的其他资产和负债项目的账面价值。其中，资产和负债项目的账面价值，是指企业按照相关会计准则的规定进行核算后在资产负债表中列示的金额。例如，企业持有的应收账款在资产负债表中的列示金额为应收账款账面余额减去计提的坏账准备

按照企业会计准则中对于资产和负债计税基础的确定方法，以适用的税收法规为基础，确定资产负债表中有关资产、负债项目的计税基础

比较资产、负债的账面价值与其计税基础，对于两者之间存在差异的，分析其性质，除企业会计准则中规定的特殊情况外，分别应纳税暂时性差异与可抵扣暂时性差异，确定该资产负债表日与应纳税暂时性差异及可抵扣暂时性差异相关的递延所得税负债和递延所得税资产的应有金额，并将该金额与期初递延所得税负债和递延所得税资产的余额相比，确定当期应予进一步确认的递延所得税负债和递延所得税资产的金额或应予转销的金额，作为构成利润表中所得税费用的递延所得税

确定利润表中的所得税费用。利润表中的所得税费用包括当期所得税和递延所得税两个组成部分，其中，当期所得税是指当期发生的交易或事项按照适用的税法规定计算确定的当期应交所得税；递延所得税是当期确认的递延所得税资产和递延所得税负债金额或予以转销的金额的综合结果

图14-2　企业所得税核算的一般程序

第二节 计税基础和暂时性差异

一、暂时性差异

暂时性差异如图 14-3 所示。

暂时性差异

暂时性差异：是指资产或负债的账面价值与其计税基础之间的差额

账面价值：是指按照企业会计准则规定确定的有关资产、负债在企业的资产负债表中应列示的金额

确认：由于资产、负债的账面价值与其计税基础不同，产生了在未来收回资产或清偿负债的期间内，应纳税所得额增加或减少并导致未来期间应交所得税增加或减少的情况，在这些暂时性差异发生的当期，应当确认相应的递延所得税负债或递延所得税资产

根据暂时性差异对未来期间应税金额影响的不同，分为应纳税暂时性差异和可抵扣暂时性差异

补充说明：某些不符合资产、负债的确认条件，未作为财务会计报告中资产、负债列示的项目，如果按照税法规定可以确定其计税基础，该计税基础与其账面价值之间的差额也属于暂时性差异

图14-3 暂时性差异

（一）应纳税暂时性差异

应纳税暂时性差异如图 14-4 所示。

应纳税暂时性差异

应纳税暂时性差异：是指在确定未来收回资产或清偿负债期间的应纳税所得额时，将导致产生应税金额的暂时性差异

确认：该差异在未来期间转回时，会增加转回期间的应纳税所得额，即在未来期间不考虑该事项影响的应纳税所得额的基础上，由于该暂时性差异的转回，会进一步增加转回期间的应纳税所得额和应交所得税金额。在该暂时性差异产生当期，应当确认相关的递延所得税负债

图14-4 应纳税暂时性差异

产生应纳税暂时性差异的情况如表 14-1 所示。

表 14-1 产生应纳税暂时性差异的情况

产生差异的情况	具体解释
资产的账面价值大于其计税基础	一项资产的账面价值代表的是企业在持续使用及最终出售该项资产时会取得的经济利益的总额，而计税基础代表的是一项资产在未来期间可予税前扣除的总金额。资产的账面价值大于其计税基础，该项资产未来期间产生的经济利益不能全部税前抵扣，两者之间的差额需要交税，产生应纳税暂时性差异

续表

产生差异的情况	具体解释
负债的账面价值小于其计税基础	一项负债的账面价值为企业预计在未来期间清偿该项负债时的经济利益流出，而其计税基础代表的是账面价值在扣除税法规定未来期间允许税前扣除的金额之后的差额。因负债的账面价值与其计税基础不同产生的暂时性差异实质上是税法规定就该项负债在未来期间可以税前扣除的金额。负债的账面价值小于其计税基础，则意味着就该项负债在未来期间可以税前抵扣的金额为负数，即应在未来期间应纳税所得额的基础上调增，增加应纳税所得额和应交所得税金额，产生应纳税暂时性差异

（二）可抵扣暂时性差异

可抵扣暂时性差异如图 14-5 所示。

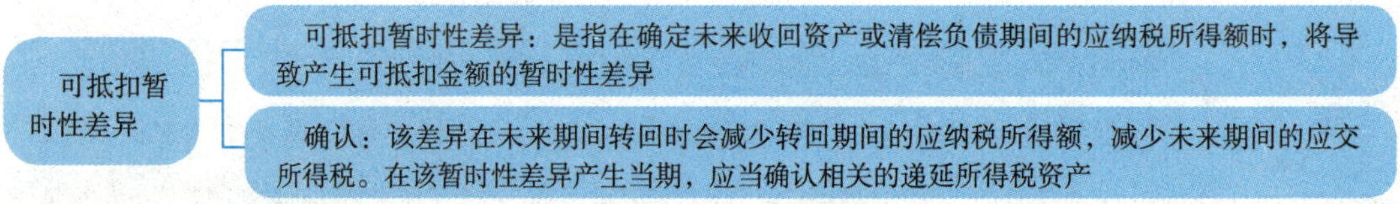

可抵扣暂时性差异

可抵扣暂时性差异：是指在确定未来收回资产或清偿负债期间的应纳税所得额时，将导致产生可抵扣金额的暂时性差异

确认：该差异在未来期间转回时会减少转回期间的应纳税所得额，减少未来期间的应交所得税。在该暂时性差异产生当期，应当确认相关的递延所得税资产

图14-5　可抵扣暂时性差异

产生可抵扣暂时性差异的情况如表 14-2 所示。

表 14-2　产生可抵扣暂时性差异的情况

产生差异的情况	具体解释
资产的账面价值小于其计税基础	资产在未来期间产生的经济利益少，按照税法规定允许税前扣除的金额多，则企业在未来期间可以减少应纳税所得额并减少应交所得税，形成可抵扣暂时性差异
负债的账面价值大于其计税基础	负债产生的暂时性差异实质上是税法规定就该项负债可以在未来期间税前扣除的金额。一项负债的账面价值大于其计税基础，意味着未来期间按照税法规定构成负债的全部或部分金额可以自未来应税经济利益中扣除，减少未来期间的应纳税所得额和应交所得税，产生可抵扣暂时性差异

二、资产的计税基础

资产的计税基础如表 14-3 所示。

表 14-3　资产的计税基础

资产的计税基础含义	一般情况	特殊情况例题说明
企业收回资产账面价值过程中，按照税法规定计算应纳税所得额时可以自应税经济利益中抵扣的金额。即资产的计税基础 = 未来可税前列支的金额	资产在取得时其入账价值（账面价值）与其计税基础是相同的。但由于在后续计量过程中因企业会计准则规定与税法规定不同，使得资产的账面价值与计税基础之间产生了暂时性差异	假设某项环保设备的原价为 1 000 万元，使用年限为 10 年，会计处理时按直线法计提折旧，税收处理时按双倍余额递减法计算税前扣除折旧费用，净残值为 0。在使用 2 年后的会计期末，企业对该项设备计提了 80 万元的固定资产减值准备。则在该会计期末，该项设备的账面价值为 1 000-100-100-80=720（万元），计税基础为 1 000-200-160=640（万元），二者之间的暂时性差异为 80 万元

三、负债的计税基础

负债的计税基础如表 14-4 所示。

表 14-4 负债的计税基础

负债的计税基础含义	一般情况	特殊情况例题说明
负债的账面价值减去未来期间按照税法规定计算应纳税所得额时可予抵扣的金额，即负债的计税基础 = 负债的账面价值 - 未来可税前列支的金额	短期借款、应付票据、应付账款、其他应付款等负债的确认和偿还，不会对当期损益和应纳税所得额产生影响，因此其计税基础即为账面价值	某些情况下，对自费用中提取的负债的确认可能会影响损益，并影响不同期间的应纳税所得额，使其计税基础与账面价值之间产生差额。 例：企业会计准则规定对于预计负债，在满足确认条件时，按照履行现时义务所需支出的最佳估计数确认。假定企业因产品售后服务确认了 100 万元预计负债，计入当期损益。按照税法规定，与预计负债相关的费用，视相关交易事项的具体情况，一般在实际发生时准予税前扣除，因此该项预计负债的计税基础为零。这就是说，在期末资产负债表中，该项预计负债的账面价值为 100 万元，计税基础为零，二者之间的暂时性差异为 100 万元

四、特殊项目产生的暂时性差异

【例 14-1】假定雅居地产股份公司持有一项交易性金融资产，成本为 1 000 万元，期末公允价值为 1 500 万元，即期末账面价值为 1 500 万元，而计税基础仍维持 1 000 万元不变。由于该项资产的升值部分 500 万元，在将来收回时将会产生应交所得税，因此该项资产的账面价值 1 500 万元与其计税基础 1 000 万元之间的差额 500 万元属于应纳税暂时性差异。

可抵扣暂时性差异，是指在确定未来收回资产或清偿负债期间的应纳税所得额时，将导致产生可抵扣金额的暂时性差异。

【例 14-2】雅居地产股份公司期末持有一批存货，原账面价值（账面成本）为 1 000 万元，估计其可变现净值为 800 万元，按照存货准则规定，计提了存货跌价准备 200 万元。但是税法规定存货跌价损失在发生实质性损失前不允许税前扣除，因此该批存货的计税基础仍为 1 000 万元。由于存货跌价准备在存货处置时可从应纳税所得额中扣除，在期末资产负债表中，该批存货的账面价值 800 万元与其计税基础 1 000 万元之间的差额 200 万元属于可抵扣暂时性差异。

第三节　递延所得税资产和递延所得税负债的确认和计量

一、递延所得税资产和递延所得税负债的确认和计量

（一）递延所得税资产和递延所得税负债的确认

递延所得税资产和递延所得税负债的确认如图 14-6 所示。

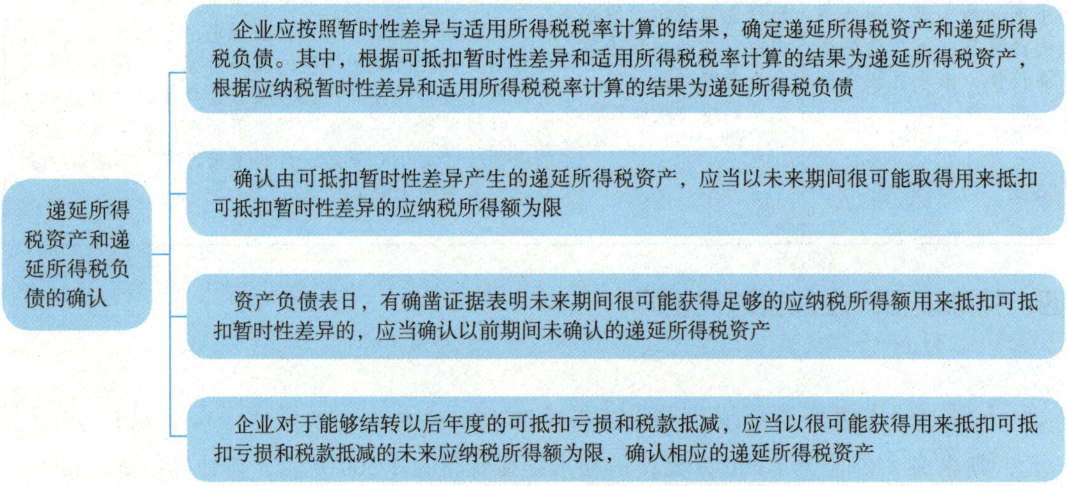

递延所得税资产和递延所得税负债的确认

- 企业应按照暂时性差异与适用所得税税率计算的结果，确定递延所得税资产和递延所得税负债。其中，根据可抵扣暂时性差异和适用所得税税率计算的结果为递延所得税资产，根据应纳税暂时性差异和适用所得税税率计算的结果为递延所得税负债
- 确认由可抵扣暂时性差异产生的递延所得税资产，应当以未来期间很可能取得用来抵扣可抵扣暂时性差异的应纳税所得额为限
- 资产负债表日，有确凿证据表明未来期间很可能获得足够的应纳税所得额用来抵扣可抵扣暂时性差异的，应当确认以前期间未确认的递延所得税资产
- 企业对于能够结转以后年度的可抵扣亏损和税款抵减，应当以很可能获得用来抵扣可抵扣亏损和税款抵减的未来应纳税所得额为限，确认相应的递延所得税资产

图14-6　递延所得税资产和递延所得税负债的确认

企业对与子公司、联营企业及合营企业投资相关的可抵扣暂时性差异，确认为相应的递延所得税资产应同时满足的条件如图 14-7 所示。

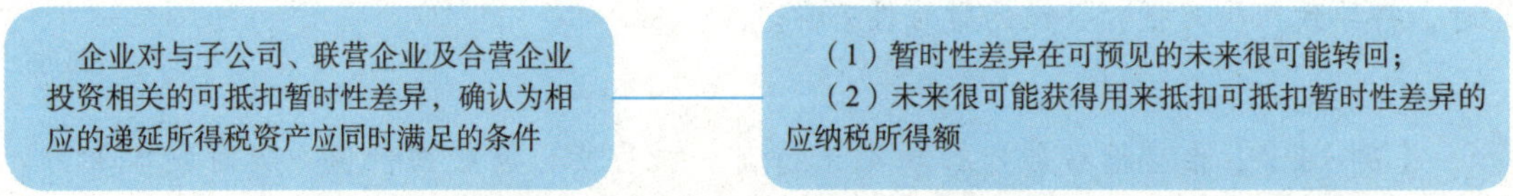

企业对与子公司、联营企业及合营企业投资相关的可抵扣暂时性差异，确认为相应的递延所得税资产应同时满足的条件

（1）暂时性差异在可预见的未来很可能转回；
（2）未来很可能获得用来抵扣可抵扣暂时性差异的应纳税所得额

图14-7　企业对与子公司、联营企业及合营企业投资相关的可抵扣暂时性差异，确认为相应的递延所得税资产应同时满足的条件

确认递延所得税的相关规定如图 14-8 所示。

除下列交易中产生的递延所得税负债以外，企业应当确认所有应纳税暂时性差异产生的递延所得税负债
- 商誉的初始确认
- 同时具有下列特征的交易中产生的资产或负债的初始确认：（1）该项交易不是企业合并；（2）交易发生时既不影响会计利润也不影响应纳税所得额（或可抵扣亏损）

企业对与子公司、联营企业及合营企业投资相关的应纳税暂时性差异，应当确认相应的递延所得税负债。但是，同时满足下列条件的除外
- 投资企业能够控制暂时性差异转回的时间
- 该暂时性差异在可预见的未来很可能不会转回。同时具有下列特征的交易中因资产或负债的初始确认所产生的递延所得税资产不予确认：（1）该项交易不是企业合并；（2）交易发生时既不影响会计利润也不影响应纳税所得额（或可抵扣亏损）

图14-8 确认递延所得税的相关规定

（二）递延所得税资产和递延所得税负债的计量

递延所得税资产和递延所得税负债的计量如图 14-9 所示。

递延所得税资产和递延所得税负债的计量
- 资产负债表日，对于递延所得税资产和递延所得税负债，应当根据税法规定，按照预期收回该资产或清偿该负债期间的适用税率计量
- 适用税率发生变化的，应对已确认的递延所得税资产和递延所得税负债进行重新计量，除直接在所有者权益中确认的交易或者事项产生的递延所得税资产和递延所得税负债以外，应当将其影响数计入变化当期的所得税费用
- 递延所得税资产和递延所得税负债的计量，应当反映资产负债表日企业预期收回资产或清偿负债方式的所得税影响，即在计量递延所得税资产和递延所得税负债时，应当采用与收回资产或清偿债务的预期方式相一致的税率和计税基础
- 企业不应当对递延所得税资产和递延所得税负债进行折现

图14-9 递延所得税资产和递延所得税负债计量的要求

（三）递延所得税资产和递延所得税负债的转回

递延所得税资产和递延所得税负债的转回如图 14-10 所示。

递延所得税资产和递延所得税负债的转回
- 递延所得税负债和递延所得税资产确认后，相关的应纳税暂时性差异或可抵扣暂时性差异于以后期间转回的，应当调整原已确认的递延所得税资产和递延所得税负债
- 如果未来期间很可能无法获得足够的应纳税所得额用以抵扣递延所得税资产的利益，应当减记递延所得税资产的账面价值。在很可能获得足够的应纳税所得额时，减记的金额应当转回
- 企业应当将当期和以前期间应交未交的所得税确认为所得税负债，将已支付的所得税超过应支付的部分确认为所得税资产。在资产负债表日，对于当期和以前期间形成的当期所得税负债（或资产），应当按照税法规定计算的预期应交纳（或返还）的所得税金额计量

图14-10 递延所得税资产和递延所得税负债转回的要求

二、所得税费用的核算

所得税费用的核算、科目设置和账务处理如图 14-11，表 14-5、表 14-6 所示。

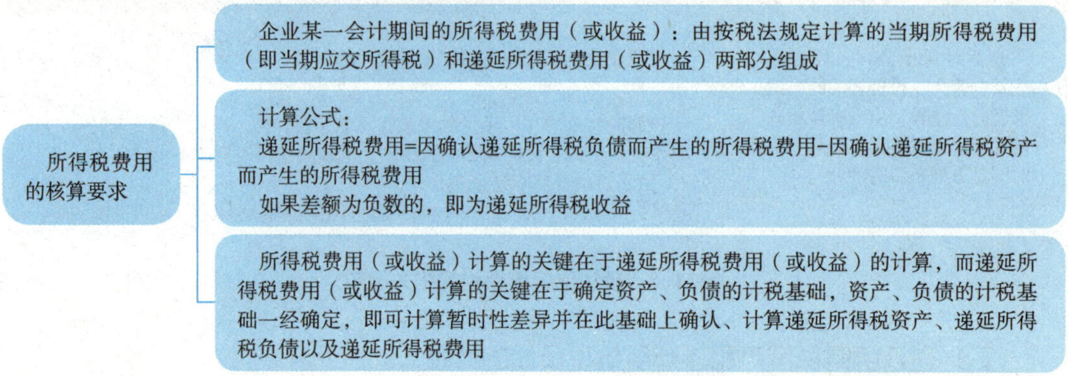

所得税费用的核算要求

企业某一会计期间的所得税费用（或收益）：由按税法规定计算的当期所得税费用（即当期应交所得税）和递延所得税费用（或收益）两部分组成

计算公式：
递延所得税费用=因确认递延所得税负债而产生的所得税费用-因确认递延所得税资产而产生的所得税费用
如果差额为负数的，即为递延所得税收益

所得税费用（或收益）计算的关键在于递延所得税费用（或收益）的计算，而递延所得税费用（或收益）计算的关键在于确定资产、负债的计税基础，资产、负债的计税基础一经确定，即可计算暂时性差异并在此基础上确认、计算递延所得税资产、递延所得税负债以及递延所得税费用

图14-11 所得税费用的核算要求

表 14-5 科目的设置

设置的科目	所得税费用	递延所得税资产	递延所得税负债
核算的内容	核算企业根据所得税准则确认的应从当期利润总额中扣除的所得税费用	核算企业根据所得税准则确认的可抵扣暂时性差异产生的所得税资产	核算企业根据所得税准则确认的应纳税暂时性差异产生的所得税负债
明细的设置	按照“当期所得税费用”“递延所得税费用”进行明细核算	按照可抵扣暂时性差异的具体项目进行明细核算	按照应纳税暂时性差异的具体项目进行明细核算
期末的核算	期末，应将该科目的余额转入“本年利润”科目，结转后本科目应无余额	期末借方余额反映企业已确认的递延所得税资产的余额。根据税法规定可用以后年度税前利润弥补的亏损及税款抵减产生的所得税资产，也在该科目核算	期末贷方余额反映企业已确认的递延所得税负债的余额

表 14-6 资产负债表日的账务处理

资产负债表日的状况	相应的会计处理
确定当期应交所得税	借：所得税费用－当期所得税费用 贷：应交税费－应交所得税
确认递延所得税资产	借：递延所得税资产 贷：所得税费用－递延所得税费用 资本公积－其他资本公积 本期应确认的递延所得税资产大于其账面余额的，应按其差额确认；本期应确认的递延所得税资产小于其账面余额的差额，作相反的会计分录

续表

资产负债表日的状况	相应的会计处理
非同一控制下企业合并中取得资产、负债的入账价值与其计税基础不同形成可抵扣暂时性差异	购买日根据所得税准则确认递延所得税资产，同时调整商誉： 借：递延所得税资产 贷：商誉
预计未来期间很可能无法获得足够的应纳税所得额用以抵扣可抵扣暂时性差异	按原已确认的递延所得税资产中应减记的金额： 借：所得税费用－当期所得税费用 资本公积－其他资本公积 贷：递延所得税资产
确认递延所得税负债	借：所得税费用－递延所得税费用 资本公积－其他资本公积 贷：递延所得税负债 本期应予确认的递延所得税负债大于其账面余额的，应按其差额确认；应予确认的递延所得税负债小于其账面余额的，作相反的会计分录
非同一控制下企业合并中取得资产、负债的入账价值与其计税基础不同形成应纳税暂时性差异	购买日据所得税准则确认递延所得税负债，同时调整商誉： 借：商誉 贷：递延所得税负债
据税收优惠政策向税务部门申请获得退回的所得税	一律应在实际收到时冲减收到当期的所得税费用： 借：银行存款 贷：所得税费用－当期所得税费用
结转所得税费用	借：本年利润 贷：所得税费用（当期所得税费用、递延所得税费用）
企业缴纳所得税	借：应交税费－应交所得税 贷：银行存款

【例 14-3】雅居地产股份公司 2018 年 12 月 31 日和 2019 年 12 月 31 日资产负债表中有关项目金额及其计税基础分别如表 14-7、表 14-8 所示。

表 14-7 资产负债表中有关项目金额

单位：元

序号	项目	账面价值	计税基础	暂时性差异	
				应纳税暂时性差异	可抵扣暂时性差异
1	存货	20 000 000.00	22 000 000.00	—	2 000 000.00
2	无形资产	600 000.00	—	600 000.00	—
3	预计负债	1 000 000.00	—	—	1 000 000.00
	合计			600 000.00	3 000 000.00

表 14-8　资产负债表中有关项目金额

单位：元

序号	项目	账面价值	计税基础	暂时性差异	
				应纳税暂时性差异	可抵扣暂时性差异
1	存货	16 000 000.00	16 000 000.00	—	—
2	无形资产	7 000 000.00	8 000 000.00	—	1 000 000.00
3	预计负债	600 000.00	—	—	600 000.00
4	交易性金融资产	4 000 000.00	2 000 000.00	2 000 000.00	
	合计			2 000 000.00	1 600 000.00

除上述项目外，该公司其他资产、负债的账面价值与其计税基础不存在差异，且递延所得税资产和递延所得税负债 2015 年不存在期初余额，适用的所得税税率为 25%。假定按照税法规定计算确定的 2018 年应交所得税为 600 万元，2019 年应交所得税为 660 万元。该公司预计在未来期间能够产生足够的应纳税所得额用来抵扣可抵扣暂时性差异。

2018 年 12 月 31 日公司计算确认的递延所得税负债、递延所得税资产、递延所得税费用以及所得税费用如下：

递延所得税负债 =600 000×25%=150 000（元）

递延所得税资产 =3 000 000×25%=750 000（元）

递延所得税费用 =150 000−750 000=−600 000（元）

所得税费用 =6 000 000−600 000=5 400 000（元）

所作会计分录如下：

借：所得税费用——当期所得税费用　　6 000 000

　贷：应交税费——应交所得税　　6 000 000

借：所得税费用——递延所得税费用　　150 000

　贷：递延所得税负债　　150 000

借：递延所得税资产　　750 000

　贷：所得税费用——递延所得税费用　　750 000

2019 年 12 月 31 日，公司计算确认的递延所得税负债、递延所得税资产、递延所得税费用以及所得税费用如下：

期末递延所得税负债 =2 000 000×25%=500 000（元）

减：期初递延所得税负债　　150 000 元

本年递延所得税负债增加　350 000 元

期末所得税资产 =1 600 000×25%=400 000（元）

减：期初递延所得税资产　　750 000 元

本年递延所得税资产减少　350 000 元

递延所得税费用 =350 000+350 000=700 000（元）

所得税费用 =6 600 000+700 000=7 300 000（元）

所作会计分录如下：

借：所得税费用——当期所得税费用　　6 600 000

　贷：应交税费——应交所得税　　6 600 000

借：所得税费用——递延所得税费用　　350 000

　贷：递延所得税负债　　350 000

借：所得税费用——递延所得税费用　　350 000

　贷：递延所得税资产　　350 000

三、递延所得税的特殊处理

递延所得税的特殊处理如表 14-9 所示。

表 14-9　递延所得税的特殊处理

递延所得税的特殊情况	会计处理	举例说明
直接计入所有者权益的交易或事项产生的递延所得税费用（或收益）	按照准则规定确认递延所得税资产或递延所得税负债，并计入资本公积（其他资本公积）	直接计入所有者权益的交易或事项，如可供出售金融资产公允价值的变动，使相关的资产、负债的账面价值与计税基础之间形成暂时性差异
企业合并中产生的递延所得税费用（或收益）	在确认递延所得税负债或递延所得税资产的同时，相关的递延所得税费用（或收益），一般应调整在企业合并中应予确认的商誉	因企业会计准则规定与税法规定对企业合并类型的划分标准不同，可能造成合并中取得资产、负债的入账价值与其计税基础的差异

【例 14-4】假定雅居地产股份公司发行 6 000 万元的股份购入乙公司 100% 的净资产，该项合并符合税法规定的免税改组条件，购买日各项可辨认资产、负债的公允价值及其计税基础如表 14-10 所示。

表 14-10　资产、负债的公允价值及其计税基础表

单位：万元

科目	账面价值	计税基础	暂时性差异
固定资产	2 700.00	1 550.00	1 150.00
应收账款	2 100.00	2 100.00	—
存货	1 740.00	1 240.00	500.00
其他应付款	-300.00	—	-300.00
应付账款	-1 200.00	-1 200.00	—
不包括递延所得税的可辨认净资产的公允价值	5 040.00	3 690.00	1 350.00

假定乙公司适用的所得税税率为25%，则该项交易中应确认递延所得税负债及商誉金额如下：

可辨认净资产公允价值	5 040
减：递延所得税负债（1 350×25%）	337.5
可辨认净资产的税后公允价值	4 702.5
加：商誉	1 365
企业合并成本	10 702.5

四、所得税的信息披露

所得税的信息披露如图 14-12 所示。

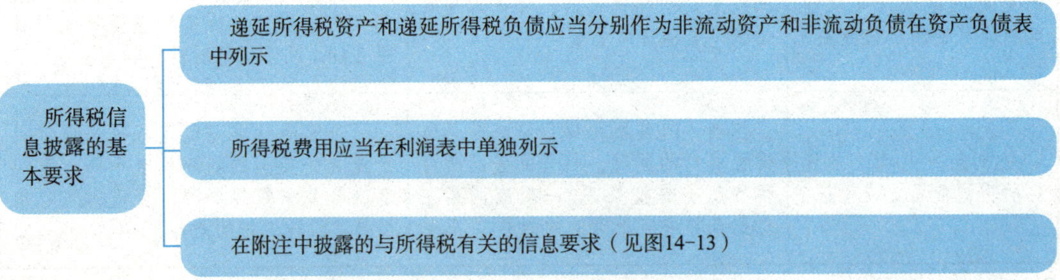

图14-12　所得税信息披露的基本要求

在附注中披露的与所得税有关的信息如图 14-13 所示。

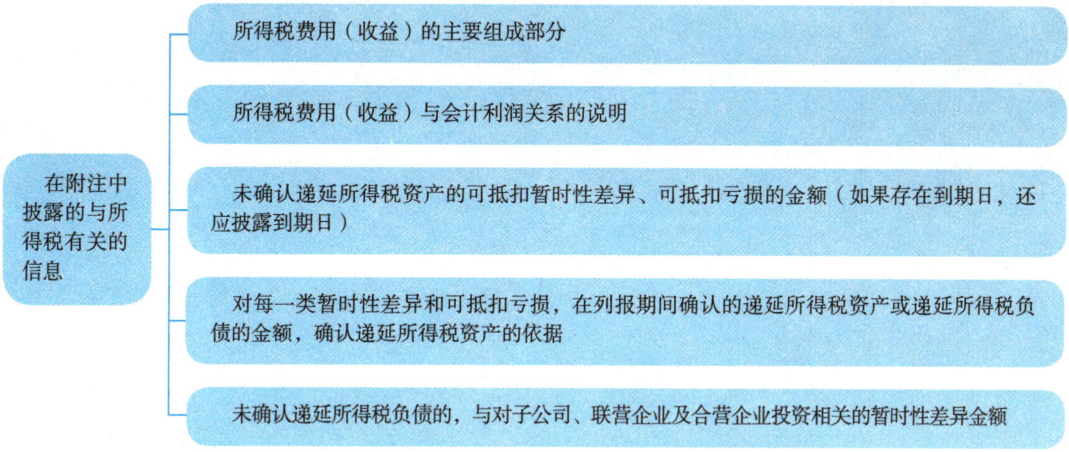

- 在附注中披露的与所得税有关的信息
  - 所得税费用（收益）的主要组成部分
  - 所得税费用（收益）与会计利润关系的说明
  - 未确认递延所得税资产的可抵扣暂时性差异、可抵扣亏损的金额（如果存在到期日，还应披露到期日）
  - 对每一类暂时性差异和可抵扣亏损，在列报期间确认的递延所得税资产或递延所得税负债的金额，确认递延所得税资产的依据
  - 未确认递延所得税负债的，与对子公司、联营企业及合营企业投资相关的暂时性差异金额

图14-13　在附注中披露的与所得税有关的信息

第十五章

会计报表

本章导读

会计报表又称企业财务状况及经营状况的晴雨表，是一个有机的整体，是财务会计报表分析的基础，是纳税评估的重要资料，也是纳税评估的出发点和落脚点。它能向投资者、监管部门及公司管理层提供公司经营发展的较全面的信息。因此，是会计学习的重中之重。

在本章中，我们首先重点介绍什么是财务报表及财务报表的作用及类型；然后分别讲解资产负债表、损益表、现金流量表和所有者权益变动表包含的内容，以及如何编制这些财务报表。

第一节 会计报表概述

一、会计报表基本概念

在实际工作中，人们往往将财务报告和会计报表混为一谈。对两者的比较见表 15-1。

表 15-1 财务报告和会计报表

财务报告含义	会计报表含义	两者联系
用于综合反映单位财务状况和经营成果的书面文件，由会计报表和财务情况说明书两大部分构成	以日常核算资料为主要依据编制的，用来集中反映各单位一定时期的财务状况、经营成果以及成本费用情况的一系列表式报告	会计报表是财务报告的主体组成部分；我国当前法规规定，会计报表是指资产负债表、利润表、现金流量表和会计报表附注以及相关附表

二、会计报表的作用

会计报表就像一面镜子，从中可以看到各单位的财务状况和经营全貌，为实施经营管理和进行相关决策提供丰富的会计信息。会计报表的作用如图 15-1 所示。

会计报表的作用

（1）为各单位的投资者和债权人进行投资决策，了解各单位财务状况，提供必要的信息资料；
（2）为各单位内部的经营管理者和员工进行日常的经营管理，提供必要的信息资料；
（3）为财政、工商、税务等行政管理部门提供实施管理和监督的信息资料

图15-1 会计报表的作用

三、会计报表的分类

对会计报表分类标准和各类报表的介绍如表 15-2 所示。

表 15-2 会计报表的分类

会计报表的分类标准	分类	具体内容	具体要求
按会计报表编制和报送的时间差异	月报	在月份终了时编制的反映月末或当月情况的会计报表	要求简明扼要，以便及时反映各单位的主要情况和主要问题。常用的月报有资产负债表、利润表、应交增值税明细表等

续表

会计报表的分类标准	分类	具体内容	具体要求
按会计报表编制和报送的时间差异	季报	在季度终了时编制的反映季末或当季情况的会计报表	所包括的会计报表一般较少
	年报	在年度终了时编制的反映年末或当年情况的会计报表	要求做到全面完整，能总结全年的经济活动。常见的年报有利润分配表、现金流量表和主营业务收支明细表等
按会计报表的编制单位分类	单位报表	由独立核算的会计主体编制的，用以反映本会计主体的财务状况和经营成果的报表	—
	汇总报表	由上级主管部门将其所属单位报送的会计报表，连同本单位会计报表汇总编制的综合性会计报表	—
按会计报表的服务对象不同	内部报表	适应单位内部经营管理的需要而编制的不对外公开的会计报表，如单位的成本费用明细表、存货明细表等	一般没有规范的格式，不需统一的指标体系，各单位可根据自己的情况和需要自行制定
	外部报表	为满足外部会计信息使用者的需要，按照国家财务、会计制度编制的会计报表，如资产负债表、利润表、现金流量表等	外部报表的种类、格式、内容及编制方法均有统一规定，任何单位不得随意增减变动

注：股份有限公司还应编制半年报（即中期报告）。

四、会计报表的结构

会计报表作为一种商业语言，是通过各个会计要素和项目，用特定的排列顺序和组合，以特有的逻辑关系来披露财务信息。只有熟悉会计报表的基本框架，理解各个会计要素的内在联系，才能顺利地编出或读懂会计报表，掌握会计报表所提供的信息。对会计报表的结构组成部分的介绍如表 15-3 所示。

表 15-3　会计报表的结构

会计报表的构成	表头部分	主体部分	补充资料部分
具体内容	展示报表的名称、编号、编制单位、编制日期、金额计量单位等	报表的核心和主干，会计报表基本是通过这一部分来总括地表述单位的财务状况和经营成果	一般列在报表的下端，所提供的是使用者需要了解但在基本部分内无法反映或难以单独反映的一些资料，如期末库存商品余额、已贴现的商业承兑汇票金额等

为充分表达使用者要了解的信息，以及方便使用者阅读和理解，在每一报表内部，都必须按一定的逻辑关系来设置相应项目。由于会计报表的种类、作用和性质不同，其结构也必然不一样。为便于对比，各种对外报送的主要会计报表，都需按统一的格式和结构来填列。

五、会计报表的编制要求

为了保证会计报表的质量，充分发挥其作用，我国《企业会计准则》规定了编制会计报表的基本要求："会计报表应按登记完整、核对无误的账簿记录和其他有关资料编制，做到数字真实、计算准确、内容完整、报送及时。"会计报表的编制要求如表15-4所示。

表15-4　会计报表的编制要求

基本要求	数字真实，计算准确	内容完整	编报及时
具体内容	能够真实准确地反映企业的财务状况和经营成果，所以会计报表中各项目的数字必须以核对无误的账簿记录和其他资料填写，不得用预计数字、估计数字代替真实数字，更不得弄虚做假，伪造报表数字，同时还要对会计报表中各项目的金额采用正确计算方法，确保计算结果的准确；为了保证数字真实、准确，在编制会计报表时要根据程度按期结账、认真对账和财产清查，使会计账簿所有记录准确无误	会计信息的内容必须全面、系统地反映出企业经营活动的全部情况，为此要求企业必须按规定的报表种类、格式和内容来编制，不得漏编漏报，对不同会计期间应编报的各种会计报表，都必须填列完整；同时要求企业在每种会计报表中应填写的各项指标，不论是表内项目还是表外补充资料，都必须填列齐全，对某些不便列入报表的重要资料，应在括号内说明或以附注等形式加以说明	如果会计信息的报告期被不适当地拖延，即使是最真实最完整的会计报表也将失去其效用。所以，会计报表必须按照规定的期限和程序，及时编制、及时报送。 根据我国会计制度规定：月份会计报表应于月份终了后6天内报出；季度报告应于季度终了后15天内报出；中报应于年度中期结束后60天内报出；年度会计报表应于年度终了后4个月内报出。法律、法规另有规定者，从其规定。

为了保证会计报表及时报送，各企业应当科学地组织好日常核算工作，认真做好记账、算账、对账和按期结账等工作。

六、《企业会计准则》所要求的财务报表的组成

按照《企业会计准则》的要求，一套完整的财务报表至少应当包括资产负债表、利润表、现金流量表、所有者权益变动表（对于股份制公司而言，也称之为股东权益变动表）以及附注。对财务报表的组成部分的介绍如表15-5所示。

表 15-5　财务报表的组成

财务报表的组成	含义	相关内容
资产负债表	反映企业在某一特定日期所拥有的资产、需偿还的债务，以及股东（投资者）拥有的净资产情况	我国企业资产负债表采用账户式结构，左方为资产，右方为负债和所有者权益。在资产负债表中，资产项目按照流动资产和非流动资产分类列示，负债按照流动负债和非流动负债列示，在各类别下再按照性质分项列示。资产负债表各项目主要有按照总账科目余额、按照明细科目余额直接或分析填列、根据总账及相关备抵科目余额分析填列等方法
利润表	反映企业在一定会计期间的经营成果，即利润或亏损的情况，表明企业运用所拥有的资产的获利能力	我国企业利润表采用多步式进行编制。利润表中可反映营业利润、利润总额和净利润金额，利润表项目一般按其发生额填列
现金流量表	反映企业在一定会计期间现金和现金等价物流入和流出的情况。现金流量表反映企业在某一会计期间现金和现金等价物流入和流出的情况	我国企业现金流量表采用报告式，分为经营活动产生的现金流量、投资活动产生的现金流量和筹资活动产生的现金流量三类。企业应当采用直接法编制经营活动产生的现金流量。采用直接法编制经营活动的现金流量时，可以采用工作底稿法或 T 型账户法，也可以根据有关科目记录分析填列
所有者权益变动表	反映构成所有者权益的各组成部分当期的增减变动情况	企业的净利润及其分配情况是所有者权益变动的组成部分，相关信息已经在所有者权益变动表及其附注中反映，企业不需要再单独编制利润分配表
附注	财务报表不可或缺的组成部分	对在资产负债表、利润表、现金流量表和所有者权益变动表等报表中列示项目的文字描述或明细资料，以及对未能在这些报表中列示项目的说明等

第二节　资产负债表

一、资产负债表的概念

资产负债表能从整体上反映一个企业的实力及其财务状况，因而被誉为企业的“第一会计报表”。报表使用者通过阅读和分析资产负债表可获得的财务信息如图 15-2 所示。

报表使用者通过阅读和分析资产负债表，可获得的财务信息

（1）某一日期资产的总额，表明企业拥有或控制的经济资源及其分布情况；

（2）某一日期的负债总额及其结构，表明企业未来需要用多少资产或劳务清偿债务；

（3）所有者权益的情况，表明投资者在企业资产中所占的份额，了解所有者权益的构成情况；

（4）资产负债表还能够提供进行财务分析的基本资料，如通过资产负债表可以计算流动比率、速动比率等

图15-2　报表使用者通过阅读和分析资产负债表可获得的财务信息

二、资产负债表内容与结构

资产负债表主要反映资产、负债和所有者权益三方面的内容，并满足“资产 = 负债 + 所有者权益”平衡式。资产的相关内容介绍如表 15-6 所示，负债的相关内容介绍如表 15-7 所示。

表 15-6 资产的相关内容

资产的含义	反映由过去的交易、事项形成并由企业在某一特定日期所拥有或控制的、预期会给企业带来经济利益的资源。按照流动资产和非流动资产两大类别在资产负债表中列示	
资产的分类	流动资产	预计在一个正常营业周期中变现、出售或耗用，或者主要为交易目的而持有，或者预计在资产负债表日起 1 年内（含 1 年）变现的资产，或者自资产负债表日起 1 年内交换其他资产或清偿负债的能力不受限制的现金或现金等价物。具体包括：货币资金、交易性金融资产、衍生金融资产、应收票据、应收账款、预付款项、其他应收款、存货、合同资产和 1 年内到期的非流动资产等
	非流动资产	流动资产以外的资产。具体包括：长期股权投资、固定资产、在建工程、工程物资、固定资产清理、无形资产、开发支出、长期待摊费用以及其他非流动资产等

表 15-7 负债的相关内容

负债的含义	反映在某一特定日期企业所承担的、预期会导致经济利益流出企业的现时义务。按照流动负债和非流动负债在资产负债表中进行列示	
负债的分类	流动负债	预计在一个正常营业周期中清偿，或者主要为交易目的而持有，或者自资产负债表日起 1 年内（含 1 年）到期应予以清偿，或者企业无权自主地将清偿推迟至资产负债表日后 1 年以上的负债。具体包括：短期借款、交易性金融负债、衍生金融负债、应付票据、应付账款、预收款项、应付职工薪酬、应交税费、应付利息、应付股利、其他应付款、1 年内到期的非流动负债等
	非流动负债	流动负债以外的负债。具体包括：长期借款、应付债券和其他非流动负债等

所有者权益，是企业资产扣除负债后的剩余权益，反映企业在某一特定日期股东（投资者）拥有的净资产的总额，它一般按照实收资本、资本公积、盈余公积和未分配利润分项列示。

三、资产负债表编制示例

【例 15-1】资产负债表的编制。

雅居地产股份公司 2018 年 12 月 31 日的资产负债表（年初余额略）及 2019 年 12 月

31日的科目余额表分别见表15-8和表15-9。假设该公司2018年度除计提固定资产减值准备导致固定资产账面价值与其计税基础存在可抵扣暂时性差异外，其他资产和负债项目的账面价值均等于其计税基础。

假定该公司未来很可能获得足够的应纳税所得额用来抵扣可抵扣暂时性差异，适用的所得税税率为25%。根据上述资料编制该公司2019年12月31日的资产负债表。

表15-8 资产负债表 会企01表

编制单位：雅居地产股份公司　　日期：2018年12月31日　　单位：元

资产	期末余额	上年年末余额	负债和所有者权益（或股东权益）	期末余额	上年年末余额
流动资产：			流动负债：		
货币资金	712 200	1 406 300	短期借款	50 000	300 000
交易性金融资产	0	15 000	交易性金融负债	0	0
衍生金融资产	0	0	衍生金融负债	0	0
应收票据	46 000	246 000	应付票据	100 000	200 000
应收账款	598 500	299 100	应付账款	603 800	953 800
应收款项融资	0	0	预收款项	350 000	500 000
预付款项	100 000	100 000	合同负债	0	0
其他应收款	5 000	5 000	应付职工薪酬	180 000	110 000
存货	2 574 700	2 580 000	应交税费	100 000	36 600
合同资产	0	0	其他应付项	150 000	50 000
持有待售资产	0	0	持有待售负债	0	0
一年内到期的非流动资产	0	0	一年内到期的非流动负债	0	501 000
其他流动资产	7 125	100 000	其他流动负债	0	0
流动资产合计	4 043 525	4 751 400	流动负债合计	1533800	2651400
非流动资产：			非流动负债：		
债券投资	0	0	长期借款	1 160 000	600 000
其他债券投资	0	0	应付债券	0	0
长期应收款	0	0	其中：优先股	0	0
长期股权投资	250 000	250 000	永续债	0	0
其他权益工具投资	0	0	租赁负债	0	0

续表

资产	期末余额	上年年末余额	负债和所有者权益（或股东权益）	期末余额	上年年末余额
其他非流动金融资产	0	0	长期应付款	0	0
投资性房地产	0	0	预计负债	0	0
固定资产	2 231 000	1 100 000	递延收益	0	0
在建工程	703 933.25	1 500 000	递延所得税负债	0	0
生产性生物资产	0	0	其他非流动负债	0	0
油气资产	0	0	非流动负债合计	1 160 000	600 000
使用权资产	0	0	负债合计	2 693 800	3 251 400
无形资产	570 000	600 000	所有者权益（或股东权益）：		
开发支出	0	0	实收资本（或股本）	5 000 000	5 000 000
商誉	0	0	其他权益工具	0	0
长期待摊费用	0	0	其中：优先股	0	0
递延所得税资产	7 500	0	永续债	0	0
其他非流动资产	162 500	200 000	资本公积	0	0
非流动资产合计	3 924 933.25	3 650 000	减：库存股	0	0
			其他综合收益	0	0
			专项储备	0	0
			盈余公积	166 621.1	100 000
			未分配利润	108 037.15	50 000
			所有者权益（或股东权益）合计	5 274 658.25	5 150 000
资产总计	7 968 458.25	8 401 400	负债和股东权益总计	7 968 458.25	8 401 400

表 15-9　科目余额表

单位：元

科目名称	借方余额	科目名称	贷方余额
库存现金	125 566．75	短期借款	50 000
银行存款	344 943．25	应付票据	100 000

续表

科目名称	借方余额	科目名称	贷方余额
其他货币资金	240 690	应付账款	603 800
交易性金融资产	0	应付股利	100 000
应收票据	46 000	预收账款	350 000
应收账款	600 100	其他应付款	50 000
坏账准备	1 600	应付职工薪酬	180 000
预付账款	100 000	应交税费	100 000
其他应收款	5 000	应付利息	0
材料采购	305 000	应付股利	0
原材料	732 000	一年内到期的长期负债	0
周转材料	230 000	长期借款	1 160 000
库存商品	1 287 700	股本	5 000 000
材料成本差异	20 000	盈余公积	166 621.10
其他流动资产	7 125	利润分配（未分配利润）	108 037.15
长期股权投资	250 000		
固定资产	2 401 000		
累计折旧	140 000		
固定资产减值准备	30 000		
工程物资	100 000		
在建工程	603 933.25		
无形资产	600 000		
累计摊销	30 000		
递延所得税资产	7 500		
其他长期资产	162 500		
合计	7 968 458.25	合计	7 968 458.25

第三节　利润表

一、利润表的概念和作用

利润表是指反映企业在一定会计期间的经营成果的报表。通过提供利润表，可以反映企业在一定会计期间收入、费用、利润（或亏损）的数额、构成情况，帮助财务报表使用者全面了解企业的经营成果，分析企业的获利能力及盈利增长趋势，从而为其作出经济决策提供依据。

二、利润表的编制

（一）利润表的编制步骤

利润表的编制步骤如图 15-3 所示。

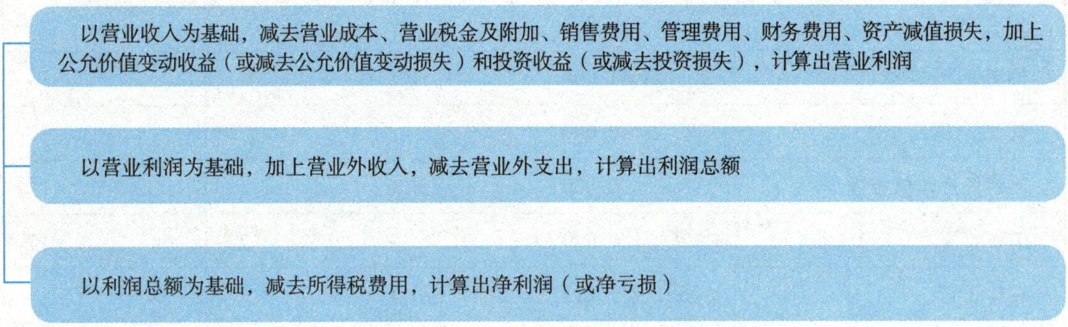

以营业收入为基础，减去营业成本、营业税金及附加、销售费用、管理费用、财务费用、资产减值损失，加上公允价值变动收益（或减去公允价值变动损失）和投资收益（或减去投资损失），计算出营业利润

以营业利润为基础，加上营业外收入，减去营业外支出，计算出利润总额

以利润总额为基础，减去所得税费用，计算出净利润（或净亏损）

图15-3　利润表编制的三个步骤

普通股或潜在普通股已公开交易的企业及正处于公开发行普通股或潜在普通股过程中的企业，还应当在利润表中列示每股收益信息。

（二）利润表项目的填列方法

利润表各项目均需填列“本期金额”和“上期金额”两栏。

在编制中期利润表时，“本期金额”栏应分为“本期金额”和“年初至本期末累计发生额”两栏，分别填列各项目本中期（月、季或半年）各项目实际发生额，以及自年初起至本中期（月、季或半年）末止的累计实际发生额。“上期金额”栏应分为“上年可比本中期金额”和“上年初至可比本中期末累计发生额”两栏，应根据上年可比中期利润表“本期金额”下对应的两栏数字分别填列。上年度利润表与本年度利润表的项目名称和内容不一致的，应对上年度利润表项目的名称和数字按本年度的规定进行调整。年终结账时，由于全年的收入和支出已全部转入“本年利润”科目，并且通过收支对比结出本年净利润的数额。因此，应将年度利润表中的“净利润”数字，与“本年利润”科目结转到“利润分配——未分配利润”科目的数字相核对，检查账簿记录和报表编制的正确性。

利润表“本期金额”“上期金额”栏内各项数字，除“每股收益”项目外，应当按照相关科目发生额分析填列。

（三）利润表项目的填列说明

利润表项目的填列说明如表 15-10 所示。

表 15-10　利润表项目的填列说明

利润表项目	反映内容	填列说明
营业收入	反映企业经营主要业务和其他业务所确认的收入总额	据“主营业务收入”和“其他业务收入”科目的发生额分析填列
营业成本	反映企业经营主要业务和其他业务所发生的成本总额	据“主营业务成本”和“其他业务成本”科目的发生额分析填列
税金及附加	反映企业经营业务应负担的消费税、城市建设维护税、资源税、土地增值税和教育费附加等	据“税金及附加”科目的发生额分析填列
销售费用	反映企业在销售商品过程中发生的包装费、广告费等费用和为销售本企业商品而专设的销售机构的职工薪酬、业务费等经营费用	据“销售费用”科目的发生额分析填列
管理费用	反映企业为组织和管理生产经营发生的管理费用	据“管理费用”的发生额分析填列
研发费用	反映企业进行研究与开发过程中发生的费用化支出	根据“管理费用”科目下的“研发费用”明细科目的发生额分析填列
财务费用	反映企业筹集生产经营所需资金等而发生的筹资费用	据“财务费用”科目的发生额分析填列
资产减值损失	反映企业各项资产发生的减值损失	据“资产减值损失”科目的发生额分析填列
信用减值损失	反映企业按照《企业会计准则第22号——金融工具确认和计量》的要求计提的各项金融工具减值准备所形成的预期信用损失	据信用减值损失科目的发生额分析填列

续表

利润表项目	反映内容	填列说明
公允价值变动损益	反映企业应当计入当期损益的资产或负债公允价值变动收益	据“公允价值变动损益”科目的发生额分析填列，如为净损失，本项目以“–”号填列
净敞口套期收益	反映净敞口套期下被套期项目累计公允价值变动转入当期损益的金额或现金流量套期储备转入当期损益的金额	据“净敞口套期收益”科目的发生额分析填列；如为套期损失，以“–”填列
投资收益	反映企业以各种方式对外投资所取得的收益	据“投资收益”科目的发生额分析填列。如为投资损失，本项目以“–”号填列
资产处置收益	反映企业出售划分为持有待售的非流动资产（金融工具、长期股权投资和投资性房地产除外）或处置组时确认的处置利得或损失，以及处置未划分为持有待售的固定资产、在建工程、生产性生物资产及无形资产而产生的处置利得或损失。债务重组中因处置非流动资产产生的利得或损失和非货币性资产交换产生的利得或损失也包括在本项目内	据在损益类科目新设置的“资产处置损益”科目的发生额分析填列；如为处置损失，以“–”号填列
营业利润	反映企业实现的营业利润	如为亏损，本项目以“–”号填列
营业外收入	反映企业发生的与经营业务无直接关系的各项收入	据“营业外收入”科目的发生额分析填列
营业外支出	反映企业发生的与经营业务无直接关系的各项支出	据“营业外支出”科目的发生额分析填列
利润总额	反映企业实现的利润	如为亏损，本项目以“–”号填列
所得税费用	反映企业应从当期利润总额中扣除的所得税费用	据“所得税费用”科目的发生额分析填列
净利润	反映企业实现的净利润	如为亏损，本项目以“–”号填列
企业自身信用风险公允价值变动	反映企业指定为以公允价值计量且其变动计入当期损益的金融负债，由企业自身信用风险变动引起的公允价值变动而计入其他综合收益的金额	据“其他综合收益”科目的相关明细科目的发生额分析填列
其他债权投资公允价值变动	反映企业分类为以公允价值计量且其变动计入其他综合收益的债权投资发生的公允价值变动。企业将一项以公允价值计量且其变动计入其他综合收益的金融资产重分类为以摊余成本计量的金融资产，或重分类为以公允价值计量且其变动计入当期损益的金融资产时，之前计入其他综合收益的累计利得或损失从其他综合收益中转出的金额作为该项目的减项	据“其他综合收益”科目下的相关明细科目的发生额分析填列

续表

利润表项目	反映内容	填列说明
金融资产重分类计入其他综合收益的金额	反映企业将一项以摊余成本计量的金融资产重分类为以公允价值计量且其变动计入其他综合收益的金融资产时，计入其他综合收益的原账面价值与公允价值之间的差额	据“其他综合收益”科目下的相关明细科目的发生额分析填列
其他债权投资信用减值准备	反映企业按照《企业会计准则第22号——金融工具确认和计量》(2017年修订)第十八条分类为以公允价值计量且其变动计入其他综合收益的金融资产的损失准备	据“其他综合收益”科目下的“信用减值准备”明细科目的发生额分析填列
现金流量套期储备	反映企业套期工具产生的利得或损失中属于套期有效的部分	据“其他综合收益”科目下的“套期储备”明细科目的发生额分析填列

三、利润表编制示例

【例15-2】损益表的编制。

雅居地产股份公司2019年度有关损益类科目本年累计发生净额如表15-11所示。

表15-11　损益类科目2019年度累计发生净额

科目名称	借方发生额	贷方发生额
主营业务收入		2 470 000
主营业务成本	732 000	
税金及附加	20 000	
销售费用	180 000	
管理费用	153 100	
财务费用	40 500	
资产减值损失	30 800	
投资收益		95 000
营业外收入		150 000
营业外支出	18 500	
所得税费用	205 000	

根据上述资料，编制该公司2019年度利润表，如表15-12所示。

表15-12　利润表格式　　　　会企02表

编制单位：雅居地产股份公司　　　　2019年度　　　　单位：元

项目	本期金额	上期金额
一、营业收入	2 470 000	
减：营业成本	732 000	
税金及附加	20 000	
销售费用	180 000	
管理费用	153 100	
研发费用		
财务费用	40 500	
其中：利息费用		
利息收入		
加：其他收益		
投资收益（损失以“-”号填列）	95 000	
其中：对联营企业和合营企业的投资收益	0	
以摊余成本计量的金融资产终止确认收益（损失以“-”号填列）		
净敞口套期收益（损失以“-”号填列）		
公允价值变动收益（损失以“-”号填列）	0	
信用减值损失（损失以“-”号填列）		
资产减值损失（损失以“-”号填列）	30 800	
资产处置收益（损失以“-”号填列）		
二、营业利润（亏损以“-”号填列）	1 408 600	
加：营业外收入	150 000	
减：营业外支出	18 500	
三、利润总额（亏损总额以“-”号填列）	1 540 100	
减：所得税费用	205 000	
四、净利润（净亏损以“-”号填列）	133 510	
（一）持续经营净利润（净损失以“-”号填列）		
（二）终止经营净利润（净损失以“-”号填列）		
五、其他综合收益的税后净额：		
（一）不能重分类进损益的其他综合收益		
1. 重新计量设定受益计划变动额		

续表

项目	本期金额	上期金额
2. 权益法下不能转损益的其他综合收益		
3. 其他权益工具投资公允价值变动		
4. 企业自身信用风险公允价值变动		
……		
（二）将重分类进损益的其他综合收益		
1. 权益法下可转损益的其他综合收益		
2. 其他债券投资公允价值变动		
3. 金融资产重分类计入其他综合收益的金额		
4. 其他债券投资信用减值准备		
5. 现金流量套期储备		
6. 外币财务报表折算差额		
……		
六、综合收益总额		
七、每股收益		
（一）基本每股收益		
（二）稀释每股收益		

第四节　现金流量表

一、现金流量表的概念和作用

现金流量表是反映企业在一定会计期间现金和现金等价物流入和流出的报表。

通过现金流量表，可以为报表使用者提供企业一定会计期间内现金和现金等价物流入和流出的信息，便于使用者了解和评价企业获取现金和现金等价物的能力，据以预测企业未来现金流量。

二、现金流量及其分类

现金流量的相关概念介绍如表 15-13 所示，现金流量的分类及产生如表 15-14 所示。

表 15-13 现金流量的相关概念

概念	具体含义	相关说明
现金流量	一定会计期间内企业现金和现金等价物的流入和流出	企业从银行提取现金、用现金购买短期到期的国库券等现金和现金等价物之间的转换不属于现金流量
现金	企业库存现金以及可以随时用于支付的存款，包括库存现金、银行存款和其他货币资金（如外埠存款、银行汇票存款、银行本票存款等）等	不能随时用于支付的存款不属于现金
现金等价物	企业持有的期限短、流动性强、易于转换为已知金额现金、价值变动风险很小的投资。期限短，一般是指从购买日起三个月内到期	通常包括三个月内到期的债券投资等。权益性投资变现的金额通常不确定，因而不属于现金等价物。企业应当根据具体情况，确定现金等价物的范围，一经确定不得随意变更

表 15-14 现金流量的分类及产生

现金流量的分类	相关活动的概念	现金流的产生途径
经营活动产生的现金流量	经营活动：企业投资活动和筹资活动以外的所有交易和事项	销售商品或提供劳务、购买商品、接受劳务、支付工资和交纳税款等流入和流出的现金和现金等价物
投资活动产生的现金流量	投资活动：企业长期资产的购建和不包括在现金等价物范围内的投资及其处置活动	购建固定资产、处置子公司及其他营业单位等流入和流出的现金和现金等价物
筹资活动产生的现金流量	筹资活动：导致企业资本及债务规模和构成发生变化的活动	吸收投资、发行股票、分配利润、发行债券、偿还债务等流入和流出的现金和现金等价物。偿付应付账款、应付票据等商业应付款等属于经营活动，不属于筹资活动

三、现金流量表的编制

企业应当采用直接法列示经营活动产生的现金流量。直接法，是指通过现金收入和现金支出的主要类别列示经营活动的现金流量。采用直接法编制经营活动的现金流量时，一般以利润表中的营业收入为起算点，调整与经营活动有关的项目的增减变动，然后计算出经营活动的现金流量。采用直接法具体编制现金流量表时，可以采用工作底稿法或 T 型账户法，也可以根据有关科目记录分析填列。对经营活动产生的现金流量的介绍如表 15-15 所示，投资活动产生的现金流量的介绍如表 15-16 所示，筹资活动产生的现金流量如表 15-17 所示。

表 15-15　经营活动产生的现金流量

经营活动产生的现金流量	“销售商品、提供劳务收到的现金”	反映企业本年销售商品、提供劳务收到的现金，以及以前年度销售商品、提供劳务本年收到的现金（包括应向购买者收取的增值税销项税额）和本年预收的款项，减去本年销售本年退回商品和以前年度销售本年退回商品支付的现金。企业销售材料和代购代销业务收到的现金，也在本项目反映
	“收到的税费返还”	反映企业收到返还的所得税、增值税、营业税、消费税、关税和教育费附加等各种税费返还款
	“收到其他与经营活动有关的现金”	反映企业经营租赁收到的租金等其他与经营活动有关的现金流入，金额较大的应当单独列示
	“购买商品、接受劳务支付的现金”	反映企业本年购买商品、接受劳务实际支付的现金（包括增值税进项税额），以及本年支付以前年度购买商品、接受劳务的未付款项和本年预付款项，减去本年发生的购货退回收到的现金。企业购买材料和代购代销业务支付的现金，也在本项目反映
	“支付给职工以及为职工支付的现金”	反映企业本年实际支付给职工的工资、资金、各种津贴和补贴等职工薪酬（包括代扣代缴的职工个人所得税）
	“支付的各项税费”	反映企业本年发生并支付、以前各年发生本年支付以及预交的各项税费，包括所得税、增值税、营业税、消费税、印花税、房产税、土地增值税、车船使用税、教育费附加等
	“支付其他与经营活动有关的现金”	反映企业经营租赁支付的租金、支付的差旅费、业务招待费、保险费、罚款支出等其他与经营活动有关的现金流出，金额较大的应当单独列示

表 15-16　投资活动产生的现金流量

投资活动产生的现金流量	“收回投资收到的现金”	反映企业出售、转让或到期收回除现金等价物以外的对其他企业长期股权投资而收到的现金，但处置子公司及其他营业单位应收到的现金净额除外
	“取得投资收益收到的现金”	反映企业除现金等价物以外的对其他企业的长期股权投资等分回的现金股利和利息等
	“处置固定资产、无形资产和其他长期资产收回的现金净额”	反映企业出售、报废固定资产、无形资产和其他长期资产所取得的现金（包括因资产毁损而收到的保险赔偿收入），减去为处置这些资产而支付的有关费用后的净额
	“处置子公司及其他营业单位应收到的现金净额”	反映企业处置子公司及其他营业单位所取得的现金，减去相关处置费用以及子公司及其他营业单位持有的现金和现金等价物后的净额
	“购建固定资产、无形资产和其他长期资产支付的现金”	反映企业购买、建造固定资产、取得无形资产和其他长期资产所支付的现金（含增值税款等），以及用现金支付的应由在建工程和无形资产负担的职工薪酬

续表

投资活动产生的现金流量	"投资支付的现金"	反映企业取得除现金等价物以外的对其他企业的长期股权投资所支付的现金以及支付的佣金、手续费等附加费用，但取得子公司及其他营业单位支付的现金净额除外
	"取得子公司及其他营业单位支付的现金净额"	反映企业购买子公司及其他营业单位购买出价中以现金支付的部分，减去子公司及其他营业单位持有的现金和现金等价物后的净额
	"收到其他与投资活动有关的现金"与"支付其他与投资活动有关的现金"	反映企业除上述各项目外收到或支付的其他与投资活动有关的现金，金额较大的应当单独列示

表 15-17　筹资活动产生的现金流量

筹资活动产生的现金流量	"吸收投资收到的现金"	反映企业以发行股票、债券等方式筹集资金实际收到的款项，减去直接支付的佣金、手续费、宣传费、咨询费、印刷费等发行费用后的净额
	"取得借款收到的现金"	反映企业举借各种短期、长期借款而收到的现金
	"偿还债务支付的现金"	反映企业为偿还债务本金而支付的现金
	"分配股利、利润或偿付利息支付的现金"	反映企业实际支付的现金股利、支付给其他投资单位的利润或用现金支付的借款利息、债券利息
	"收到其他与筹资活动有关的现金""支付其他与筹资活动有关的现金"	反映企业除上述各项目外收到或支付的其他与筹资活动有关的现金，金额较大的应当单独列示

"汇率变动对现金及现金等价物的影响"项目，反映下列项目之间的差额：

（1）企业外币现金流量折算为记账本位币时，采用现金流量发生日的即期汇率近似的汇率折算的金额（编制合并现金流量表时折算境外子公司的现金流量，应当比照处理）。

（2）企业外币现金及现金等价物净增加额按年末汇率折算的金额填列。

四、现金流量表编制示例

【例 15-3】现金流量表的编制。雅居地产股份公司其他相关资料如下：

1. 2019 年度利润表有关项目的明细资料如下：

（1）管理费用的组成：职工薪酬 80 000 元，无形资产摊销 30 000 元，折旧费 20 000 元，支付其他费用 23 100 元。

（2）财务费用的组成：计提借款利息 10 500 元，支付应收票据（银行承兑汇票）贴现利息 30 000 元。

（3）资产减值损失的组成：计提坏账准备 800 元，计提固定资产减值准备 30 000 元。上年年末坏账准备余额为 800 元。

（4）投资收益的组成：收到股息收入 90 500 元，与本金一起收回的交易性股票投资收益 500 元，自公允价值变动损益结转投资收益 4 000 元。

（5）营业外收入的组成：处置固定资产净收益 150 000 元（其所处置固定资产原价为 400 000 元，累计折旧为 250 000 元。收到处置收入 300 000 元）。假定不考虑与固定资产处置有关的税费。

（6）营业外支出的组成：报废固定资产净损失 18 500 元（其所报废固定资产原价为 200 000 元，累计折旧为 180 000 元，支付清理费用 300 元，收到残值收入 1 800 元）。

（7）所得税费用的组成：当期所得税费用 212 500 元，递延所得税收益 7 500 元。

除上述项目外，利润表中的销售费用 180 000 元至期末已经支付。

2. 资产负债表有关项目的明细资料如下：

（1）本期收回交易性股票投资本金 15 000 元、公允价值变动 4 000 元，同时实现投资收益 500 元。

（2）存货中生产成本、制造费用的组成：职工薪酬 353 800 元，折旧费 90 000 元。

（3）应交税费的组成：本期增值税进项税额 165 512 元，增值税销项税额 207 536 元，已交增值税 10 000 元；应交所得税期末余额为 21 376 元，应交所得税期初余额为 0；应交税费期末数中应由在建工程负担的部分为 100 000 元。

（4）应付职工薪酬的期初数无应付在建工程人员的部分，本期支付在建工程人员职工薪酬 200 000 元。应付职工薪酬的期末数中应付在建工程人员的部分为 25 000 元。

（5）应付利息均为短期借款利息，其中本期计提利息 10 500 元，支付利息 10 500 元。

（6）本期用现金购买固定资产 1 200 000 元，工程物资 100 000 元。

（7）本期用现金偿还短期借款 250 000 元，偿还一年内到期的长期借款 501 000 元；借入长期借款 560 000 元。

根据以上资料，采用分析填列的方法，编制雅居地产股份公司 2019 年度的现金流量表。

1. 雅居地产股份公司 2019 年度现金流量表各项目金额，分析确定如下：

（1）销售商品、提供劳务收到的现金。

主营业务收入 + 应交税费（应交增值税——销项税额）+（应收账款年初余额 − 应收账款期末余额）+（应收票据年初余额 − 应收票据期末余额）− 当期计提的坏账准备 − 票据贴现的利息 +（预收账款期末余额 − 预收账款年初余额）=2 470 000+207 536+（299 100−598 500）+（246 000−46 000）−800−30 000+（350 000−500 000）=2 397 336（元）

（2）购买商品、接受劳务支付的现金。

主营业务成本＋应交税费（应交增值税－进项税额）－（存货年初余额－存货期末余额）＋（应付账款年初余额－应付账款期末余额）＋（应付票据年初余额－应付票据期末余额）＋（预付账款期末余额－预付账款年初余额）－当期列入生产成本、制造费用的职工薪酬－当期列入生产成本、制造费用的折旧费和固定资产修理费 =732 000+165 512－（2 580 000−2 574 700）+（953 800−603 800）+（200 000−100 000）+（100 000−100 000）−353 800−90 000=898 412（元）

（3）支付给职工以及为职工支付的现金。

生产成本、制造费用、管理费用中职工薪酬＋（应付职工薪酬年初余额－应付职工薪酬期末余额）−[应付职工薪酬（在建工程）年初余额－应付职工薪酬（在建工程）期末余额] =353 800+80 000+（110 000−180 000）－（0−25 000）=388 800（元）

（4）支付的各项税费。

当期所得税费用＋税金及附加＋应交税费（应交增值税－已交税金）－（应交所得税期末余额－应交所得税期初余额）=212 500+20 000+100 000−（21 376−0）=311 124（元）

（5）支付其他与经营活动有关的现金。

其他管理费用＋销售费用 =23 100+180 000=203 100（元）

（6）收回投资收到的现金。

交易性金融资产贷方发生额＋与交易性金融资产一起收回的投资收益 =19 000+500=19 500（元）

（7）取得投资收益所收到的现金。收到的股息收入 =90 500（元）

（8）处置固定资产收回的现金净额。

300 000+（1 800−300）=301 500（元）

（9）购建固定资产支付的现金。

用现金购买的固定资产、工程物资＋支付给在建工程人员的薪酬 =1 200 000+100 000+200 000=1 500 000（元）

（10）取得借款所收到的现金。　　560 000（元）

（11）偿还债务支付的现金。

250 000+501 000=751 000（元）

（12）偿还利息支付的现金。　　10 500（元）

2. 根据上述数据，编制现金流量表（表 15-18）。

表 15-18 现金流量表 会企 03 表

编制单位：雅居地产股份公司 2019 年 单位：元

项目	本期金额	上期金额
一、经营活动产生的现金流量		略
销售商品、提供劳务收到的现金	2 397 336	
收到的税费返还	0	
收到其他与经营活动有关的现金	0	
经营活动现金流入小计	2 397 336	
购买商品、接受劳务支付的现金	898 412	
支付给职工以及为职工支付的现金	388 800	
支付的各项税费	311 124	
支付其他与经营活动有关的现金	203 100	
经营活动现金流出小计	1 801 436	
经营活动产生的现金流量净额	595 900	
二、投资活动产生的现金流量		
收回投资收到的现金	19 500	
取得投资收益收到的现金	90 500	
处置周定资产、无形资产和其他长期资产收回的现金净额	301 500	
处置子公司及其他营业单位收到的现金净额	0	
收到其他与投资活动有关的现金	0	
投资活动现金流入小计	411 500	
购建固定资产、无形资产和其他长期资产支付的现金	1 500 000	
投资支付的现金	0	
取得子公司及其他营业单位支付的现金净额	0	
支付其他与投资活动有关的现金	0	
投资活动现金流出小计	1 500 000	
投资活动产生的现金流量净额	−1 088 500	
三、筹资活动产生的现金流量		
吸收投资收到的现金	0	
取得借款收到的现金	560 000	
收到其他与筹资活动有关的现金	0	
筹资活动现金流入小计	560 000	
偿还债务支付的现金	751 000	

续表

项目	本期金额	上期金额
分配股利、利润或偿付利息支付的现金	10 500	
支付其他与筹资活动有关的现金	0	
筹资活动现金流出小计	761 500	
筹资活动产生的现金流量净额	−201 500	
四、汇率变动对现金及现金等价物的影响	0	
五、现金及现金等价物净增加额	−694 100	
加：期初现金及现金等价物余额	1 406 300	
六、期末现金及现金等价物余额	712 200	

第五节　所有者权益变动表

一、所有者权益变动表的内容及结构

所有者权益变动内容及结构如表 15-19 所示。

表 15-19　所有者权益变动表的内容及结构

所有者权益变动表	反映构成所有者权益各组成部分当期增减变动情况的报表
结构	当期损益、直接计入所有者权益的利得和损失，以及与所有者的资本交易导致的所有者权益的变动分别列示
单独列示反映的信息项目	净利润；直接所有者权益的利得和损失项目及其总额；会计政策变更和差错更正的累积影响金额；所有者投入资本和向所有者分配利润等；提取的盈余公积；实收资本或股本、资本公积、盈余公积、未分配利润的期初和期末余额及其调节情况

二、所有者权益变动表的填列方法

（1）“上年年末余额”项目，反映企业上年资产负债表中实收资本（或股本）、资本公积、库存股、盈余公积、未分配利润的年末余额。

（2）“会计政策变更”“前期差错更正”项目，分别反映企业采用追溯调整法处理的会计政策变更的累积影响金额和采用追溯重述法处理的会计差错更正的累积影响金额。

（3）“本年增减变动额”项目，如表 15-20 所示。

表 15-20　“本年增减变动额”项目

<table>
<tr><td rowspan="16">“本年增减变动额”项目</td><td>净利润</td><td>反映企业当年实现的净利润（或净亏损）金额</td><td>—</td></tr>
<tr><td rowspan="3">直接计入所有者权益的利得和损失</td><td rowspan="3">反映企业当年直接所有者权益的利得和损失金额</td><td>“可供出售金融资产公允价值变动净额”：反映企业持有的可供出售金融资产当年公允价值变动的金额</td></tr>
<tr><td>“权益法下被投资单位其他所有者权益变动的影响”：反映企业对按照权益法核算的长期股权投资，在被投资单位除当年实现的净损益以外其他所有者权益当年变动中应享有的份额</td></tr>
<tr><td>“与所有者权益项目相关的所得税影响”：反映企业根据《企业会计准则第 18 号——所得税》规定所有者权益项目的当年所得税影响金额</td></tr>
<tr><td rowspan="2">所有者投入和减少资本</td><td rowspan="2">反映企业当年所有者投入的资本和减少的资本</td><td>“所有者投入资本”：反映企业接受投资者投入形成的实收资本（或股本）和资本溢价或股本溢价</td></tr>
<tr><td>“股份支付所有者权益的金额”：反映企业处于等待期中的权益结算的股份支付当年资本公积的金额</td></tr>
<tr><td rowspan="2">利润分配</td><td rowspan="2">反映企业当年的利润分配金额</td><td>“提取盈余公积”：反映企业按照规定提取的盈余公积</td></tr>
<tr><td>“对所有者（或股东）的分配”：反映对所有者（或股东）分配的利润（或股利）金额</td></tr>
<tr><td rowspan="5">所有者权益内部结转</td><td rowspan="5">反映企业构成所有者权益的组成部分之间的增减变动情况</td><td>“资本公积转增资本（或股本）”：反映企业以资本公积转增资本或股本的金额</td></tr>
<tr><td>“盈余公积转增资本（或股本）”：反映企业以盈余公积转增资本或股本的金额</td></tr>
<tr><td>“盈余公积弥补亏损”：反映企业以盈余公积弥补亏损的金额</td></tr>
<tr><td>“设定受益计划变动额结转留存收益”：重新计量设定受益计划净负债或者净资产的变动计入其他综合收益，在后续会计期间不允许转回至损益，在原设定受益计划终止时应当在权益范围内将原计入其他综合收益的部分全部结转至未分配利润</td></tr>
<tr><td>“其他综合收益结转留存收益”：反映（1）企业指定为以公允价值计量且其变动计入其他综合收益的非交易性权益工具投资终止确认时，之前计入其他综合收益的累计利得或损失从其他综合收益中转入留存收益的金额；（2）企业指定为以公允价值计量且其变动计入当期损益的金融负债终止确认额，之前由企业自身信用风险变动引起而计入其他综合收益的累计利得或损失从其他综合收益中转入留存收益的金额等。该项目应根据“其他综合收益”科目的相关明细科目的发生额分析填列</td></tr>
</table>

三、所有者权益变动表编制示例

【例 15-4】所有者权益变动表的编制。雅居地产股份公司其他相关资料为：提取盈余公积 66 621.10 元，向投资者分配现金股利 1 210 441.75 元。

根据上述资料，雅居地产股份公司编制 2019 年度的所有者权益变动表，如表 15-21 所示。

表 15-21　所有者权益变动表　　　　会企 04 表

编制单位：雅居地产股份公司　　　　2019 年度　　　　单位：元

项目	本年金额							上年金额（略）						
	实收资本（或股本）	资本公积	减：库存股	其他综合收益	盈余公积	未分配利润	所有者权益合计	实收资本（或股本）	资本公积	减：库存股	其他综合收益	盈余公积	未分配利润	所有者权益合计
一、上年年末余额	5 000 000	0	0	0	100 000	5 0000	5 150 000							
加：会计政策变更														
前期差错更正														
二、本年年初余额	5 000 000	0	0	0	100 000	50 000	5 150 000							
三、本年增减变动金额（减少以“一”号填列）														
（一）综合收益总额						1 335 000	1 335 000							
（二）所有者投入和减少资本														
1．所有者投入资本														
2．股份支付计入所有者权益的金额														
3．其他														
（三）利润分配														

续表

项目	本年金额							上年金额（略）						
	实收资本（或股本）	资本公积	减：库存股	其他综合收益	盈余公积	未分配利润	所有者权益合计	实收资本（或股本）	资本公积	减：库存股	其他综合收益	盈余公积	未分配利润	所有者权益合计
1．提取盈余公积					66 621.10	−66 621.10	0							
2．对所有者（或股东）的分配						−1 210 441.75	−1 210 441.75							
3．其他														
（四）所有者权益内部结转														
1．资本公积转增资本（或股本）														
2．盈余公积转增资本（或股本）														
3．盈余公积弥补亏损														
4．其他														
四、本年年末余额	5 000 000	0	0	0	166 621.10	107 937.15	5 274 558.25							

第六节　财务报表附注

附注是财务报表的重要组成部分。企业应当按照规定披露附注信息，主要包括下列内容。

（一）企业的基本情况

（1）企业注册地、组织形式和总部地址。

（2）企业的业务性质和主要经营活动。

（3）母公司以及集团最终母公司的名称。

（4）财务报告的批准报出者和财务报告批准报出日。

（二）财务报表的编制基础

财务报表的编制基础是指财务报表是在持续经营基础上还是非持续经营基础上编制的。企业一般是在持续经营基础上编制财务报表，清算、破产属于非持续经营基础。

（三）遵循企业会计准则的声明

企业应当声明编制的财务报表符合企业会计准则的要求，真实、完整地反映了企业的财务状况、经营成果和现金流量等有关信息。

（四）重要会计政策和会计估计

企业应当披露采用的重要会计政策和会计估计，不重要的会计政策和会计估计可以不披露。在披露重要会计政策和会计估计时，应当披露重要会计政策的确定依据和财务报表项目的计量基础，以及会计估计中所采用的关键假设和不确定因素。

（五）会计政策和会计估计变更以及差错更正的说明

企业应当按照《企业会计准则第 28 号——会计政策、会计估计变更和差错更正》及其应用指南的规定，披露会计政策和会计估计变更以及差错更正的有关情况。

（六）报表重要项目的说明

企业对报表重要项目的说明，应当按照资产负债表、利润表、现金流量表、所有者权益变动表及其项目列示的顺序，采用文字和数字描述相结合的方式进行披露。报表重要项目的明细金额合计，应当与报表项目金额相衔接。

参考文献

[1] 财政部. 企业会计准则 [M]. 北京：经济科学出版社，2020.

[2] 财政部. 企业会计准则——应用指南 [M]. 北京：中国财政经济出版社，2020.

[3] 财政部会计司. 企业会计准则讲解 [M]. 北京：人民出版社，2010.

[4] 中国注册会计师协会. 会计 [M]. 北京：中国财政经济出版社，2020.

[5] 财政部会计资格评价中心. 初级会计实务 [M]. 北京：中国财政经济出版社，2020.

[6] 财政部会计资格评价中心. 中级会计实务 [M]. 北京：经济科学出版社，2020.

[7] 张志凤. 房地产开发企业会计实务 [M]. 北京：中国市场出版社，2008.

[8] 李曙亮，等. 房地产开发企业会计与纳税实务 [M]. 大连：大连出版社，2017.

[9] 樊剑英. 房地产开发企业纳税实务与风险防范 [M]. 大连：大连出版社，2019.

[10] 段光勋. 房地产开发企业财税实务疑难解答 [M]. 北京：电子工业出版社，2010.

[11] 刘德英，邱红. 房地产开发企业会计 [M]. 北京：清华大学出版社，2011.